NICCOLÒ PAGANINI

© L'Harmattan, 1999
ISBN : 2-7384-7554-X

Xavier REY

NICCOLÒ PAGANINI

Le romantique italien

L'Harmattan
5-7, rue de l'École Polytechnique
75005 Paris - FRANCE

L'Harmattan Inc.
55, rue Saint-Jacques
Montréal (Qc) - CANADA H2Y1K9

Collection *Univers Musical*
dirigée par Anne-Marie Green

La collection *Univers Musical* est créée pour donner la parole à tous ceux qui produisent des études tant d'analyse que de synthèse concernant le domaine musical.
Son ambition est de proposer un panorama de la recherche actuelle et de promouvoir une ouverture musicologique nécessaire pour maintenir en éveil la réflexion sur l'ensemble des faits musicaux contemporains ou historiquement marqués.

Déjà parus

Georges HACQUARD, *La dame de six, Germaine Tailleferre*, 1998.
Laurent GUIRARD, *Abandonner la musique ?* 1998.

à ma femme
à mes petits-enfants

à Alain Delorme

Préface

Cet important ouvrage, fruit d'une recherche très poussée de la vérité sur la vie et l'œuvre de l'illustrissime Niccolò PAGANINI, éclaire enfin le lecteur sur sa carrière et sur les divers aspects de son tempérament en excluant les éternelles romances nées de son physique en lame de couteau, de son regard perçant et de sa stature hors du commun.

Au fil des chapitres où l'on entend presque battre son cœur se reconstituent toutes les étapes de sa vie qui l'ont conduit au faîte de sa gloire. Sous nos yeux, et non par nos oreilles comme nous l'aurions tant voulu, il nous confie ses hauts points forts comme parfois ses quelques faiblesses.

Nul doute n'est plus permis. Il était le génie du violon du XIXème siècle, comme Jascha Heifetz est celui du XXème. On le perce au travers de ces compte-rendus pleins d'emphase et de détails qui le portent aux nues, comme au travers de ceux qui, en le défigurant par une haine si destructrice, militent en faveur d'une conclusion inverse voulue par leurs auteurs. Mais mieux qu'une addition de ces perles adoratrices ou ordurières, plein style XIXème siècle, cette narration nous fait entrer chez lui, lui donnant un visage humain avec toute sa tendresse, sa fidélité, même à l'égard de ceux qui l'ont trahi volontairement ou non, et sa naïveté, sa candeur.

Il est émouvant dans sa recherche sur la vérité des choses. Comme il est honnête de répondre à ses détracteurs en termes choisis, sans se départir d'une grande politesse, pour se justifier d'attaques fielleuses avec moult procès d'intention, au lieu de balayer tous ces cloportes d'un geste rageur comme son immense talent eût pu lui inspirer de le faire. Il est bouleversant aussi face à la maladie qui l'a emporté le 27 mai 1840. Quelle lutte contre cette ennemie implacable qui, elle seule, est parvenue à le contraindre ! Il est extraordinaire d'imaginer maintenant combien cet homme, cent fois terrassé, avait le don de rebondir, d'échafauder des espoirs pour reconquérir son public. Quelles formidables facilités devait-il avoir pour jouer sur toutes ces scènes d'Europe le plus difficile de tous les répertoires, le sien, avec une préparation parfois négligée à cause des vicissitudes de l'époque et de son état de santé précaire !

Le violoniste que je suis mesure mieux que quiconque les dons inouïs qui l'habitaient, doublés de son savoir musical et de son inspiration dédiée au chant. J'insiste sur cela parce que Paganini est souvent synonyme de haute technique, qu'il possédait certes comme personne. Mais, qui faisait se pâmer, qui mettait en transes ce public saisi d'émotions indescriptibles ?... Son chant !

La prière de Moïse, comme j'aurais voulu l'entendre ! Le « *Nel cor più non mi sento* » aussi magistralement joué devait-il être, je parie que, de nos jours, mes meilleurs collègues en sont capables. Mais, le son, ce fil céleste qui nous emplit le cœur, cette onde impalpable et bienfaitrice, si belle quand elle jaillit du violon du plus grand des magiciens, comme le son qui sortait du violon du grand Heifetz, à la fois eau et feu, chair et métal, mais pur diamant, cela est inimitable ! Le miracle de la technologie est arrivé trop tard pour retenir celui de Paganini — par malheur, il s'est éteint à tout jamais — tandis que survivra celui de Heifetz.

Son inclination vers la musique de Beethoven, ainsi que celle de Berlioz, prouve que son art n'est pas dirigé que vers le violon. Bien réels son sa passion pour ce dernier compositeur et son formidable élan de générosité qui en a résulté. Par ce fait, il montre quelle part il prend à la musique de son temps. Dans le cas de Berlioz, quel bel encouragement que ce geste financier, peut-être théâtral, mais si grand seigneur. Là aussi, de vilaines gens, inlassables dans le mal qu'ils lui prodiguaient, ont salement égratigné ce cadeau, prouvant qu'en tous temps la vindicte s'élève pour abaisser la noblesse d'un tel acte. Pour provoquer à ce point envie et jalousie, quelle singularité devait-il avoir alors que son violon s'était tu ? Je suppose que sa réputation d'homme riche, qu'il était devenu, a fini d'exacerber les agacements.

Il est vrai qu'il existe très peu d'exemples qu'un musicien virtuose ait amassé si grande fortune. Qui ne serait impressionné, comme je l'ai été, par ces acquisitions souvent désordonnées de domaines et propriétés, dont il n'a même pas profité et qui n'étaient que gouffres de dépenses ; à l'exception de celles d'instruments de valeur — je crois presque toujours de Crémone — qu'il entendait bien faire fructifier, que de gâchis, que de pertes !

Curieusement plus avisé dans la gestion de ses affaires, et je crois avoir compris qu'il suivait le rythme de ses transactions, une grande partie de ses biens était placée chez des banquiers et devait lui rapporter des dividendes.

Était-il égocentrique comme le sont la plupart des grands solistes ? Je m'en réfère aux articles qui le disaient insensible au malheur des autres ; pourtant, il est juste de souligner qu'on ne le décèle en rien dans le cas de ses proches parents et amis, mais, qu'au contraire, on apprend avec quelle sollicitude il s'intéresse aux membres de sa famille, avec quel soin il veille sur l'éducation des enfants de ses sœurs, et les aidant financièrement, et sur celle de son fils qu'il adore, quelle attention il porte sur bien des personnes en ayant toujours une parfaite délicatesse dans la conduite de sa plume. Son peu de rancune est encore un trait de son caractère, et pourtant, Dieu sait si de coquins se sont trouvés sur sa route. Comme elle m'a marqué cette indéfectible amitié pour son ami Germi, à qui il demande conseil, s'autorise à lui demander mille services, le confident universel à qui il donne toute sa confiance. Amitié dépourvue de nuages, sans que frissonne un quelconque reproche, quand le ton de ses lettres se fait plus carré.

Et cet *espoir*, presque jusqu'à la fin, de renouer avec la santé pour reprendre le cours de ses tournées ? Comme tout cela nous le rend proche et nous fait l'aimer. Il est seulement étrange qu'il manquât à ce point de discernement pour écarter des opportuns qui voulaient faire des affaires sur son dos. Était-ce là le point le moins brillant de son caractère, qui le poussait à lier affaires avec de douteux personnages qui rêvaient de réaliser de juteux profits sur son nom ?

La promesse de le voir affiché en lettres d'or pour attirer la foule flattait-elle son orgueil ? Il est, à cet égard, intéressant de suivre l'affaire du Casino. Se sachant malade et souffrant si cruellement, quelle mouche l'a donc piqué pour se laisser embarquer dans cette aventure, qu'il ne pouvait maîtriser ? Tout cela nous montre un homme surdimensionné, au talent ensorceleur, atteint peut-être de la folie des grandeurs. Un tel homme ne peut que susciter des sentiments extrêmes. Adoré comme détesté, il n'a probablement pas vécu dans le bonheur d'être le plus grand de tous. L'incapable médecine d'alors, les mécréants qui s'agglutinaient sur son passage, ont finalement eu raison de lui, qui emporte dans son tombeau une foule de partitions non éditées et dont il ne reste pas trace. Grand dommage pour nous qui voulons être les descendants de ce transcendant chevalier.

Que soit loué l'admirable travail de Xavier Rey, qui nous livre cette belle et passionnante histoire vécue, entrecoupée de souffrances et de larmes. Une dernière me vient aux yeux en pensant à son « IL CANNONE » orphelin, enfermé dans sa cage de verre de l'Hôtel de Ville de Gênes, vidé du sang de son père adoptif, qui l'a fait chanter, chanter, chanter...

Gérard POULET.

Chapitre 1

« Un très talentueux garçon »
(1782 - 1795)

Pour tous les musicologues, l'année 1782 est celle de la disparition de Pietro Trapassi, dit Métastase(1) et de Carlo Broschi, dit Farinelli(2). La consultation du Registre des naissances et des baptêmes de la paroisse San Salvatore de Gênes leur apprendra également que, le dimanche 27 octobre, jour de la Saint-Simon, est né un enfant de sexe masculin, dont le père se nomme Antonio Paganini, fils de Giovanni Battista, et la mère Teresa Bocciardo, fille de Giovanni. Le baptême a été administré et l'enfant se prénomme « Nicole ». Il a pour parrain Nicolò Carrouta et pour marraine Colombe Ferramolla, son épouse.

L'anno del Signoret 1782 nul giorno 27 del muse dû octobre è nato un fanciullo dû sesso maschile figlio dû Paganini Antonio dû Go. Butta e dû Teresa Bocciardo dû Giovanni a squale fut amministrato il Battesimo, e son statu imposai i nom dû Nicole. Fut padrino Nicolæ Carrouta fut Bartolomeo. Fut marina Colombe Ferramolla moglie.

Nous avons donc ici la preuve flagrante que Niccolò n'est pas né « dans la nuit de la Saint Siméon (8 février) de 1784 », comme il le déclarera à Lichtenthal(3) en 1828. Ce faisant, il induira volontairement en erreur, pendant près d'un siècle, une foule de biographes.

Il ne fait pas de doute que le prénom de Nicolò — souvent orthographié Niccolò par Paganini lui-même — est choisi pour faire plaisir à son parrain.

La nouvelle n'a pas dû faire grand bruit dans Gênes, où la famille Paganini n'a pas acquis une notoriété particulière.

Le grand-père, Giovanni-Battista, né en 1720 à Carro, petit village, non loin de la Spezia, s'est installé à Gênes, après avoir épousé en 1745 Maria-Teresa Gambaro. En 1782, tous deux vivent encore. De leur union, sont nés deux enfants : en 1750, Giovanni Francisco Maria et, en 1754, Francisco Antonio Maria, qui se fera appeler Antonio(4).

Ce dernier, le père de Niccolò, s'est marié le 25 avril 1777 avec Teresa Bocciardo, alors âgée de dix-neuf ans.

Lorsque Niccolò vient au monde, ses parents ont déjà eu deux fils : Carlo Benedetto, né le 21 janvier 1778, et Biagio, né le 21 mai 1780, mais mort à peine un an après.

Après lui, naîtront trois filles : le 1er mai 1784, Angela, qui mourra, vraisemblablement de la rougeole, le 13 février 1786 ; le 10 août 1786, Nicoletta ; le 20 octobre 1788, Paula Domenica.

La famille Paganini n'est certes pas très riche. Néanmoins, sa situation n'est pas aussi misérable qu'ont bien voulu le dire certains biographes. Antonio et Teresa occupent un appartement de trois pièces dans un immeuble du 1359, *via Fosse del Colle*, rebaptisé depuis *Passé dû Gratta Mura* (passage de la Chatte Noire). De plus, ils possèdent à Ramairone, petit hameau de la vallée de la Polceverra, une maison de campagne. Ni Antonio, ni Teresa n'étant originaires de cette région, on peut supposer que cette maison a été achetée par eux, ce qui laisse supposer une certaine aisance.

Antonio exerce, sur le port de Gênes, une profession que l'on a du mal à définir de façon précise. Certains biographes en ont fait un simple docker ; d'autres l'ont promu négociant, sans aucune précision sur la nature du négoce. Pour Conestabile(5) il est courtier maritime. Au registre du commerce de la ville, il est inscrit comme *ligaballe*, c'est-à-dire manœuvre qui procède à l'emballage des marchandises avant leur chargement sur les navires. Dans ses biographies dictées à Lichtenthal et à Schottky(6), Niccolò Paganini dit de son père qu'il est « courtier de commerce ».

On sait peu de choses de sa mère, sinon qu'elle est très pieuse et qu'elle ne sait ni lire ni écrire, ce qui n'a rien d'exceptionnel à cette époque en Italie, surtout pour les enfants de sexe féminin. Elle est certainement, comme toute Italienne, férue de chant.

On voit donc que le milieu familial ne prédispose pas spécialement le jeune Niccolò à une carrière de musicien. Quand il parlera de sa famille, Paganini insistera sur le goût prononcé de ses parents pour la musique, mais les décrira toujours comme des amateurs assez peu doués : « Niccolò Paganini naquit à Gênes... d'Antonio et de Teresa Bocciardi, tous deux amateurs de musique » fera-t-il écrire par Lichtenthal.

Mais, heureusement pour lui, Niccolò a une mère catholique fervente, ce qui, si on l'en croit, arrange bien les choses. Lui-même déclarera :

> *A l'âge de cinq ans et demi, j'appris la mandoline de mon père, courtier de commerce. Vers ce temps le Sauveur apparut en songe à ma mère, et lui dit de demander quelque grâce ; elle désira que son fils devînt un grand violoniste, ce qui lui fut accordé.*

Dans une Italie, où l'opéra règne en maître, et où seuls les chanteurs jouissent d'une certaine considération — les instrumentistes étant relégués au rang de musiciens très subalternes —, on a du mal à croire que la sainte femme n'ait pas demandé que son fils devienne un grand ténor.

Niccolò, dès sa naissance, ne semble pas avoir bénéficié d'une robuste constitution. A quatre ans, il contracte une rougeole — maladie qui a certainement déjà tué sa sœur Angela —, qui se termine en catalepsie. L'enfant, déclaré mort par les médecins, est sur le point d'être enterré, quand il sort de son coma. Trois ans plus tard, il est victime de la scarlatine. Il est à peu près certain que ces deux maladies infantiles, assez mal voire même pas du tout soignées, laisseront des traces ; il en conservera toujours une santé assez précaire.

Très tôt, son père l'initie à la musique.

A l'âge de cinq ans et demi, j'appris la mandoline de mon père, courtier de commerce.

Environ un an et demi plus tard, Antonio lui met un violon entre les mains, ce qu'il a déjà fait, du reste, avec son fils aîné, Carlo.

Quand j'eus atteint ma septième année, mon père dont l'oreille était anti-musicale, mais qui n'en était pas moins passionné par la musique, m'enseigna les premiers éléments du violon ; en peu de temps je fus en état d'exécuter toute sorte de musique à première vue.

Les progrès de l'enfant sont tels que le père se juge bientôt incompétent et qu'il confie son fils à un professeur, Giovanni Servetto (ou Cervetto), dont on sait seulement qu'il est violoniste dans un orchestre de Gênes. Très vite dépassé par son élève, ce dernier l'adresse à Francesco Gnecco[7].

Gnecco n'est pas un véritable professeur de violon. Il joue de divers instruments, tant à cordes qu'à vent. Il a déjà composé plusieurs opéras, qui ont obtenu quelques succès. On peut penser que plutôt que de faire approfondir sa technique au jeune Niccolò et de lui donner des conseils d'interprétation, il lui a inculqué certaines notions de composition. Paganini gardera toujours de ce mentor un excellent souvenir et en parlera, plus tard, comme l'un des seuls musiciens ayant eu une influence sur lui.

Gnecco, même s'il n'est pas un spécialiste du violon, se rend très vite compte des dons véritables de son élève et l'envoie à son propre professeur Giacomo Costa[8], pédagogue très renommé.

S'il est vrai, comme l'a prétendu Fétis[9], que sous la

direction de son nouveau professeur, le jeune garçon compose une sonate pour violon, c'est qu'il sait déjà lire et écrire à l'âge de neuf ans. Mais comment a-t-il pu apprendre ? L'enseignement, dispensé surtout par des ecclésiastiques, n'est pas gratuit et Antonio et Teresa ont, depuis 1788, quatre enfants à nourrir et à élever ; à cela s'ajoutent les leçons de violon pour Carlo et Niccolò. Il y a donc fort à parier que son instruction lui est prodiguée par son seul père, car celui-ci n'est certainement pas en mesure de faire face à des frais de scolarité.

Il faut donc peut-être reconsidérer l'image d'un Antonio, brutal et tyrannique, pour qui ne compte que l'argent qu'il pourra gagner grâce au talent de son fils ; si tel avait été le cas, l'instruction générale de celui-ci aurait très bien pu être négligée. Il est assurément un père exigeant et, sans nul doute sévère, mais les mauvais traitements endurés par Niccolò et dont Fétis a beaucoup parlé, pourraient bien n'avoir existé que dans son imagination, pour renforcer le côté romantique de son héros.

Giacomo Costa, très rapidement, fait jouer son jeune élève dans différentes églises de Gênes.

A huit ans et demi, je jouai un concerto de Pleyel(10) *dans une église, je pris ensuite trente leçons en six mois du maître Costa, premier violon de la musique de la chapelle.*

Niccolò a déjà été présenté au marquis Gian-Carlo Di Negro(11), jeune aristocrate génois, qui va jouer pour notre héros le rôle de mécène et lui ouvrir les portes d'un monde plus policé que celui qu'il a connu jusqu'alors. Di Negro finance sans doute le premier concert de Niccolò, qui a lieu le lundi 26 mai 1794, dans l'oratoire San Filippo Neri de Gênes. Le jeune garçon interpréte un morceau de sa composition, considéré comme sa première œuvre : les variations sur la *Carmagnole* MS 1(12).

La « carmagnole » désigne une veste courte portée par les sans-culottes et, également, une danse en forme de farandole, dont l'air est sur toutes les lèvres en Italie, qui connaît, cette année-là, des insurrections républicaines. Niccolò y gagnera une réputation de jacobin, dont il aura du mal à se défaire.

Le 31 mai 1794 paraît dans le journal local, les *Avvisi*, le premier compte-rendu connu d'un concert de Paganini.

Le dimanche 26 mai, en l'église San Filippo Neri, la Grand Messe... fut célébrée avec accompagnement de diverses musiques instrumentales et vocales. Pendant cette cérémonie, un mélodieux concerto fut interprété par un très talentueux enfant de onze ans, Niccolò Paganini, élève du célèbre Giacomo Costa, professeur de violon, qui a suscité une admiration générale.

Le lundi 1ᵉʳ décembre de la même année, c'est dans l'église des Vignes de Gênes, que se produit Niccolò. Puis le 6 décembre, on le retrouve à l'oratoire San Filippo Neri, toujours avec les variations sur la *Carmagnole*.

Les *Avvisi* font à nouveau état de ces deux prestations.

Lors de la fête de saint Eligio, le 1ᵉʳ décembre, en l'église Notre Dame des Vignes, Niccolò Paganini, à peine âgé de douze ans, a joué un mélodieux concerto avec la plus grande dextérité et la plus parfaite maîtrise.

Il a recommencé le samedi suivant à huit heures du soir, dans l'oratoire San Fillipo Neri.

Une fois encore, un légende va être mise à mal. L'âge donné à Niccolò par le journaliste est bien le sien ; il est donc faux de prétendre, comme cela a été fait très souvent, que ses parents aient voulu le faire passer pour plus jeune qu'il n'était et que c'est eux qui ont accrédité l'année 1784, comme celle de sa naissance.

*

L'année 1795 va se révéler pour Niccolò d'une extrême importance.

Au printemps, les troupes françaises envahissent le territoire de la République. Les Anglais répondent à cette occupation par le blocus du port de Gênes, ce qui réduit à néant le trafic maritime de la ville. L'une des premières victimes de cet état de fait est Antonio, qui doit trouver de nouvelles sources de revenus. Il se tourne alors vers une carrière musicale et devient joueur et vendeur de mandolines.

Le 26 mai, Niccolò est, à nouveau, dans l'oratoire San Fillipo Neri et les *Avvisi* chantent, une fois de plus, ses louanges.

Lors de la fête paroissiale, en l'église San Filippo Neri, la Grand Messe du Vicaire général du diocèse fut célébrée avec accompagnement de diverses musiques instrumentales et vocales. Un très talentueux garçon de douze ans, Niccolò Paganini, élève du célèbre Giacomo Costa, professeur de violon, joua un mélodieux concerto qui suscita une admiration générale.

On remarquera que Niccolò est toujours considéré comme élève de Giacomo Costa, ce qui tendrait à prouver qu'il n'a pas pris que « trente leçons en six mois » avec ce professeur comme il le déclarera plus tard.

Le 25 juillet, la consécration arrive. Niccolò est invité à

jouer, non plus dans une église, mais au théâtre Sant'Agostino. De plus, il apparaît aux côtés de deux grands artistes, adulés du public, la cantatrice Teresa Bertinotti(13) et le sopraniste Luigi Marchesi(14).

Qui conseilla à Antonio de se mettre en quête de bons professeurs pour son fils ? Bertinotti, Marchesi, Di Negro, Costa ? Peu importe, l'essentiel est qu'Antonio se soit rendu à l'évidence : Costa, tenant d'un certain classicisme et qui prise assez peu les innovations techniques de son élève, ne peut plus convenir comme professeur. Il est à peu près certain que Niccolò a entendu jouer un certain Durand(15), qui se fait appeler Duranowski et dont nous aurons l'occasion de reparler. Ce dernier, qui a donné des concerts à Gênes en 1794, possède une technique extraordinaire qui ne peut que faire grosse impression sur un jeune garçon, d'autant plus que celui-ci essaye déjà de sortir des sentiers battus, d'où une certaine mésentente avec son très classique professeur.

Or, à Gênes, il n'existe pas plus compétent que Costa. Il faut donc pour Antonio songer à trouver un maître dans une autre ville. Tous les conseils, qui lui ont été donnés, mentionnent la même personne : Alessandro Rolla, premier violon de l'Orchestre Royal de Parme(16).

Il ne saurait être question d'abandonner un enfant de treize ans à lui-même et de le laisser partir tout seul à Parme, surtout en cette période d'insécurité. Antonio doit donc, non seulement trouver l'argent pour le voyage, l'hébergement, les frais et les leçons de Rolla, mais, sans revenus réguliers, continuer à faire vivre une famille comprenant une femme, quatre enfants et un père qui, depuis son veuvage en 1791, est venu habiter chez son fils.

Antonio a peut-être quelques économies, mais, surtout, il compte sur la générosité de certains mécènes comme Di Negro. De plus, Niccolò peut gagner de l'argent en donnant un concert. Encore faut-il, dans ce dernier cas, faire immédiatement face à certains frais, comme la location de la salle, la rétribution de l'orchestre et des artistes associés au concert. Mais, là encore, Di Negro a les moyens de remédier au problème.

Le 25 juillet 1795, les journaux de Gênes se font l'écho du concert, dont l'annonce est, dans sa forme, assez peu courante.

Vendredi prochain, 31 juillet, aura lieu un concert au théâtre Sant'Agostino. Il sera donné par Niccolò Paganini de Gênes, jeune homme bien connu dans sa ville pour son talent de violoniste. Ayant décidé d'aller à Parme pour perfectionner son art, sous la direction du célèbre professeur Alessandro Rolla, et ne pouvant faire face aux nombreux frais qui en découlent, il a pensé à cette solution pour se donner le courage d'inviter ses compatriotes à particiter, selon leurs possibilités, à cette soirée, qu'il espère réussie grâce à eux.

En septembre, Antonio et Niccolò, très certainement accompagnés de leur bienfaiteur, quittent Gênes pour Parme. Dans un premier temps, ils se dirigent, via Pise ou Livourne, sur Florence.

Les affirmations, relative à un concert donné dans cette dernière ville, de façon qu'Antonio puisse renflouer ses finances, n'ont pu être vérifiées. Elles semblent de toute façon peu crédibles, car si jouer à Gênes ne pouvait que lui attirer un public nombreux, il en va tout autrement dans une cité, où notre jeune prodige est totalement inconnu : les risques pécuniaires ne sont pas négligeables et la rentabilité nullement assurée.

De Florence, ils repartent vers le nord pour atteindre Parme, route qui n'est évidemment pas la plus courte, mais qui a le mérite de ne pas trop être infestée de brigands et autres coupe-jarrets révolutionnaires qui se font un plaisir de détrousser les voyageurs.

Niccolò, à treize ans, quitte sa ville natale et sort d'une enfance, qui n'a peut-être pas été aussi malheureuse qu'on a bien voulu le dire.

*

Notes

1. Pietro Trapassi dit Métastase (1698 - 1782). Poète italien. Ses mélodrames ont été mis en musique par nombre de compositeurs (Hændel : *Poro* et *Ezio*, Gluck : *Artaserse* et *Antigono*, Mozart : *Il re Pastore* et *La clemenza di Tito*, etc.)
2. Carlo Broschi, dit Farinelli (1705 - 1782). Castrat italien. Débuta à 15 ans à Naples.
3. Peter Lichtenthal (1780 - 1853). Médecin, musicologue, compositeur. Correspondant à Milan de l'*Allegemeine Musikalische Zeitung* de Leipzig. Voir : « Autobiographie de Paganini dictée par lui-même à l'auteur de cet Almanach, avant son départ pour Vienne, le 28 Février 1828 à Milan » parue en 1853.
4. Voir G.B. Boero : *Genealogie di Niccolò Paganini* - Gênes - 1940
5. Voir Giancarlo Conestabile : *Vita di Niccolò Paganini*. Nouvelle édition revue par F. Mompiello - Milan - 1936

6. Voir Julius Maximilian Schottky : *Paganini's Leben und Treiben als Künstler und als Mensch ; mit unparteiischer Berücksichtigung der Meinungen seiner Anhänger und Gegner.* Prague - 1830
7. Francesco Gnecco (1769 - 1811). Compositeur italien. A écrit une trentaine d'opéras, de la musique de chambre et 1 cantate.
8. Giacomo Costa (1762 - ?). Compositeur italien. Maître de chapelle au *Dôme* et à Sant'Ambroglio.
9. François-Joseph Fétis (1784 - 1871). Musicologue, professeur et compositeur belge. Fondateur en 1827 de la *Revue musicale*. Directeur du Conservatoire de Bruxelles dès sa création en 1833. Publia plusieurs ouvrages, dont la *Biographie Universelle des Musiciens-* Paris 1860/65 et *Notice Biographique sur Nicolo Paganini* -Paris 1851
10. Ignaz Joseph Pleyel (1757 - 1831). Compositeur allemand. Élève de Joseph Haydn. Fonda à Paris une manufacture de pianos en 1807. A composé une trentaine de symphonies, 8 concertos, de la musique de chambre.
11. Giambattista-Carlo Di Negro (1769 - 1857). Mécène italien. Président de l'Institut musical de Gênes.
12. Toutes les œuvres de Paganini citées dans cet ouvrage portent le numéro M.S. du catalogue de Maria-Rosa Moretti et Anna Sorrento : *Catalogo tematico delle musiche di Niccolò Paganini* - Gênes - 1982.
13. Teresa Bertinotti (1776 - 1854). Soprano italienne. A chanté sur toutes les grandes scènes européennes.
14. Luigi Marchesi (1754 - 1829). Sopraniste italien. A chanté sur toutes les grandes scènes d'Europe, notamment à Saint-Pétersbourg.
15. August Frederick Durand, dit Duranowski (v. 1770 - 1834). Violoniste et compositeur polonais. Élève de Viotti. Après une tournée européenne en 1794-95, abandonna la carrière pour s'engager dans l'armée française. Emprisonné à Milan, il revint à ses activités de soliste dès sa libération. De 1809 à 1815, il parcourut l'Allemagne et la Russie. S'installa peu après, définitivement, à Strasbourg.
16. Alessandro Rolla (1757 - 1841). Violoniste et altiste italien. Directeur de l'orchestre de la Scala à partir de 1802. A composé des symphonies, des concertos, de la musique de chambre et d'église.

Chapitre 2

Les années d'études
(1796 - 1799)

Si l'on se fie à la dernière date connue — celle du concert de Gênes, le 31 juillet — nous pouvons penser que, compte tenu des préparatifs, du temps effectif du voyage, des étapes et du séjour à Florence, Antonio et Niccolò ont pu atteindre Parme, au plus tôt, fin octobre 1795 et, au plus tard, début mars 1796.

Aller de Florence à Parme n'était possible qu'en passant par Bologne, c'est-à-dire en traversant l'Apennin Toscan, ce qui ne devait pas être très facile en plein hiver. Il est donc probable que la dernière partie de leur périple a été entreprise, soit avant la venue des mauvais jours, soit au début du printemps. De toute façon, il valait mieux pour eux être arrivé à bon port avant avril 1796. Ferdinand[1] avait déclaré la guerre à la France en 1793 et la Lombardie, le Piémont et la Toscane allaient être très bientôt le théâtre d'opérations militaires.

*

A peine arrivé, Niccolò, accompagné de son père et peut-être de Gianbattista Di Negro, se rend chez Alessandro Rolla. Paganini fera lui-même le récit de la première entrevue.

En arrivant chez Rolla, nous le trouvâmes malade et alité. Sa femme nous conduisit dans une pièce voisine de sa chambre, afin d'avoir le temps de se concerter avec son mari, qui ne paraissait pas disposé à nous recevoir. Ayant aperçu sur la table de la chambre un violon et le dernier concerto de Rolla, je m'emparai de l'instrument et jouai à première vue. Étonné de ce qu'il entendit, le compositeur s'informa du nom du virtuose qu'il venait d'entendre. Lorsqu'il apprit que ce virtuose n'était qu'un jeune garçon, il n'en voulut rien croire jusqu'à ce qu'il s'en fût assuré par lui-même. Il déclara alors qu'il n'avait plus rien à m'apprendre, et me conseilla d'aller demander à Paër[2] *des leçons de composition.*

Passons sur le sans-gêne d'un enfant de treize ans qui apercevant un violon s'en empare et le joue. L'essentiel reste que l'entrevue ait eu lieu. Rolla ne s'est certainement pas contenté d'une seule prestation et a dû demander au jeune virtuose d'interpréter d'autres œuvres, et certainement quelques unes de sa propre composition, comme les variations sur la *Carmagnole*.

Convaincu qu'il n'a plus rien à lui apprendre concernant la technique du violon, il le dirige sur Paër, qui peut lui apporter beaucoup dans l'art de la composition.

Mais, Paër, en pleine période de créativité artistique et fort occupé par la composition de son opéra *L'intrigue amoureuse*, ne peut se charger de l'éducation de Niccolò. Il le recommande alors à son propre professeur, Gasparo Ghiretti(3).

Niccolò commence donc à étudier l'harmonie et le contrepoint avec Ghiretti. Puis, Paër, qui a terminé son opéra, s'en occupe personnellement. C'est du moins ce que Paganini déclarera lui-même.

Paër me recommanda à son propre professeur... qui me prit systématiquement en main et pendant six mois me donna trois leçons de contrepoint par semaine. Sous sa direction, je composai, pour m'exercer, vingt-quatre fugues à quatre mains, sans aucun instrument, uniquement avec de l'encre, une plume et du papier. Je fis d'énormes progrès car cela m'intéressait beaucoup et Paër, qui lui-même commençait à s'intéresser à moi et qui m'avait pris en amitié, insista beaucoup pour que je vienne travailler avec lui deux fois par jour. Au bout d'environ quatre mois, il me demanda d'écrire un duetto, et après l'avoir étudié, il me déclara avec un sourire de satisfaction, qu'il ne trouvait rien à redire sur le plan de la forme. Peu de temps après, il partit pour Vienne, où il devait composer un opéra... Plus tard j'ai toujours retrouvé avec plaisir ce vieux maître et je suis heureux de pouvoir me considérer comme son élève reconnaissant.

Bizarrement, il donnera, plus tard, une autre version des faits.

Ghiretti... me combla de soins et de leçons de composition et je composai sous ses yeux une grande quantité de musique instrumentale. Vers ce même temps, j'exécutai deux de mes concertos de violon dans un concert du grand théâtre, après avoir joué dans la maison de plaisance des souverains à Colorne et à Sala, qui me récompensèrent magnifiquement. Le propriétaire d'un violon de Guarnerio(4) *me dit : « Si vous jouez à première vue ce concerto de violon, je vous donnerai cet instrument ». Je le gagnai.*

Niccolò, et donc Antonio, semblent être encore à Parme en 1797, puisque c'est cette année-là que Paër fut appelé à Vienne — « Peu de temps après, il partit pour Vienne ».

De plus, Niccolò a déjà composé « une grande quantité de musique instrumentale », dont au moins deux concertos, répertoriés dans le catalogue MS sous le n° 420.

C'est certainement grâce à l'appui de ses deux mentors, que Niccolò peut donner un concert au Théâtre Royal et également se faire entendre des souverains, Ferdinand et Marie-Amélie d'Autriche, dans leurs résidences de Colerno et de Sala.

Enfin, dernière remarque, Paganini nous relate, comme s'il avait eu lieu en ce temps-là, un épisode de sa vie qui ne se déroulera que plusieurs années plus tard, à savoir le don de son cher Guarnerius, par un riche négociant du nom de Livron.

*

A cette époque, Paganini découvre, certainement grâce à Rolla, *L'arte de nuova modulazione* de Locatelli(5), œuvre publiée en 1733 et comprenant vingt-quatre caprices pour violon seul. Il s'en inspirera pour ses propres *Vingt-Quatre Caprices*, dont la composition s'est vraisemblablement étalée sur plusieurs années et a été achevée vers 1817.

Dès lors, l'adolescent va cesser toute leçon de violon avec un professeur. Il a atteint la plénitude de ses moyens techniques et tous les « tours de force », qu'il mettra en œuvre dans ses compositions ultérieures, font déjà partie de son bagage violonistique.

On a prétendu que Paganini avait tant travaillé dans sa jeunesse, qu'à l'âge adulte les exercices lui étaient devenus inutiles et que, pour maintenir sa technique au plus haut niveau, il se contentait des répétitions et des concerts. Que personne ne l'ait jamais entendu jouer un exercice ou une gamme, ne signifie pas qu'il ne se soit jamais attelé à un tel labeur. On connaît les précautions qu'il avait l'habitude de prendre pour que nul ne puisse entendre le son de son violon en dehors des salles de concert. Ceci explique peut-être cela.

Les sacrifices de toutes sortes auxquels Paganini a dû jusqu'à maintenant consentir et la tension nerveuse, à laquelle son organisme a été soumis, n'ont certainement pas amélioré un état de santé, qui, depuis sa plus tendre enfance, n'est pas des plus brillants. Niccolò, lors de ce séjour à Parme, est victime d'une pleurésie, que l'on soigne, évidemment, à coup de saignées et par un traitement à base d'antiphlogistiques.

*

S'il n'est pas très aisé de dire à quelle époque Niccolò quitte Parme pour s'en retourner à Gênes, il ne faut pas pour autant prendre pour argent comptant ce que rapporte Fétis.

Parti de Parme au commencement de 1797, Paganini fit avec son père sa première tournée d'artiste dans les villes principales de Lombardie et commença une réputation de virtuose qui a toujours été grandissant depuis cette époque.

En effet, les déplacements incessants de troupes en Lombardie ne favorisent guère les voyages. Par contre, on sait que, chez Di Negro à Gênes, le jeune Niccolò est présenté au grand violoniste Rodolphe Kreutzer(6) et qu'il joue devant lui. Ce dernier ne manque pas de l'encourager vivement à persévérer dans la voie qu'il a choisie. Mais, rien ne nous permet de dater à une année près cette rencontre. En effet, si les *Avvisi* de Gênes font état d'un concert de Kreutzer le 27 novembre 1796, ce dernier aurait également entrepris une tournée en Italie à l'automne 1797, si l'on en croit Fétis.

Schottky, lui non plus, ne donne aucun renseignement sur le retour de Paganini à Gênes. Il recueille pieusement les paroles du virtuose, sans trop se poser de questions.

De retour dans ma patrie, je composai de la musique difficile, faisant mon étude constante des difficultés que j'avais inventées ; après m'en être rendu maître, je composai d'autres concertos et variations.

Ce qui nous permet de savoir que le jeune homme compose d'autres œuvres, qui nous sont inconnues à l'heure actuelle.

Il est donc impossible de connaître l'activité de Niccolò, durant l'année 1797 et une partie de l'année 1798.

*

En 1798, les troupes françaises connaissent leurs premières défaites. Bonaparte a été envoyé en Egypte par le Directoire et son remplaçant, Barthélemy Scherer(7) est loin de montrer les mêmes aptitudes tactiques et stratégiques. L'Autriche et l'Angleterre se mettent d'accord sur un point : restée fidèle aux Français, Gênes doit être punie. Les routes terrestres sont pratiquement coupées et le blocus du port par la flotte anglaise empêche l'approvisionnement de la ville par voie maritime. La famine s'installe dans Gênes, dès le printemps 1799. La population en est réduite à se nourrir de chats, de chiens, et même de rats ou de vers.

Antonio, pour éviter à sa famille d'avoir à vivre de telles horreurs, et, peut-être également pour soustraire ses deux fils à leurs obligations militaires, décide d'emmener tout son monde dans sa maison de Ramairone.

Là, Niccolò se consacre à l'agriculture et à la guitare. Il se sert de cet instrument surtout « pour tester quelques harmonies spéciales », qu'il transpose ensuite au violon, et « pour stimuler sa créativité ». Cependant, comme il le dira plus tard à Schottky, « à ses yeux, l'instrument n'a aucune valeur ».

Lorsqu'il reviendra à Gênes, l'adolescent aura vécu. Le virtuose sera prêt à entamer sa carrière.

*

Notes

1. Ferdinand de Bourbon (Parme 1751 - Fontevivo 1802). Duc de Parme et de Plaisance. Après sa défaite de 1796, il fut maintenu, par Bonaparte, à la tête de ses états, jusqu'à sa mort en 1802.
2. Ferdinando Paër (1771 - 1839). Compositeur italien. Maître de chapelle à Parme, il fut appelé à la cour de Vienne en 1797. Directeur de l'Opéra-Comique, puis du théâtre des Italiens à Paris. A composé une quarantaine d'opéras, de la musique d'église, de la musique de chambre, des symphonies, des mélodies.
3. Gasparo Ghiretti (1754 - 1797). Violoncelliste, violoniste, compositeur italien. A écrit des livres de sonates et de caprices pour le violon.
4. Guarnerius. Famille de luthiers de Crémone comprenant : Andrea (1626 - 1698) élève d'Amati ; Pietro Giovanni (1655 - 1720) ; Giuseppe Giovanni Battista (1666 - 1740) ; Pietro (1695 - 1762) ; Bartolomeo Giuseppe « del Gesù » (1698 - 1744), le plus célèbre, rival de Stradivarius.
5. Pietro Antonio Locatelli (1695 - 1764). Violoniste et compositeur italien. Virtuose incontesté, il acquit très vite une immense réputation. A composé des *concerti grossi*, de la musique de chambre et surtout *L'arte del violino* op. 3 (12 concertos pour violon, agrémentés de 24 cadences en forme de caprices).
6. Rodolphe Kreutzer (1766 - 1831). Violoniste français. Professeur au Conservatoire de Paris, puis directeur de l'Opéra en 1824. Beethoven lui dédia sa sonate n° 9 pour violon et piano. Composa plusieurs opéras, 19 concertos pour violon, trois symphonies concertantes et de la musique de chambre. Son cahier de 40 études est toujours à l'honneur dans les conservatoires et les écoles de musique.
7. Barthélemy Scherer (Delle 1747 - Chauny 1804). Général français. Nommé commandant en chef de l'armée d'Italie. Remplacé par Bonaparte en 1796, il reprit ses fonctions en 1799. Battu à Magnano, il céda sa place au général Moreau.

Chapitre 3

Les prémices d'une carrière
(1800 - 1804)

A Polceverra, la famille Paganini attend de pouvoir rentrer à Gênes.

Le 9 novembre 1799, Bonaparte, revenu d'Egypte, a repris la direction des opérations en Italie et, le 14 juin 1800, il remporte une victoire décisive à Marengo. Les troupes françaises rentrent dans Gênes ; la flotte anglaise est contrainte à lever son blocus.

Les Paganini peuvent donc revenir chez eux, ce qu'ils font dans le courant de l'été.

C'est à Livourne, à environ cent cinquante kilomètres de Gênes, que Niccolò va faire ses débuts de violoniste virtuose.

En octobre, grâce à l'appui du consul britannique, il réussit à trouver une salle et à donner un concert. Mais, il existe à Livourne une société privée — la *Societa degli Esercizi musicali* — qui a la haute main sur toutes les activités musicales de la ville et entend que nul ne tente de transgresser son monopole. Comme Paganini n'a pas jugé bon de donner un concert pour cette association, elle interdit aux membres de l'orchestre de la ville d'accompagner le violoniste. Celui-ci doit jouer avec des accompagnateurs, qui veulent bien se présenter au dernier moment. Mais, le succès remporté est tel que les adversaires baissent pavillon et le concert prévu pour le lendemain peut avoir lieu dans des conditions normales.

Je revins à Livourne muni d'une lettre d'introduction pour le consul britannique, qui me reçut aimablement, m'aida à trouver une salle et m'assura que j'aurais un public nombreux. Mais Livourne possédait sa propre société privée de musique, dont les membres prirent ombrage du fait que je ne leur aie pas rendu visite et firent en sorte que les musiciens titulaires de l'orchestre manquent à la parole qu'ils m'avaient donnée. Le concert devait commencer à vingt heures, la salle était comble et aucun musicien n'était encore arrivé. Enfin, trois ou quatre individus de second rang se présentèrent, mais je dus modifier mon programme. Je fus piqué au vif et je fis tout ce qui était possible pour, pendant près de

> *trois heures, tenir le public sous le charme d'une exécution à la fois virile et pleine d'enthousiasme. Mes efforts furent récompensés par d'interminables applaudissements et mes détestables détracteurs furent conspués avec une véhémence équivalente, ce qui fit que le maximum de personnes assista à mon second concert, qui eut lieu au théâtre avec l'orchestre au grand complet. Mes adversaires me présentèrent leurs excuses, déclarant qu'ils pensaient que j'étais trop jeune pour exécuter ce que j'avais prétendu.*

Si ni Fétis, ni Lichtenthal ne mentionnent l'incident relaté ci-dessus, par contre ce dernier donne une autre précision :

> *A dix-sept ans, il s'arrêta longtemps à Livourne, où il composa des œuvres pour basson à la demande d'un amateur suédois qui se plaignait de ne pas trouver de musique difficile.*

La surprise est grande de voir un jeune homme être capable d'écrire pour le basson de la « musique difficile , alors, qu'à priori, il en ignore totalement la technique. Il est possible que l'amateur l'ait initié très vite aux secrets de l'instrument.

De Livourne, il se dirige sur Modène, où il donne deux concerts au théâtre Rangoni et, lors du premier, Niccolò se fait entendre dans un *Concerto* de Rode(1), sa *Sinfonia Lodoïska*, ses *Variations sur la Carmagnole* et un *Concerto* de Kreutzer. La *Sinfonia Lodoïska* fait partie des œuvres perdues ; le thème, emprunté à un opéra de Kreutzer, fut réutilisé par Paganini pour une courte pièce MS 98, destinée à la guitare solo.

Le second concert comporte deux *Concertos* de sa composition, certainement les MS 420, et son *Fandango espagnol* MS 401, dans lequel il se livre à l'imitation de différents chants d'oiseaux.

*

Au début de l'année 1801, Niccolò est de retour à Gênes. Lorsqu'on a dix-neuf ans, que l'on possède un minimum d'ambition, que l'on a connu quelques succès musicaux, que peut-on désirer le plus ardemment ? Pour Niccolò la réponse est simple : être confronté à un autre univers, connaître le triomphe, mais, d'abord, s'affranchir de la tutelle paternelle, qui devient chaque jour plus pesante.

> *L'excessive sévérité de mon père m'était de plus en plus insupportable au fur et à mesure que se développait mon talent et que j'accroissais mes connaissances. J'aurais aimé me détacher de lui et voyager seul ; mais*

mon sévère mentor était toujours à mes côtés.

Les propos tenus par Paganini quant à la sévérité de son père, et rapportés par Schottky, semblent quand même plus nuancés que les déclarations de Fétis, qui n'hésite pas à parler de mauvais traitements, dont aurait été victime Niccolò.

Paganini sent que la renommée n'est plus très loin. Mais, pour l'atteindre, il lui faut quitter Gênes. L'occasion rêvée est le festival de Lucques qui coïncide avec la fête de la Sainte-Croix. Survivance des festivités moyenâgeuses, cette fête attire, outre les négociants et commerçants de toute sorte, les artistes et gens du spectacle de toute l'Italie. Quelle aubaine pour se faire connaître !

De plus, Niccolò a appris que le pupitre de premier violon de l'orchestre de Lucques est vacant et il sait qu'il peut briguer ce poste.

Encore faut-il qu'il obtienne l'autorisation paternelle d'entreprendre le voyage. D'après ce que nous savons d'Antonio, il ne doit pas être facile à convaincre de laisser partir à l'aventure son fils de dix-neuf ans. Ce d'autant plus, qu'après deux années passées loin de Gênes sans travailler, la situation financière de la famille Paganini n'est sûrement pas très florissante. Les frais à engager, l'impossibilité dans laquelle il se trouve d'accompagner lui-même le jeune homme, sont autant de raisons à son refus.

Mais, Carlo, le grand frère, peut l'accompagner et lui servir de chaperon. De plus, ce dernier doit être revenu le 26 septembre à Gênes pour épouser Anna Bruzzo. L'absence de Niccolò ne devrait donc pas excéder quelques semaines. Antonio finit par accepter et Niccolò, escorté de son frère, va pouvoir quitter Gênes.

Le 13 septembre 1801, veille des festivités de la Sainte Croix, Niccolò doit se soumettre aux épreuves du concours ; puis, dans la soirée, lors de Vêpres Solennelles, il est admis à jouer dans la Cathédrale.

Lors de l'examen prévu par les statuts, tout le monde se moqua de mon long archet et de la grosseur de mes cordes ; mais après l'épreuve, je fus si applaudi que les autres candidats ne se hasardèrent plus à se faire entendre. A l'église, lors du grand office du soir, mon concerto souleva un tel enthousiasme, que tous les religieux coururent au dehors pour demander aux gens de faire silence.

Sa prestation du soir, dans le lieu saint, n'est pas du goût de tout le monde, puisqu'un certain abbé Jacob Chelini, membre de l'orchestre de la cathédrale, exprime son

mécontentement en ces termes.
> *Le matin du Festival, le Gouvernement assista à la Messe pontificale. Il advint qu'un certain Paganini, jacobin génois connu comme patriote et surtout comme violoniste, fut appelé à jouer. Le gouvernement voulait que cet excellent violoniste fasse état de son talent musical. Le ministre de l'Intérieur, Adriano Mercarelli, décida que Paganini jouerait un concerto de violon à la fin du Kyrie, et celui-ci eut le mauvais goût de jouer une œuvre qui ne durait pas moins de vingt-huit minutes. Ce virtuose montrait certainement une habileté et une maîtrise inhabituelles et inconnues jusqu'alors. Il imitait sur son violon le chant des oiseaux, la flûte, le trombone, le cor. En résumé, ce virtuose possédait un grand savoir-faire, mais il manquait de jugement et de sens critique envers lui-même. Il était également capable de jouer un concerto entier sur une seule corde. Imiter le chant des oiseaux ou la sonorité d'autres instruments prouve certainement une grande habileté, mais en tant qu'imitations, ce n'est qu'un caprice de jeunesse qu'il faudrait jouer dans un théâtre, mais pas dans un lieu saint. Malgré tout, le concerto a été très applaudi, comme toute la musique, les Jacobins lui faisant une ovation. Ils déclarèrent que jamais on n'avait entendu une telle musique à la fête de la Sainte Croix, et si quiconque osait critiquer, il courrait le risque d'être jeté en prison.*

Il est bien naturel que le brave abbé soit choqué des fantaisies que le virtuose se permet dans un lieu saint. Il est à remarquer son insistance à bien mettre en avant les tendances jacobines du héros du jour.

Niccolò n'en reste pas là. Il rejoue avec le même succès le 8 décembre, dans l'église Sainte-Marie et, quelques jours plus tard, donne un concert à la Résidence. Il est vrai qu'il bénéficie de l'appui du ministre de l'Intérieur.

Depuis fin septembre, il vit seul à Lucques, puisque son frère est reparti pour Gênes. Reste à Carlo à expliquer la défection de Niccolò à leur père.

Au début du mois de janvier 1802, Paganini est nommé « premier violon de la République de Lucques ». A partir de ce moment et jusqu'en 1805, tout ce que nous pouvons écrire sur la vie de Paganini n'est qu'une suite d'hypothèses. Rien n'est très sûr et si la forme de narration employée ci-après est celle de l'affirmation, il n'en demeure pas moins que les faits et gestes du virtuose nous sont à peu près inconnus.

A Lucques, il loge chez Francesco et Anna Bucchianeri. Ce détail n'aurait aucune espèce d'importance si Anna n'était la sœur d'Eleonora Quilici, probablement le premier amour de Niccolò ; celle à qui il dédiera ses *Six Sonates* pour violon et guitare Op. 3 MS 27, composées entre 1805 et 1808 ; celle dont il se souviendra encore, en 1837, quand il rédigera son testament. On peut se demander si Eleonora Quilici n'est pas la seule femme qui ait vraiment compté dans la vie de Paganini, hormis sa mère, à laquelle il voue une véritable vénération.

Il noue des relations étroites avec toute la famille Quilici, entre autres avec Bartolomeo et Teresa, le frère et l'autre sœur d'Eleonora. Cette amitié ne se démentira jamais ; la preuve en sera apportée après la mort du musicien.

Niccolò se consacre à son poste de premier violon et à ses leçons ; en effet, il a plusieurs élèves : Angelo Terro, violoncelliste, Francesco Bandettini, premier contrebassiste de l'orchestre, Agostino Dellepiane et Giovanni Giovanetti, tous deux violonistes. Sa vie s'écoule somme toute très paisiblement.

Elle s'écoule même trop calmement au goût de certains, qui voudraient bien pouvoir raconter quelques anecdotes faisant sensation. Alors, pourquoi ne pas imaginer ? Et, de l'imagination, Fétis n'en manque pas[2]. Il va inventer une aventure amoureuse, qu'après lui, pratiquement tous les biographes de Paganini — G. de Courcy[3] et E. Neill[4] exceptés — vont reprendre.

Voici comment Fétis présente la chose en 1851, alors que Paganini est mort depuis onze ans :

> *Bien qu'il fût encore aux premiers temps de sa jeunesse, Paganini ne connaissait plus que le succès par son talent, lorsque, par une de ces péripéties assez fréquentes dans la carrière des grands artistes, le violon cessa tout à coup de lui offrir le même attrait. Une grande dame s'était éprise pour lui d'un violent amour qu'il partageait, et s'était retirée avec lui dans une terre qu'elle possédait en Toscane. Cette dame jouait de la guitare : elle en inspira le goût à son amant, et celui-ci y appliqua toutes les facultés de son génie, comme il l'avait fait précédemment pour le violon. Bientôt il y eut découvert des ressources nouvelles dont il enrichit le talent de son amie, et pendant près de trois années il se livra à l'étude de cet instrument et à celle de l'agriculture, dont la belle terre de sa dame lui offrait*

l'occasion. Ce fut alors qu'il écrivit douze sonates pour guitare, qui forment ses œuvres deuxième et troisième.

Il faut avouer que tout cela est bien romanesque et qu'il est difficile de ne pas croire à une aussi belle histoire, surtout lorsque l'on connaît le penchant de Paganini pour le beau sexe.

La liste de tous ceux qui ont colporté cette légende serait trop longue à établir et trop fastidieuse à lire. Néanmoins, nous ne pouvons résister au plaisir de citer quelques auteurs, ne serait-ce que pour étudier la façon dont le récit de Fétis a pu être déformé.

Jacques-Gabriel Prod'homme[5], prudent :

Tous les biographes du virtuose présentent une lacune de trois ou quatre années qu'il semble impossible de combler. Entre le mois de septembre ou octobre 1801 et l'année 1805, date d'un nouveau séjour à Gênes, que fit-il? L'autobiographie nous apprend en deux mots que son auteur « s'adonna à l'agriculture et qu'il prit goût à jouer de la guitare ». Il vécut de temps en temps dans le château d'une grande dame qui jouait de cet instrument. Plusieurs compositions, ses Op. 2 et 3, qui forment six sonates pour violon et guitare, datent de cette époque.

Renée de Saussine[5], lyrique :

Une femme, un jour, l'aima tant qu'elle en voulut au sortilège de son art et l'entraîna à sa suite. Dans son château, la tête sur son sein, il oublia tout ce qui n'était pas elle — abandonnant Lucques, sa place et jusqu'à son violon. Il aima la guitare, alors, et même l'agriculture, lorsqu'ils erraient ensemble dans les paysages bleus de Toscane. Au retour, chantait dans sa tête un Duetto Amoroso pour guitare et violon... Il était pour cette femme, comme l'avouent ses dédicaces, son ami « implacabilissimo », et son plus obéissant serviteur.

Théodore Valensi[5], interrogatif :

En des feuillets autobiographiques, Paganini nous confirme que durant cette éclipse supérieure à trois ans, il se voua à la guitare et il nous indique aussi — stupéfaction ! — qu'il s'adonna à l'agriculture.

On admet qu'il subit à cette époque (de 1802 à 1805), lui, l'esprit indépendant et matériel, l'influence d'une châtelaine dont il s'éprit et auprès de qui il vécut, s'essayant au page énamouré.

Réseau d'énigmes :

Pourquoi Paganini destitua-t-il le violon pour la

guitare ? Comment sa disparition s'accompagna-t-elle de silence et de nuit au point que cet homme dont la manière hantait déjà tous les esprits put s'effacer des vivants ? Pourquoi, lui qui jusque là n'avait aimé que les femmes s'oubliait-il maintenant à aimer une femme ? Qui ? Où ? Pourquoi se sépara-t-il ensuite de cette Dulcinée ?

Leslie Sheppard et Dr. Herbert R. Axelrod(5), très prolixes sur le sujet :

Paganini tomba amoureux. Non pas d'une de ses trop faciles conquêtes, mais d'une grande dame, plus âgée que lui, qui l'emmena dans sa propriété, dans les montagnes de Toscane. Ce fut la première aventure sérieuse de la vie de Paganini, et elle devait durer trois ans.

Fétis, à qui nous devons bien des détails de la vie de Paganini, avoue qu'il n'a pas attaché énormément d'importance à cet épisode amoureux, quand Paganini le lui raconta pour la première fois. Il se rendit compte plus tard de l'influence réelle de ces trois années sur l'œuvre artistique du grand virtuose...

On sait peu de choses sur cette épisode de la vie de Paganini. Malgré toutes les recherches, le nom de la dame n'a jamais été révélé. De toute évidence, elle était très fortunée, puisqu'elle possédait un très vaste domaine. Vivait-elle seule, était-elle mariée ou veuve ? Nous ne le savons pas. Son âge est un autre mystère, mais il est à peu près certain, qu'elle était beaucoup plus âgée que Niccolò, qui avait tout juste vingt ans. Ceux qui ont parlé de cette aventure, ont désespérément essayé de nous faire croire à une liaison purement platonique, ce qui montre le respect, dont ils font preuve pour la dame en question. Mais, étant donné ce que nous connaissons du tempérament de Paganini, il est bien improbable qu'ils aient raison.

De l'automne 1801 jusqu'en 1804, la dame, connue sous le nom de Dida, consacra toute son affection à Paganini. Autant que nous le sachions, Il ne parla de sa liaison qu'à Fétis, ne divulguant rien sur sa véritable identité, sur sa situation et sur sa propriété, même à son vieil ami. Et toute sa vie, alors qu'on forgeait de toutes pièces une légende sur ces trois années, qu'il aurait passées en prison pour le meurtre d'un rival, et qu'on le mettait au défi dans la presse de s'expliquer sur ces « années perdues », Paganini demeura loyal envers

Dida et ne révéla jamais la vérité sur ce troublant intermède.

Ces trois années de vide ont laissé les biographes perplexes, et avec le temps, les rumeurs ont commencé à courir.

Pour y voir un peu plus clair, essayons de faire la synthèse de ces différents récits :

Entre le mois de septembre ou octobre 1801 et l'année 1805, Paganini, cet homme dont la manière hantait déjà tous les esprits, tomba amoureux d'une grande dame, très fortunée, plus âgée que lui, qui l'emmena dans sa propriété, dans les montagnes de Toscane. Par une de ces péripéties assez fréquentes dans la carrière des grands artistes, il abandonna Lucques, sa place et jusqu'à son violon. Il se voua à la guitare et s'adonna à l'agriculture. Lui, qui jusque là n'avait aimé que les femmes s'oubliait maintenant à aimer une femme. Plusieurs compositions, ses Op. 2 et 3, qui forment six sonates pour violon et guitare, datent de cette époque. Paganini ne parla de sa liaison qu'à Fétis et ne révéla jamais la vérité sur ce troublant intermède.

Il y a, dans ce résumé élaboré à l'aide de phrases empruntées aux quatre auteurs, plusieurs affirmations, qui appellent quelques commentaires.

Paganini n'a pas « disparu » en septembre ou octobre 1801, puisque, comme nous l'avons vu, le 8 décembre de cette année-là, il donne un concert dans l'église Sainte-Marie de Lucques. De plus, les archives de la ville attestent que début janvier 1802, il est le « *premier violon de la République de Lucques* ».

En 1801, et même en 1805, Paganini n'est connu qu'à Gênes, Lucques, Livourne et Parme. Les correspondants des journaux étrangers ne s'intéressent pas à lui et il lui faudra attendre 1813 pour connaître un début de consécration. N'en déplaise à Théodore Valensi, sa manière hante très peu d'esprits.

Prenons un exemple : qui entend parler de Jacques Thibaud, lorsqu'après un brillant premier prix au Conservatoire de Paris, il joue dans de petits orchestres parisiens, puis occupe le pupitre de premier violon dans l'orchestre d'Edouard Colonne au Châtelet ? A peu près personne en dehors d'un cercle restreint d'amis et de connaissances. Alors, pourquoi ne pas penser qu'il en est de même pour Paganini, qui mène une vie simple et un peu routinière à Lucques ? La réponse est simple : lorsque Fétis écrit sa notice, Paganini est devenu le plus célèbre, le plus spectaculaire, le plus sensationnel violoniste de tous les temps, et le grand virtuose romantique, qu'il incarne si bien, ne peut avoir vécu, à aucun moment, une existence quelque peu médiocre et effacée. Il faut pour tous les lecteurs trouver un épisode plus attrayant.

De plus, on imagine mal une grande dame, très fortunée, emmenant dans sa propriété un violoniste — c'est-à-dire ni plus ni moins qu'un laquais — pour vivre avec lui trois ans durant. A l'époque, une telle conduite aurait provoqué un véritable scandale ; l'intrigue amoureuse ne pouvait pas passer inaperçue — surtout du personnel de la grande dame en question — et l'affaire, qui aurait fait grand bruit, serait restée gravée dans bien des mémoires.

Pour Bonaventura(6), suivi par Sheppard-Axelrod, cet amour éphémère serait la « Signora Dida », dédicatrice de la Sonate en la majeur pour guitare MS 104. Or, il semble que la composition de cette Sonate n'intervienne que vers les années 1824-25, c'est-à-dire vingt ans après cette grande histoire d'amour. L'allégation de Bonaventura paraît donc plus que sujette à caution.

Quels sont les grands artistes dont parlent Fétis, qui par des péripéties (amoureuses ?) assez fréquentes dans le cours de leur carrière, ont abandonné leur art ? Cette phrase ressemble, un peu trop, à un argument fabriqué pour justifier, à tout prix, une affirmation sans grand fond de vérité.

Continuons. Si Paganini abandonne son poste de virtuose officiel, comment se fait-il qu'il occupe encore cet emploi en janvier 1805, lorsqu'il sollicite la place de premier violon de la Chapelle Musicale de la République ? Il faut donc en conclure qu'il a obtenu un congé de deux ou trois ans et qu'il est revenu, passé ce délai, se mettre sous l'aile protectrice de son employeur. Les autorités lucquoises ont fait preuve dans ce cas d'une largeur d'esprit digne de tous les éloges.

La seule période de sa vie, durant laquelle Paganini a dit lui-même s'être consacré à l'agriculture, se situe au temps du siège de Gênes, alors que son père avait décidé d'emmener toute sa famille à Ramairone. Il fallait bien vivre et cette saine occupation était la seule permettant de se nourrir.

En 1801, le jeune homme a 19 ans — dix-sept selon Fétis. Affirmer qu'il n'a jusque là aimé que les femmes semble pour le moins exagéré. Qu'il ait connu quelqu'amourette passe encore, mais cela n'autorise pas à déclarer qu'il n'a vécu que pour les femmes.

Paganini — que l'on verra plus tard envers le sexe opposé tantôt peu scrupuleux, tantôt attentionné et naïf — fait, si l'on en croit Fétis, ses premières armes dans le domaine de la goujaterie. En effet, il compose auprès de sa grande dame ses Six Sonates Op. 3 MS 27 et, sans hésiter, les dédie à une autre femme, en l'occurrence Eleonora Quilici. Dom Juan savait se montrer plus délicat et galant ! En réalité, ses Sonates ont été composées, entre 1805 et 1808, lors de son séjour à la cour de la grande duchesse de Lucques.

On le verra par la suite, Paganini n'a jamais caché ses aventures amoureuses et il ne lui déplaisait pas de passer pour un bourreau des cœurs. Alors pourquoi, faire preuve tout à coup de cette grande pudeur et de cette extrême délicatesse, au point de s'interdire toute allusion concernant cette liaison, que ce soit auprès de Lichtenthal en 1828 ou de Schottky en 1830. Il ne l'évoquera jamais, non plus, dans ses lettres à son grand ami et confident, Luigi Germi. Ce genre de comportement paraît plutôt bizarre et assez étrange.

Ou alors, au contraire, cet attitude s'explique très bien si la grande dame n'a jamais existé que dans la seule imagination de Fétis. De 1801 à 1805, Paganini occupe un poste de premier violon dans un orchestre ; belle promotion pour le fils d'un petit commerçant ou d'un docker du port de Gênes. Rien ne dit qu'il soit vraiment heureux de sa situation, mais il ne peut guère faire mieux en cette période très troublée, où les bandits de grand chemin écument les routes et où il n'est guère prudent de se déplacer en dehors des villes. Alors, il travaille, il étudie et parfait la prodigieuse technique qui lui vaudra la gloire, quelques lustres plus tard.

Bien sûr, ce Paganini, obscur et besogneux, ne correspond guère à celui que Fétis connaît dans les années 1830 et il faut trouver à tout prix une explication à cette éclipse. Et voilà, comment on a peut-être trompé des générations de lecteurs.

Qui plus est, Fétis oublie, volontairement ou non, un tout petit détail. Est-il au courant, quand il écrit ce qui suit, que cet événement, sans nul doute, prend place en octobre 1803 ?

Quelquefois sa détresse allait jusqu'à le priver de son violon. C'est ainsi, que se trouvant à Livourne sans instrument, il dut avoir recours à l'obligeance d'un négociant français (M. Livron), grand amateur de musique, qui s'empressa de lui prêter un excellent violon de Guarneri. Après le concert, Paganini le reporta à son propriétaire, qui s'écria aussitôt : « Je me garderai bien de profaner des cordes que vos doigts ont touchées ; c'est à vous maintenant que mon violon appartient ». C'est ce même instrument qui depuis lors a servi à l'artiste dans tous ses concerts.

Le dénommé Livron est un riche négociant français, qui a suivi les armées napoléoniennes, grâce auxquelles il a fait fortune. Mélomane, violoniste amateur, il s'est établi à Livourne, mais connait bien Pise et Lucques, où il a certainement entendu jouer Paganini. Bénéficiant de solides appuis, il a obtenu l'autorisation de construire un théâtre dans les faubourgs de Livourne. L'inauguration de l'établissement a lieu en octobre 1803 ; tout porte à croire que Livron y invite Paganini et que c'est à cette occasion que le Guarnerius est offert. Ce violon ne peut être que le Guarnerius del Gesù de 1742, que Niccolò appellera lui-même « *Il Canonne* » en raison de la puissance de sa sonorité et qu'il léguera, par son testament de 1837, à la ville de Gênes.

Si les faits évoqués ci-dessus ont bien eu lieu en octobre 1803, les affirmations de Fétis paraissent de plus en plus difficiles à admettre.

Bien sûr, nous le répétons, ce ne sont là de notre part que simples postulats. Mais nous pensons, que les allégations de l'illustre musicologue belge et des auteurs qui ont cru en lui, ne semblent pas devoir être considérées comme des vérités premières.

Ajoutons que Paganini réapparaît avant 1805. En effet, le dimanche 30 janvier 1804, le général Milhaud[7] donne une réception dans son palais, et pour la circonstance que le violoniste compose ses *Divertimenti Carnavaleschi* MS 4, dédiés au général. Niccolò est donc, bel et bien, à Gênes à cette date.

A l'automne, une épidémie de fièvre jaune fait des ravages dans la région de Lucques et de Livourne. Paganini voudrait bien se mettre à l'abri, mais il lui faut pour cela disposer de finances.

Le 11 octobre 1804, il donne un concert au Théâtre National. Ayant ainsi obtenu l'argent nécessaire au voyage, il sollicite un congé, qui lui est accordé, et s'éloigne de Lucques, où il ne reviendra qu'au début de l'année 1805.

*

Notes

1. Jacques Pierre Joseph Rode (1774 - 1830). Violoniste français. A composé uniquement pour son instrument, dont 13 concertos.
2. Fétis fut souvent attaqué pour ses écrits. Voici ce qu'en dit Joseph Hardy, dans son ouvrage intitulé *Rodolphe Kreutzer* - Paris -

1910 : « La Biographie universelle des Musiciens, de Fétis, est la source où puisent ordinairement ceux qui désirent avoir des détails sur la vie ou les œuvres d'un artiste... Malheureusement, elle est remplie d'erreurs, qui ... entretiennent le lecteur dans des idées fausses. »

3. Voir : G. I. C. de Courcy *Paganini, the Genoese* (Norman - 1957)
4. Voir : E. Neill *Nicolò Paganini* (Paris - 1991)
5. Voir : J.-G. Prod'homme *Paganini* (Paris - 1907) ; R. de Saussine *Paganini Le Magicien* (Paris - 1938) ; T. Valensi *Paganini 1784 /1840* (Nice - 1950) ; L. Sheppard et Dr. H. Axelrod *Paganini* (Neptune City N.J. - 1979)
6. Voir : A. Bonaventura *Nicolò Paganini* (Rome - 1923)
7. Général Comte Jean Baptiste Milhaud (1766 - 1833). Général français. Nommé gouverneur de Gênes de 1803 à 1805.

Chapitre 4

« La République de Lucques me nomma premier violon de la cour... »
(1805 - 1809)

Au tout début de janvier de l'année 1805, Paganini revient à Lucques, après un bref séjour à Gênes. Mi-janvier, il envoie aux autorités lucquoises une lettre de candidature au poste de premier violon de l'Orchestre du Pouvoir Exécutif(1) :

> Le génie que possède la République Lucquoise pour la promotion des sciences et des arts, et l'empressement infatigable de ses illustres représentants à le seconder, ont encouragé le citoyen Paganini à offrir humblement aux respectables citoyens magistrats, ses services en qualité de premier violon de la chapelle musicale de la République — sans pour autant vouloir priver de leurs droits d'autres personnes qui les auraient acquis auparavant — avec obligation particulière d'enseigner à deux jeunes Lucquois l'art du violon et de parfaire leurs connaissances, dans toute la mesure du possible. Le très respectueux signataire ne demanderait en contrepartie que ce que la sagesse des citoyens magistrats voudra bien déterminer. Cela pourrait se limiter à le doter de moyens de subsistance décents, et en outre à une permission annuelle de congés hors de l'Etat, étant bien entendu qu'aucun préjudice ne saurait être porté aux obligations souscrites. Tout en sollicitant humblement cette faveur, il s'en remet à la magnanimité des citoyens magistrats et a l'honneur de les assurer de sa déférence et de sa considération.

Le 22 janvier, lui parvient, sous forme de décret, la réponse à sa candidature :

> Le dénommé Paganini est engagé au sein de la Chapelle nationale en qualité de premier violon, sans pour autant que soient remis en cause les avantages accordés à l'actuel titulaire Romaggi. Ce dernier continuera à occuper le premier pupitre lors des concerts de la Chapelle, au cours desquels tous deux interviendront ; en ce cas, le susdit Paganini, qui devra en tout temps participer aux concerts, occupera le poste de premier des seconds violons. Une rétribution mensuelle de douze écus est allouée au susdit Paganini, à partir de ce jour. Il aura pour obligation de former

deux élèves parmi les résidents lucquois, qui lui seront affectés avec toute la sagacité voulue par deux anciens, députés auprès de la Famille du Palais, et qui devront, au préalable, en référer au pouvoir exécutif.

Paganini prend donc ses fonctions de premier violon, non pas à part entière, mais en alternance avec un certain Giuseppe Romaggi, dont ce sera le seul titre de gloire. Ce partage n'est peut-être pas du goût de Niccolò, mais que peut-il y faire ?

On ne sait rien, et c'est bien dommage, des élèves que la « sagacité » de « deux anciens » lui a affectés. Paganini lui-même n'en parlera jamais, ce qui tendrait à prouver qu'ils ne firent pas une très grande carrière.

*

Le 26 mai 1805, à Milan, Napoléon se couronne lui-même roi d'Italie. Le népotisme le pousse alors à distribuer territoires et titres nobiliaires à ses proches. Sa sœur Maria-Anna, dite Elisa, et son mari Felice Baciocchi(2) se voient attribuer les duchés de Piombino et de Lucques, réunis en une principauté. Le 14 juillet, Elisa fait une entrée solennelle et triomphale dans Lucques. Il faut dire que son auguste frère n'a pas lésiné sur l'escorte qu'il lui a fournie, et dont le moins qu'on puisse dire est qu'elle est imposante : cent cavaliers de la Garde impériale et quatre détachements des Gardes d'honneur des principales villes d'Italie.

Frédéric Masson, dans son ouvrage *Napoléon et sa famille*, parle de cette arrivée mémorable :

Le cortège est ainsi formé : en tête, gardes d'honneur, puis carrosse des cérémonies, carrosse de chambellans, carrosse de dames, carrosse de ministres, carrosse du général Hédouville, chargé de remettre tout à l'heure au prince une épée, signe de la protection que sa Majesté assure à l'Etat de Lucques ; ensuite, nouveau détachement de gardes d'honneur, le carrosse à six chevaux de Leurs Altesses Impériales et Sérénissimes, escorté de six écuyers à cheval, suivi des chevaux de selle du prince — car Félix Ier doit faire une entrée équestre ; puis, encore de la cavalerie, encore des carrosses de dames, de chambellans et d'aumôniers, encore des gardes d'honneur. On présente les clefs ; l'artillerie tonne, les cloches sonnent ; tout de suite on se dirige vers la cathédrale. L'archevêque encense, offre l'eau bénite, et, sous un dais que portent les chanoines, le ménage Baciocchi s'avance jusqu'à l'autel. Après l'offrande où il y a pain d'or, pain d'argent, vase et cierge, l'archevêque fait au prince la tradition de la main de justice, lui remet un anneau, en donne un autre à Elisa.

Puis, on lit le décret de l'Empereur ; après quoi, le héraut d'armes proclame : « *Evviva Loro Altezza Serenissima e Imperiale !* »

Comme son illustre frère, Elisa a le sens du spectacle. Voilà qui n'est certainement pas pour déplaire à Paganini.

A son arrivée à Lucques, Elisa a vingt-huit ans. Petite, maigre, elle ne possède pas la beauté de sa sœur Pauline. Mais, intelligente et vive, elle sait comment séduire, être obéie ou admirée. Comme son frère, elle peut exploser en des colères tout à fait hors de proportion, mais comme lui également, se montrer charmante et attentionnée. Elle est également dotée d'une inépuisable énergie. Elle va immédiatement le prouver, et ce dans tous les domaines : vie pratique, commerce, arts et lettres, politique, armée.

Jusqu'en septembre, elle réside dans son palais Leonardo, puis va établir sa cour à Viareggio. Ses deux palais ne lui suffisant pas, elle acquiert, en 1806, au nord-est de la ville, la villa Marlia, qu'elle va faire transformer en une résidence de style anglais. Puis, ce sera sa résidence de Massa, pour la rénovation de laquelle elle n'hésite pas à faire abattre l'église Saint-Pierre qui bouche la vue et assombrit ses appartements.

Mais, si Elisa aime le faste et le décorum, elle est également très soucieuse d'épargner les deniers de l'Etat et veut alléger les dépenses de fonctionnement de la cour. Le 31 juillet 1805, un décret est promulgué, qui licencie tout le personnel du palais, y compris les membres des deux orchestres existants. Si le document est signé par Felice Baciocchi, cette décision, comme toutes les autres, a bel et bien été prise par la princesse.

Ne voulant pas surcharger notre Peuple d'impôts, qui ne seraient pas absolument indispensables à la bonne marche de l'Etat et dans le souci de réduire sans délai les dépenses publiques au plus strict nécessaire,

Avons ordonné et ordonnons ce qui suit :

Article I — Tous les huissiers, employés de bureau, fonctionnaires, musiciens et en règle générale toutes les personnes faisant partie de la suite de la famille du Palais, seront licenciés à compter du 1° août.

Article II — A titre de gratification, il sera accordé, le 1° janvier prochain, à toutes les personnes licenciées en vertu de l'article précédent la moitié de leur salaire.

Article III — Toute les personnes licenciées, qui

pourront prouver qu'elles ont effectué trente ans de service, recevront à vie une pension correspondant au tiers de leur salaire ; celles qui pourront prouver entre trente et quarante ans de service, recevront la moitié de leur salaire ; et celles qui pourront prouver entre quarante et cinquante ans de service, recevront l'intégralité de leur salaire.

Article IV — Toutes les personnes licenciées en vertu du présent décret se verront donner la préférence en cas de postes vacants, dans l'administration ou dans tous les établissements publics, suivant leur compétence.

Article V — Le Ministre de la Justice est chargé de l'application de présent décret.

Fait à Lucques, le 31 juillet 1805

Paganini se retrouve donc, momentanément, sans emploi. Il en profite et part se reposer à Gênes. De retour à Lucques, il donne, le 24 septembre, un concert, peut-être afin de se faire remarquer de sa souveraine.

Le 1ᵉʳ janvier 1806, Elisa réorganise un seul et unique orchestre en lieu et place des deux existant auparavant. Antonio Puccini(3) perd sa place de chef d'orchestre au profit de son fils Domenico(4). Paganini, et son frère Carlo, revenus à Lucques avec Niccolò fin 1805, sont engagés dans l'orchestre de la cour, dont le premier violon est toujours Giuseppe Romaggi, qui conserve son poste grâce à son ancienneté. Évidemment, le rôle de second violon n'est certainement pas celui que Niccolò espérait. Mais, au moins, il peut gagner sa vie de façon décente, même si, selon ses propres termes, ce qu'il perçoit n'est qu'un « misérable petit salaire ».

Les choses sont ainsi et Paganini racontera plus tard à Lichtenthal, Schottky et Fétis quelques anecdotes sur sa vie de musicien de cour :

La République de Lucques me nomma premier violon de la cour ; j'y restai pendant trois ans et je donnai des leçons à Baciocchi. Ma place m'obligeant, à jouer dans deux concerts qui se donnaient chaque semaine, je jouais toujours de fantaisie, accompagné par le piano pour lequel j'écrivais une basse, et sur cette basse j'imaginais un thème en improvisant. Un jour, il était midi, la cour demanda un concerto de violon et de cor anglais pour le soir ; le maître de chapelle refusa, parce qu'il n'avait pas le temps matériel ; on me pria de le faire, je composai en deux heures un accompagnement d'orchestre que j'exécutai le soir avec le professeur

Galli(5), *et qui fit fureur... La princesse Elisa, qui avait quelquefois des évanouissements en m'écoutant, s'éloignait souvent pour ne pas priver les autres du plaisir de m'entendre... Une dame que j'aimais se montrait, au contraire, très assidue à ces réunions. Insensiblement notre passion mutuelle augmenta, mais des motifs importants nous commandaient, au contraire, la prudence et le mystère. Notre amour n'en devint que plus vif. Un jour, je promis à cette dame, pour le prochain concert, une galanterie musicale qui ferait allusion à nos amours, et je fis annoncer à la cour une nouveauté, sous le titre de « Scène Amoureuse ». La curiosité fut vivement excitée, mais l'étonnement de l'assemblée fut extrême, lorsqu'on me vit entrer dans la salle avec un violon qui n'avait que deux cordes. Je n'y avais laissé que le sol et la chanterelle : celle-ci devait exprimer les sentiments d'une jeune femme, l'autre, le langage passionné d'un amant... les accents les plus tendres succédaient aux emportements de la jalousie. C'étaient des mélodies, tantôt insinuantes, tantôt plaintives, des accents de fureur et de bonheur. Venait ensuite la réconciliation des amants, qui exécutaient un pas de deux, terminé par une coda endiablée. Le morceau eut un succès considérable. La princesse Elisa, après m'avoir comblé d'éloges, me dit gracieusement : « Vous venez de faire l'impossible ! Une seule corde ne suffirait-elle pas à votre talent ? » — « Certes » fut ma réponse ; j'en fis l'essai et il me réussit. Je composai pour la quatrième corde une sonate militaire, intitulée « Napoléon », que j'exécutai le 25 août devant une cour nombreuse et brillante. Ma prédilection pour la corde de sol date de cette époque. On ne se lassait pas d'entendre ce que j'écrivais pour cette corde, et chaque jour j'y acquérais plus d'habileté. C'est ainsi que par degré je suis parvenu à cette facilité que vous connaissez et qui ne doit plus vous étonner. J'ai aussi dirigé à Lucques un opéra entier avec un violon, monté seulement avec deux cordes, et cela me fit gagner le pari d'un déjeuner de vingt cinq personnes.*

L'intégralité de ce texte n'est pas forcément à prendre pour argent comptant.

Tout d'abord, il n'est pas, et cela doit être très vexant pour lui, *premier violon de la cour*. Par contre, il est nommé professeur du prince Felice Baciocchi.

Le concerto pour violon et cor anglais a disparu. Il est

répertorié au chapitre des œuvres perdues sous le N° 22 dans le *Catalogo tematico delle musiche di Niccolò Paganini* de Maria-Rosa Moretti et Anna Sorrento.

Si les évanouissements d'Elisa semblent aujourd'hui exagérés, ces pâmoisons — selon le terme consacré de l'époque — étaient relativement fréquentes, surtout lors d'émission de sons aigus, comme en produisent les harmoniques du violon ou les voix de castrats. Farinelli provoquait lui aussi ce genre de réaction parmi la gent féminine.

Petites causes, grands effets : l'idée d'utiliser la seule quatrième corde lui vint à cause d'un défi lancé par Elisa. Il composera plusieurs œuvres de ce type et, à partir des années 1820, il n'omettra pour ainsi dire jamais d'en intégrer une au programme de ses concerts.

Lorsque il confie ses souvenirs à Fétis, il y a longtemps que l'on a oublié l'anniversaire de Napoléon Ier. Or, celui-ci était né le 15 août 1769 et tout porte à croire que la *Sonate Napoléon* fut composée pour célébrer l'événement et qu'elle fut exécutée, pour la première fois, à la cour de Lucques le 15 — et non pas le 25 — août 1807.

Aucune précision n'est donnée sur le titre de l'opéra dirigé « avec un violon monté seulement avec deux cordes ». Toutefois, nous savons que, le 9 mars 1809, devant toute la cour, Paganini dirige *Le mariage secret* de Cimarosa(6) et remporte un immense succès. Mais, rien ne dit qu'il s'agit de cette œuvre, d'autant plus que, si on l'en croit, les occasions de diriger un opéra ne devaient pas lui manquer.

A Lucques, je dirigeais l'orchestre lorsque la famille régnante assistait à l'opéra...

Mais, dans tout ce récit, l'énigme la plus intéressante à résoudre est l'identité de cette dame à qui Paganini dédie une *galanterie musicale*. Or, s'il l'a nommée à Schottky, celui-ci ne révéla jamais son identité. Pourquoi cette discrétion ? On peut supposer que la dame en question est mariée, que son mari occupe ou a occupé un poste important et possède de puissants appuis. Deux noms viennent à l'esprit : celui de madame Laplace, dame d'honneur d'Elisa, et celui de madame Frassinet — nom orthographié parfois Fressinet ou Freissinet — épouse de général et qui occupe, elle, le poste de dame de compagnie.

Ce n'est pas n'importe qui, Pierre-Simon de Laplace, et avoir eu une liaison avec son épouse peut attirer de graves ennuis. Il est né à Beaumont-en-Auge, dans la Normandie, en 1749. En 1783, il devient membre de l'Académie des

Sciences. La Convention le nomme président de la Commission des poids et mesures, qui devait créer le système métrique. Après une période de retraite forcée, il se rallie au Consulat et est nommé ministre de l'Intérieur par Bonaparte, mais doit céder ses fonctions à Lucien Bonaparte. En 1806, il est fait comte d'Empire. Bien que comblé d'honneurs par Napoléon, il n'hésite pas en 1814 à voter sa déchéance et à se ranger aux côtés de Louis XVIII, qui le fait marquis et pair de France. Il restera jusqu'à sa mort, survenue à Paris en 1827, un homme influent et écouté, tant dans le domaine des sciences que dans le monde de la politique.

On se rend compte que la femme d'un tel homme ne peut être accusée d'adultère. De plus, le portrait brossé par Frédéric Masson, dans son ouvrage *Napoléon et sa famille*, ne correspond guère à celui d'une femme prête à tromper son mari avec un quelconque violoniste, fût-il virtuose de la cour.

Mme Laplace ne bougeait point de chez Joséphine depuis l'an VIII, toujours empesée, cérémonieuse... fort honnête femme et bonne épouse, peu faite pour une cour... une bourgeoise, dont les manières sont guindées comme l'esprit, qui se fond en révérences, s'aplatit en adorations, récite le protocole en femme de chambre qui s'instruit... Laplace, ci-devant ministre, académicien, sénateur, chancelier du Sénat, est décoratif, et Madame, très fidèle épouse, participe à la décoration, aussi honnête que sotte.

Quant à Philibert Frassinet, il est né à Marcigny en 1767. Engagé en 1784, promu général de brigade en 1799, il est envoyé à Saint-Domingue en 1801. Fait prisonnier par les Anglais en 1803, libéré en 1810, il reprend du service, participe aux campagnes napoléoniennes et est fait baron d'Empire en 1813. Madame Frassinet est donc seule à la cour de Lucques lorsqu'Elisa l'emmène avec elle en Italie ; son mari est prisonnier des Anglais depuis 2 ans et il y a fort à parier qu'elle n'a aucune nouvelle de lui.

Ce qui pourrait inciter à penser que madame Frassinet est bien la dame des pensées de Paganini, c'est qu'il va lui dédier deux cahiers de *6 Sonates pour violon et guitare* MS 9 et 10, composées entre 1805 et 1808. De plus, dans un autre recueil de *6 Sonates pour violon et guitare* MS 13, écrites à la même époque et dédiées celles-ci à SAS la petite princesse Napoleone, fille de Felice et Elisa Baciocchi, née en 1808, nous trouvons l'indication suivante : « *Rondo Andante alla Frassinet* » (Sonate N° 5).

Par contre, dans ce cas, Schottky n'aurait dû avoir aucun

scrupule envers la femme d'un obscur général d'Empire. La seule explication valable à ce silence serait que Paganini lui-même aurait fait promettre à Schottky de ne rien divulguer. Mais, là encore, pourquoi ? Bien difficile en l'absence de preuve d'affirmer quoi que ce soit.

*

Le 24 septembre 1807, Paganini donne un concert à la villa Marlia, toute la cour étant présente.

Le 1° janvier 1808, de nouveau par souci d'économie, Elisa dissout son orchestre. Seuls resteront inscrits sur les livres comptables de la cour, les deux frères Paganini, un ténor Felice Simi et Domenico Puccini, en tant que maître de chapelle ; celui-ci sera remplacé, en cas d'indisponibilité, par un certain Jacopo Rustici. Les quatre musiciens ont pour obligation d'accompagner les souverains dans leurs déplacements, si ceux-ci en expriment le désir.

Dès le 10 novembre 1807, le Secrétaire de Cabinet d'Elisa avait fait connaître à l'Intendant Général les directives de la Princesse.

J'ai l'honneur de vous informer qu'à la suite de la souveraine décision, la Musique de la Chapelle sera licenciée le 1° janvier 1808... D'après l'intention de son Altesse, les appointements suivants seront compris dans le budget de la future année 1808, et seulement pour les professeurs de musique ci-dessous :

45 écus par mois pour les deux frères Paganini

25 écus par mois pour le ténor

18 écus par mois pour Mr Puccini, maître de chapelle à condition qu'ils promettent de suivre partout leurs Altesses. Les mêmes appointements seront donnés à Mr Rustici, aux mêmes conditions.

Enfin, on donnera 15 écus par mois aux deux joueurs de violon. Ces sommes formeront en tout 118 écus par mois.

Vous aurez ensuite la bonté de faire savoir aux professeurs ci-dessus, qu'ils devront suivre partout leurs Altesses, à Piombino, à Massa, aux Bains, quand il le leur sera ordonné, et quand il plaira aux souverains.

Les frais de voyage leur seront payés.

Avec 22,50 écus par mois chacun, les frères Paganini n'ont pas à se plaindre : ce sont eux les mieux payés, parmi les membres de l'orchestre.

*

En mars 1808, Paganini sollicite un congé qui lui est

accordé. Il se rend d'abord à Gênes, où il reste quelques semaines. Puis, comme il le dira plus tard à Schottky, il entreprend un tournée de concerts en Toscane, émaillée d'incidents parfois cocasses.

Sans cesser d'être attaché à cette cour, je voyageai en Toscane. Dans un concert donné à Livourne un clou m'entra dans le talon de manière que j'arrivai en boitant sur le théâtre ; le public se mit à rire. Au moment où je commençais à jouer, les lumières de mon pupitre tombèrent ; autres éclats de rire de l'auditoire. Enfin dès les premières mesures de mon concerto, la chanterelle se rompit, ce qui mit le comble à la gaîté. Mais je jouai mon concerto sur trois cordes et je fis fureur.

Il va également jouer au moins deux fois à Turin. Felice Blangini[7], en parlera à Fétis « avec une admiration sans bornes » dès son retour à Paris. Mais, rien ne prouve, comme on l'a prétendu, que Paganini ait été invité par Pauline Borghèse, durant son séjour dans la ville, et qu'il ait eu avec elle une aventure amoureuse. Il est vrai qu'on ne prête qu'aux riches et que Pauline passait pour collectionner les amants.

Le 20 juillet, à Gênes, Domenica Paganini épouse Giuseppe Passadore. Pour la circonstance, Niccolò fait cadeau à sa sœur de la *Sérénade* en do majeur pour alto, violoncelle et guitare, MS 17, également appelée *Terzetto N° 1*.

Le 8 août, Paganini est de retour auprès d'Elisa. Il doit déjà commencer à se lasser de cette vie de musicien de cour. Il avouera, plus tard, à l'un de ses secrétaires :

Quand j'étais au services des Baciocchi, j'eus à supporter bien des humiliations...

Il est évident que le caractère autoritaire et hautain d'Elisa ne devait pas être facile à supporter tous les jours. Le 1er avril 1809, elle est nommée grande duchesse de Toscane et elle installe sa cour à Florence dans le palais Pitti. Elle vit alors plus ou moins séparée de son mari, qui continue à résider à Lucques et n'apparaît à Florence que lorsqu'il y est obligé.

Que devient alors Paganini ? Une chose est sûre : dès 1809, il ne fait plus partie de l'orchestre de Lucques, toujours placé sous l'autorité de Felice Baciocchi. Donc, en admettant que Paganini vive encore à Lucques, il n'y occupe plus aucun poste officiel.

Toutefois, il n'est pas certain non plus qu'il ait suivi Elisa à Florence ou tout au moins qu'il y demeure en permanence. En effet, le 25 février 1809, de Livourne, Boucher de

Perthes(8), dans une lettre adressée à son père, déclare :
Le prince Baciocchi est un amateur zélé de violon. Nous faisons des quatuors. Un Génois nommé Paganini fait le premier violon, et joue aussi de la guitare. Malheureusement, comme il n'habite pas cette ville et que le prince n'y vient qu'en passant, les réunions de musique sont rares pour moi.

On peut en déduire que Paganini — qui ne vit pas à Livourne, mais y vient occasionnellement — continue à fréquenter le prince Felice et à lui prodiguer son enseignement. Il semble donc qu'il mène une vie de musicien indépendant, avec comme ville de résidence, soit Lucques, soit Florence.

*

La rupture avec les souverains va intervenir à cause de la susceptibilité d'Elisa qui considère tout manquement aux usages de la cour comme un affront personnel.

Le premier incident est peut-être dû à Boucher de Perthes, qui, sans bien réfléchir, écrit au Grand Chambellan de la cour de Florence, une lettre contenant un passage dont Felice Bacciochi a pu prendre ombrage.

Livourne, le 25 décembre 1809

Oui, je le déclare à la face du ciel et de la terre, c'est à vous principalement que je dois ma graisse, par suite des royaux déjeuners que nous faisions avec le prince, voire même les mauvais quatuors qui les suivaient, car l'un n'empêche pas l'autre, et l'on peut être la perle des hommes et même des princes, comme dit « il maestro di cappella » Paganini, et avoir la perle des cuisiniers, sans être la perle des violons...

Paganini est aussi une altesse dans son genre, et quand il voudra faire moins de charges et renoncer à l'honneur d'être le grand paillasse des violons, il en sera le grand duc, voire même l'empereur, et il pourra s'écrier comme certain virtuose : « J'aime mieux être l'empereur des violons que le violon de l'empereur ! »...

Savez-vous pourquoi ce garçon m'a plu tout d'abord ? Est-ce par son violon, sa guitare, son esprit, son originalité ? Non, c'est par sa maigreur. En le voyant si admirablement étique, son aspect me consolait et, quand je l'avais bien considéré, je me trouvais presque gras. Aussi quand il joue et tire de son instrument cet immense volume de son, je suis à me demander si c'est lui ou son violon qui résonne. Je croirais assez que c'est lui, certainement, il est le plus sec des deux et, ma peur, quand il s'approche du feu, c'est de le voir voler en éclats, car alors, remarquez-le bien, ses membres craquent. Tenez donc toujours un seau d'eau à portée...

Pourquoi le Grand Chambellan fait-il lire cette lettre à Elisa ? Il est impossible de répondre à cette question. Toujours est-il que le grand duc, très certainement mis au courant par son épouse, n'a pas dû particulièrement apprécier le jugement de Paganini sur sa façon de jouer du violon. Boucher de Perthes, quant à lui, se retrouve dans une situation bien embarrassante et ne manque pas d'adresser d'amères reproches à son correspondant.

Livourne, le 31 décembre 1809

L'attachement que je vous ai voué me force de vous dire que votre excellence a fait une bêtise, et une grosse, en montrant ma lettre à la grande duchesse. Elle en a ri, dites vous ; mais je n'aime pas à faire rire les altesses et je serais surtout fort contrarié que mon bavardage parvint aux oreilles du prince, qui n'entend pas raison sur son talent musical, et qui pourrait en garder rancune, non à moi peut-être, mais ce qui serait dix fois pis à Paganini, que je regrette amèrement d'avoir ainsi mis en scène. Il a besoin du prince, et je me reprocherais toute ma vie une plaisanterie qui pourrait lui faire perdre sa place et son avenir...

Mais, cette bévue du Grand Chambellan n'est pas la seule cause de discorde entre les altesses et le musicien.

Elisa, alors qu'elle résidait encore à Lucques, avait nommé Paganini capitaine de sa Garde. Or, lors d'une soirée, celui-ci se présente revêtu du brillant uniforme de son unité. Conestabile, le premier, relata cet incident qui, selon lui, fut la principale raison du divorce :

Lors d'un gala officiel, au cours duquel Paganini devait jouer, il apparut en uniforme de la Gendarmerie Royale. La Princesse, l'apercevant, lui ordonna de se changer et de revêtir la tenue de soirée. Il répondit que son brevet ne spécifiait pas à quel moment il pouvait porter son uniforme et qu'il n'avait pas l'intention de se changer. Elle insista à nouveau durant le concert, et il refusa encore, paradant même dans la salle de bal en uniforme. Cependant, comme il savait très bien que, même s'il avait raison, force reviendrait à la cour, où une obéissance de tous les instants était exigée, il s'enfuit la nuit même et ne se laissa séduire par aucune promesse de pardon.

Mais cette rupture, que Conestabile date de 1813, se produisit en réalité fin 1809. En 1810 Paganini ne réside plus à Florence et a entamé sa carrière de violoniste de concerts.

Ainsi se termine la première expérience de Paganini en tant que musicien-courtisan. Il en connaîtra une autre à la fin de sa vie et toujours, ironie du sort, avec une souveraine qui a beaucoup compté dans la vie de Napoléon, à savoir l'ex-impératrice Marie-Louise.

*

Notes
1. Voir Domenico Corsi : *Paganini, premier violon de l'orchestre national de la république de Lucques* - Rome - 1959
2. Pasquale, dit Felice, Baciocchi (1762 - 1841). Épousa Elise, sœur de Napoléon en 1797. Prince de Lucques et de Piombino en 1805.
3. Antonio Puccini (1747 - 1832). Compositeur et chef d'orchestre italien. A composé de la musique religieuse.
4. Domenico Puccini (1772 - 1815). Compositeur et chef d'orchestre italien. Grand-père du compositeur de *La Bohème*
5. Antonio Galli, musicien italien. Occupait le poste de hautbois et de cor anglais dans l'orchestre de la cour de Lucques
6. Domenico Cimarosa (1749 - 1801). Compositeur italien. A écrit plus de soixante opéras, des cantates, des oratorios, de la musique d'église, de la musique instrumentale.
7. Giuseppe Felice Blangini (1781 - 1841). Compositeur, professeur de chant et ténor français d'origine italienne. A composé 30 opéras, 174 romances, 170 nocturnes et 4 messes. Eut une liaison avec Pauline Borghese, sœur de Napoléon.
8. Jacques Boucher de Crèvecœur de Perthes (1788 - 1868). Archéologue français. Précurseurs des sciences préhistoriques.

Chapitre 5

« Il deviendra un prodige... »
(1810 - 1812)

L'année 1810 est pour Paganini celle de la liberté. Il a un peu plus de vingt-sept ans et, pour la première fois de sa vie, il n'a de comptes à rendre à personne.

Cette liberté conquise après vingt années de travail, de sacrifices, d'humiliations, de vexations, il va essayer d'en profiter au maximum. En 1830, il confiera à son secrétaire George Harrys :

Dans mes premières années, j'ai eu bien des désaccords avec la cour de Lucques, et pour un misérable petit salaire j'ai dû subir bien des avatars. Un jour, subitement, j'ai filé, vivant dans un endroit, puis dans un autre, échouant au milieu de joueurs avec lesquels j'ai souvent risqué de perdre plus que je ne possédais. Plusieurs de mes petites histoires d'amour, racontées à mes amis, ont été répétées et, bien que des anecdotes ne soient pas tout-à-fait dénuées de vérité, elles ont été tellement déformées en étant colportées, que moi-même je ne les reconnaissais pas. Lorsque je devins mon propre maître, j'ai vécu plein de riches aventures, mais je n'ai jamais été moitié aussi mauvais que les gens l'ont dit.

Il est vrai que Paganini ne cachera jamais, surtout dans sa correspondance, son penchant pour le jeu et son goût immodéré pour les femmes. Toutefois nous somme loin de la vie de débauche et de luxure, décrite par certains auteurs. Ce genre d'existence est, du reste, incompatible avec celle que doit mener un artiste, à qui l'amour de son art interdit de se présenter devant un public, sans être en pleine possession de ses moyens.

*

Pour le nouveau Paganini, violoniste indépendant, la rencontre avec le public va avoir lieu en tout début d'année à Rimini. Au cours du mois de février, il va se produire six fois au théâtre *Avvalorati* de Livourne, où il semble maintenant séjourner, si l'on en croit cette lettre, que Boucher de Perthes adresse à son père, le 9 du même mois.

Livourne, 9 février 1810

... Je vous ai parlé d'un Italien avec qui j'avais fait de la musique chez le prince Bacciochi. Il vient de donner ici des concerts qui ont eu un succès fou. Il est

Génois, se nomme Paganini et n'est élève que de lui-même. Aussi ne joue-t-il comme personne ; mais il gâte son jeu par des pantalonnades indignes de l'art et de son beau talent : je l'ai entendu ajouter à un concerto de Viotti(2) un point d'orgue dans lequel il faisait entendre l'âne, le chien, le coq, etc.

Quelquefois, en commençant un morceau, il brise une des cordes de son instrument. On croit qu'il va s'arrêter, mais il continue sur trois cordes. Ensuite, il exécute des variations sur la quatrième seule.

Où il excelle, c'est dans l'arpeggio, la double corde et le pizzicato, qu'il produit de la main gauche sans déranger son violon. Il fait ensuite un mélange de toutes ces façons de jouer : c'est à faire tourner la tête. Aussi les Italiens, qui aiment les tours de force, l'applaudissent à tout rompre, et, quand il sort du théâtre, trois cents personnes le reconduisent chez lui.

Il joue de la guitare non moins bien que du violon, et chante en petit comité, mais ce n'est pas là son beau côté : il a une voix de pot fêlé...

Donc, dès cette époque, contrairement à ce qu'affirme Conestabile, pour qui la rupture avec Elisa date de l'année 1813, Paganini ne vit plus à la cour de Florence.

Le 13 mars, il retourne à Lucques et puis l'on perd sa trace jusqu'au tout début du mois de juillet, où il ressurgit pour jouer au *Teatro del Publico* ; entre autres œuvres, il interprète, certainement pour le première fois en public, sa *Polacca* en la majeur MS 18. Puis, il se fait entendre fin juillet à Rimini ; fin août, par deux fois à Cesena où il présente pour le première fois en public la *Sonate Napoléon*, qu'il n'avait jouée jusqu'alors qu'à la cour d'Elisa ; en août, toujours, à trois reprises, à Forli ; et enfin, le 23 septembre, à Piangipane, tout à côté de Ravenne, dans la résidence, *La Camera*, du comte Pietro Cappi.

Fin octobre, il donne trois concerts à Rimini, au *Teatro del Publico*.

Encore une fois, il va disparaître jusqu'en mai 1811. Sont-ce déjà « les premières atteintes de la maladie d'entrailles » ou « les maux nerveux », qui l'obligent à cesser toute activité ?

Nous le retrouvons le 17 mai 1811 à Modène, pour un seul et unique concert. Le 16 juin, il joue à Reggio Emilia, avec un programme comprenant notamment une *Sonate pour pianoforte et violon* et une *Sonate* avec variations « sur la seule quatrième corde du violon » — interprétée, semble-t-il, pour la première et dernière fois. Il s'agit certainement d'une improvisation, dont la base serait une des sonates pour violon et guitare, ce dernier instrument étant remplacé par un pianoforte.

De Reggio, Paganini se dirige sur Parme, où il donne trois concerts, les 9, 10 et 16 août. Lors du dernier, il interprète sa *Sonate Napoléon* et le commentaire de Fétis, à ce sujet, ne manque pas de nous étonner :

Ce fut en 1810 qu'il fit entendre pour la première fois, dans un concert de la cour, des variations sur la quatrième corde, dont il avait porté l'étendue à trois octaves, au moyen de sons harmoniques. Cette nouveauté eut un succès prodigieux, surtout quand il l'eut rendue publique, dans un concert qu'il donna à Parme, le 16 août 1811.

Or, Paganini lui-même déclara, que sa première composition sur la quatrième corde, avait été exécutée pour célébrer l'anniversaire de l'empereur en 1807. Il ne pouvait avoir présenté cette sonate en 1810, puisqu'à cette date il avait quitté la cour de Florence. De plus, la première exécution publique connue remonte au 29 août 1810 à Cesena.

Le 18 septembre, il est à Forli. Puis, pourquoi ? Trois mois de silence.

Nous retrouvons Paganini pour un concert à Bologne le 22 décembre, suivi d'un autre le 25. Au programme de celui-ci, nous trouvons : un *Duo instrumental*, assurément une autre appellation pour la *Sonate en do majeur* pour violon seul, composée entre 1805 et 1808 et dédiée à Elisa.

De Bologne, il se rend à Ferrare, où le 22 janvier 1812, il va passer une très désagréable soirée, dont Giovanni Battista Gordigiani(2), grand ami de Paganini fit un récit détaillé.

Mon ami Paganini me suggéra de l'accompagner à Ferrare, où il devait donner un concert, et comme la dame de mon cœur, Pallerini, la première danseuse de l'Opéra, se trouvait à Ferrare, j'acceptais avec grand plaisir. Notre voyage fut très agréable, car Paganini a beaucoup d'humour et d'esprit et que le temps passe très vite en sa compagnie. Nous étions à peine arrivés que le régisseur se présenta à Paganini et que tout fut arrêté pour le lendemain. Paganini se précipita chez Madame Marcolini(3) pour la prier de chanter au concert. Pendant ce temps, j'allais m'enquérir de l'endroit où logeait Pallerini. Imaginez ma joie quand je m'aperçus qu'elle était descendue dans notre hôtel !

En fait, elle occupait la chambre à côté de la mienne. J'empruntais la guitare de Paganini et me mis à jouer, dans ma chambre, certaines pièces, sur lesquelles je savais que Pallerini avait dansé. Au bout du quatrième morceau, j'entendis tout à coup sa douce voix dans la chambre voisine. Fou de joie, j'entamais un autre morceau et j'entendis encore appeler. Je me levais lors avec ma guitare et allais coller l'oreille contre la porte de séparation. A ce moment, Paganini entra et je dois admettre que je fus bien embarrassé. Alors ce diable d'Orphée me fixa de ses petits yeux noirs et se mit à rire. Je le fis taire et le priais, pour l'amour du ciel, de rester tranquille... et alors je lui expliquais les raisons de mon étrange comportement. Je lui confessais tout.

Paganini me dit qu'il la connaissait et qu'il pouvait me présenter. Nous allâmes frapper à la porte voisine et un « Avanti », doux comme du miel, nous invita à entrer. Elle était assise sur un sofa, appuyé à la porte de ma chambre — et il me semblait, mais ce n'est peut-être que pure imagination de ma part, que nous la surprenions dans la même attitude que celle dans laquelle Paganini m'avait surpris. Elle accueillit Paganini comme on reçoit un vieil ami, et elle me salua avec ce charme qui n'appartient qu'à elle.

Au bout d'un moment, Paganini suggéra que, tous les trois, nous allions faire quelques pas dehors.

Après une petite promenade, elle nous invita pour déjeuner et je passais la journée entre la torture, la joie, l'espoir, au milieu des douceurs mêlées d'amertume d'une passion grandissante. Le soir, nous nous rendîmes au théâtre. Pour être honnête, je ne fus pas très heureux, car rien d'autre ne comptait qu'Antoinette : nous nous séparâmes très tard. Le lendemain matin, Paganini était déjà parti pour répéter et je décidais de soutenir l'épreuve d'aller rendre visite à ma voisine adorée. Elle fut encore plus charmante que la veille. Tout à coup, la porte s'ouvrit. Paganini entra avec un air sinistre, les cheveux hirsutes.

Madame Marcolini avait brusquement changé d'avis et refusait de chanter à son concert.

Paganini me dit qu'il serait bien embêté s'il ne trouvait pas quelqu'un pour la remplacer. Nous nous demandâmes qui cela pourrait bien être. C'est alors que le génie se tourna vers notre beauté, très galamment et très poliment, comme l'homme du monde qu'il voulait être — et dit sur un ton majestueux et déclamatoire « C'est elle ! Elle est la personne » — Antoinette dit « Mon cher Paganini, vous voulez sûrement plaisanter. Moi, chanter à votre concert à la place de Marcolini ? On se moquerait de moi » Et elle essaye de refuser. Paganini nous lance un regard. Nous commençons à marcher, nous faisons une pause et, après un refus catégorique et inutile, nous arrivons à un arrangement. Enfin, nous tombons d'accord sur un aria. Tout le monde se retire et Paganini invite toute la compagnie à être son hôte après le concert. Mais, moi, usant de mon droit de voisin, je reste. Paganini prend sa guitare et commence à accompagner l'air choisi, qui était facile, bref, émouvant et bien adapté à la voix faible, mais agréable, de l'artiste. Je jouai le rôle du public et de temps en temps je donnais des signes d'approbation mérités. Antoinette riait et n'arrivait plus à chanter ce qui ennuyait bien notre ami. Une nouvelle artiste était née et cela s'achevait en éclats de rire. Nous terminâmes notre déjeuner dans le rire et les chansons. Mais, au fur et à mesure que le soleil disparaissait à l'horizon, notre bel enthousiasme s'estompait, la peur arrivait, car Antoinette, qui allait apparaître pour la première fois comme chanteuse, savait très bien que Marcolini avait beaucoup d'amis. Elle se mit à se reprocher d'avoir accepté, mais il était hélas trop tard.

Nous la laissâmes se changer pour le concert. En une seconde, Paganini avait terminé sa toilette. Il sauta dans son pantalon noir, mit ses chaussures, noua une grande cravate autour de son cou et enfila sa veste et son manteau. La toilette du violon était d'autant plus rapide, qu'il se contentait d'essuyer la poussière. La voiture arriva.

Le Théâtre est plein. Après l'ouverture, Paganini apparaît. Il produit un effet magique et enchanteur. Dans les coulisses, notre pauvre amie tremble comme une feuille. Je l'encourage. Paganini la réconforte, lui prend la main et la conduit devant le public. Comme Thetis, par sa présence, calme momentanément les vagues de la tempête, comme à l'apparition de l'arc-en-ciel, ce brillant Iris, le tonnerre se tait, même l'orchestre qui criait sans arrêt « Paganini-Paganini » se calme, quand apparaît la belle Pallerini. La ritournelle commence ; des coulisses je peux voir battre son cœur, et le mien tape comme un marteau. Elle commença ; sa *voix tremblante prouvait à quel point, elle avait peur de l'assistance qui, malgré tout, l'encourageait ; petit à petit, elle reprenait confiance ; mais, la mélodie était brève et lorsqu'elle perdit courage, elle n'en avait plus besoin.*

Paganini vint la chercher sur la scène. On entendit alors un horrible sifflet strident, qui dura jusqu'au moment où elle disparut dans les coulisses. Pâle de rage, Paganini se retourna et Antoinette, désespérée, tomba presque dans mes bras. Je sentais les larmes chaudes sur ma main. J'entendais ses soupirs et sentais son cœur battre contre le mien. Mais plusieurs partagèrent mon indignation et ma colère et de l'orchestre s'éleva un murmure de désapprobation. Le siffleur caché, assez lâche pour un tel forfait, était certainement en train de cacher, derrière un mouchoir, son visage honteux, qui devait être plus blanc que le mur lui-même. Antoinette prit mon bras et je l'accompagnai jusqu'à sa loge. Le concert touchait à sa fin. Paganini entra dans la pièce et dit « Chère Pallerini, à cause de moi vous avez été insultée. Pour moi vous avez souffert et il est de mon devoir de vous venger aussi rapidement et aussi bien que je le peux. Allez dans les coulisses, je vais entamer mon dernier morceau » et curieux d'écouter la vengeance, nous nous dirigeâmes vers le coulisses.

Paganini commença par un morceau, dans lequel il imitait sur son violon les cris des animaux, demandant auparavant à l'assistance de ne pas prendre cette mascarade pour une critique. Il imita le chant d'un coq, le grésillement d'un criquet, l'aboiement d'un chien, le grincement d'une porte et d'autres bruits du même genre. Alors Paganini nous lança un regard significatif et se dirigea vers le parterre. Près de la rampe, il fait un geste qui fait taire le public, dans l'attente de quelque chose d'inhabituel. De la droite vers la gauche, il tire son archet sur la corde de mi derrière le chevalet et saute sur la corde de sol, poussant l'archet, de toutes se forces, de la gauche vers la droite, imitant ainsi le « Hi-han » bien connu. « Pour celui qui a sifflé » lança-t-il très fort.

De violents sifflets, des cris et des braillements se font entendre. Mais Paganini, imperturbablement, continue ses « Hi-han » et en ressort un dernier, encore plus fort, en se dirigeant vers les coulisses. Le tumulte s'amplifie.

Notre ami se précipite vers nous, comme un vainqueur, et s'apprête à retourner sur scène. Pallerini le retient en mettant ses bras autour de son cou, et dépose un gracieux baiser sur sa joue. Pour une telle récompense, j'accepterais d'être sifflé, non pas un petit instant, mais toute la nuit ! Hélène causa la perte de Troie. Antoinette, non moins ravissante mais moins coupable que la beauté grecque, faillit être à l'origine de la destruction du théâtre de Ferrare. L'affaire commençait à être sérieuse. Quelques uns parmi les plus excités paraissaient vouloir prendre la scène d'assaut et d'autres tapaient, comme des fous, sur la porte séparant l'orchestre de la scène et qui, heureusement, était verrouillée. Le membres de l'orchestre hurlaient et s'enfuyaient de tous les côtés. Nous étions encerclés de partout et toutes les issues semblaient bloquées par l'ennemi. Paganini tenait son violon comme un bouclier et son archet fendait l'air comme une épée ... un officier de justice arriva, et, comme Calacante, calma la colère des braillards et la nervosité des dames. Le commissaire dit des choses désagréables à Paganini, qui lui fit remarquer qu'il ne pensait pas avoir fait quelque chose de mal, en imitant le cris des animaux, comme annoncé dans le programme. De plus, ce sur quoi il avait insisté, était destiné au siffleur.

A la lecture de ce récit, on ne comprend absolument pas ce qui a pu déclencher une telle colère chez les braves habitants de Ferrare. L'explication nous est fournie par Fétis.

Ce ne fut qu'après être rentré dans son hôtel que Paganini apprit la cause de cet effroyable tumulte. On lui dit que les paysans des environs de Ferrare ont des préventions qui paraissent fort anciennes contre les habitants de cette ville ; ils les considèrent comme dépourvus d'intelligence et les comparent à des ânes. De là vient qu'un campagnard, interrogé sur le lieu d'où il vient, ne répond jamais simplement « de Ferrare », mais pousse un vigoureux hi-han ! Le public du concert de Paganini était persuadé qu'il avait voulu faire allusion à cette insulte.

Paganini, invité par la police à quitter la ville, ne remit plus jamais les pieds à Ferrare et ne parla jamais de cet incident ni à Lichtenthal, ni à Schottky. Par contre, son fils Achille déclara avoir souvent entendu son père raconter sa mésaventure.

Le 16 février, Paganini retourne à Reggio Emilia et les 9 et

17 mai, il est à Parme, où il joue au théâtre ducal.

C'est certainement, lors de ce voyage qu'a lieu la rencontre avec un peintre, nommé Pasini, rencontre que Fétis date des années 1804 ou 1805.

> *Pasini, peintre distingué et bon amateur de musique, n'avait pu croire à la faculté prodigieuse qu'on attribuait à Paganini de jouer, à première vue la musique la plus difficile. Il lui présenta un concerto manuscrit où tous les genres de difficultés avaient été rassemblés, et, lui mettant entre les mains un excellent instrument de Stradivari, il lui dit : « Cet instrument est à vous, si vous pouvez jouer cela en maître à première vue » - « S'il en est ainsi, vous pouvez lui faire vos adieux », répondit Paganini, dont la foudroyante exécution plongea Pasini dans une admiration extatique.*

Ce Stradivarius peut être, soit celui de 1725, soit celui de 1726, qui feront tous les deux partie de son héritage.

Après un concert à Plaisance, le 24 mai, Paganini disparaît de nouveau, sans que l'on puisse connaître ni la raison de cette éclipse, ni le lieu de sa retraite. Il ne réapparaîtra qu'au début de 1813, année capitale pour la suite de sa carrière.

*

Notes

1. Giovanni Battista Viotti (1755 - 1824). Violoniste italien. A composé 27 concertos, de la musique de chambre et des mélodies.
2. Giovanni Battista Gordigiani (1795 - 1871). Chanteur et compositeur italien. Enseigna à Florence, puis à Prague en 1822. A écrit de la musique religieuse, des mélodies et 3 opéras.
3. Marietta Marcolini. Cantatrice italienne. Fit ses débuts à la Scala de Milan en 1805.

# Chapitre 6

Milan et la gloire
(1813)

L'année 1813 marque un tournant dans la carrière de Paganini. Il va devenir en une seule soirée le violoniste virtuose dont on parle en Europe.

Début janvier, il donne trois concerts à Bergame, au théâtre *Riccardi*. Le succès est énorme. La lettre ci-dessous, adressée à Filippo Zaffarini, directeur de la Poste aux lettres et aux chevaux de Brescia, montre que le troisième a eu lieu le vendredi 5 février. Il est donc évident que Paganini n'assiste pas au mariage de l'aînée de ses sœurs, Nicoletta, avec Andrea Gandolfo, le 3 février ; comme il l'avait fait pour Domenica, il lui dédie une œuvre de musique de chambre, son *Premier quatuor en la mineur* pour violon, alto, violoncelle et guitare, Op. 4, MS 28.

Mon troisième et dernier concert dans cette ville a eu lieu vendredi au théâtre, à la demande générale. J'aimerais en donner un au théâtre de Brescia, et c'est pourquoi je viens vous demander de m'obtenir le théâtre pour vendredi prochain ; je fais appel à vous en tant que seul vrai protecteur de la musique et amateur éclairé.

Pour obtenir une salle à Brescia il a bel et bien frappé à la bonne porte, puisque le concert projeté a lieu le vendredi 12 février.

*

Paganini arrive à Milan, au début du mois de mars. Il est ébloui par cette ville à l'activité industrielle, commerciale et artistique très intense. Bien sûr, il est venu ici avec l'idée bien arrêtée de donner des concerts. Mais, il n'est pas question pour lui de se produire dans n'importe quelle salle. Milan, possède trois grands théâtres : le *Teatro Carcano*, le *Teatro Re* et le *Teatro alla Scala*, le plus prestigieux, celui que Niccolò veut absolument pour ses débuts dans cette ville.

Si le premier est réservé à l'opéra et le second à la comédie, le troisième, le plus prestigieux, celui que Niccolò veut absolument pour ses débuts à Milan, n'accepte que très rarement des instrumentistes, ceux-ci ne pouvant se produire qu'en intermèdes au cours de ballets ou entre les actes d'opéras.

La *Scala* a été construite de 1776 à 1778 et inaugurée en août 1778. Elle remplace le vieux *Regio Ducale Teatro* détruit par un incendie en 1776. A l'origine le théâtre appartient aux possesseurs de loges qui ont fourni l'argent nécessaire à sa construction ; puis, il devient propriété de la municipalité. La salle peut contenir trois mille personnes ; avec ses vingt-sept mètres de large et ses vingt-six mètres de long, elle est la plus grande d'Italie ; seuls le théâtre *San Carlo* de Naples et le théâtre *Carlo Felice* de Gênes peuvent lui être comparés, pour les dimensions, sans toutefois l'égaler, pour le prestige.

Peu après son arrivée, il assiste au théâtre de la *Scala* à un ballet intitulé *Il noce de Benevento* (Le noyer de Bénévent), dont la musique a été composée par Süssmayer(1) et la chorégraphie par Viganò(2). La mélodie qui annonce l'apparition des sorcières, venues danser autour de l'arbre, est fredonnée dans tout Milan. A partir de ce thème des sorcières, Paganini écrit une *Sonate* à variations pour violon et orchestre *Le Streghe* et il la présente au public milanais, lors de son premier concert, le 29 octobre. Il aura donc attendu six mois avant de pouvoir, enfin, se faire entendre dans le prestigieux *Teatro alla Scala*.

Et c'est un véritable triomphe. Dans la salle, se trouve un auditeur très attentif, correspondant de l'*Allgemeine Musikalische Zeitung* de Leipzig, Peter Lichtenthal, qui adresse à son journal la première critique concernant Paganini parue en dehors de l'Italie .

Le 29 octobre 1813, Monsieur Paganini de Gênes, qui en Italie passe pour le premier violoniste de notre temps, a donné un concert au Théâtre de la Scala, au cours duquel il a joué un concerto pour violon de Kreutzer en mi mineur et une série de variations sur la corde de sol.

L'accueil du public fut extraordinaire ; chacun voulait voir et entendre ce faiseur de miracles, et tous furent véritablement transportés. Ainsi que l'affirment Rolla et d'autres musiciens renommés, il est un des plus extraordinaires violonistes. Je dis extraordinaire car, lorsque tout devient simple, émouvant, beau, on peut trouver n'importe où de nombreux artistes aussi bons que lui, voire même meilleurs, Rolla par exemple. On comprend facilement pourquoi M. Paganini fait fureur. Quelques connaisseurs observent cependant avec raison qu'il n'a pas joué le concerto de Kreutzer dans l'esprit du compositeur et que cela le rendait parfois méconnaissable. Par contre, ses variations sur la quatrième corde émerveillèrent tout le monde, parce

qu'on n'avait jamais rien entendu de tel.
Bien sûr, cet artiste, unique en son genre, ne pouvait satisfaire son public avec un seul concert, et en l'espace de six semaines, il fut obligé d'en donner onze autres, certains à la Scala, d'autres au théâtre Carcano. Il a joué également plusieurs fois à la Cour de Milan. On dit qu'il interprète les plus difficiles quatuors de Beethoven à vue, mais, comme je n'en ai pas la preuve, j'en doute quand même un peu.

Il faut remarquer que Lichtenthal, comme Boucher de Perthes, émet quelques réserves sur la façon d'aborder un concerto de Kreutzer. Il est certain que le style de jeu et le tempérament fougueux de Paganini demandent des œuvres originales, brillantes, virtuoses, mais également très mélodiques, et qu'il ne peut donc être vraiment lui-même que dans ses propres compositions.

Il va devoir rester à Milan plus longtemps qu'il ne l'escomptait. En novembre, il donne deux concerts à la *Scala*, puis un autre au théâtre *Carcano*. En décembre, il se produit encore neuf fois dans ce même théâtre. *Le Streghe* occupe bien entendu une place de choix dans ses programmes. Lors de son dernier récital, il interprète une *Pastorale* MS 412, dont la partition n'a, hélas, pas été retrouvée.

Paganini est devenu célèbre. Lichtenthal a dit de lui qu'il est « sans doute le plus grand violoniste du monde ». Et pourtant, on va, une fois encore, assister à une éclipse. Entre le 25 décembre 1813 et le 24 mars 1814, il va disparaître, sans que, jusqu'à maintenant, l'on puisse dire ce qu'il est advenu de lui durant ces trois mois.

*

Notes
1. Franz Xaver Süssmayer (1766 - 1803). Compositeur autrichien. Élève de Mozart. Est surtout resté célèbre pour avoir terminé le *Requiem* de Mozart. A composé de nombreuses œuvres instrumentales et vocales.
2. Salvatore Viganò (1769 - 1821). Danseur et chorégraphe italien. Neveu de Boccherini. Beethoven écrivit pour lui *Les créatures de Prométhée*. A composé environ 40 ballets.

Chapitre 7

Une affaire de cœur qui finit mal
Le début d'une longue amitié
Première tournée de concerts dans l'Italie du Nord
(1814 - 1816)

Après la chute de Napoléon, l'Italie connaît, à nouveau, une nouvelle ère de grands bouleversements ; hélas, pour le pays, ces changements iront dans le sens de la réaction et non du libéralisme.

Dès la déchéance de Napoléon, les anciens souverains retrouvent leurs capitales. Les Anglais entrent dans Livourne et Gênes ; les Autrichiens s'emparent de la Lombardie.

Le congrès de Vienne ne restaure ni la république de Gênes, annexée avec Nice et la Ligurie au royaume de Piémont-Sardaigne, ni la république de Venise, qui, avec la Lombardie, forme le royaume lombard-vénitien, créé au profit des Habsbourg. Le Trentin, l'Istrie, Trieste et la Vénétie Julienne sont rattachés directement à l'Autriche.

Dans ce redécoupage, l'Autriche se taille donc la part du lion, pas territorialement, mais politiquement. Les Habsbourg imposent dans les régions les plus riches l'influence autrichienne.

Le retour de l'île d'Elbe redonne espoir aux patriotes qui vont pousser Murat à réaliser l'unité. Celui-ci reprend l'offensive en mars 1815, et par la proclamation de Rimini appelle les Italiens à l'indépendance et à l'unité. Arrêté, il sera fusillé le 13 octobre 1815.

Le temps de la *Carmagnole* n'est plus.

Il est vrai que Paganini, jacobin par nature plus que par convictions personnelles, a jusqu'à maintenant traversé bien des régimes politiques sans en être autrement affecté. La politique ne l'intéresse que très peu et il le montrera à plusieurs reprises.

*

Nous retrouvons Niccolò Paganini à Milan où, le 24 mars 1814, il donne un concert au *Teatro Re*.

Comme il n'a nulle envie de se retrouver au milieu d'insurrections qui menacent d'éclater, il part pour Pavie, où il se fait entendre à trois reprises. Puis, les choses s'étant calmées, il revient à Milan et se produit en public, neuf fois entre le 12 mai et le 16 juin.

Dans le courant du mois d'août, il est de retour dans sa

ville natale.

Le 9 septembre, au théâtre *Sant'Agostino*, c'est pour les Génois la réapparition de leur grand homme. Le lendemain, la *Gazetta di Genova* fait paraître un article, dans lequel il ne manque aucune des louanges habituelles.

Hier soir, Paganini a donné au théâtre Sant'Agostino le concert annoncé. Les mélomanes génois, qui n'entendaient plus, depuis un moment, que l'écho de ses prodigieux progrès, accoururent en foule au théâtre pour entendre leur concitoyen considéré dans toute l'Italie comme un extraordinaire musicien et comme le plus grand parmi les violonistes connus.

Paganini, dans ce concert, a répondu à l'attente générale. Il a exécuté avec une facilité et une grâce déconcertantes les choses les plus difficiles, et a dominé avec la même aisance des difficultés insurmontables pour tout autre que lui. Il a réussi à unir au plus haut degré la perfection, la douceur, la sensibilité et la mesure. En résumé, Paganini a tiré de son violon tout ce qu'il existe de plus suave et de plus inaccessible dans le temple de la musique. Que son violon ait quatre cordes ou une seule, peu importe à son archet magique. Dans la seconde partie, sur la seule quatrième corde, il a mêlé les voix et les sons comme Raphaël et Michel-Ange ont fondu sur leurs toiles la lumière et les couleurs. Paganini est peut-être un prodige, ange ou démon, mais plus certainement le génie de la musique.

Bien sûr, il ne peut en rester là. Toujours au théâtre *Sant'Agostino*, il donne trois autres concerts. Le 19 septembre, il interprète un *Concerto en ré mineur* MS 413, écrit depuis peu et dont la partition a été perdue.

C'est au cours de ce séjour à Gênes, que Paganini fait la connaissance de Luigi Guglielmo Germi. Jeune avocat de vingt-neuf ans, issu d'une famille bourgeoise. Germi n'a pu côtoyer Niccolò sur les bancs de l'école. Lorsque Paganini quitte Gênes en 1800, la différence d'âge et de milieu social est trop importante pour que les deux adolescents — l'un a dix-huit ans, l'autre quinze — puissent avoir quelque chose en commun. Mais, Germi est un excellent musicien amateur — violoniste et altiste — et sa passion pour la musique l'a certainement poussé à se rapprocher du virtuose génois et à s'en faire un ami, d'autant plus que Paganini étant maintenant un homme pour le moins aisé, la disparité entre les milieux d'origine ne rentre plus en ligne de compte.

*

Paganini rencontre également Angiolina Cavanna, fille d'un tailleur de la ville. Une idylle naît entre cette jeune fille de dix-huit printemps et cet homme de trente-deux ans. Elle ne veut se donner à lui qu'après le mariage ; il lui affirme que ses intentions sont les plus pures, mais que ses parents ne veulent pas consentir à leur union et qu'ils doivent donc quitter Gênes et s'installer dans une autre ville, où, comme ils ne seront pas connus, il pourra l'épouser sans aucun problème.

Le 11 octobre, Niccolò et Angiolina quittent Gênes pour Parme. Au départ, Paganini a parlé de Milan, mais il a certainement réfléchi qu'il est moins connu à Parme et que sa liaison y passerait plus facilement inaperçue.

Ils font halte à Novi et Paganini écrit la première lettre destinée à Germi que nous connaissions(1).

Monsieur le très honorable avocat,

Par la présente, je vous charge de bien vouloir en mon nom et place, agissant comme je le ferais moi-même, récupérer auprès de M. Migone, responsable des loges au théâtre Sant'Agostino, mon avance sur le prix des loges, due pour les cinq concerts que j'ai donnés, comme vous le savez, à Gênes.

Pour ce, vous entreprendrez toutes les démarches, par la voie judiciaire ou par toute autre voie, pour m'obtenir le remboursement de mon crédit. Pour autant que vous le jugerez opportun, un accord à l'amiable et des transactions pourront intervenir ; je vous prie d'accorder la plus grande attention à cette affaire, vous autorisant à vous en acquitter sous la meilleure forme, et je ratifierai toutes les mesures que vous serez amené à prendre.

Cette lettre, au ton très cérémonieux et emprunt d'un certain respect, est intéressante à plus d'un titre. Elle montre d'abord que les relations entre Germi et Paganini ne se sont situées, de prime abord, que sur un strict plan professionnel et même juridique. Ensuite, on voit que Paganini a beaucoup de mal à recouvrer les sommes qui lui sont dues. Il est certain, qu'en début de carrière, alors qu'il n'a personne pour veiller sur ses intérêts, il a dû rencontrer parfois les pires difficultés face aux directeurs de théâtre. Comme il n'est pas question pour lui de se laisser gruger, sa réputation d'artiste âpre au gain sera vite établie ; elle le suivra toute sa vie. Enfin, apparaît pour la première fois le nom de Migone ; celui-ci, Agostino, alors régisseur du théâtre *Sant'Agostino* de Gênes, est le père de Luigi Bartolomeo qui, devenu banquier, gérera plus tard la fortune du violoniste.

A Parme, Angiolina et Niccolò vont filer apparemment le parfait amour, du moins pour quelque temps. Car lorsque la jeune fille s'aperçoit qu'elle est enceinte, Paganini a des doutes sur sa paternité. Il l'emmène alors à Fumeri, chez la nourrice de la sœur de la jeune fille et revient seul à Gênes.

Début mai, Ferdinando Cavanna, le père d'Angiolina, dépose plainte, pour détournement de mineure.

Le 6 mai 1815, Niccolò est arrêté et jeté en prison à la Tour. Il est libéré au bout de huit jours, grâce à son avocat, un certain Gian Maria Figari. Pour recouvrer sa liberté, il doit promettre de verser une indemnité de 1 200 lires au père d'Angiolina, en deux versements, 600 lires immédiatement et 600 lires sous quatre mois. Il offre comme garantie la somme de 20 000 lires, destinée à ses parents et qu'il a déposée dans une banque de Gênes. Mais comme il n'a nulle intention de payer, il fait déposer les 600 lires chez un prêteur sur gages et interdit à ce dernier de verser quoi que ce soit avant l'énoncé du verdict du tribunal.

Le 16 juin, il s'en va donner un concert à Milan.

Le 24 du même mois, Angiolina, revenue à Gênes, met au monde, après césarienne, un enfant mort-né de sexe féminin.

De Milan, Paganini s'adresse à Germi. La lettre a un ton moins solennel que la première.

Je ne peux pas dire à la lecture de votre lettre, si c'est un homme de loi ou un ami qui m'écrit. Concernant le premier point, vous savez que je ne suis responsable de rien. Une fille qui jouissait de la plus grande liberté avant de me connaître, qui s'est donnée à moi, qui a volontairement abandonné son propre père, ne mérite aucune confiance. Au sujet de son accouchement vous parlez de concordance de dates. Si vous êtes avocat, vous devez savoir que cela ne suffit pas. L'expression légale « si la paternité peut être prouvée » signifie que cette seule coïncidence n'est pas suffisante en elle-même, car quelqu'un d'autre pourrait très bien être le père. Il faut donc apporter d'autres preuves.

Vous n'ignorez pas la conduite douteuse de la jeune femme. Vous savez bien les ennuis et les humiliations, dont j'ai été injustement victime, à cause de son récit à la police. Vous savez que comme prix de ma liberté, dont j'ai été injustement privé, on m'a extorqué une promesse qui est absolument sans valeur, d'autant plus que celle-ci n'a pas été certifiée. Avec tout cela étalé devant vous, je n'arrive pas à comprendre comment vous pouvez me demander d'être généreux, ce à quoi mon âme blessée et ma conscience intérieure répugnent, puisque dans ce cas précis je ne reconnais ni obligation, ni dette — pas le plus léger délit. Je dois vous demander si vous avez, comme convenu, entrepris les démarches pour retirer les 600 lires. Certain que vous avez retiré la somme, ou que vous avez pris vos dispositions pour le faire, je vous demanderai de la donner à mon père, car, en son temps, il me l'avait avancée. De plus, j'insiste auprès de vous sur le fait que si l'enfant, comme vous le dites dans votre lettre, était mort-né, ou a succombé immédiatement après sa naissance, cela plaide en ma faveur, car cela tendrait à prouver que la naissance était prématurée et qu'il n'y a donc aucune certitude quant au temps écoulé entre les deux événements sur lesquels est fondé le prétexte à obligation de ma part. De plus, considérez, s'il-vous-plait, que la loi ne donne aucun droit à la femme, quels que soient les arrangements pour l'enfant. La loi a été sage dans ce cas et précisément par ce silence (c'est-à-dire en n'accordant à la femme aucune provision) elle donne plus d'importance à sa chasteté. D'autre part, en protégeant la femme, elle aurait renforcé sa suffisance et fait peu de cas de sa vertu. Vous allez rire que ce soit moi qui discute des points de droit, mais vous m'avez tellement troublé, que j'ai pris conseil et réponds de façon à présenter sincèrement et consciencieusement le cas en question.

Pour Paganini, la vie de musicien continue son cours normal. De retour à Gênes début août, il va être très sollicité.

Victor-Emmanuel I[2], roi de Sardaigne et duc de Gênes, et son épouse Marie-Thérèse[3] arrivent dans la ville le 10 août. Paganini compose *Trois quatuors à cordes* MS 20 et les dédie à Sa Majesté.

Le 29 août a lieu un concert au cours duquel le violoniste dirige un cantate de Filippo Grazioli[4] et joue, entre la première et la seconde partie, un concerto de sa composition. Il est hautement probable qu'il crée, ce soir-là, son *Concerto en mi mineur* MS 75. Cette œuvre, à laquelle a été attribué le numéro 6, est, de toute évidence, par son langage et son matériau technique, antérieure au *Concerto n° 1*, que l'on date de 1816.

Le 6 septembre, nouvelle apparition de Paganini au théâtre *Sant'Agostino* ; les souverains sont présents dans la salle.

Ne ménageant pas sa peine, il se produit à nouveau le 8 et

le 9 septembre. Au concert du 8, nous trouvons à l'affiche (voir carnet n° 2 édité par l'Institut Paganini de Gênes) : *Concerto composto ed eseguito dal Paganini* et *Raccolta d'Arie con variazioni sulla sola Corda del Violino, composte ed eseguite dal Paganini*.

Quel est ce mystérieux concerto interprété ce soir-là ? Il ne peut guère s'agir de celui en *mi* mineur MS 75, que Paganini a déjà joué le 29 août et qu'il s'apprête à redonner le 9 septembre. Il n'est donc pas interdit de penser que nous avons affaire au *Concerto* n° 1 MS 21, dont il a réservé la primeur aux mélomanes de sa ville natale, comme il semble que ce soit le cas pour la deuxième composition inscrite au programme ; en effet, nous voyons pour la première fois figurer dans un concert le *Pot-pourri* MS 24, également appelé *Récitatif* et *Trois Airs Variés Di certi giovanni, Nel cor più non mi sento, Deh cari verite*.

En novembre, l'affaire Cavanna vient devant les tribunaux de Gênes. Gian Maria Figari, l'avocat de Paganini, démontre — certificat de baptême d'Angiolina, à l'appui — qu'au moment des faits, la jeune fille n'avait pas dix-huit ans, comme le prétend son père, mais vingt. De plus, les témoins appelés par la défense éclairent la cour sur les mœurs de la jeune fille.

> *Le père d'Angiolina la mettait souvent à la rue pour qu'elle aille gagner sa vie ; elle était libre d'aller où bon lui semblait de jour comme de nuit ; profitant de cette liberté, elle avait souvent été vue, à une heure avancée de la nuit, dans les bals publics, en compagnie d'étrangers et de soldats, mais jamais accompagnée d'aucun membre de sa famille ; les voisins avaient fréquemment eu à se plaindre de sa conduite et elle avait beaucoup fait parler d'elle ; de plus, alors qu'elle habitait chez son père, elle recevait clandestinement des visiteurs à des heures indues ; à plusieurs reprises elle avait passé la nuit au dehors, dans des lieux mal famés, même au moment de sa liaison avec Paganini.*

Il est évident que, dès qu'Angiolina a mis son père au courant de sa rencontre avec Paganini, celui-ci a tout de suite vu le parti qu'il pouvait tirer d'une telle liaison et qu'il a incité sa fille à poursuivre cette relation.

Bien sûr, l'avocat de Ferdinando Cavanna a des arguments à faire valoir. Dans sa plaidoirie, le violoniste apparaît comme un personnage peu recommandable ; mais n'est-ce pas là la norme dans tout procès de ce genre ?

> *Paganini est un personnage prêt à promettre le*

mariage à des jeunes filles crédules pour assouvir ses penchants libidineux. Après avoir été ainsi dupée, elle tomba enceinte ; sa réputation est maintenant ruinée ; elle ne peut plus exercer sa profession, ni trouver un mari ; d'autre part, son père avait dû faire face à des frais énormes durant sa grossesse et pour son accouchement difficile et dangereux.

Si l'on en croit certains témoignages, qui font d'elle ni plus ni moins qu'une prostituée, la jeune fille put très bien continuer à exercer sa profession et elle ne s'en priva pas. De plus, Angiolina, même avec une réputation ruinée, n'eut aucun mal à trouver un mari, puisque, l'année suivante, elle épousa un dénommé Giovanni Battista Paganini, sans aucun lien de parenté avec Niccolò.

Le jugement est mis en délibéré et Paganini, que plus rien ne retient à Gênes, donne un premier concert d'adieu le 17 décembre et un second le 24, premier exemple chez lui d'adieux à répétition — pratique fréquemment employée par les artistes en vogue.

*

En février 1816, il se rend à Milan pour entendre jouer Charles Philippe Lafont, le violoniste français, dont la réputation est bien établie en Italie depuis plusieurs années.

Né à Paris le 1er décembre 1781, Lafont a été l'élève de Kreutzer, puis de Rode. Il entreprend sa première tournée de concerts en Allemagne à l'âge de onze ans. De 1801 à 1803, il se fait entendre uniquement en France et en Belgique. Puis il part pour la Russie, où il est nommé, à Saint-Pétersbourg, violon solo de l'empereur. Il occupe le poste pendant six ans. En 1815, revenu en France, il devient violoniste solo de Louis XVIII. Il reprend ses tournées en 1816, en commençant par l'Italie et ne se consacre plus qu'à cette carrière de violoniste virtuose, jusqu'à sa mort, survenue en 1839 dans les Pyrénées, près de Tarbes, lors d'un accident de diligence.

Paganini parle de cette rencontre à Germi.

Milan, le 3 Février 1816

Hier soir nous avons eu à la Scala un concert de Monsieur Lafont. Ce bon violoniste n'a pas plu au point d'être rappelé. Il joue bien mais ne surprend pas. A tout prendre cela n'a pas été aussi satisfaisant que nous l'espérions.

Acceptez un baiser que je vous donne avec tout mon cœur. J'enverrai au diable toutes les sirènes de l'univers ; seule m'importe la continuité de votre amitié.

Pour Paganini, l'amitié est quelque chose de sacré ; il en donnera des preuves tout au long de sa vie. Ce solitaire - pour qui les femmes comptent, en définitive, très peu malgré ses nombreuses conquêtes et sa recherche incessante de l'âme sœur - a besoin d'une base affective solide et durable.

Le 25 février, nouvelle lettre à Germi :

Avant-hier j'ai joué des quintettes et des quatuors avec le célèbre Krommer(5) ; il est fort aimable, plein d'esprit, mais comme il ne parle que l'allemand, j'ai eu besoin d'un interprète pour le comprendre. Il a cinquante ans. Il fait partie de la suite de Sa Majesté pour jouer avec lui le premier violon des quatuors ; mais je ne crois pas que Sa Majesté ait encore joué.

Ce théâtre de la Scala, divinement décoré, toujours occupé par l'opéra-ballet, je pense pouvoir l'obtenir le 8 du mois prochain. Le violon de Lafont a fait renaître un fervent désir de réentendre Paganini. Lafont a essayé de m'entendre, mais n'a pas réussi. Il ne lui reste qu'à attendre mon concert.

Paganini nous apprend plusieurs choses très intéressantes.

D'abord, il participe en privé à des séances de musique de chambre avec le violoniste Frantisèk Krommer, virtuose au service de l'empereur d'Autriche François I[er](6), qui séjourne à Milan. En effet, il y est venu, accompagné de sa fille, Marie-Louise, ex-impératrice de France, qui vient prendre possession de ses duchés de Parme, Plaisance et Guastalla, que Metternich, en accord avec le tsar Alexandre(7) lui a fait remettre, pour la payer de son entière soumission aux Alliés. En signe d'hommage, Paganini compose sa *Sonate Marie Louise* en mi majeur MS 79 pour la corde de sol.

On a souvent écrit que cette Sonate a été écrite en 1810 à l'occasion du mariage de Marie-Louise et de Napoléon. Or cette année-là, Paganini n'est plus au service d'Elisa et la seule personne qu'il fréquente encore dans la famille Bonaparte est Felice Baciocchi, plus ou moins séparé de son épouse. On ne voit pas très bien pourquoi il aurait composé une sonate pour célébrer les noces d'une personne, avec laquelle il n'a plus aucun lien, direct ou indirect. En 1816, la situation est tout à fait différente ; il n'est plus au service de qui que ce soit et tout ce qui peut faire parler de lui, dans les hautes sphères de la noblesse, vaut la peine d'être tenté.

Le 7 mars, Lafont a enfin l'occasion d'entendre Paganini. Le violoniste français est très impressionné et il va proposer à Paganini de donner ensemble un concert, genre de « duel », ce qui n'a alors rien d'exceptionnel. La mode de ces joutes musicales durera jusque vers la moitié du XIX^{er} siècle, l'exemple le plus connu étant la rencontre de Liszt et du pianiste autrichien Thalberg(8).

Paganini renouvellera l'expérience, en 1818, avec le polonais, Karol Lipinski.

La confrontation a lieu, le 11 mars à la Scala. Après cette soirée les commentaires vont bon train. Tout le monde s'accorde à dire que Paganini remporte un plus grand succès que Lafont, mais n'est-ce pas normal alors que le jugement est prononcé par des concitoyens et que son style de jeu correspond - beaucoup plus que celui de Lafont - aux goûts musicaux de l'Italie, en ce début du XIX° siècle. Les deux protagonistes n'essayèrent jamais de s'attribuer une victoire, qui n'avait du reste aucune signification.

Paganini confiera plus tard ses impressions à Schottky :

Je jouai en premier un de mes concertos, puis Lafont suivit avec une œuvre un peu longuette, après quoi nous exécutâmes ensemble le double concerto de Kreutzer. Je me tins exactement note pour note à ce qui était écrit lorsque les deux violons devaient jouer ensemble. Mais, dans les solos, je m'abandonnai à ma fantaisie et jouai à la manière d'un Italien, dans le style qui m'est naturel. A vrai dire, cela ne parut pas plaire à mon aimable adversaire, qui exécuta ensuite une série de variations sur un thème russe, et je terminai le programme par une œuvre similaire de ma composition « Le Streghe ». Lafont pouvait peut-être se prévaloir d'une sonorité plus puissante que la mienne, mais les applaudissements prouvèrent que je n'avais pas à rougir de la comparaison. Lafont est, sans contestation possible, un très éminent artiste.

Commentaires sans fanfaronnade et très courtois pour son « adversaire », qu'il désigne comme « un très éminent artiste ». Il est vrai que Paganini, toute sa vie, a montré beaucoup de sollicitude et de respect pour ses collègues, tout au moins pour ceux qui possédaient un réel talent. Rappelons ses jugements sur Rode : « Dans l'antichambre du Paradis, on ne peut pas jouer mieux que lui » ou sur Spohr, que Paganini considérait comme « le premier et le meilleur chanteur sur cet instrument ».

Lafont donnera lui aussi sa version de cette rencontre - dans la *Revue musicale* de février 1830 -, mais uniquement pour répondre aux allégations contenues dans la brochure d'Imbert de Laphalèque(9), outrageusement mensongères et par trop élogieuses pour Paganini.

Monsieur,

Je viens de lire dans votre journal du 2 février, un extrait de la Notice publiée sur le célèbre violon Paganini. Comme cette Notice renferme des faits inexacts en ce qui me concerne, je dois à la vérité, aux conseils de mes amis, et à la faveur dont le public a daigné m'honorer depuis vingt-cinq ans, de rétablir les faits dans toute leur exactitude.

Je donnai au mois de mars de l'année 1816, un concert, de moitié avec M. Paganini, au grand théâtre de la Scala à Milan, et, loin de faire une cruelle expérience des forces de mon adversaire et d'être battu par lui, comme le prétend l'auteur de la Notice, j'obtins un succès d'autant plus flatteur, qu'étranger dans ce pays, je n'avais pour soutien que mon talent.

Je jouai avec M. Paganini la symphonie concertante de Kreutzer en fa majeur. Pendant plusieurs jours avant le concert, nous répétâmes ensemble, et avec le plus grand soin, cette symphonie ; le jour du concert elle fut exécutée par nous comme elle avait été répétée, sans n'y rien changer, et nous obtînmes tous deux, dans les traits exécutés ensemble ou séparément, un égal succès. Arrivés à la phrase de chant en fa mineur du second solo du premier morceau, il y eut alors un avantage marqué pour l'un de nous. Ce chant est d'une expression profonde et mélancolique. M. Paganini l'exécuta le premier. Soit que la couleur forte et pathétique de ce chant ne comportât pas les agréments et les notes brillantes qu'il y fit entendre, soit pour toute autre cause, son solo produisit peu d'effet. Je repris immédiatement après lui la même phrase de chant, et la traitai différemment : il paraît que l'émotion qui m'agitait en ce moment me fit mettre une expression plus entraînante, quoique plus simple, mais qui fut tellement sentie par l'auditoire, que, de toutes les parties de la salle, je fus couvert d'applaudissements. Le morceau se termina par des traits brillants et difficiles, mais faits ensemble et tels qu'ils sont gravés. Depuis quatorze ans, je me suis tu sur ce léger avantage obtenu sur M. Paganini dans cette circonstance, seulement dans le chant de la symphonie, et probablement plutôt par la supériorité de l'école que par celle du talent. Je n'ai point été pas battu par M. Paganini, et il ne l'a pas été par moi. Je me suis plu, dans toutes les occasions, à rendre hommage à son grand talent, mais je n'ai jamais dit qu'il fût le plus premier violoniste du monde.

J'ajouterai que je n'ai quitté l'Italie qu'après un séjour de trois mois à Milan. Je fus rappelé à Paris par les devoirs de ma place, mais non pas pour me soustraire à une concurrence qui, dans le fait, n'a rien eu que de flatteur, et dont je me félicite d'autant plus qu'elle me donne aujourd'hui l'occasion d'applaudir moi-même à l'admirable talent dont il est honorable d'être l'émule, mais dont on voudrait en vain me rendre l'adversaire.

L'opposition des deux styles n'empêchera pas Paganini et Lafont d'entretenir des relations amicales, jusqu'à la mort de ce dernier, qui devait intervenir un an avant celle de son illustre confrère.

*

Paganini quitte Milan et se dirige sur Venise pour trois concerts au théâtre Vendramin à Saint-Luc. Le succès est immédiat et grandiose.

Le 4 juillet, Paganini est à Lucques, ou plutôt à Bagni alla Villa. Début septembre, il se fait entendre cinq fois à Trieste au *Nuovo Teatro*. Puis il revient à Venise, d'où le 15 octobre il écrit à sa mère une lettre dans laquelle, curieusement, il ne fait aucune allusion à son père ; celui-ci, alors âgé de 62 ans, n'est peut-être plus en très bonne santé. Il est vrai que les relations entre le père et le fils n'ont certainement jamais été très chaleureuses.

Madame, ma très chère mère,

Toujours je comblerai vos désirs, et pas seulement en ce qui concerne l'argent. Néanmoins, je tiens à vous assurer une pension mensuelle qui vous permette de subvenir à vos besoins et vous fasse vivre vous et toute la famille. Dites-moi de combien de lires génoises, vous avez besoin par jour ; je vous les enverrai. Mon plus cher désir est de vous voir, vous et mes sœurs, heureuses et comblées.

Je passerai peut-être l'hiver à Naples et je partirai en Allemagne au printemps. Mon oncle, votre bien aimé frère, et sa femme vont bien. Ma chère maman, méfiez vous de vos parents. Ils essaient sournoisement de tout savoir sur vous ; nos affaires ne regardent que nous.

S'il vous plaît, rappelez-moi que je dois tout faire pour vous rendre heureuse.

*

Le 18 octobre, Louis Spohr, en tournée en Italie, donne un concert à Venise. Paganini, présent dans la ville, ne peut évidemment pas manquer un tel événement. Car événement, il y a : le grand maître allemand jouit d'une réputation européenne amplement méritée et son influence, en tant qu'interprète et professeur, est immense dans le monde musical.

Né à Brunswick le 5 avril 1784, Louis Spohr étudie d'abord avec Dufour et Kunisch, professeurs sans grand renom. Il va frapper à la porte de Viotti mais celui-ci, devenu marchand de vin, ne prend plus d'élèves. Il se tourne alors vers Franz Eck(10), qui enseigne à Saint-Pétersbourg. Revenu dans sa ville natale, Spohr est engagé dans l'orchestre ducal. Nommé chef d'orchestre du théâtre *An der Wien* de Vienne, puis directeur de l'Opéra de Francfort, il se fixe ensuite à Cassel, où il est appelé comme maître de chapelle. C'est là qu'il meurt en 1859. Il a formé un grand nombre d'élèves, parmi lesquels on trouve Saint-Lubin(11) et David(12), qui devint le professeur de Joachim(13).

Entre l'Allemand, intransigeant et prisonnier des règles classiques, et le bouillant Italien, toujours à la recherche d'innovations techniques, le courant passe assez mal. On sent chez Spohr une certaine réserve, pour ne pas dire un certain dédain, lorsqu'il parle de Niccolò. Pour preuve, ce commentaire inscrit dans son journal, alors qu'il se trouve encore à Venise et après que Paganini soit venu lui rendre visite.

Le 17 octobre

Hier, Paganini est revenu de Trieste, en ayant, à ce qu'il paraît, renoncé à son projet de voyage à Vienne. Tôt, aujourd'hui, il est venu me voir, et j'ai enfin pu faire personnellement connaissance avec ce magicien, dont j'ai entendu parler, presque tous les jours, depuis que je suis en Italie. Si vous demandez comment il arrive à charmer son public, vous entendez de la part des gens, qui ne sont pas musiciens, les éloges les plus extravagants : c'est un véritable magicien, qui tire de son violon des sons que l'on n'avait jamais entendus auparavant sortir de cet instrument. En contrepartie, les connaisseurs disent que l'on ne peut pas lui dénier une grande habileté de la main gauche, dans les doubles cordes et dans toutes sortes de traits, mais que ce qui plaît à la populace, le rabaisse au niveau du charlatan et ne peut faire oublier ce qui lui manque : une sonorité pleine, un grand coup d'archet et un goût sûr dans le cantabile. Mais, ce qui hypnotise les auditoires italiens et qui lui a valu le nom d' «Incomparable » - que l'on appose sous son portrait - consiste en une série de tours de force, comme par exemple des harmoniques, des variations sur une seule corde, un pizzicato assez particulier de la main gauche sans l'aide de la main droite ni de l'archet, et des sonorités tout à fait étrangères au violon, comme l'imitation du basson, de la voix d'une vieille femme, et d'autres choses du même style. On dit que sa technique actuelle est le fait d'un emprisonnement de quatre ans, auquel il aurait été condamné pour avoir étranglé sa femme, dans un accès de colère. Comme son éducation a été complètement négligée, il ne sait ni lire ni écrire, et le désœuvrement l'a conduit à imaginer et à travailler tous les petits artifices qui stupéfient les Italiens. Par son comportement déplaisant et brutal, il a fait fuir plusieurs mécènes de la région, qui, chaque fois que je joue chez eux, me portent aux nues et ce au détriment de Paganini, ce qui non seulement est très injuste, car il est impossible d'établir une comparaison entre deux artistes aux styles si différents, mais également très ennuyeux pour moi, car les amis et les admirateurs de Paganini deviennent alors mes ennemis.

Le 20 octobre
Paganini est venu me voir tôt aujourd'hui et m'a fait maints compliments sur mon concert. Je l'ai prié instamment de jouer quelque chose pour moi, et plusieurs amis musiciens, qui étaient chez moi, ont joint leurs prières aux miennes. Mais, il a carrément refusé, donnant comme excuse une chute dont son bras se ressentait. Puis, quand nous fûmes seuls, je renouvelais ma demande, mais il me dit que son jeu était fait pour un vaste public et qu'il ne voulait ni ne pouvait en changer ; s'il devait jouer quelque chose pour moi seul, il lui faudrait adopter un autre style, auquel il n'était pas habitué. Je dus donc partir sans avoir entendu ce magicien.

Pour la première fois, un de ses plus éminents confrères nous fait part de son opinion, pas forcément très flatteuse, sur Paganini et les commentaires sont loin d'être inintéressants.
Passons sur les considérations, telles que « comme son éducation a été complètement négligée, il ne sait ni lire ni écrire » ou encore « par son comportement déplaisant et brutal, il a fait fuir plusieurs mécènes de la région », qui relèvent de la médisance pure et simple et constatons tout

d'abord, que Spohr est au courant de l'intention de Paganini de se rendre à Vienne. Comment a-t-il pu l'apprendre ? Et comment sait-il qu'il a renoncé à ce projet ? Il semblerait donc que l'idée de se rendre en Autriche ait germé dans l'esprit de Paganini, avant sa rencontre avec Metternich en 1819. Tout ce que nous savons c'est que Paganini à l'intention de se rendre en Allemagne, puisqu'il l'écrit à sa mère en octobre : « Je passerai peut-être l'hiver à Naples et je partirai en Allemagne au printemps ». Alors, pourquoi Spohr parle-t-il de Vienne ? Et pourquoi Paganini n'a-t-il plus l'intention d'entreprendre ce voyage ? Mystères.

Spohr, enfermé dans le carcan rigide de son éducation musicale, a beaucoup de mal à admettre l'invention et la fantaisie. Le caractère trop latin, trop exubérant, trop théâtral, de la musique de Paganini ne parvient ni à le toucher, ni à lui plaire ; il ne peut s'empêcher de s'ériger en censeur, sans jamais l'avoir entendu jouer. Paganini, quant à lui, plus courtois, comme à son habitude envers ses confrères, n'eut jamais pour Spohr une parole désagréable ou qui eût pu être interprétée comme telle.

*

Spohr quitte Venise sans avoir pu entendre son confrère. Paganini reste sur place et fin novembre, il reçoit le jugement prononcé par le sénat de Gênes dans l'affaire Cavanna. Comme il pouvait s'y attendre, puisque les dommages et intérêts promis n'ont jamais été versés, il est condamné à payer à Angiolina une indemnité d'un montant de trois mille francs.

Le 28 novembre, de Vérone, il écrit à sa mère, pour lui parler de l'affaire Cavanna, lui faire part de ses sentiments personnels concernant certains hommes de loi et, encore une fois, pour s'inquiéter de ses besoins financiers. Mais, toujours aucun mot pour son père.

Je suis très heureux que vous ayez reçu la traite à vue et la procuration ; même si elles n'arrivent pas à temps, elles seront quand même utiles. Je n'ai aucun remords au sujet des 3 000 francs, car je sais que les hommes de loi comme Figari et Ciocca sont des scélérats.

Je suis prêt à vous verser ce dont vous aurez besoin, aussi n'hésitez pas et faites ce que bon vous semble, puisque je vous donne dès maintenant toutes les autorisations par procuration. Je suis heureux, mais je le serais plus encore si vous preniez soin de vous à table ; je veux que vous achetiez du bon vin de Monteferrato et que vous mangiez de la bonne nourriture ; ainsi toute la famille sera heureuse. Sinon je serai mécontent. Je peux, sans aucun problème, vous faire parvenir l'argent dont vous avez besoin.

On peut penser que si Paganini a fait le voyage aller-retour Venise-Vérone, c'est bien pour donner un concert ; mais, il nous faut avouer que nous n'en avons trouvé aucune trace.

Cependant, l'anecdote, citée par G. Imbert de Laphalèque, ne peut s'être déroulée qu'en novembre 1816, et non pas en 1817, comme le prétend le narrateur. Donc, il y aurait bien eu récital à Vérone, avec ou sans canne de jonc.

En 1817, tandis que Paganini était à Vérone, le chef d'orchestre du grand théâtre de cette ville, Valdabrini, violoniste fort habile s'avisa de dire que Paganini n'était qu'un charlatan, qu'à la vérité il excellait dans quelques morceaux d'un répertoire à lui, mais qu'il y avait tel concerto de sa composition qu'il serait incapable d'exécuter. Paganini apprend ce propos et se hâte de faire dire à Valdabrini qu'il essaiera volontiers de reproduire les inspirations du chef d'orchestre de Vérone. Le jour de la répétition est fixé ; Paganini ne manque pas d'y venir, mais moins pour se préparer que pour se conformer à l'usage établi ; la musique qu'il y exécute n'est pas celle qu'il se propose de faire entendre ; selon son habitude il improvise sur les mouvements de l'orchestre, et jette en forme de remplissage une multitude de passages délicieux que son imagination enfante avec une spontanéité incroyable.

Qu'on se figure le désappointement de Valdabrini en entendant tout autre chose que sa musique ; aussi, la séance terminée, s'approchant de Paganini : « Mon ami, lui dit-il, ce n'est pas mon concerto que vous venez d'exécuter. — Ne vous inquiétez pas, mon cher, lui répond Paganini, au concert vous reconnaîtrez parfaitement votre œuvre ». Le lendemain, le concert eut lieu ; Paganini commença par jouer plusieurs morceaux de son choix, réservant celui de Valdabrini pour terminer la soirée. Tout le monde s'attendait à quelque chose d'extraordinaire. Paganini paraît enfin ; il tient à la main une canne de jonc ; chacun se demande ce qu'il veut en faire ; tout-à-coup il saisit son violon, et se servant de la canne comme d'un archet, il joue d'un bout à l'autre le concerto que son auteur ne croyait exécutable qu'après de longues études.

Si l'imagination d'Imbert de Laphalèque est sans bornes, sa connaissance de la technique violonistique révèle quelques lacunes. Tout apprenti violoniste a, au moins une fois, essayé de tirer des sons de son instrument en se servant d'une règle ou d'une baguette en bois. Peine perdue, les « couinements » produits ne sont audibles, au plus, qu'à quelques mètres et du plus désagréable effet !

*

Début décembre, Paganini est de retour à Venise, où il donne six concerts, tant à la *Fenice*, qu'au théâtre *San Luca*. Là, s'achève sa première tournée dans l'Italie du nord.

Ces trois années écoulées ne lui laisseront pas que des souvenirs agréables. Toute sa vie, il se souviendra de ces huit jours passés dans un cachot de Gênes et il fera tout pour que l'incident soit totalement ignoré. Lorsque la calomnie le fera accuser des pires méfaits, il aura certainement très peur que cette semaine d'emprisonnement ne vienne à être révélée au public.

Mais pour l'instant Paganini a triomphé, il est devenu célèbre dans son pays et l'on parle de lui à l'étranger.

*

Notes

1. Sauf indications contraires, toutes lettres adressées par Paganini à Germi, et citées dans le présent ouvrage, sont extraites du livre de A. Codignola *Paganini Intimo* - Gênes 1935. Traduction de l'auteur.
2. Victor-Emmanuel I (1759 - 1824). Roi de Sardaigne et duc de Gênes de 1802 à 1821. L'insurrection de 1821, causée par sa politique réactionnaire, l'obligea à abdiquer.
3. Marie-Thérèse de Habsbourg (1773 - 1832). Reine de Sardaigne, archiduchesse d'Autriche. Épousa en 1789 le duc d'Aoste qui devint roi de Sardaigne sous le nom de Victor-Emmanuel I°
4. Filippo Grazioli (1773 - 1840). Compositeur prolifique d'opéras et de musique d'église.
5. Frantisèk Krommer (1759 - 1831). Violoniste tchèque. A composé de la musique d'église et de chambre, des concertos, des symphonies, des sonates pour piano.
6. François II (1768 - 1835). Empereur germanique (1792-1806), puis Empereur d'Autriche sous le nom de François Ier (1804-1835). Réprima toutes les tentatives libérales en Allemagne et en Italie.
7. Alexandre Ier (1777 - 1825). Tsar de Russie de 1801 à 1825. Adhéra à la Troisième coalition contre Napoléon Ier, puis signa avec lui le traité de Tilsit en 1807. Participa à la campagne de France en 1814.
8. Sigismund Fortuné Thalberg (Genève 1812 - Naples 1871). Pianiste autrichien. Fils naturel présumé du comte Dietrichstein et de la baronne von Wetzlar. Élève de Hummel. Débuta à 14 ans chez Metternich. A

composé de la musique symphonique, concertante et instrumentale.
9. Voir G. Imbert de Laphalèque : *Notice sur le célèbre violoniste Nicolo Paganini* - Paris - 1830
10. Franz Eck (1774 - 1804). Violoniste allemand qui sombra dans la démence à la fin de sa vie.
11. Léon de Saint-Lubin (1805 - 1850). Violoniste français. A composé plusieurs opéras, 5 concertos pour violon, de la musique de chambre.
12. Ferdinand David (1810 - 1873). Violoniste allemand. Chef d'orchestre du Gewandhaus de Leipzig. Ami de Mendelssohn dont il créa le concerto en mi mineur. A composé pour son instrument et a écrit des ouvrages pédagogiques.
13. Joseph Joachim (1831 - 1907). Violoniste allemand. A partir de 1843, entreprit une carrière de virtuose international. Se lia d'amitié avec Schumann et Brahms, qui lui dédia son concerto en ré majeur et des œuvres de musique de chambre. A composé 3 concertos pour violon, de la musique de chambre, des ouvertures.

Chapitre 8

« La liberté est un trésor... »
(1817 - 1818)

En ce début d'année 1817, Paganini réside à Venise.
Il ne peut s'empêcher de fréquenter un milieu, peut-être pas très recommandable, et il est condamné, en février, pour n'avoir pas réglé une dette de jeu.
Il faut dire que depuis qu'il s'est émancipé de la tutelle paternelle, il a souvent succombé à sa passion du jeu. Il est certain, qu'il a dû beaucoup apprécier en 1813, pendant ses six mois d'inactivités à Milan, les salons de la *Scala* et ses tables de jeu, qui furent interdites en 1814. Il est arrivé juste à temps pour s'adonner à ce vice, dont il n'a jamais fait mystère. Il a même relaté à Fétis une mésaventure, qui aurait pu changer le cours de sa vie.

Je n'oublierai jamais , que je me mis un jour dans une situation qui devait décider de toute ma carrière.

Le prince de *** avait depuis longtemps le désir de devenir possesseur de mon excellent violon, le seul que je possédais alors, et que j'ai encore aujourd'hui.

Un jour, il me fit prier de vouloir en fixer le prix ; mais, ne voulant pas me séparer de mon instrument, je déclarai que je ne le céderais que pour 250 napoléons d'or. Peu de temps après, le prince me dit que j'avais vraisemblablement plaisanté en demandant un prix si élevé de mon violon, mais qu'il était disposé à me le payer 2 000 frs.

Précisément, ce jour là, je me trouvai en grand embarras d'argent, par suite d'une assez forte perte que j'avais faite au jeu, et j'étais presque résolu de céder mon instrument pour la somme qui m'était offerte, quand un ami vint m'inviter à une partie pour la soirée.

Tous mes capitaux consistaient alors en 30 frs., et déjà je m'étais dépouillé de tous mes bijoux, montre, bagues, épingles, etc. Je pris aussitôt la résolution de hasarder cette dernière ressource, et, si la fortune m'était contraire de vendre le violon pour la somme offerte, et de partir pour Pétersbourg sans instrument et sans effets, dans le but d'y rétablir mes affaires. Déjà mes 30 frs. étaient réduits à 3, et je me voyais en route pour la grande cité, quand la fortune, changeant en un clin d'œil, me fit gagner 160 frs. avec le peu qui me restait.

Ce moment favorable me fit conserver mon violon et me remit sur pied. Depuis ce jour, je me suis retiré du jeu, auquel j'avais sacrifié une partie de ma jeunesse, et, convaincu qu'un joueur est partout méprisé, je renonçai pour jamais à ma funeste passion.

Il est peu vraisemblable, comme le prétend Fétis, que cette anecdote, si elle est réelle, puisse se situer en 1801 ou 1802 et ce, pour plusieurs raisons.

D'abord lorsque Paganini parle de « mon excellent violon, le seul que je possédais alors, et que j'ai encore aujourd'hui » il ne peut s'agir que du Guarnerius offert par Livron, c'est-à-dire le « Canon ». Or, ce cadeau, nous l'avons vu, date très probablement de l'année 1803.

De plus en 1801 ou 1802, Paganini n'est qu'un jeune homme, qui, en tant que violoniste d'orchestre, ne gagne qu'un « salaire de misère », selon ses propres termes. Comment expliquer dans ces conditions, qu'à cette époque de « vaches maigres », il ait possédé « bijoux, montre, bagues, épingles, etc. ». Cela suppose, sans parler de fortune, une aisance, dont il dispose en 1817 et après, mais certainement pas dans les toutes premières années du siècle.

Enfin, il est indubitable, qu'il n'abandonne sa « funeste passion » que vers les années 1820, peut-être même après la naissance de son fils en 1825.

Il est dommage que Paganini n'ait pas précisé à Fétis — à défaut de la date — ni le nom de la ville, dans laquelle s'est déroulée cette aventure, ni le patronyme du prince, si intéressé par le « Canon » ; cela aurait peut-être permis de situer avec plus de précision l'époque de cette péripétie.

*

Entre le 1ᵉʳ et le 20 mars, ainsi qu'il l'écrit à Germi, il donne six concerts au théâtre *San Luca* et un septième, le 27 du même mois, à la *Fenice*. Sa correspondance nous apprend qu'il est amoureux d'une certaine Lauretta, qui elle ne paraît pas s'intéresser à lui.

Le mardi 1ᵉʳ avril, Antonio Paganini s'éteint à Gênes, âgé de 63 ans. Niccolò rentre chez lui et y reste le temps nécessaire pour s'occuper des intérêts de sa mère.

Le testament d'Antonio est plus que succinct. Il est vrai que sa fortune est des plus réduites et que, depuis quelques années, son train de vie, aisé sans être dispendieux, est fonction des libéralités de son fils cadet.

Je nomme et j'institue légataires universels, héritiers et propriétaires de tous mes biens mobiliers et immobiliers, or, argent, crédits... pour deux tiers Niccolò

Paganini, mon très cher fils, et pour l'autre tiers, Carlo Paganini, mon autre très cher fils...

Paganini demeure à Gênes jusqu'au mois de juillet et y donne un concert au théâtre *Sant'Agostino*. Le 23 juillet, il a les honneurs de L'*Allgemeine Musikalische Zeitung* de Leipzig ; un simple entrefilet, qui prouve que l'on parle de lui en Allemagne.

Le célèbre violoniste Paganini est enfin parti de Venise où il est resté plus d'un an, et s'en est retourné ces jours derniers à Gênes, sa ville natale, en passant par Milan.

En réalité, il n'a séjourné à Venise que quelques jours en avril 1816, puis de mi-octobre de la même année à fin mars 1817, soit guère plus de six mois en tout.

Il est vrai, par contre, que, pour rejoindre sa ville natale, il est passé par Milan. Mais, là, pas question de concert ; le séjour revêt un toute autre importance : il s'agit pour Paganini de remettre à l'éditeur Ricordi(1) le manuscrit de son œuvre maîtresse : les *Vingt-Quatre Caprices pour violon seul*, Op. 1 MS 25. Ce recueil, dédié « Aux artistes » (*Agli artisti*) renferme toutes les difficultés techniques qu'il mettra en œuvre dans ses compositions ultérieures, à l'exception des harmoniques. Loin de n'être que de simples études ou de pures pièces de virtuosité, les *Caprices*, que Paganini ne paraît avoir jamais joués en public, renferment de nombreuses innovations musicales et mélodiques. Liszt en transcrivit un certain nombre pour le piano, et ils inspirèrent également — en particulier le 24ème — Schumann, Brahms, Rachmaninov, pour ne citer que les compositeurs les plus connus. Lorsqu'en 1820, Ricordi fera paraître ces *Vingt-Quatre Caprices*, la renommée de Paganini s'étendra dans toute l'Europe et tous les amateurs attendront avec impatience la venue de ce magicien dans leur pays.

*

Paganini quitte Gênes pour Turin, où il arrive vers le 20 décembre et, immédiatement, il écrit à son ami Germi.

Si j'ai été triste pendant le voyage, c'est à cause de vous et de Madame Tadea, que j'avais quittés et que j'avais envie de revoir le plus tôt possible.

Ici, tout le monde veut réentendre mon violon, et je me ferai un plaisir d'offrir un concert le soir de Noël, si on veut bien m'accorder l'autorisation pour ce jour saint. Ce soir je vais à la répétition au Teatro Regio et je demanderai l'autorisation...

Paganini a donc quitté Gênes vraisemblablement vers le 15

décembre. Il a fait la connaissance, lors de son séjour d'une certaine Madame Tadea, qu'il citera plusieurs fois dans sa correspondance à Germi.

Hélas pour lui, il n'y aura pas de concert le soir de Noël. Il devra même patienter jusqu'en février avant de pouvoir faire entendre son violon.

Le 24 décembre nouvelle lettre à Germi, dans laquelle, par deux fois, il est encore question de cette mystérieuse Madame Tadea.

J'espère que vous avez vu la dame et que vous me donnerez des nouvelles de sa santé, qui me tient à cœur.

Je ne donnerai pas de concert vendredi car les loges du théâtre Carignano ne sont pas disponibles. Je verrai si la Reine veut bien mettre son théâtre à ma disposition pour le deux de l'année prochaine...

Aujourd'hui j'ai commencé à travailler et je me suis fait mal au doigt.

N'oubliez pas de me rappeler au bon souvenir de Madame Tadea et dites moi comment elle va...

Turin possède quatre grandes salles pouvant être utilisées pour un concert : le théâtre *Regio*, le plus grand de tous, en général réservé pour des opéras ou des ballets ; le théâtre *Carignano*, en réfection à cette époque ; le théâtre *d'Angennes*, où ne sont présentées pratiquement que des comédies ; le théâtre *Sutero*, occupé pendant tout le carnaval par des spectacles de marionnettes. Paganini doit donc se résoudre à une inactivité forcée, qui ne prendra fin que mi-février.

*

A Turin, en ce début de janvier 1818, Paganini s'ennuie. Il écrit à son ami Germi trois lettres dans lesquelles il exprime sa déception et fait part de ses intentions de quitter cette ville, où il n'arrive pas, malgré tous ses efforts, à donner un seul concert.

Merci pour les nouvelles que vous me donnez de ma mère et pour l'intérêt chaleureux que vous lui portez. Vous imaginez combien je suis triste d'apprendre qu'elle n'est pas encore rétablie. Je lui ai envoyé une lettre, non pas écrite de ma main, mais dictée par mon cœur.

Ici, il me sera difficile de jouer au Teatro Regio, lors de ce carnaval, car il faut l'autorisation de Leurs Majestés... J'attends une réponse du théâtre de la Scala, et il est donc possible que je me rende à Milan, et que je revienne à Turin après le Carême pour m'y faire entendre...

Germi, en l'absence de Paganini, prend soin de Teresa, ce qui ne peut que renforcer l'amitié entre les deux hommes. Si la lettre, adressée à sa mère n'est pas écrite de sa main, c'est vraisemblablement que la blessure au doigt dont il parle dans sa lettre du 24 décembre n'est pas guérie. En plus de l'impossibilité d'obtenir une salle de concert, nous avons là une autre cause de l'oisiveté forcée, dont est victime Paganini.

La réponse de la *Scala* n'est certainement pas celle qu'il souhaite ou alors elle se fait trop longtemps attendre, car le 21 janvier, il déclare à Germi qu'il avait l'intention de rentrer à Gênes, mais que, finalement, il a renoncé à ce projet. Il met à profit ce repos forcé pour composer, mais sans être satisfait du résultat.

Turin, 31 janvier 1818
Le premier dimanche de Carême, je donnerai un concert au théâtre Carignano... Je ne vais plus au théâtre de peur de mourir d'ennui, et je vis seul ; depuis plusieurs jours il m'arrive de prendre mon violon, mais rien ne me convient. Cependant, je ne me décourage pas...

Enfin, il réussit. Un concert est programmé pour le 12 février. Deux autres sont également prévus. L'espoir renaît. Même si cette période a été un peu pénible à vivre, elle a permis la composition ou la mise en chantier de la *Sonate* en mi majeur pour violon et orchestre MS 47 sur le thème *Pria ch'io l'impegno* tiré de l'opéra *L'Amour marin* de Joseph Weigl(2) et des *Quatuors* N° 2 à 10 pour violon, alto, violoncelle et guitare MS 29 à MS 37.

Paganini vit seul. En ce tout début d'année 1818, il est désabusé et se souvient certainement de sa triste mésaventure avec Angiolina Cavanna. Il confie son éphémère misogynie à son ami dans la suite de la lettre :

La plupart des femmes possèdent une certaine dose de rouerie, car elles ont appris, par expérience, que seule la ruse leur permettait de dominer les hommes. Toutefois, j'ai rarement trouvé réunis chez une seule et même personne élégance et retenue, discrétion et malice, délicatesse et indifférence, visage angélique et cœur satanique. Voilà le portrait physique et moral d'une très jeune fille, que j'ai connue grâce à un ami, lui-même victime de ses attraits.

Heureusement pour moi, averti du péril auquel j'exposai mon cœur à fréquenter cette nouvelle Hélène, j'ai pu éviter les flèches décochées par ces yeux qui s'emparent d'une âme pour y semer le trouble et la mort. Pourtant je l'avoue, cher ami, depuis que j'ai posé les yeux sur cette ravissante créature, je suis chaque jour plus affligé et je dois lutter contre des milliers de cruelles pensées qui me plongent dans un état de dépression permanent. Je traverse une effroyable crise, et il est impératif que je m'éloigne à jamais de cette maison dans laquelle je n'aurais jamais dû mettre les pieds...

Paganini tombe donc amoureux d'une ravissante créature, dont nous ne savons rien, pas même le prénom.

Le 12 et le 15 février, il donne deux concerts au théâtre *Carignano*. Mais, décidément, Turin ne lui est guère favorable. Lui, qui a tant attendu pour pouvoir monter sur une scène, voilà qu'au lieu des trois concerts annoncés, il ne va pouvoir en donner que deux. Pour quelle raison ? C'est une lettre à Germi qui nous l'apprend.

Turin, le 25 février 1818

Dans le ciel d'ici, les astres me sont contraires. Pour n'avoir pas rejoué en bis les variations du second concert, je me suis vu signifier que monsieur le Gouverneur avait cru bon de suspendre le troisième, prévu pour dimanche dernier ; je saurai demain s'il aura lieu dimanche prochain...

Il n'y a pas eu de concert le 22 février, et il n'y en aura pas le dimanche 1er mars.

Paganini est déçu autant par les femmes que par les grands de ce monde, qui entendent l'empêcher de jouer, et seule l'amitié de Germi arrive à lui remettre un peu de baume au cœur.

Turin, 11 mars 1818

Que toutes les sirènes de l'univers aillent au diable — je ne désire que votre perpétuelle amitié ...

Je n'espère plus faire entendre mon violon en ce royaume. Je veux m'en aller et je partirai vendredi pour Plaisance, où je sais que l'on m'attend...

J'aimerais savoir comment vous travaillez le violon et si vous jouez mes Quatuors...

Le 14 mars, Paganini reparle de ses quatuors. La musique de chambre a toujours tenu une grande place dans sa vie et il en a toujours fait un des ses loisirs préférés, lorsqu'il est amené à séjourner quelque temps dans la même ville.

Turin, le 14 mars 1818

J'ai composé hier un Quatuor entièrement consacré au violon, sur le modèle de celui de Carega. Il y a un menuet extravagant et un trio émouvant...

Ce *Quatuor* MS 36, dont il annonce la composition à Germi, est en ré majeur, porte le numéro 9 et est dédié à son ami. Quant à celui auquel il fait allusion, il a été composé certainement un an plus tôt dans la tonalité de la majeur ; connu sous le numéro 8 MS 35, sa dédicace porte le nom de Filippo Carega, mécène et violoniste amateur, qui fait partie de l'aristocratie de Gênes.

Début avril, Paganini est à Plaisance et y donne deux concerts, qui auraient dû être les seuls dans cette ville. Mais, un jeune admirateur se présente à lui ; il s'appelle Karol Lipinski(3), est violoniste, arrive de Pologne et a fait un détour par Plaisance, uniquement pour entendre son idole. Il semble que, cette fois-ci, ce soit Paganini qui prenne l'initiative de proposer à son jeune émule de jouer avec lui.

Cette « joute » a lieu le 23 avril et les deux violonistes interprètent le double concerto de Kreutzer. Mais, Lipinski, contrairement à Lafont, ne se produit pas en soliste ; il n'y a dès lors pas de « duel », à proprement parler. Paganini, quant à lui, fait entendre son premier *Concerto* et de « toutes nouvelles variations », appellation qui ne peut désigner que la *Sonate* MS 47 avec variations sur un thème de *L'Amour marin* de Joseph Weigl, dont ce serait, par conséquent, la première exécution publique.

Bizarrement, ce concert avec Lipinski n'est même pas mentionné dans sa lettre du 25 avril à Germi. Il est vrai qu'il a d'autres préoccupations.

... A Turin, je n'avais plus envie de faire quoi que ce soit, à cause d'une jeune fille de douze ou treize ans, protestante, de bonne famille ; elle m'a fait une telle impression que j'ai demandé sa main à ses parents ; ceux-ci m'ont répondu que lorsqu'elle aurait terminé son éducation, ils n'y verraient aucun inconvénient, si toutefois leur fille répondait à mes sentiments. On a le temps d'y penser.

Ici, je loge chez des amis, et il y a de fort aimables nonnes qui ont en charge l'éducation de quelques très jolies demoiselles ; j'ai eu la chance d'en rencontrer une dans l'escalier ; mais une telle occasion est rare. Mais, oh Dieu ! Quel plaisir !...

Et toute sa vie, Paganini cherchera l'âme sœur et la repoussera après l'avoir trouvée, car « La liberté est un trésor ». La plupart du temps, il jettera son dévolu sur des adolescentes ou de jeunes femmes, qui se laisseront séduire par son prestige d'artiste et le magnétisme que lui ont reconnu tous ceux qui l'ont approché.

De Plaisance, Paganini se rend à Parme. Puis, il s'en va passer une dizaine de jours à Crémone, où il donne deux concerts. La Société Philharmonique de la ville le fait membre honoraire et lui remet un diplôme, suivant la décision prise le 19 avril. Puis, il revient à Plaisance, le 24 mai.

Un mois se passe et nous le retrouvons à Bologne le 25 juin pour un concert à l'issue duquel, ici encore, la Société Philharmonique de la ville le nomme membre honoraire.

Mais, il n'a pas écrit à son ami Germi depuis le 25 avril et il doit réparer cette négligence. Ce sera donc une longue lettre pleine d'enseignements.

Bologne, 1er juillet 1818

Deux mois de silence ; il ne s'est pas passé une seule journée sans que je pense à toi ...

A Turin, uniquement parce que je n'avais pas bissé les Variations, lors de mon second concert, le Gouverneur ne m'avait pas laissé en donner d'autres et j'avais décidé de ne plus jamais jouer dans le Piémont ; c'est pourquoi j'ai annulé mes concerts prévus à Vercelli et à Alexandrie. A Plaisance, tu le sais, j'en ai donné trois. A Parme j'en ai donné un, mais il faisait très mauvais et Son Altesse Royale (Marie-Louise) *était malade, si bien que je suis parti très vite pour Crémone, où la Société Philharmonique, après m'avoir nommé membre honoraire, s'est chargée de tous les frais de deux concerts au théâtre. La pluie, lors de la soirée du second, m'a fait perdre mille francs.*

Si, autrefois, mon violon plaisait comme dix, maintenant il plaît comme cent.

Parle-moi de ma famille.

J'oubliais une chose. Un certain Lipinski, polonais, professeur de violon, est venu de Pologne tout exprès pour m'entendre jouer ; il m'a rejoint à Plaisance et, depuis il ne me quitte plus, en adoration devant moi. Il a joué pour moi, de façon merveilleuse, les quatuors de Carega, Raggi et Germi. Il repart en Pologne pour étudier mon style pendant quelques années, et affirme ne plus vouloir entendre parler d'aucun autre maître de cet instrument...

Le chevalier Crescentini(4), *le musicien, m'a fait l'honneur d'assister à mon concert de jeudi dernier. Il m'a demandé de lui faire le plaisir de venir dîner dans sa propriété. Je me suis bien amusé en compagnie de*

Madame Colbran(5). *Barbaja*(6), *impresario des théâtres de Naples, a demandé à Madame Colbran de m'inviter ici, me promettant tout les théâtres gratis, pourvu que je vienne fin septembre ...*

Radicati(7), *premier violon à Bologne, accompagne merveilleusement bien et c'est un professeur de tout premier ordre. L'autre soir, il a joué un quatuor de Haydn et j'en ai joué un autre, tel qu'il est écrit. A vrai dire, il émane de mon jeu une certaine magie que je ne peux te décrire...*

Ainsi, en très peu de temps, le chemin de Paganini va croiser celui de deux personnes qui sont appelées à jouer un grand rôle dans sa vie : Marie-Louise, ex-impératrice de France, et Barbaja, sans l'appui duquel il est vain de vouloir monter un opéra en Italie. Il fait donc également connaissance de la célèbre Colbran.

Et, enfin, il parle de Lipinski, mais comme si cette rencontre n'avait d'importance pour lui que par le seul fait que le Polonais ne le quitte plus et qu'il est en adoration devant lui. Certes, il reconnaît que Lipinski joue de façon merveilleuse ; mais le quasi-désintéressement que révèle son « J'oubliais une chose » surprend, quand on sait l'admiration — on peut même dire l'idolâtrie — que lui voue son confrère. Ce dernier, en 1827, écrira en hommage au grand maître, trois caprices qui sont loin de valoir ceux de son modèle.

Paganini, pour la première fois, semble prendre pleinement conscience de sa popularité. Des petites phrases, telles que « Si, autrefois, mon violon plaisait comme dix, maintenant il plaît comme cent » ou « Il émane de mon jeu une certaine magie que je ne peux te décrire » prouvent qu'après les incidents de Ferrare et de Turin, la confiance en soi est revenue.

Le 21 juillet, il est à Bologne, puis le 2 août à Florence. Il revient à Bologne, d'où il écrit à Germi pour le supplier de le rejoindre.

Bologne — 4 Août 1818

C'est avec grand plaisir que j'apprends que vous êtes prêt à me rejoindre à Florence ; je partirai demain et je donnerai trois concerts là-bas. Ami, je vous en prie, partez tout de suite, car en plus du plaisir de votre chère compagnie, j'ai beaucoup de choses à vous dire concernant mon bonheur futur...

Mes décisions vont vous surprendre...

P.S. : S'il vous plaît, saluez pour moi toute ma famille

> *et dites-lui que je n'irai pas à Venise, surtout parce que j'ai rompu toute relation avec Lauretta.*

Dans cette lettre, où il reprend le vouvoiement auparavant abandonné, il reparle de cette mystérieuse Lauretta, qui ne semble pas éprouver pour lui une quelconque attirance. Par contre, il fait clairement comprendre à son ami, qu'il prépare son « bonheur futur », sans autre précision.

Le 9 août, il est de retour à Florence et le 11, il adresse une nouvelle lettre à son ami.

> *Ici, je me sens bien. Je me prépare à donner deux concerts, tant désirés par ce public, au Teatro della Pergola, le premier la semaine prochaine...*

Paganini se sent bien. Il pense à son « bonheur futur », mais, toujours, sans rien en révéler. Il continue en communiquant son adresse et, dans son désir de voir arriver Germi, lui laisse la possibilité de le rejoindre à Livourne au lieu de Florence.

Le 18 août, Germi n'est toujours pas arrivé.

> *Je crois que tu ne désapprouveras pas la décision que j'ai prise depuis quelque temps d'envoyer au diable toutes les femmes que j'ai connues, parce qu'elles ne s'appliquent qu'à ma perte...*

> *Cher ami, ne me prive pas du plaisir tant attendu de te voir. Pour ce faire, j'ai décidé de ne donner qu'un concert ici au théâtre della Pergola, mardi 25. Je partirai tout de suite après pour Livourne, où je donnerai trois concerts en soirée les 27, 29 et 30 et puis je retournerai à Florence en ta compagnie, je l'espère...*

Paganini a donc décidé de rompre avec toutes les femmes qu'il a connues, parmi lesquelles, bien sûr les mystérieuses Lauretta et Tadea. Il a du reste confié à son ami, dans une précédente lettre, les sentiments que lui inspire cette dernière.

> *Florence, le 16 Août 1818*
>
> *J'ai toujours dit à madame Tadea Pratonlongo, que j'appréciai beaucoup l'amitié qu'elle me portait en me recevant dans sa maison de campagne et, en fait, je pense que j'ai payé de retour en offrant gracieusement mes services professionnels, pour autant que mes finances me le permettaient ; et ça vous le savez.*
>
> *Bien d'autres femmes auraient aimé disposer de mon cœur et de ma fortune, mais j'ai anéanti leurs espoirs de façon catégorique, en leur signifiant que je ne devais pas les détester dès le départ. Je supplie seulement Madame Tadea, si différente de toutes les autres, de ne plus penser à moi, puisque ma profession et la religion*

exigent que je vive dans une parfaite solitude...
Est-ce que le « futur bonheur » de Paganini est de vivre dans une parfaite solitude ? Difficile de croire qu'il soit totalement sincère en écrivant ces lignes. De plus, pourquoi prendre, en plus de l'excuse de sa profession, le prétexte d'une religion, qu'il pratique peu, pour décourager une femme éprise de lui ? Rien n'est très clair dans cette attitude de Niccolò partagé entre une jeune fille qu'il aime et qui le repousse — Lauretta — et une femme amoureuse et qu'il éconduit — Tadea.

Le troisième concert de Florence a bien lieu le 25 août au théâtre *della Pergola*. Puis, sans que Germi ne se soit manifesté, Paganini se rend à Livourne pour les trois soirées prévues, les 27, 29 et 30 août.

Début septembre, il retourne à Florence, où, enfin, son ami vient le rejoindre. Accompagné de son cher Germi, il se rend à Lucques et demande à l'administration l'autorisation, aussitôt accordée, de donner un concert au théâtre *Pantera*. Puis, Germi repart pour Gênes, et Paganini s'en va à Pise.

Revenu à Florence, il écrit à son ami la première lettre dans laquelle il adopte définitivement le tutoiement. A la lecture de la première phrase, on se rend compte que Paganini a quelque chose à se faire pardonner — quoi ? Impossible de savoir ce qui a pu se passer durant leur cohabitation —, et il est évident que le « tu » peut arranger, dans ce cas-là, bien des choses.

Florence, le 1ᵉʳ Octobre 1818
Je pensais que tu devais être en colère contre moi, après la peine que je t'ai faite pendant ce que je considère comme des jours bénis, où tu m'as fait l'honneur de ta compagnie. Mais au contraire, tu me procures le plaisir d'une chère et belle lettre, comme je n'en avais jamais reçue. Je l'ai lue hier soir au cours d'une conversation brillante et j'ai fait rire tous les auditeurs.

J'ai reçu trois lettres de Milzetti, dans lesquelles il me dit que Monsieur Zaccaria a reçu des lettres honteuses et fausses de Gênes et il est certain que la jeune sœur de la demoiselle et son beau-frère sont mes pires ennemis ; mais tout cela n'a aucune importance, puisque ma chère Marietta a répondu à l'auteur des lettres, que toutes ces calomnies ne faisaient que renforcer son amour pour son cher Paganini...

Tout s'éclaire : le « bonheur futur » de Paganini a pour prénom Marietta, quelquefois changé en Marina. La jeune fille a une sœur, qui semble ne pas trop porter dans son cœur notre violoniste. Il est bien évident qu'il a dû en parler et reparler à Germi, durant les quelques jours passés ensemble.

Il annonce son départ pour Sienne d'où il compte être de retour le 8. Le concert, prévu initialement pour le dimanche 4 octobre, n'a pu avoir lieu, car les Siennois, profitant d'un temps clément, sont partis en grand nombre à la campagne et donc l'auditoire est par trop restreint. Il est reporté, comme l'explique Paganini, au lundi 5.

Florence, le 10 Octobre 1818
Lundi matin, alors que je m'apprêtais à partir pour Florence, deux personnes vinrent me voir et me proposèrent quarante sequins. J'ai donné un concert le soir même. Je ne peux te dire les ovations des Siennois ; j'ai promis de donner un autre concert dimanche prochain.

Une très intéressante lettre de ma Marina adorée ! En voici la copie ! Avant tout il faut te dire qu'elle est très surveillée par son père, qui ne lui a laissé ni papier ni encre ; mais, malgré tout, avec l'aide d'une domestique, elle m'a écrit la lettre ci-jointe sur une demi-feuille de papier :

« Mon unique bien,

« La joie que j'ai éprouvée au reçu de votre aimable lettre, ma plume ne peut l'exprimer. Il est vrai que la plus grande douleur qui puisse fondre sur une personne amoureuse — et cette personne c'est moi — je l'ai ressentie par votre départ. Mais, patience. Je vous prie simplement de faire tout votre possible pour revenir très vite à Bologne ; cela sera le plus grand bonheur que mon cher amant puisse me procurer. J'ai compris tout ce qu'il y a dans vos deux lettres, mais je dispose de si peu de temps que je ne peux l'exprimer d'autre façon. Quant à moi, je dois surmonter mille obstacles et c'est pourquoi je vous supplie de revenir dès que possible. J'espère que vous comprenez ce que je veux vous dire, à savoir que mon beau-frère et ma sœur font un fracas de tous les diables, parce que rien n'arrive, mais rien n'arrivera. Adieu. Adieu ma vie et mon tout. Adieu. Votre plus chère amante.

Marina Banti »

J'ai éprouvé un plaisir jusqu'alors inconnu à recevoir sa précieuse lettre, que j'ai embrassée une centaine de fois, car elle est écrite de la main de mon bien *(que penses-tu de l'expression ?). Je lui ai dit, qu'après mon voyage à Naples, je la verrai à Bologne, ville qui abrite l'objet de mes pensées ; qu'aucune autre ville ne signifie autant pour moi que Bologne, cité qui sera bénie pour moi, si le Ciel fait que je puisse unir pour toujours ma destinée à celle de ma Marietta chérie. J'ai également été très content d'apprendre qu'elle étudiait assidûment le chant — quand elle était à la campagne, elle révisait toutes les leçons de Crescentini, et son père la réprimandait car elle travaillait trop.*

Que voilà un Paganini amoureux ! Tellement, que le même jour, il écrit une deuxième lettre à son ami, pour lui demander de lui procurer très vite les papiers nécessaires au mariage. Il lui annonce qu'il a prévu de se rendre à Rome pour la venue du roi de Naples — Ferdinand Ier.

Le 15 octobre, Paganini est à Bologne. Il est fou de joie : il va revoir Marietta et lui consacrer tout son temps. C'est tout du moins ce que l'on pourrait penser. Et bien, non ! Il se rend à la banque Pegnalver, à laquelle il a confié ses gains, en retire son avoir — ayant eu vent de certaines malversations des dirigeants de l'établissement — et transfère ses fonds chez Carlo Carli à Milan. Cette opération réalisée, il part pour Rome sans autrement s'occuper de sa « plus chère amante ».

*

Arrivé dans la ville sainte, il ne peut trouver de théâtre pour donner un concert. En effet, sur décision du clergé, toutes les salles de spectacle sont fermées le vendredi, jour de prédilection de Paganini, et ce jusqu'au mercredi des Cendres.

Et voilà Paganini, à nouveau, condamné à l'inactivité. Il pense encore à Marietta, même s'il n'éprouve plus aucun sentiment pour elle. Il se rend compte, de plus en plus, que sa vie sera celle d'un solitaire et cela n'est pas fait pour améliorer son moral.

Rome, le 4 Novembre 1818

Je suis arrivé en bonne santé, hier soir, dans cette Dominante, *comme disent les Romains. La ville dépasse l'imagination la plus vive. L'air y est lourd, mais j'ai bon appétit ...*

Cher ami, je dois te dire que mes sentiments ne sont plus du tout les mêmes. Je suis resté à Bologne six jours et j'ai senti grandir mon manque d'intérêt pour la jeune femme, que j'ai si longtemps voulu épouser. Elle m'adore, mais je ne peux pas me résoudre à me marier ;

aussi dis-moi ce qu'il faut lui écrire pour lui faire comprendre mon manque d'amour...
Cher ami, je n'aime pas ce bas-monde. Console-moi, toi qui as tant d'influence sur l'âme de ton fidèle ami.
Trois jours après, le ton n'a guère changé.
Je suis tombé un peu amoureux de la jeune dame de Venise ; mais les lettres provenant de là-bas m'ont appris tant de choses sur elle, que je préfère ne plus en parler. Elle a abandonné la musique. Elle dit qu'elle ne m'aime pas, que mon amitié ne signifie rien pour elle et qu'elle est parfaitement heureuse ainsi...
P.S. : Mon aversion pour le mariage persiste. Donc plus de lettres d'amour — uniquement des lettres cérémonieuses. La liberté est un trésor.

« La liberté est un trésor » ! Mais, au fait, que fait-il de sa liberté et de ses loisirs ? Bien qu'il n'en parle pas dans ses lettres, on peut penser que, comme partout ailleurs, il participe à des séances de musique de chambre avec d'autres musiciens, qu'il se rend à l'Opéra et qu'il se lie avec d'autres artistes. C'est à Rome, en effet, qu'il rencontre Ingres, qui va réaliser le plus célèbre portrait de Paganini. Mais, il est clair qu'il s'ennuie.

Rome, le 23 Décembre 1818
Bien que j'ai été très longtemps silencieux, je n'ai pas cessé de penser à toi et pour le prouver je peux te dire que, non seulement je t'ai instrumenté le Quatuor (N° 10), mais je t'en ai écrit un autre en la majeur (N° 14) que, je crois, tu apprécieras car il comporte parmi ses mouvements un Largo con sentimento qui, bien exécuté, devrait te plaire. Ici, je n'ai pas joué une seule heure. Mais, demain, je vais commencer à travailler pour le concert que je dois donner le 8 du mois prochain.
Ami, tu ne peux pas t'imaginer combien la solitude me pèse, maintenant que j'ai changé d'idée sur le mariage ; j'aimerais me marier avec une belle jeune fille, qui ne serait intéressée ni par les avantages matériels ni par le chant... Je souhaite seulement avoir la chance de trouver quelqu'un à mon goût et de pouvoir l'épouser. Hier au soir, j'ai vu la plus belle des Anglaises ; elle m'a aussitôt enflammé ; lorsque que j'ai appris qu'elle était juive, j'ai laissé échapper un soupir et j'aurais presque pleuré en comprenant que cette union était quasiment impossible. Je parie que si tu l'avais vue, tu aurais peut-être renoncé à ta religion pour l'avoir à toi...

La jeune fille de Bologne, qui soupire après moi, a bien compris d'après ma dernière lettre que mes sentiments n'étaient plus les mêmes et veut en connaître la raison. Dis-moi ce que je dois lui répondre. Je ne veux pas lui dire qu'elle n'occupe plus mes pensées, mais je dois lui répondre quelque chose. Son père est plus sévère que jamais envers elle. Milzetti se trouve un peu en porte-à-faux, mais je ne veux pas le savoir car elle ne m'intéresse plus.

Comme on le voit, Paganini, désœuvré, écrit des quatuors pour son ami Germi et va bientôt terminer, puisqu'il en est au quatorzième, le cycle des 15 Quatuors pour violon, alto, violoncelle et guitare.

Il reparle mariage ; mais, attention, pas avec n'importe qui. Il faut que la personne soit jeune, belle et nullement intéressée par l'argent ou par le chant ; elle peut être anglaise, mais, en aucun cas, juive. Enfin, il ne peut s'agir de Marietta, qu'il a connue grâce à Annibale Milzetti, et à laquelle il n'ose avouer qu'il ne l'aime plus. Et, comme souvent quand il s'agit d'exprimer ses sentiments, il fait appel à Germi, parce qu'il ne sait pas, et il l'avoue bien humblement, laisser parler son cœur. Paganini, le sentimental, est également un grand pudique.

L'année 1818 s'achève pour Paganini guère mieux qu'elle n'a débuté. Sa santé commence à lui donner quelques soucis ; sa vie professionnelle est au point mort ; ses finances sont obligatoirement en baisse ; ses affaires de cœur ne lui apportent aucun réconfort. Il ne lui reste plus qu'à être très patient, car la situation ne se dénouera pas avant février 1819.

*

Notes

1. Giovanni Ricordi (1785 - 1825). Fondateur d'une maison d'édition de musique, grâce aux archives de la Scala et à celles d'Artaria.
2. Joseph Weigl (1766 - 1846). Compositeur autrichien. Élève de Salieri, ami de Mozart et de Beethoven. A composé quelque 30 opéras, de la musique religieuse, des ballets.
3. Karol Lipinski (1790 - 1861). Violoniste polonais. A composé 4 concertos, des caprices, des fantaisies pour violon et de la musique de chambre.
4. Girolamo Crescentini (1762 - 1846). Un des derniers et des plus célèbres castrats italiens. Parmi ses élèves figure Isabella Colbran
5. Isabella Colbran (1785 - 1845). Soprano espagnole. Engagée en 1811 par Barbaja, elle devint sa maîtresse. Épousa Rossini en 1822.

6. Domenico Barbaja (1778 - 1841). Impresario italien. D'abord garçon de café, puis directeur de cirque. En 1808, il obtint la licence des tables de jeu du foyer de la Scala de Milan. En 1809, directeur des Opéras de Naples. De 1821 à 1828, il assura la direction du Kärtnertor-Theater à Vienne et du Théâtre an der Wien.
7. Felice di Radicati (1778 - 1823). Violoniste et compositeur italien. Ami d'Haydn, Romberg et Beethoven. A composé des opéras, des mélodies, de la musique de chambre.

Chapitre 9

Rome et la Sicile
(1819 - 1821)

L'année 1819 commence donc très mal pour Paganini. Le concert, qu'il espérait pouvoir donner le 8 janvier, ne peut avoir lieu. Excédé par cet état de fait, il est sur le point de quitter Rome.

Mais, cette triste période va connaître enfin l'heureux dénouement, raconté par Paganini à Schottky.

Comme il n'était pas permis de donner à Rome de concert les vendredis de Carnaval, le vicaire d'alors, qui depuis devint pape sous le nom de Léon XII(1), *m'accorda une autorisation spéciale pour un seul concert ; voyant l'enthousiasme que j'avais suscité, il m'envoya de sa propre initiative, un rescrit flatteur, par lequel il m'accorda le droit de donner d'autres concerts tous les vendredis.*

Et le vendredi 5 février, Paganini donne son premier concert au théâtre *Argentina*. Il en donnera deux autres dans la même salle, le 12 et le 19.

Le moral s'améliore. Cela transparaît dans cette lettre adressée à l'un de ses amis, Antonio di Pagliari, qui a essayé à plusieurs reprises d'intervenir en faveur de Lauretta. Celle-ci, après avoir éconduit Paganini, semble revenir à de meilleurs sentiments. Hélas pour elle, il est trop tard.

Je suis trop convaincu de votre sincérité et de votre belle amitié pour douter de ce que vous dites en faveur de Lauretta. Cependant, je suis d'accord avec le dernier paragraphe de votre lettre, où vous dites que les femmes sont rusées et qu'il est absolument impossible de savoir de quel côté penche leur cœur. Comme je vous l'ai dit dans ma précédente lettre, j'ai totalement rompu avec Lauretta à cause de son orgueil et de son assez mauvais caractère. Mais j'ai bien l'intention de l'aider, et vous vous en rendrez compte bientôt. Aujourd'hui, je vais écrire à Naples pour essayer de la faire entrer au Conservatoire de Musique...

Vendredi soir, j'ai donné mon troisième grand concert au théâtre Argentina, et ici aussi, les gens importants disent que je suis le plus heureux des artistes pour plaire autant à un public aussi difficile.

Mardi je pars pour Naples.

*

Comme annoncé Paganini quitte Rome et se dirige vers Naples. La ville compte six grands théâtres et pourtant il va avoir, encore une fois, du mal à trouver une salle et, sans l'appui de Barbaja, il n'aurait pas pu obtenir l'autorisation royale nécessaire.

Paganini, homme du nord, n'est pas forcément, à ce titre, le bienvenu dans ce royaume des Deux-Siciles. Cette défiance transparaît dans cette anecdote racontée par Fétis, si tant est qu'elle soit vraie.

A son arrivée à Naples, Paganini avait trouvé quelques artistes assez mal disposés envers lui. Ils s'étaient promis de beaucoup s'amuser à ses dépens. Ils engagèrent le jeune compositeur Danna, récemment sorti du Conservatoire, à écrire un quatuor rempli de difficultés de tout genre, se persuadant que le violoniste n'en pourrait triompher... et à peine arrivé, on lui présenta le morceau qu'on lui demandait d'exécuter à première vue. Mais lui, comprenant le piège qu'on lui tendait, y répondit en homme supérieur, ne jetant qu'un coup d'œil rapide sur cette musique, et l'exécutant comme si elle lui était familière. Confondus par ce qu'ils venaient d'entendre, les assistants lui prodiguèrent les témoignages d'une admiration sans bornes, et le proclamèrent incomparable.

Ces récits de pièges tendus, sous forme de partitions bondées de difficultés techniques, foisonnent dans la vie de Paganini. Il n'est pas certain qu'il faille leur accorder le moindre crédit. Ils prouvent, néanmoins, que la réputation de Paganini de pouvoir déchiffrer n'importe quelle œuvre et la jouer à vue sans aucune hésitation n'était pas usurpée.

A Naples, il fait la connaissance d'un violoncelliste, Gaetano Ciandelli, connu uniquement grâce à Paganini. Celui-ci, après lui avoir prodigué quelques leçons, et lui avoir révélé un prétendu secret, s'intéressera constamment à ses progrès et essayera de faciliter le plus possible sa carrière. Si l'on se réfère à ce qu'il a pu écrire du violoncelliste, celui-ci aurait dû devenir célèbre.

Un seul homme, qui a aujourd'hui 24 ans, Mr Gaetano Ciandelli de Naples, connait mon secret. Il jouait du violoncelle de façon assez médiocre, si bien que son jeu n'attirait pas d'ordinaire particulièrement l'attention. Cependant... je lui ai révélé ma découverte, qui a eu sur lui un effet si avantageux, qu'en trois jours, il était devenu un personnage totalement différent ; et remarquant le changement soudain dans son jeu, les auditeurs *crièrent au miracle... Maintenant sa sonorité est pure, pleine et agréable ; il a acquis une parfaite maîtrise d'archet et fait sur ses auditeurs étonnés la plus belle impression.*

Il n'hésitera pas, le moment venu, à écrire plusieurs lettres de recommandation en faveur de son protégé ; celui-ci sera, du reste, le seul à bénéficier de tant de faveurs.

*

Paganini ne donne qu'un seul concert à Naples, au théâtre *del Fondo*. La prestation du virtuose italien fait grand bruit, même si l'assistance est plus choisie que nourrie.

Le concert, à peine terminé, Paganini repart pour Rome. L'Empereur d'Autriche, accompagné de son chancelier, le prince Metternich, vient d'arriver dans la Ville Sainte, pour un séjour d'environ un mois et demi et Paganini sent qu'il tient une magnifique occasion de mieux se faire connaître de l'Europe et peut-être d'accomplir cette tournée de concerts dont il rêve depuis plusieurs années, sans oser ou pouvoir l'entreprendre.

Le 17 avril, il donne un premier concert au théâtre d'*Apollo*, également appelé *Tordinone*. Le 19 avril, il écrit à Germi, qu'il paraît avoir un peu oublié ; en effet, la dernière lettre à son ami remonte au 23 décembre 1818.

Je souhaite deux choses. D'abord, vivre avec toi, en admettant que j'ai assez d'argent ; ensuite, j'ai envie d'exciter ta curiosité. Et puis non !... Je suis amoureux d'un jeune fille de Naples, une virtuose à l'éducation de princesse, et je serais heureux qu'elle partage mes sentiments.

A Naples, j'espère remplir le théâtre San Carlo pour le deuxième concert, que je donnerai à mon retour, surtout étant donné tout le bruit provoqué par mon premier au théâtre del Fondo.

Demain soir, les autorités organisent une grande cérémonie pour Sa Majesté au théâtre Tordinone, illuminé a giorno, *avec un concert de Paganini ; un second sera donné la semaine suivante.*

En ce qui concerne ma sœur Domenica, fais ce que tu peux pour elle ; tout ce que tu feras sera bien fait. Mais on ne devrait jamais faire de bonnes actions pour ne pas engendrer des ingrats ; je m'en remets entièrement à ta sagacité...

Voilà Paganini une nouvelle fois amoureux. Mais, discret, même à son ami, il ne révèle, pour l'instant, aucun nom.

Nous voyons que s'il n'a aucune illusion sur certains

membres de sa famille, il n'en demeure pas moins que la solidarité, pour lui, n'est pas un vain mot et qu'il est prêt à payer ce qu'il faut pour que tous les siens vivent de façon décente. Toutefois, dans sa correspondance, il ne parle pas de tous les membres de sa famille de la même façon. Pour sa mère — sa « carissississississississississima madre » —, on sent à travers ses propos qu'il éprouve une immense tendresse filiale ; envers Carlo, le ton est toujours un peu paternel, comme si c'était lui, Niccolò, l'aîné ; pour Nicoletta et Domenica, il joue le rôle du grand frère, qui doit protéger et mettre à l'abri du besoin ses petites sœurs moins fortunées, même si parfois leurs demandes ne lui plaisent guère et s'il n'apprécie que fort peu ses beaux-frères.

Le 20 avril, ainsi qu'il le dit à Germi, Paganini joue au théâtre *Tordinone*. Deux jours plus tard, l'ambassadeur d'Autriche auprès du Saint-Siège, le comte Kaunitz donne une grande réception dans sa résidence romaine, le palais *Braschi*. Paganini est invité. Metternich, indisposé se fait excuser ; mais il fait venir le violoniste chez lui le lendemain.

Je me fis également entendre dans un concert qui se donna dans le palais du comte de Kaunitz, ambassadeur d'Autriche. Le prince de Metternich, alors à Rome, ne pouvant, à cause d'une indisposition, assister à cette soirée, vint au palais le matin. Pour satisfaire à son désir, je pris le premier violon qui me tomba sous la main ; après que j'eus exécuté un morceau, il fut si satisfait qu'il revint encore le soir. La femme de l'ambassadeur me dit : « C'est vous qui êtes toute la fête », et ce fut en cette occasion que le prince de Metternich m'invita à Vienne ; je lui promis que cette ville serait la première où j'irais en quittant l'Italie. Ce voyage en Autriche fut retardé par les maladies qui me survinrent et qui n'ont jamais été connues des médecins.

Le 4 mai, Paganini donne un nouveau concert au théâtre *Tordinone* en l'honneur de l'Empereur d'Autriche.

Courant juin, de retour à Naples, il se produit à trois reprises au théâtre *San Carlo* et, à chaque fois, comme il l'espère dans sa lettre du 19 avril, la salle est pleine.

Tout est réuni pour que Paganini fasse grosse impression et qu'il soit parfaitement heureux de ses prestations. Et heureux, il l'est, comme en témoigne cette lettre à Germi.

Naples, le 20 Juillet 1819
Rien n'est plus flatteur pour moi que les éloges et les applaudissements que j'ai reçus lors des trois concerts donnés dans les théâtres royaux, devant un public

exigeant... Il suffit que je te dise que le premier soir où j'ai joué au théâtre San Carlo, ce bon public, en m'applaudissant, a transgressé un ordre de la cour ; en effet, il est de rigueur, quand la cour est présente et tant qu'elle n'a pas applaudi, de ne donner aucun signe d'approbation ou de désapprobation. Le public n'a pas attendu ; il m'a applaudi avec enthousiasme, frappant dans ses mains et lançant des « Evviva ! » frénétiques et m'a rappelé trois fois de suite.

Je vis à l'économie ; donc, n'ais pas peur que je gaspille ma santé, ma tranquillité d'esprit ou mon argent. Paganini vit moitié en sage, moitié en Génois prudent.

Je dois donner deux autres concerts et je partirai pour Palerme. Ensuite j'entreprendrai une tournée en Italie, avant d'aller à Vienne (à l'invitation du Prince Metternich) et puis ce sera Paris et Londres. Et après ces voyages enrichissants, viendront des loisirs bien mérités, que j'attends avec impatience pour clore ces années perdues. Voilà, cher ami, mes projets si Dieu me prête vie.

D'ici là, je dois me faire connaître honorablement, faire fructifier mon pécule, sans me soucier des envieux. Garde toi en bonne santé et laisse moi à mon tour te donner un conseil : renonce à Bacchus. Ce dieu est à craindre tout autant que l'enjôleuse prostituée qu'est Vénus.

Nous avons là un Paganini en bonne santé, serein, à la vie bien réglée et prompt à donner des conseils de tempérance et de chasteté.

Sa vision de ce que va être sa vie dans les quinze années à venir est des plus justes — triomphes à Paris et Londres, pécule qui ne cessera de fructifier malgré les nombreux envieux ; il ne peut évidemment pas se douter, que tous ces belles réalisations seront, en partie, gâchées par la maladie, d'une part, par de bien tristes mésaventures, d'autre part.

Abandonnant le théâtre *San Carlo*, c'est dans celui *dei Fiorentini*, qu'il donne les cinq concerts suivants. Lors du premier, le 3 août, il interprète pour la première fois la *Sonate avec variations* en mi bémol majeur MS 22 sur le thème *Non più mesta accanto al fuoco* tiré de l'opéra *La Cenerentola*, composé par Rossini en 1817.

*

Mi-septembre, Paganini se rend à Palerme. Il y restera jusqu'en mars 1820, mais ce n'est que le 31 janvier que l'on peut retrouver sa trace, grâce à une lettre à Germi. A priori, il n'a pas écrit à son ami depuis le 20 juillet 1819 ; pourtant la première phrase de la lettre laisse à penser qu'il y a eu au moins envoi de partitions.

Je vois que tu as reçu les Quatuors... Monsieur Bollasco t'apportera les autres, c'est-à-dire, les N° 11, 12 et 13. Joue-les tranquillement ; j'espère que tu ne les trouveras pas trop mauvais. Tu a déjà entendu le final du dernier dans le premier quatuor sans guitare...

Milzetti me dit que Banti se rappelle à mon bon souvenir. Dommage qu'elle ne soit pas aussi belle que gentille !

A Naples, j'ai fait la connaissance d'une très jolie jeune fille de dix-huit ans, belle comme un ange, éduquée comme une princesse, possédant une voix divine et un talent d'interprète capable de séduire quiconque. Elle chante divinement ; elle a pour nom... devine ! Catalani, fille d'un des meilleurs et des plus riches avocats de Naples. La demoiselle veut bien m'épouser, mais je ne sais si les parents y consentiront, car les Napolitains n'aiment pas voir leurs filles s'éloigner d'eux. Bon, on verra ; moi aussi, il faut que je réfléchisse avant de me lier. La liberté est le plus grand bien de l'homme.

J'ai donné mon premier concert au théâtre Carlino. Je ne peux te décrire l'enthousiasme du public ; la princesse qui applaudit difficilement, m'a comblé comme le public, et m'a dit que si je donnais quarante concerts, elle ferait autant de lieues pour y assister.

Quand je me promène la foule se presse et m'entoure, ce qui fait que je ne peux guère sortir de chez moi...

Je suis libre et heureux, et ce d'autant plus quand je pense à mon cher Germi.

Même s'il ne nous apprend rien sur ses activités entre mi-septembre et fin janvier, Paganini nous livre une foule de renseignements.

D'abord, il a envoyé à son ami les *Quatuors* pour violon, alto, violoncelle et guitare N° 9 (MS 36) et N° 10 (MS 37). De plus, il en a composé trois autres, les N° 11 (MS 38), N° 12 (MS 39) et N° 13 (MS 40). Depuis le neuvième, ces quatuors sont tous dédiés à Germi.

Dommage pour Marietta, qui semble toujours amoureuse, mais son « unique bien » a fait la connaissance d'un ange. Il pense au mariage mais vraiment sans grand enthousiasme. Depuis novembre 1818, son opinion sur le célibat n'a guère changé : Paganini est, certainement, au fin fond de lui-même un célibataire né, un séducteur qu'aucun lien ne peut attacher.

Paganini va donner quatre concerts, au théâtre *Carlino*, entre fin janvier et mi-février. Le succès est immense, que ce soit auprès du public ou de la critique, qui parle de « musique enchanteresse », « des difficultés inconnues jusqu'ici des meilleurs maîtres » et du « mérite réel et justement applaudi ».

*

Au début du printemps 1820, Paganini repart pour Naples, où il espère jouer au théâtre *San Carlo* et y faire entendre son premier *Concerto*, que nous désignons aujourd'hui sous le N° 6. Mais, hélas pour lui, il se trompe lourdement et va devoir attendre l'année suivante pour pouvoir se produire en concert.

Naples, le 3 Mai 1820
Ici, pour la neuvaine de San Gennaro, les théâtres resteront fermés ; mais ils rouvriront bientôt et je donnerai un concert au théâtre San Carlo pour faire entendre mon concerto, que je n'ai pas joué lors des six concerts donnés l'année dernière.

Ici, on fouette certains Carbonari napolitains sur les fesses et sans aucune douceur ; mais à mon avis, ils méritent bien pire...

Paganini, qui a déjà connu bien des régimes politiques et va en traverser bien d'autres sans jamais prendre parti, se laisse aller à confier ses opinions à Germi. Malgré son peu de sympathie pour les Carbonari, il sera soupçonné, quelques années plus tard, de faire partie de leurs partisans.

Fin mai, nouvelle lettre.

Il est probable que mes quatuors finiront aux flammes. Attention aux mauvais guitaristes. A Palerme, il n'y a que de très mauvais instrumentistes, juste bons à exécuter quelques valses, des variations ou des morceaux qu'ils ont appris par cœur ; mais ils ne savent absolument pas plaquer un accord ; ce qui fait que je n'ai pas entendu mes quatuors...

Je viens d'entreprendre une cure de Roob et je dois m'y tenir deux mois (sur les conseils des plus éminents médecins de Sicile) ; je veux être rétabli pour la tournée que je souhaite entreprendre en Allemagne, à Berlin, en Russie, en France et en Angleterre ; et puis, peut-être, ensuite, je me marierai et même je ferai un garçon ou une fille.

> *L'avocat de Naples, qui est vraiment stupide, a fait savoir à mes envoyés qu'il refusait son consentement, car il était convaincu que j'allais faire de sa fille une artiste de théâtre. Ils vont la marier à un Calabrais...*

Mauvais prophète : ses quatuors n'ont pas fini dans les flammes ; ils ont même été édités et plus d'une fois gravés sur disque. Par contre bon juge, il n'hésite pas à fustiger les musiciens qui ne font pas preuve du professionnalisme qu'il attend d'eux.

Pour la première fois, il fait nettement allusion aux premiers symptômes des « maladies qui survinrent et qui n'ont jamais été connues des médecins ». La cure de Roob n'a rien de très alarmant ; il s'agit d'un traitement élaboré à partir de jus de fruits additionnés de sucre et distillés sous forme de sirop, donc peu dangereux pour l'organisme. Ce « remède » ne peut avoir les effets nocifs de la très néfaste cure Le Roy, à laquelle Paganini s'adonnera à partir de 1825 ou 1826.

Il envisage, un peu plus sérieusement qu'auparavant, le mariage, projet qui ne se réalisera pas avec la fille d'un avocat napolitain, mais cela ne semble pas le chagriner outre mesure.

En juin, les théâtres de Naples sont rouverts. Mais, Paganini ne peut donner de concerts. Une malencontreuse chute l'empêche de remonter sur scène. En quelles circonstances s'est produit cet accident ? Il n'en dira rien, même à son ami Germi, si ce n'est qu'il a dévalé un escalier. « Ma chute était bien réelle. Je peux encore sentir ces maudites trente-neuf marches ! », lui confie-t-il dans une lettre du 7 juillet. Son silence sur la cause exacte de sa chute donne, bien sûr, à penser que, surpris en galante compagnie, il a voulu fuir un peu trop précipitamment la colère d'un père ou la jalousie d'un mari.

*

En juillet, les salles de spectacle sont une nouvelle fois fermées, l'insurrection ayant éclaté dans Naples. Ferdinand Ier a supprimé la constitution libérale accordée en 1812 et le peuple, soutenu par le mouvement carbonariste, se soulève. Les insurgés, bien organisés, font fléchir le roi, qui abandonne son royaume et en confie la régence à son fils François(2). La constitution de 1812 est rétablie le 16 juillet ; le calme revient à Naples, mais la Sicile est ensanglantée par une guerre civile, « la révolte des pauvres ». Pendant tout ce temps, Paganini est encore une fois contraint à l'oisiveté.

Naples, le 9 Août 1820
Je suis très satisfait de cette œuvre, écrite pendant ma convalescence. Si tu en veux une copie, je te l'enverrai... Je compte sur ta discrétion.
Je crois que cette musique plaira, car elle est d'un intérêt soutenu. Ajoute un mot au Récitatif. Il faut lire : Andante sostenuto con sentimento. Il manque le mot sostenuto.
Les meilleurs musiciens ici font l'erreur de presser le mouvement et cela me rend furieux...
P.S. : Donne-moi un conseil. Dois-je me marier ou rester célibataire ?

L'œuvre, à laquelle il est fait allusion dans cette lettre, est son Quatuor N° 15 en la mineur MS 42 ; d'abord dédiée au marquis Giovanni Battista Crosa, aristocrate génois et violoniste amateur, puis ensuite, on ne sait pas trop pourquoi, à Germi.

L'homme est moins sûr de lui que le musicien, et il doit demander avis à son ami. Conseil que celui-ci se gardera bien de lui donner — à trente-cinq ans, Germi est célibataire et va le rester encore quelques années.

*

En août, Paganini, rétabli de sa chute, est frappé par une crise de furonculose. Mais, aucune plainte à son ami, qu'il ne veut sans doute pas inquiéter.

Sa lettre du 5 septembre est pratiquement consacrée tout entière à des problèmes familiaux et au souci qu'il a du bien-être de sa mère.

Je pense comme toi et j'exaucerai volontiers les souhaits de ma mère. Trouve lui un endroit convenable à Gênes pour le restant de sa vie et je porterai sa pension à 30 000 lires... Ainsi j'aurai un logement à ma disposition lorsque j'irai la saluer et manger un bon minestrone, fait divinement de ses mains.

Cela m'ennuie qu'elle partage sa pension qui n'est destinée qu'à elle.

Ma petite maison de Ramairone étant située dans un endroit inaccessible, mieux vaudrait la vendre puisqu'elle ne convient pas à ma mère. Si mon beau-frère me remboursait les 60 000 lires, je pourrais augmenter le capital de ma mère. Cher ami, écris-moi, conseille-moi, et arrange tout pour le mieux de façon que, sans avoir à y réfléchir, je puisse faire tout ce qui est possible pour ma mère, ma famille et mon cher Germi.

Et dire que bientôt, Paganini sera obligé de se justifier et de répondre aux accusations de ses détracteurs qui prétendent que, malgré sa fortune, il laisse sa mère vivre dans la misère !

*

A nouveau, il nous faut parler de Fétis et de sa propension aux légendes, reprises par beaucoup d'auteurs, pour lesquels il n'est pas de bonne biographie sans anecdote étonnante ou aventure singulière. Voici ce que nous raconte l'éminent musicologue.

C'est pendant ce séjour à Naples que Paganini eut une des aventures les plus singulières de sa vie pleine d'agitation. Une rechute très grave de sa maladie ordinaire l'avait saisi : se persuadant que l'air le plus léger était meilleur pour lui, il s'était logé dans un appartement de deux chambres au quartier Petrajo, sous Saint-Elme ; mais l'effet ayant été précisément le contraire de ce qu'il avait espéré, et son état empirant chaque jour, le bruit se répandit qu'il était étique. Or, à Naples, l'opinion populaire est que l'étisie est un mal contagieux. Le propriétaire de la maison, effrayé d'avoir chez lui un homme qu'il croyait mourant de cette maladie, eut l'inhumanité de faire descendre dans la rue le lit du malade et tout ce qui lui appartenait. Heureusement le violoncelliste Ciandelli, ami de Paganini, vint à passer : irrité d'un acte de cruauté qui pouvait causer la mort du grand artiste, il donna d'abord des coups de bâton au barbare qui l'avait commis ; puis il fit transporter son ami dans un logement commode et sain, où, par les soins qui lui furent prodigués, Paganini retrouva des forces suffisantes pour donner ses concerts.

En 1820, et encore moins lors de ses précédents séjours à Naples, Paganini n'eut à déplorer aucune grave maladie ; bien sûr, comme nous l'avons vu, il tente de soigner certains maux — vraisemblablement une syphilis — à l'aide d'une cure de Roob et il souffre de furoncles ; tout cela est bien gênant, mais ne met pas encore ses jours en danger. Ensuite, il ne faut pas confondre l'*étisie*, qui est un état de maigreur extrême, avec la *phtisie*, qui est une forme de tuberculose.

De plus, ce n'est qu'en 1826, alors qu'il est accompagné d'Antonia Bianchi et de son fils Achille, qu'il parlera dans une lettre d'une maison sur les coteaux de *Petrajo*.

Enfin, comment se fait-il que ni lui-même, ni la presse locale — Paganini est devenu à Naples un personnage très en vue — n'aient jamais relaté l'incident ? Ne serait-ce pas uniquement que parce qu'il n'a existé que dans l'imagination, ô combien fertile, de Fétis ?

*

L'année s'achève sans que Paganini ait pu reparaître sur une scène de Naples. Il décide de partir pour Rome et d'y passer le Carnaval. Il retrouve là Gioacchino Rossini, qu'il avait connu à Bologne en 1818, et auquel il va rendre un signalé service.

Rossini a terminé, après beaucoup de vicissitudes, la composition de son opéra *Mathilde de Sabran*. Il a soumis la partition à Paganini qui, pour se divertir, en a transcrit pour le violon certains passages. Ce faisant, il a fini par connaître l'œuvre à peu près par cœur.

Le jour de la répétition générale, le chef d'orchestre, un nommé Giovanni Bollo, est frappé d'apoplexie. Paganini s'offre à diriger l'orchestre, et le 24 février, c'est lui qui assure la création de l'opéra. Mais, un exploit en appelant un autre, en l'absence du premier corniste tombé malade, il interprète à l'alto les solos de cor. Il renouvellera sa prestation trois soirs de suite.

Le 2 mars se termine le Carnaval. Dans Rome en fête, Paganini, Rossini et leur ami, l'écrivain Massimo d'Azeglio[3] participent, à leur manière, à la liesse populaire. Ce dernier nous a laissé un récit de leur folle équipée.

Il fut décidé que, pour les costumes, les dessous seraient de la dernière élégance et recouverts par-dessus de pauvres hardes rapiécées, en somme une misère apparente et soignée. Rossini et Paganini devaient représenter l'orchestre, en raclant deux guitares, et pensèrent à s'habiller en femmes. Rossini amplifia avec beaucoup de goût ses formes déjà généreuses par des étoffes bouffantes, et le résultat donna une chose inhumaine ! Paganini, lui, sec comme un chambranle de porte, et avec ce visage qui ressemblait au manche de son violon, apparut, vêtu en femme, deux fois plus sec et efflanqué. C'est peu de dire que l'on fit fureur...

Pour la circonstance, l'écrivain compose un quatrain, mis en musique par Rossini et que les trois compères vont chantant tout au long de leur chemin.

Nous sommes aveugles,
Nous sommes nés pour vivre de la bonté d'autrui,
En ce jour d'allégresse
Ne nous refusez pas la charité.

Nous voyons là un Paganini, bon vivant, aimant rire et

s'amuser, image qui cadre mal avec le portrait d'un homme triste, mélancolique et acariâtre, tel qu'on l'a trop souvent décrit. En fait, Paganini, hédoniste, est né pour profiter de la vie et de ses plaisirs ; la maladie n'a jamais voulu qu'il suive cette voie.

Le lendemain, 3 mars, Paganini, à Rome, donne son premier concert depuis plus d'un an.

Puis il part pour Naples. Comme il attend de pouvoir disposer d'une salle libre et qu'il a quelques loisirs, il s'adonne à son occupation favorite : tomber amoureux. Mais, cette fois-ci, cela semble très sérieux ; il pense réellement au mariage, comme le montre cette lettre, dans laquelle il demande à Germi de lui procurer les papiers nécessaires.

Pour que ses futurs beaux-parents ne se rendent pas compte que sa mère ne sait ni lire, ni écrire — chose tout à fait courante dans l'Italie du début du XIXème siècle — il suggère qu'elle simule un panaris au pouce de la main droite. De plus, par un souci de coquetterie, auquel il nous a peu habitué jusqu'alors, il veut faire de son ami — qui, rappelons-le, est homme de loi — le complice d'un faux en écriture.

Naples, le 22 Juin 1821

Finalement, j'ai résolu de suivre les lois de mon cœur, celles aussi de ma condition et de prendre femme : une aimable jeune fille, d'une des plus honnêtes familles, qui unit à la beauté la plus sévère éducation, a véritablement touché mon cœur. Quoiqu'elle n'ait pas de dot encore, je l'ai choisie et je désire vivre heureux avec elle. Si le ciel le veut ainsi, mes jours s'écouleront, heureux, et je pourrai me contempler dans mes fils.

Fais moi plaisir et, avant toute chose, demande un certificat de baptême au prêtre de la paroisse San Salvatore. Puis, trouve quelqu'un d'autre qui me connaît et va à la Chancellerie de l'Archevêché pour attester par écrit que je suis célibataire. Fais vite et libère moi de ces soucis, car cette attente m'est pénible.

Le code civil français est toujours en vigueur ici et il me faut le certificat de décès de mon père. Ma mère doit savoir où se le procurer rapidement. Tu n'ignores pas que le consentement de ma mère m'est également indispensable. Tu sais qu'elle ne sait pas écrire et je serais désolé que la gracieuse famille de ma jolie fiancée soit au courant. Fais moi plaisir et dis à ma mère que, lorsqu'elle ira chez le notaire pour l'acte de

consentement, elle se lie le pouce de la main droite et que, lorsqu'on lui demandera de signer, elle réponde qu'elle ne peut pas, car elle a un panaris à ce doigt.
Maintenant le plus difficile. Je ne voudrais pas que mon certificat de baptême me fasse apparaître comme entré dans ma quarantième année. Si tu pouvais t'entendre avec le curé de San Salvadore et s'il était possible de me mettre au-dessous de quarante ans, cela me ferait très plaisir ; alors, vois si tu peux trouver le meilleur moyen pour arriver à ce résultat et, si tu réussis, sache que tu m'enlèveras une bonne épine du pied.
Surtout, fais vite. Tu connais mon caractère, très sensible, nerveusement passionné, et tu peux bien comprendre mon anxiété. Ainsi, si tu ne me veux pas me voir mourir d'amour et d'angoisse, fais diligence. Je me réserve de te montrer ma Vénus et de te faire avouer, qu'en toute chose, Paganini fuit la médiocrité !

Le 3 juillet, nouvelle lettre impatiente à son ami. Le 10 juillet, Il finit par lui révéler le non de sa bien-aimée et, dans ses propos, on se rend compte qu'il est vraiment très épris.

Voici le nom de ma bien-aimée : Carolina Banchieri, fille de Teresa Ruiz et de Romualdo Biancheri...
Toi et ma mère, quand vous verrez l'objet de mon amour, vous ne pourrez que l'admirer, et louer avec moi le ciel d'avoir créé une enfant, pleine de toutes les grâces physiques et morales.

Mais, l'amour n'est pas tout et il faut travailler, gagner sa vie. Paganini, qui n'a pas joué depuis le 3 mars, reprend ses concerts et va en donner cinq, dont les trois premiers en l'espace de onze jours. Lors de la seconde soirée, il fait entendre, pour la première fois, ses *Variations* en sol majeur MS 44 pour violon seul sur l'air « *Nel cor più non mi sento* » de l'opéra « *La Molinara* » de Paisiello(4). Puis, il quitte Naples et se dirige sur Parme, où il arrive mi-novembre.

Mais, qu'est devenue Carolina Banchieri ? Il semble qu'au cours du mois d'octobre, il l'emmène en voyage et, qu'ensuite, il rompe avec elle. Mais, rendu prudent par l'affaire Cavanna, il prend toutes les précautions nécessaires pour ne pas être accusé de détournement de mineure, comme il ressort de sa lettre du 17 novembre.

Je suis vraiment désolé ne pas t'avoir écrit avant. A toi seul je dirai que cet objet que j'ai rencontré est un vrai « sans-souci » (en français dans le texte), *et qu'elle m'a déçu sur bien des points ; c'est pourquoi je l'ai quittée après quatre jours qui m'ont paru quatre ans.*

Elle est à l'heure actuelle chez une paysanne qui jurera à quiconque avoir veillé sur elle depuis le moment où elle est partie de chez elle la première fois ; ainsi, on croira qu'il ne s'est rien passé...
Au moment où je me débarrasse d'une, je pense à une autre que tu connais.

Angiolina Cavanna, Marietta Banti, Carolina Banchieri. Aucune n'a su retenir ce perpétuel vagabond de l'amour. Et pourtant, Paganini, qui ne peut rester longtemps amoureux de la même femme, pense, toujours et encore, à quelqu'un que connaît Germi. Il ne faut pas être grand clerc pour mettre un nom sur cette « autre » : Tadea Pratonlongo, qu'il ne reverra plus.

Jusqu'au 17 avril 1822, nous ne saurons rien des déplacements et des activités de Paganini. Il est indéniable que la maladie gagne du terrain.

A-t-il été obligé de s'arrêter à Parme et d'attendre que sa santé soit rétablie ? Cela semble, évidemment, l'hypothèse la plus vraisemblable.

*

Notes

1. Léon XII (Annibale della Genga) (1760 - 1829). Pape de 1823 à 1829. Son pontificat fut celui de l'immobilisme face au libéralisme naissant en Italie.
2. François Ier (1777 - 1836). Régent du royaume des Deux-Siciles à l'abdication de son père Ferdinand Ier en 1820, puis roi de 1825 à 1836.
3. Marquis Massimo d'Azeglio (1798 - 1866). Homme politique et écrivain italien. Une des principales figures du *Risorgimento*.
4. Giovanni Paisiello (1741 - 1816). Compositeur italien. En 1803, fut nommé à Naples maître de chapelle de la cour de Joseph Bonaparte, puis de Murat. Licencié au retour des Bourbons. A composé une vingtaine d'opéras, des symphonies, des concertos, de la musique de chambre, des mélodies, de la musique d'église.

Chapitre 10

« C'est un véritable miracle que je sois encore en vie... »
(1822 - 1824)

Paganini est arrivé à Milan, certainement en passant par Gênes, comme le laisse entendre sa dernière lettre. Mais, ce n'est que le 17 avril 1822 qu'on retrouve sa trace, grâce à un courrier adressé à Germi ; il est peu probable qu'il soit resté exactement cinq mois sans donner de ses nouvelles, ni à son ami, ni à sa famille.

A Milan, malade, il loge dans une auberge, avec sa mère et son beau-frère. Ces derniers l'ont-ils rejoint à Milan, à cause de ses problèmes de santé, ou bien l'ont-ils accompagné à son départ de Gênes ?.

Malgré ce que prétend Julius Kapp(1), pas de concert à Rome, Venise, Plaisance et Milan ; nulle part ailleurs non plus, du reste. Pour réentendre le violon de Paganini, il faudra attendre jusqu'au 23 avril 1824. Pourtant, ses lettres à Germi ne sont pas celles d'un homme abattu.

Milan, le 30 Avril 1822
Dès que je le pourrai, j'irai me reposer chez le général Pino sur le lac de Côme. Il faut aussi que je quitte cette auberge, où je ruine ma santé et mes finances. Figure-toi qu'après qu'on se soit mis d'accord sur le logement, sous prétexte que j'ai été malade, ils m'ont rajouté sur la note 50 lires de supplément pour la blanchisserie. Ma note pour deux mois, alors que je n'ai presque rien mangé et et que je n'ai pas bu de vin, se monte à environ 400 lires, non compris les médicaments et les rafraîchissements. Et même décompte pour ma mère et pour mon beau-frère.

Ma santé s'améliore, mais la convalescence sera longue.

J'ai continuellement de la compagnie, mais, quand je ne te vois pas ou que je n'ai pas l'espoir de te voir, je ne suis pas heureux.

Paganini, lors de son dernier séjour à Venise, a fait la connaissance du général Domenico Pino, personnage haut en couleur, aventurier opportuniste et bon violoniste amateur. Engagé dans les troupes françaises durant la révolution, il a gravi rapidement les échelons de la hiérarchie militaire. Après son couronnement en 1805, Napoléon l'a ennobli et lui a confié le portefeuille du Ministère de la Guerre. Il a pris part aux campagnes d'Espagne et de Russie et a été nommé gouverneur militaire de Milan, poste qu'il occupe à la chute de Napoléon. Durant les émeutes d'avril, on l'accuse d'être de connivence avec l'Autriche, dans l'espoir d'être promu vice-roi. Il s'est retiré dans la propriété de sa femme, à Cernobbio sur le lac de Côme. C'est là que Paganini compte aller se reposer.

Le 14 mai, une lettre à son beau-frère, nous apprend que Paganini est toujours à Milan, où après un orgelet à l'œil droit, il est obligé de garder le lit car un « âne bâté de chirurgien » l'a blessé à l'orteil du pied droit en voulant lui couper l'ongle.

En juillet, il se rend à Pavie, pour aller consulter une des plus grandes sommités médicales du pays, le docteur Siro Borda. Celui-ci, titulaire de la chaire de médecine et de théorie médicale à l'Athénée de Pavie, diagnostique une infection d'origine syphilitique, prescrit un traitement à base d'opium et de mercure, recommande le lait d'ânesse et interdit les viandes rouges et le vin.

Et voilà Borda qualifié de « divin ». La vie paraît belle à Paganini, d'autant plus que sa mère suit une cure à Pavie et qu'elle est auprès de lui pour le soigner et le dorloter.

Pavie, le 7 Août 1822
Ma santé n'est pas trop mauvaise, mais cela va être bientôt merveilleux. Le divin Borda a exactement la même opinion que toi, mais il ajoute que ma maladie sort de l'ordinaire et a quelque chose de nouveau. Ils appellent cela une syphilis cachée. Nous pouvons être heureux que, grâce à un miracle, je ne sois pas mort et que je sois en train de me rétablir tout à fait ; mais il était grand temps...

Paganini a failli mourir. Apparemment, il s'agit là de la première grosse alerte. A partir de maintenant et jusqu'à l'issue fatale, la maladie ne lui laissera guère de répit. De plus, les doses massives d'opium et de mercure, imposées par les différents médecins, vont contribuer au délabrement d'un organisme attaqué par un mal incurable à cette époque.

Nous avons un peu plus de précisions sur son pitoyable état de santé dans la lettre suivante.

Pavie, le 24 Août 1822
Le professeur Borda s'étonne de trouver en moi tant de poison caché depuis si longtemps. Dieu sait combien de mois je devrai encore passer ainsi. Mais il y a l'espoir d'une complète guérison. Alors courage ! Pourtant il

faut avouer que mon pouls est constamment faible et irrégulier.

Mais quand je lis tes délicieuses lettres, il me semble que je vais beaucoup mieux et que ma toux ne m'importune plus.

Cher ami, par dessus tout, je t'en supplie, ne viens pas ici, si tu ne veux pas me voir souffrir, mais va plutôt chez ta mère à la campagne...

Quelles souffrances doit endurer Paganini pour supplier son ami de ne pas venir le voir !

Fin octobre, à peu près rétabli, il quitte Pavie et rentre chez lui, à Gênes, avec sa mère. Convalescent, il ne bougera plus de là avant juin 1823.

En décembre 1822, il fait la connaissance d'un riche négociant génois, Sivori, dont le fils, Camillo, montre des dons certains pour le violon. Paganini, impressionné par le talent de l'enfant, accepte de lui donner quelques leçons.

Camillo Sivori est né à Gênes en 1815. Il est donc âgé de sept ans quand il rencontre le *maestro*. A douze ans, Sivori donne son premier concert à Gênes et entreprend une tournée de deux années en Europe. Puis, il revient, dans sa ville natale, terminer ses études avec Agostino Dellepiane, ami et élève de Paganini. De 1839 à 1846, il parcourt l'Europe et triomphe dans toutes les grandes salles de concert, surtout en France, en Angleterre et en Hollande. De 1846 à 1850, il visite le continent américain. Il poursuit sa vie frénétique de violoniste virtuose, jusqu'en 1880, glanant tous les succès possibles. Puis, il se retire à Gênes, où il continue, jusqu'à sa mort en 1894, à pratiquer dans un cercle restreint la musique de chambre. Sivori fut toute sa vie l'héritier spirituel de son grand maître. Il a laissé 2 concertos, des fantaisies pour violon et de la musique de chambre. Paganini n'a cessé, sa vie durant, de s'intéresser à la carrière de celui que, dans ses lettres, il appelle affectueusement « Camillino » . Il dira de lui :

Ce jeune homme, qui a certainement l'oreille la plus fine du monde, avait à peine sept ans quand je l'initiai aux premiers rudiments de la musique. En l'espace de trois jours, il jouait déjà plusieurs morceaux et chacun s'écria : « Paganini a accompli un miracle », car en seulement deux semaines, il jouait en public.

Sivori, le violoniste, et Ciandelli, le violoncelliste, sont les seuls, parmi tous les instrumentistes qui se réclament de lui, à être reconnus par Paganini comme ses propres élèves.

Pour Camillino, il va composer, durant son séjour à Gênes,

non seulement, le célèbre *Cantabile et valse* en mi majeur MS 45, mais également des œuvres récemment retrouvées, à savoir quatre autres *Cantabile et valse* pour violon et guitare MS 126 à 129, deux *Sonatines* pour violon et guitare MS 124 et 125 et une *Sonate à Variations* pour violon, alto, guitare et violoncelle en ré majeur MS 132.

Toutes ces compositions ont sans doute été exécutées pour la première fois, en petit comité, au cours d'une soirée chez les Sivori le 23 mars 1823.

*

Rétabli, Paganini part de Gênes, début juin, pour rejoindre Milan, d'où il écrit à Germi.

Borda me dit qu'il n'y a aucune raison pour que ma toux affecte mes poumons ; qu'avec du lait de louve ou plutôt d'ânesse, et sans boire de vin, je pourrai entreprendre ma tournée et que je serai capable de jouer...

Dimanche, j'ai prévu d'aller à la campagne chez le général Pino.

Si elles ne menaient pas tout droit Paganini a une fin tragique, les prescriptions, à base de lait de louve ou d'ânesse, du « divino » Borda auraient de quoi faire rire. Hélas, ce genre de traitement était un des seuls connus à cette époque pour apaiser la toux, quelle qu'en soit l'origine.

Malgré tout le désir qu'il en a, Paganini ne partira pas pour Côme, le dimanche suivant, une nouvelle crise l'obligeant à retarder son voyage.

Milan, le 28 Juin 1823

Dimanche dernier j'ai fait une crise de fièvre gastrique et de rhumatismes, qui m'a empêché de partir pour Côme. Borda est venu me voir et, pour lui, je suis complètement guéri.

Je suis impatient de partir pour Côme, où une belle ânesse et une gentille vache (mises à ma disposition par le général) m'attendent. Je partirai jeudi prochain pour ce pays enchanteur, où je veux prendre un peu d'embonpoint ; mais dans une semaine ou deux, j'irai à Milan.

La confiance, qu'accorde Paganini à chacun des médecins qu'il consulte, est aveugle et presque touchante. On sent qu'il a besoin d'être rassuré et que la prétendue science médicale des docteurs l'impressionne : puisque Borda déclare qu'il est guéri, les malaises du dimanche précédent ne peuvent être qu'une crise sans lendemain. Or, de très prochains événements vont lui prouver que Borda ne sait pas très bien où il en est et, à partir ce moment-là, le médecin sera déchu du piédestal où l'avait hissé son patient, qui n'accepte pas d'être trompé. Mais, pour l'instant, l'optimisme règne.

*

Paganini est parti au bord du lac de Côme. Il se repose et tout semble aller pour le mieux dans le meilleur des mondes. Mais, Borda le rappelle à Pavie pour des soins, et de là il rejoint Milan, d'où il écrit à son ami.

Milan, le 2-3 Septembre 1823

Borda m'a envoyé chercher et je suis revenu de la campagne. Avant hier, ils m'ont saigné, car les aliments, au lieu de me nourrir, passaient directement dans le sang. J'ai arrêté le régime lacté à cause de la chaleur excessive mais je reprendrai la cure dès les premiers froids. Dans trois mois, Borda verra alors si j'ai quelques tubercules. Ma toux est toujours aussi violente mais les crachats ne sont pas vilains.

Allons ! Il reste l'espoir...

Ma vue est si mauvaise que je ne vois pas ce que j'écris et je te demande d'excuser ma vilaine écriture.

Comme toujours, il espère ; malgré tout, le ton de la lettre n'est pas rassurant et Borda ne paraît plus aussi sûr de la guérison. De plus, les premiers ennuis de vue apparaissent. Il est à peu près certain que Paganini va devoir porter des lunettes, même si aucun portrait ne nous le représente avec de tels accessoires.

Et l'état de santé va empirer. Mi-novembre, il est au plus mal ; il ne dort plus ; pris de nausées violentes, il ne peut plus s'alimenter ; sa maigreur est devenue excessive ; il respire avec beaucoup de difficultés ; il peut à peine marcher.

Et puis, parce que le hasard fait parfois très bien les choses, il rencontre, dans un café, un médecin, qu'il croit Américain, mais qui, en réalité, est Hongrois. Il se nomme Spitzer(2) et va remettre Paganini sur pied en peu de temps.

Milan, le 26 Novembre 1823

Heureux celui à qui il est donné de partir pour l'autre monde, sans avoir recours aux médecins. C'est un véritable miracle que je sois encore en vie.

Un médecin américain m'a sauvé. D'après ce qu'il m'a dit, Borda a essayé la cure de mercure et les cinq saignées pour tenter de déceler la cause de la toux. Il y a de quoi se demander si des traitements de ce genre peuvent être appliqués à titre expérimental, exactement comme si je lui avais vendu mon corps. Je trouve cela immoral, irresponsable et ignoble. De plus, il m'a donné de l'opium en grande quantité ; et celui-ci, s'il m'a calmé quelque peu la toux, m'a privé de toutes mes facultés, c'est-à-dire, que je ne pouvais pas tenir debout, que je ne digérai pas même un chocolat en 24 heures, que j'ai fait des crises d'asthme, que mon ventre s'est mis à gonfler, et que mon teint est devenu cadavérique.

Heureusement, j'ai rencontré ce médecin américain dans un café. Il m'a fait peur en m'affirmant que je serai mort et enterré d'ici un mois, si je ne suivais pas ses conseils ; il sait de quoi je souffre ; ma toux est due à une faiblesse nerveuse, maladie inconnue de nos docteurs. « Je me remets entre vos mains », lui ai-je dit. Il m'a donné des pilules, une tisane de sa composition et, comme régime, m'a prescrit de bonnes côtelettes de veau grillées, arrosées de bon vin.

En peu de jours, j'étais un autre homme, et, maintenant, je me sens très bien.

A Milan, on ne parle plus que de cet Américain, qui a réussi un tel miracle.

La toux s'en ira peu à peu.

A la fin de la semaine, je retournerai à Villanuova chez le général Pino, où je serai mieux soigné et où je pourrai faire des promenades à cheval, comme me l'ordonne l'Américain.

Moi le premier, et tous ici, nous détestons Borda. Il a ruiné ma santé et mes finances, pendant pratiquement deux funestes années.

Quelle différence de ton entre les précédentes lettres et celle-ci ! Il ne faut plus parler d'espoir, ni d'optimisme, mais de certitude. Paganini est sûr et certain d'être guéri.

Évidemment, nous connaissons, à notre époque, les effets secondaires néfastes des traitements au mercure et à l'opium : atteinte du système nerveux, stomatite, ictère, perte des dents, etc. Mais, à la décharge de Borda, il faut dire que les médecins du début du XIXème siècle n'ont guère à leur disposition que ce genre de poison pour soigner la syphilis. Il est possible que les désagréments décrits ci-dessus soient atténués chez un sujet de constitution robuste ; mais, Paganini, nerveusement fragile, doit ressentir très durement ces handicaps qui rongent son organisme.

Le 29 novembre, Paganini écrit à nouveau à Germi pour l'informer qu'il part le lendemain chez le général Pino. La lettre suivante ne sera envoyée que début janvier 1824.

En mars, j'ai l'intention d'essayer l'Eau Pollini.

Une dame, ici, voudrait une belle guitare, mais vraiment quelque chose de très beau. Si tu peux en trouver une, envoie-moi la ; sinon parles-en à mon frère, qu'il demande à mon copiste dans quelle ville du Piémont on peut s'en procurer.

Les « Ghiribizzi pour guitare » ont été écrits pour une jeune fille de Naples, alors que je n'avais l'intention que de gribouiller quelques notes sans vraiment composer ; mais on y trouve des thèmes assez ingénieux, qui ne sont pas déplaisants...

Paganini est prêt à tester médicaments, remèdes et préparations de toutes sortes, dès qu'il en entend parler. L'Eau Pollini, lui ayant été présentée comme un remède contre la syphilis, il veut l'essayer. Il en reparlera dans une autre lettre, datée du 26 février, puis ne fera plus aucun commentaire à ce sujet.

Quelle est cette mystérieuse dame qui « voudrait une belle guitare » ? Est-ce elle que Paganini appelle Mme Faggini, dans une lettre, expédiée de Pavie en juillet 1822, à l'un de ses amis ? Est-ce encore elle qu'il désigne par le diminutif de Dida sur la dédicace de la *Sonate* en la majeur MS 104 pour guitare ? S'il fait allusion aux *Ghiribizzi* — c'est-à-dire aux *Fantaisies* — n'est-ce pas pour lui en donner une copie ? Paganini n'est pas un homme facile à percer dans ses mystères et, hélas, ces questions-là resteront, également, sans réponse. Par contre, la « jeune fille de Naples », pour laquelle ces *Ghiribizzi* ont été écrites, ne peut être que Carolina Banchieri.

*

Jusqu'à fin mars, il va résider chez Fontana-Pino, neveu du général. Il y fait la connaissance d'une jeune chanteuse de vingt-quatre ans, choriste à Venise, Antonia Bianchi. Elle est belle, jeune, souriante, qualités qui ne peuvent qu'attirer un homme qui, à quarante-deux ans, a bien cru sa dernière heure arrivée. Il est séduit par les charmes de la jeune fille, mais n'en dit pas un seul mot à son ami, dans sa lettre du 26 février.

Les prescriptions du médecin américain m'ont bien remonté, mais ma toux est plus tenace que jamais. Bien que je ne sois pas entièrement rétabli, je me sens suffisamment bien pour commencer la cure d'Eau Pollini... et j'espère guérir tout-à-fait...

Je ne joue presque jamais, mais j'accompagne très souvent à la guitare le Général, dans des sonatines, que j'ai composées pour lui ; cette musique, si j'étais sûr que

monsieur Botto ne la prête à personne, je la lui ferais copier pour la lui envoyer. Qu'en dis-tu ?
Paganini se sent en bonne forme, bien qu'il ne soit pas totalement guéri et que sa toux persiste.
Il a donc — information intéressante ! — composé des *Sonatines* pour violon et guitare pour le général Pino. Or, toutes les sonates répertoriées pour violon et guitare ont été écrites, soit bien avant, soit après 1824 et leur dédicataires sont connus. L'inventaire est relativement facile à établir.

Trois Sonates MS 7, composées entre 1805 et 1808 et dédiées à la Grande Duchesse Elisa Baciocchi.

Six Sonates MS 9, composées entre 1805 et 1808 et dédiées à Madame Frassinet.

Six Sonates MS 10, composées entre 1805 et 1808 et dédiées à Madame Frassinet.

Six Sonates MS 11, composées entre 1805 et 1808 et dédiées au Prince Felice Baciocchi

Six Sonates MS 12, composées entre 1805 et 1808 et dédiées à Madame T

Six Sonates MS 13, composées entre 1805 et 1808 et dédiées à S.A.S. la petite princesse Napoleone, fille d'Elisa et du Prince Felice Baciocchi

Six Sonates Op. 2 MS 26, composées entre 1805 et 1808 et dédiées à M. Delle Piane

Six Sonates Op. 3 MS 27, composées entre 1805 et 1808 et dédiées à Eleonora (Quilici)

Sonatine en la majeur MS 124, composée en 1823 à Gênes et dédiée à Camillo Sivori

Sonatine en ré majeur MS 125, composée en 1823 à Gênes et dédiée à Camillo Sivori

Centone di Sonate (Trois cahiers de Six Sonates) MS 112, composées en décembre 1828 à Prague et non dédicacées.

Sonate Concertante en la majeur MS 2, composée en 1803 et dédiée à Emiglia Di Negro.

Grande Sonate en la majeur MS 3, composée vers 1830 et non dédicacée.

Il faut ajouter à cette liste deux œuvres, dont les dates de composition nous sont inconnues et qui ne portent aucune dédicace : *Six Duos* MS 110 et le *Duo en do majeur* MS 122.

Que sont devenues ces œuvres écrites pour son hôte ? Paganini confiera à Schottky ce qui est la seule explication logique à cette énigme :

J'ai écrit un tas de musique pour le général Pino, et j'ai laissé chez lui une bonne partie de mes œuvres pour violon, guitare et piano, qui ont été mises sous séquestre à sa mort... J'avais laissé la plupart de mes manuscrits à Parme, où ils ont été volés, alors que j'étais en voyage. Pino, un ami qui était comme un père pour moi, jouait du violon et copiait mon style. A Naples en 1826, alors que j'étais malade, j'ai composé, en très peu de temps, trente-six œuvres, dont une *Marche Funèbre* pour Pino, qui attendait impatiemment sa mort, survenue juste après que j'ai eu terminé la marche. Ensuite je l'ai envoyée à un autre ami, Antonio Botto de Gênes, mais lui aussi est mort avant d'avoir reçu le manuscrit ; j'ai donc récupéré cette œuvre maudite et je l'ai jetée.

Les manuscrits des *Sonatines* MS 409 pour violon et guitare, composés pour le général Pino en 1824, ont donc été laissés chez celui-ci, mais jusqu'à ce jour n'ont pas été retrouvés.

Mais, qu'en est-il des trente-six œuvres écrites en 1826 ? En admettant qu'il ait réellement détruit la *Marche Funèbre*, il reste trente-cinq partitions, et Paganini ne donne aucun renseignement permettant de savoir ce qu'il en est advenu.

*

Le 24 avril 1824, à la *Scala* de Milan, il donne son premier concert, après trente et un mois de repos forcé. La presse le juge meilleur que jamais et le public enthousiasmé le rappelle. Tirant la leçon de sa mésaventure de Turin en 1818, il accepte de bisser sa dernière œuvre.

Puis, accompagné d'Antonia Bianchi, il part pour Gênes. En chemin, il fait étape à Pavie.

Arrivé chez lui, sa première préoccupation est de présenter sa nouvelle conquête à sa mère, son frère, ses sœurs, ses amis et, surtout, à Germi. Il à peu près certain que, pour tout ce monde, Antonia est la fiancée officielle, que Paganini va bientôt l'épouser.

Les mélomanes génois ont alors le plaisir de l'entendre, à trois reprises, au théâtre *Sant'Agostino*. Antonia figure au programme en tant qu'artiste associée. Lors de sa seconde prestation, en hommage à sa ville natale, il joue trois œuvres nouvelles : la *Sonate* MS 47 sur le thème *Pria ch'io l'impegno* tiré de l'opéra *L'Amour marin* de Joseph Weigl, la *Sonate militaire* MS 46 pour la quatrième corde et la *Sonatine et Polacchetta* MS 55.

Début juin, Paganini est à Pavie, où il donne deux concerts. Le 12 juin, arrivé à Milan, il écrit à Germi qu'il doit jouer le 18 à la *Scala*. Le 2 juillet, il se produit à Côme.

Le 5 juillet, de retour à Milan, il exhorte Germi à attaquer en justice son beau-frère, Sebastiano Ghisolfi, mari de Nicoletta, celui-ci ayant à ce qu'il semble et sans qu'on en connaisse la raison, jeté des pierres contre ses fenêtres. Pour Paganini, ses beaux-frères font partie de ce qu'il appelle « sa foutue famille ». Il ajoute dans sa lettre qu'il part pour Venise, le lendemain, avec Antonia Bianchi et qu'il y donnera 2 concerts.

Le 26 juillet, installé à Venise, il fait part à Germi de son contrat avec l'impresario du théâtre *San Benedetto* et des concerts prévus pour les 5, 8, 12 et 16 septembre. Il lui parle également des quelques lignes que Stendhal lui a consacrées dans la *Vie de Rossini* et il se rebelle contre de telles allégations.

Paganini, le premier violon d'Italie et peut-être du monde, est dans ce moment un jeune homme de trente-cinq ans, aux yeux noirs et perçants, et à la chevelure touffue. Cette âme ardente n'est pas arrivée à son talent sublime par huit années de patience et de conservatoire, mais par une erreur de l'amour qui, dit-on, le fit jeter en prison pour de longues années. Solitaire et abandonné dans une prison qui pouvait finir par l'échafaud, il ne lui resta dans les fers que son violon. Il apprit à traduire son âme par des sons ; et les longues soirées de la captivité lui donnèrent le temps d'être parfait dans ce langage. Il ne faut pas entendre Paganini quand il cherche à lutter avec les violons du Nord dans de grands concertos, mais lorsqu'il joue des caprices, une soirée qu'il est en verve. Je me hâte d'ajouter que ces caprices sont plus difficiles qu'aucun concerto.

Le 4 août, Paganini, soucieux de son image et de sa publicité, demande au peintre Carlo Carloni de lui faire une centaine de copies d'un portrait, pouvant plaire à ses admirateurs, à qui il compte les vendre.

Le 18 août, revirement de situation. Il demande à Germi de cesser tous contacts avec sa famille, sous peine de se fâcher irrémédiablement avec lui. Que s'est-il passé ? Il est certain qu'après la lettre du 5 juillet, Germi a entamé une procédure et que la « foutue famille » de Paganini a fait pression sur lui pour que la plainte soit retirée. Bien sûr, la lettre va jeter un froid dans les relations entre les deux amis.

Je dois te demander de cesser tous contacts avec ma mère et ma famille ; j'écrirai moi-même directement à ma mère. Je veux que tu renonces à toutes relations et que tu te contentes de veiller sur mes intérêts financiers, si tu veux rester mon ami. Autrement je serais forcé de renoncer à ton amitié. Je suis sûr que tu te conformeras à mes souhaits, qui ne sont formulés que pour nous assurer la tranquillité d'esprit à tous les deux.

Les quatre concerts annoncés dans la lettre du 26 juillet ont bien lieu aux dates prévues. Paganini et Antonia résident, et filent le parfait amour, à Venise jusqu'à fin octobre 1824. Ils se rendent ensuite à Trieste, où il donnent ensemble trois concerts, dans le *Teatro Grande*.

Niccolò se décide, enfin, à reprendre ses relations épistolaires avec Germi, sans aucune allusion à sa précédente lettre et même, chose étrange, il lui demande des nouvelles de ses « foutus parents ».

Trieste, le 27 Novembre 1824
Après les concerts de Venise qui ne m'ont pas beaucoup rapporté à cause de la canicule, tous les gens aisés étant partis à la campagne, je me retrouve ici où l'impresario de l'opéra est jaloux de moi. Il faut donc que je lui donne un cinquième de mes maudites recettes à titre de location, pour pouvoir disposer du théâtre ; et tout cela par peur que la foule qui vient à mes concerts lui enlève du public à l'opéra.

Tu embrasseras pour moi Mainetto; j'aimerais que tu me donnes de ses nouvelles, ainsi que de mon frère et de quelques autres de mes foutus parents. Ma mère ne m'a pas donné de ses nouvelles, et je ne sais ce que deviennent mes neveux.

J'aimerais connaître les progrès de Camillino Sivori.

Il informe également son ami de son départ pour Bologne ; de là, il se rendra à Naples pour y passer l'hiver et profiter d'un temps plus clément, qui aura, il l'espère un effet bénéfique sur sa santé. Il ajoute que la lettre de Germi, répondant aux calomnies de Stendhal, a fait fureur à Venise.

Mi-décembre, il part pour Bologne, où il donne deux concerts au *Teatro del Corso*. Puis, il se dirige vers Rome, l'Italie du Sud et la Sicile.

Durant les trois années à venir, Paganini va devoir parcourir l'Italie, lutter tant bien que mal contre la maladie — son état de santé ne cesse de se dégrader —, connaître une grande joie — la naissance de son fils, même si au départ l'enfant n'était peut-être pas vraiment désiré — mettre au point son grand projet —, sa tournée de concerts à travers l'Europe.

*

Notes
1. Julius Kapp (1883 - 1962). Musicologue allemand. Auteur de biographies de Wagner, Liszt, Berlioz, Meyerbeer, Weber et Paganini (*Paganini eine Biographie* - Berlin - 1928).
2. Maximilian Spitzer (1792 - 1868). Médecin hongrois. Diplômé de l'Université de Vienne. S'installa en 1829 à Marseille et acquit une grande réputation comme ophtalmologiste.

Chapitre 11

L'Italie du Sud au Nord
Achille, Cyrus, Alexandre
(1825 - 1827)

Mi-janvier de cette année 1825, Paganini quitte Bologne pour Rome. On peut réellement parler d'une véritable entreprise. La route suivie nous est connue par sa correspondance. Au départ de Bologne, il se dirige sur Ancône ; de là, traversant l'Apennin des Marches, il arrive à Pérouse ; puis, par Orvietto et Viterbo, il rejoint Rome. Mais traverser la chaîne des Apennins, en plein hiver, dans une voiture de poste au confort plus que rudimentaire, n'a pas dû être une partie de plaisir, surtout qu'il vaut mieux ne pas penser aux détrousseurs de diligences qui infestent la région. Par ce chemin, la distance séparant Bologne de Rome est d'environ trois cents kilomètres ; une diligence ne parcourant guère plus de cinquante kilomètres par jour, le voyage dura donc approximativement six jours, sans prendre de repos.

Évidemment, Paganini arrive à destination complètement exténué. Mais, il ne dit pas un mot de cette fatigue à Germi.

Rome, le 22 Janvier 1825
Comment Mademoiselle est-elle tombée enceinte ?
S'il te plaît donne à Mainetto n'importe quelle somme, qu'il puisse acheter à ma mère tout ce dont elle a besoin. J'ai dit à ma mère que je ne voulais plus entendre parler des Passadore et des Ghisolfi ; donc qu'elle ne les mentionne plus, en échange de quoi j'ai dit à Mainetto de lui donner quatre-vingt-seize lires génoises par mois ; tu en donneras trente-deux au lieu de trente à mon frère.

Paganini va être père. Le ton, sur lequel il annonce la nouvelle à Germi, laisse à penser qu'il n'en est pas, pour l'instant, extrêmement enchanté. Il changera d'avis dans quelques années.

Si les relations se gâtent avec ses beaux-frères, par contre il admet que Germi renoue des relations avec sa mère et son frère. Les occupations de l'avocat l'empêchant de s'occuper des intérêts de sa mère, c'est à Stefano Mainetto, un ami commun aux deux hommes, qu'il confie cette tâche. Il ajoute, en fin de lettre, qu'il espère sortir bientôt d'Italie pour visiter l'Europe ; il aimerait avoir pour compagnon de voyage son ami Lazzaro Rebizzo, que Paganini chérissait presque autant que Germi, mais qui le décevra énormément.

Rome, le 3 Février 1825
J'ai été à Florence deux jours — et pourquoi ? Pour voir une créature divine — très cultivée, très belle et une chanteuse merveilleusement douée — La Cortesi. J'aimerais, si cela était possible, m'associer avec une personne de cette trempe ; mais je ne sais pas si cela nous conviendrait à tous les deux. Les vraies affinités sont choses rares.

Ma santé est excellente, mais je sens un vide dans mon cœur. Si tu étais près de moi, je serais plus heureux.

Vendredi en huit, je donnerai un concert au théâtre Argentina ; en mars, je retournerai à Naples ; en avril, je reviendrai à Gênes et j'irai voir la maison de ma mère.

*

Début avril, il part de Rome et se dirige vers Naples, où il va s'arrêter une quinzaine de jours.

Le 20 avril, Paganini et Antonia Bianchi arrivent à Palerme. Le 17 mai, il se produit au théâtre *Carolino* et obtient un immense succès. Cette soirée sera suivie de trois autres. Les journaux parlent du « son magique de son violon », de « l'émotion qui se dégage de son jeu » et de « l'émerveillement » qu'a éprouvé le public.

Le samedi 23 juillet, Antonia Bianchi donne naissance à un enfant de sexe masculin que Paganini va prénommer Achille, Cyrus, Alexandre. Selon Conestabile, qui lui se réfère à Schottky, les trois prénoms auraient été suggérés par Ugo Foscolo(1) que Niccolò rencontra à Milan. Voici comment Conestabile relate cette anecdote.

Hier soir, je suis allé à son concert. C'est un dieu, et j'avais Homère devant les yeux tandis que je l'écoutais. Le premier mouvement, grandiose, figurait l'approche des navires grecs devant Troie ; l'Adagio à la fois noble et élégant, me remit en mémoire le dialogue entre Briséis et Achille ; mais quand entendrai-je le désespoir et les lamentations sur le cadavre de Patrocle ? Ce à quoi Paganini répondit sans retard : « *Aussitôt qu'Achille Paganini aura trouvé parmi les violonistes un Patrocle pour ami* ».

Cet événement, ne paraît pas faire un plaisir énorme à Paganini ; mais, comment pourrait-il savoir que, dans trois ans, il ne vivra plus que pour celui qu'il appellera si tendrement « Achillino » ?

Le 16 septembre, il donne son dernier concert au théâtre Carolino, où il a fait la connaissance de Gaëtano Donizetti(2), qui occupe la charge de chef d'orchestre.

Le 20 novembre, accompagné d'Antonia et d'Achille, Paganini est de retour à Naples.

Le 22, il écrit à Germi. Il lui annonce qu'il est arrivé à Naples l'avant-veille, lui demande les documents nécessaires à l'obtention de la médaille de l'Éperon d'or, l'informe de sa santé qui n'est pas trop mauvaise, mais ne lui parle absolument pas de son fils. Indifférence totale !

Par contre ses relations avec Antonia, jalouse et irascible, vont en se dégradant.

Naples, le 17 Décembre 1824

Soit dit en passant, la Bianchi, qui est toujours avec moi, a un grave défaut. Pour un rien, elle se met en colère. L'autre soir, parce que je ne l'avais pas emmenée avec moi chez un marchand, chez qui j'étais allé un quart d'heure pour affaires personnelles, elle s'est emparée de mon étui à violon, l'a jeté quatre fois sur le sol et l'a mis en pièces. Heureusement, mon valet de chambre a pris, ou plutôt arraché, le violon de ses mains, et a ainsi pu le sauver ; c'est par miracle que je l'ai trouvé intact, quoiqu'un peu maltraité.

Autre incident avant-hier soir. La Bianchi et moi étions invités chez des amis espagnols. Le fils et la mère, la maîtresse de maison, m'appelèrent pour me dire qu'il y avait, parmi nous, un amateur fanatique de violon. La Bianchi nous a surpris et, je pense, par jalousie, m'a demandé de rentrer chez nous. Comme je lui demandais pourquoi, elle m'a giflé très violemment et s'est mise à gifler toutes les personnes présentes. Elle était prête à éclater et on a vraiment cru qu'elle était devenue folle.

La jeune et tendre fiancée a bien changé. Paganini n'est pas homme à supporter trop longtemps l'exécrable caractère de la jeune fille. Mais, pour l'instant, Achille, qui n'a que six mois a besoin de sa mère et son père ne peut évidemment pas encore l'élever tout seul.

Durant l'hiver, à Naples, Paganini se terre et ne fait plus parler de lui. Sa santé semble lui donner quelques soucis durant la période hivernale ; c'est du moins ce qui ressort d'une lettre, écrite à Vincenzo degli Antonj, son homme d'affaires à Bologne.

En avril, il donne enfin de ses nouvelles à Germi et lui parle, à nouveau d'Antonia, mais dans de tout autres termes.

Naples, le 6 Avril 1826
Le docteur Calisi, célèbre à Naples, veut absolument me guérir. Je suis la cure de Roob et de soufre aux environs de la ville, et je crois vraiment à ma guérison sous deux ou trois mois.

Bianchi, qui a fait beaucoup de progrès en chant, m'accompagnera dans ma grande tournée en Europe, que j'entreprendrai aussitôt que je me serai débarrassé de mon insupportable toux.

Le 15 avril, il joue au théâtre *del Fondo*, sans le concours d'Antonia Bianchi. Ce concert sera le dernier de l'année 1826.

*

S'il veut reprendre une activité normale Paganini doit soigner ses nerfs, ses ennuis stomacaux et intestinaux et son « insupportable » toux.

Pourtant, la lettre suivante — que nous publions grâce à l'aimable autorisation du grand violoniste Gérard Poulet — ne laisse rien paraître de l'état dépressif, dans lequel il se trouve. Il espère la rémission de ses maux, grâce à sa nouvelle cure du docteur Le Roy et envisage, avec beaucoup d'humour, la possibilité de vivre cent ans. On ne peut vraiment pas dire de Paganini qu'il manque d'optimisme.

Naples, le 13 juillet 1826
J'ai été très heureux d'embrasser Mainetto et j'aimerais en faire autant avec toi.

S'il te plaît réponds moi. Je t'ai écrit plusieurs fois de différents endroits du pays et ce, sans résultat. Ma santé s'améliore un peu depuis que je fais une cure du Docteur Le Roy et je continuerai jusqu'à ce que tout soit rentré dans l'ordre.

Je pense qu'il faudrait t'abstenir de manger en travaillant, ce qui ne peut être que néfaste pour ta digestion. J'en parle par expérience.

Prenons soin de nous et nous pourrons vivre en bonne santé une centaine d'années. J'envisage de passer l'été à Naples, mais dis-moi où nous pourrions nous rencontrer à l'automne. Je pense que tu aimerais voir Rome et Naples. Dis-moi quels sont tes projets ; j'aimerais beaucoup les connaître.

M'as-tu oublié ? Je suis ton ami pour le restant de ma vie.

P.S. Grâce à cette lettre tu prendras possession de deux archets, au plus tard le 28. Essaie de les avoir au même prix que les précédents. Donne moi de tes nouvelles aussi bien que de ... (La dernière phrase est illisible)

Mes meilleurs souvenirs à la famille Botto ainsi qu'aux musiciens et à tous mes amis. Mes amitiés également à Sivori à qui j'écrirai après-demain.

Le mois suivant, le ton n'a guère changé.

Naples, le 12 Août 1826
Je réponds à ta délicieuse lettre du 24 Juillet dernier. Oui. J'espère quelque profit de M. Le Roy... Pour la fin Septembre, j'ai promis de donner un concert au théâtre San Carlo, avec au programme un Concerto spécialement composé pour l'occasion.

Peut-être à cause des déboires qu'il a connus avec Siro Borda, du traitement de Maximilian Spitzer — pas aussi miraculeux qu'il l'espérait — il se tourne vers une médecine « parallèle ». Il va le payer très cher, mais n'en sera, peut-être, jamais très conscient.

Le soit-disant docteur Le Roy présente son remède comme un purgatif s'attaquant à la *cause* du mal. Il est, sur ce point, très sûr de lui et de son médicament, une purge capable de « relâcher, supprimer, épurer, raréfier, expulser, nettoyer, purifier, éjecter ce qui irrite et aggrave ». Mais, la réalité est tout autre. Après de multiples plaintes de patients, l'Académie Royale de Médecine a fait procéder à une enquête, d'où il ressort que « le remède de Mr Leroy est si agressif et drastique, que, pris à haute dose, il présente le plus grand danger pour l'organisme ». En 1823, la vente du médicament est interdite. Cependant, le prétendu remède continue à être distribué hors de France, et Paganini peut en acheter, non seulement en Italie, mais également lors de sa tournée en Autriche et en Allemagne. Malheureusement, ce n'est pas, pour lui, la meilleure chose à faire.

Incapable de se produire en public, il attend que son état de santé s'améliore. Le 12 décembre, enfin, il fait part à Germi de ses projets à court terme.

Après Noël, je donnerai un concert au théâtre San Carlo ; je jouerai mon premier Concerto que je n'ai pas encore exécuté à Naples. Si je donne un autre concert et si j'ai fini d'orchestrer le troisième avec Polacca, j'interpréterai le second avec clochette obligée. Je veux donner ces Concertos dans mon pays avant de les jouer à Vienne, à Londres et à Paris.

Paganini, que la maladie ne peut abattre complètement, a mis à profit ses loisirs forcés pour écrire deux nouveaux

Concertos : le deuxième en si mineur Op. 7 MS 48, appelé « *La Campanella* » et le troisième en mi majeur MS 50. Il le confirme le 23 décembre.

> *Mon concert à San Carlo aura lieu dans duze jours environ ; pendant ce temps, je reverrai les partitions des deux nouveaux Concertos dont j'ai reçu les copies.*

En réalité, ce n'est que le 30 janvier 1827, qu'il peut remonter sur une scène et créer son second *Concerto*.

A peu près rétabli, il quitte Naples pour Rome, où le 25 avril, le pape Léon XII le fait Chevalier de l'ordre de l'Éperon d'or. Cet insigne honneur n'a été accordé qu'à deux autres musiciens avant lui : Wolfgang Amadeus Mozart, le 8 juillet 1770 — alors qu'il n'a que quatorze ans ! — et Francesco Morlacchi.

Si son état de santé s'est amélioré, il demeure toujours à la merci d'une rechute. Celle-ci se produit fin avril et, pendant une semaine, Paganini se retrouve à l'article de la mort.

> *Rome, le 7 Mai 1827*
> *Un affreux rhume m'a presque fait croire que j'étais perdu ; mais, malgré les craintes de deux médecins, qui m'avaient déjà enterré, je me suis rétabli très vite ; la fièvre est tombée, et l'appétit, que j'avais perdu, est revenu...*

Début juin, il reprend la route. Il fait halte à Pérouse, mais comme le théâtre est occupé, il repart vers Florence, en promettant de revenir le 1ᵉʳ juillet.

Le 12 juillet, il est de retour au théâtre *della Pergola* à Florence, où il interprète la *Sonata a Preghiera* en fa mineur MS 23 pour la quatrième corde, également appelée Variations sur le thème du *Dal tuo stellato soglio* du *Moïse* de Rossini. Il semble que cette exécution de la *Sonata a Preghiera* constitue une création, ce qui peut paraître bizarre, étant donné que l'œuvre a vraisemblablement été écrite vers 1819.

Fin juillet et début août, il donne trois concerts à Livourne au théâtre *San Marco*.

C'est certainement à cette époque, encore que nous n'ayons guère de précisions sur la date exacte et encore moins sur les circonstances de l'accident, qu'Achille se casse une jambe. Voyant qu'Antonia abandonne son rôle de mère, il renonce à tous ses concerts pour soigner son fils et prendre soin de lui. Ce malheureux incident, qui oblige le père et son enfant de deux ans à vivre ensemble des journées entières, fait naître chez Niccolò un amour exclusif pour son « Achillino », dont il ne quittera le chevet qu'après complète guérison.

Le 11 octobre, Achille étant rétabli, Paganini part en diligence pour Turin.

En novembre, il retrouve le public enthousiaste de Gênes.

Le 30 novembre, il est à Milan et sa lettre à Germi nous permet de connaître ses intentions pour les dernières semaines de l'année 1827.

Je donnerai des concerts les 3, 5 et 16 Décembre. Je partirai le 6 et je serai à Turin dans la soirée, pour me préparer aux concerts que je dois donner au théâtre de S.A. le prince de Corignano le samedi 8, le dimanche 9 et le mercredi 12 de ce mois. Je retournerai à Milan pour le 16.

Si le concert du 3 décembre a bien lieu à la *Scala*, celui du 5 est annulé, Paganini s'étant blessé à l'auriculaire de la main droite.

Les 8, 9 et 12 décembre, il est à Turin pour les trois concerts annoncés au théâtre *Carignano*.

Puis, ce sera le retour à Milan, et une deuxième soirée le 16 décembre à la *Scala*.

Le 19 décembre, il écrit à Germi et lui annonce la terminaison de son troisième *Concerto* et la composition d'une œuvre pour violon solo, qui ne peut être que les *Variations* sur le thème de *Nel cor più non mi sento* MS 44. Ces *Variations* seront créées à Vienne en avril 1828 et le troisième *Concerto* en juillet de la même année, également dans la capitale autrichienne.

Le dernier concert de l'année 1827 est donné au *Teatro Re* le 22 décembre.

Si en 1826, il n'a pu donner qu'un seul et unique concert, à Naples, l'année 1827 a été pour lui plus bénéfique : dix-sept concerts dans sept villes différentes et ce en seulement cinq mois, puisque, si l'on excepte sa prestation du 30 janvier, ce n'est que fin juin qu'il a pu reprendre une activité normale, et que l'accident d'Achille l'a certainement immobilisé tout le mois de septembre.

Pour Noël, il fait à Antonia Bianchi un cadeau royal en lui constituant une rente annuelle de 100 écus. Il n'aura pas à verser cette petite fortune trop longtemps ; huit mois plus tard, la chanteuse ne fera plus partie de sa vie.

Si Paganini a parcouru l'Italie du sud au nord en cette année 1827, c'est, en fait, pour se rapprocher des frontières de l'Autriche, où Metternich et bien d'autres mélomanes et musiciens s'apprêtent à l'accueillir, comme il se doit, « la gloire de l'Italie ».

L'année 1828 marquera pour lui le plus grand tournant de sa carrière.

*

Notes

1. Ugo Foscolo (1778 - 1827). Poète italien. Publia en 1802 *Ortis*, premier roman moderne de la littérature italienne.
2. Gaëtano Donizetti (1797 - 1848). Compositeur italien. Rival de Bellini. Dans ses dernières années, revenu dans sa ville natale, il vit disparaître toutes ses facultés intellectuelles. A composé plus de 70 opéras, de la musique d'église, des symphonies, de la musique de chambre et de nombreuses mélodies.

Chapitre 12

Vienne
(janvier - août 1828)

En ce début d'année 1828, Paganini réside à Milan. Ses ennuis de santé semblent s'être estompés ; la paix règne dans le couple ; Achille est bien remis de son accident ; le voyage en Autriche apparaît de plus en plus proche.

Tout va presque très bien, c'est du moins ce qui ressort de sa première lettre à Germi.

Milan, le 2 Janvier 1828
Pour répondre aux souhaits des étudiants de Pavie, je serai là-bas le vendredi 4 pour donner un concert au théâtre
Je partirai pour Vienne avec la Bianchi la semaine prochaine.
La Bianchi finalement se tient tranquille, depuis que je lui ai signé un papier qui lui garantit une rente de cent écus milanais par an, pour toute sa vie.
Achille va très bien.

Le 4 janvier, il se rend effectivement à Pavie. Comme d'habitude, le succès est immense.

Puis, il revient à Milan et, au lieu de partir pour l'Autriche, il tergiverse, met la dernière main à ses œuvres, musarde ; bref, nous dirons qu'il perd son temps.

Le 28 février, Lichtenthal lui demande l'autorisation d'écrire une biographie. D'après certains auteurs, cette requête est formulée vers trois heures du matin et, à sept heures, le pauvre Lichtenthal prend encore des notes sous la dictée du *maestro*.

Ce n'est que le jeudi 6 mars, que Paganini quitte Milan, avec pour destination Vienne. Il est évidemment accompagné d'Antonia Bianchi et d'Achille, âgé de deux ans et demi. Quel voyage pour un bambin de cet âge ! Environ cinq cents kilomètres, soit dix jours de diligence !

Grâce au petit « Carnet rouge », qui va devenir pour Paganini une sorte de journal de bord, nous connaissons l'itinéraire emprunté : Milan, Brescia, Vérone, Montebello, Vincenza, Trévise, Udine, Tarvisio, Klagenfurt, Neuenkirchen, Neustadt et Vienne.

Certainement pour ne pas s'encombrer — les bagages n'étant pas choses faciles à transporter à cette époque — il n'emporte que son Guarnerius del Gesù de 1742, son précieux « Canon ». Il laisse à Milan, aux bons soins de son

ami Carlo Carli, sept autres magnifiques instruments :
. un violon Antonio Stradivarius de 1724
. un violon Antonio Stradivarius de 1726
. un violon Giuseppe Guarnerius de 1734
. un alto Andrea Guarnerius de 1675
. un alto Antonio et Girolamo Amati de 1602
. un violon sans origine connue
. une guitare napolitaine

A part pour le premier cité — le Stradivarius de 1724 acheté à Cozio di Salabue — on ne connaît pas l'origine des trois autres violons, des deux altos et de la guitare. Leur présence, entre les mains de Paganini, prouve néanmoins que celui-ci s'est intéressé à la lutherie, dès qu'il a pu y consacrer une partie de ses revenus. Le négoce d'instruments qu'il entreprendra à la fin de sa vie, ne sera pas aussi fortuit qu'on a bien voulu le dire et sera dicté beaucoup plus par une véritable passion pour la belle lutherie que par l'appât du gain.

Le dimanche 16 mars 1828, Paganini et sa petite famille arrivent à Vienne, tenant ainsi la promesse faite à Metternich « que la première ville visitée à sa sortie d'Italie serait la capitale de l'empire autrichien ».

*

En 1828, Vienne, qui compte environ trois cent mille habitants, peut être considérée comme la capitale européenne des arts et surtout de la musique ; Paganini a donc toutes les raisons d'espérer un public nombreux, aux quelques concerts qu'il a l'intention de donner.

Depuis plusieurs années, le nom de Paganini est très connu à Vienne. Ses concerts en Italie sont commentés dans la presse autrichienne, et les légendes répandues sur son compte se sont déjà propagées dans le public.

La mode est à tout ce qui vient d'Italie. L'opéra, sans être, comme dans la péninsule, la seule forme musicale admise, est ici fort prisé, à condition qu'il soit italien. Plus que des interprètes, il faut au public viennois des exécutants virtuoses qui connaissent par cœur l'art du *bel canto*.

En Italie, Niccolò a noué des relations amicales avec des personnages fort influents, et ceux-ci sont prêts à l'accueillir à bras ouverts : Metternich, le chancelier, lui-même violoniste amateur émérite, qui peut lui ouvrir, toutes grandes, les portes des milieux aristocratiques ; l'archiduchesse Marie-Louise, à qui il a dédié une de ses *Sonates* ; le comte Gallenberg[1], rencontré à Naples, et qui a pris, en remplacement de Barbaja, la direction du *Kärntnerthor Theater* ; le compositeur Joseph

Weigl, à qui il a emprunté un thème d'opéra pour écrire les *Variations* MS 47 ; le bon docteur Spitzer, le « faiseur de miracles » de Pavie, et un autre médecin, ami de Paganini, le docteur Bennati(2). Il peut, également, compter sur d'autres personnes, pour lesquelles il a apporté des lettres d'introduction. Parmi elles, on trouve de grandes figures des milieux musicaux viennois, dont Moritz von Dietrichstein(3), intendant des théâtres impériaux et les frères Artaria(4), qui, pour Paganini, feront office d'organisateurs de concerts, et ce à titre gracieux.

Il est difficile d'imaginer conjoncture plus favorable.

*

C'est Schubert qui va faire les frais de cette flambée d'intérêt. Lui qui avait réussi à réaliser son rêve : organiser un concert au cours duquel ne seraient jouées que ses œuvres ! Le concert a lieu, le 26 mars ; le succès auprès du public est énorme ; la recette — huit cents florins — n'est pas mauvaise ; mais, la critique s'en désintéresse complètement. Plus rien ne compte à Vienne que l'astre italien du violon.

Brigitte Massin, dans son ouvrage de référence sur Franz Schubert(5), cite un article d'un journal de Dresde, qui explique assez bien la désaffection des Viennois, pour tout ce qui ne touche pas à Paganini.

Il n'y a plus qu'une seule voix dans nos murs, et celle-ci crie : « Écoute Paganini ! »... Et c'est bien naturellement pourquoi, à cause de lui, tout autre musicien artiste exécutant est rejeté dans l'ombre. Mais beaucoup sont encore satisfaits s'ils peuvent gagner ainsi dans l'ombre quelques guldens et il en va de telle sorte que, même à côté de son concert, nous voyons encore annoncer suffisamment d'académies musicales et de concerts : Multum clamoris, parum lanæ ! Ainsi je peux te parler... du concert privé donné par le compositeur favori Schubert ...Tous les exécutants et tous les morceaux furent plus ou moins acclamés. Il y avait incontestablement beaucoup d'excellentes choses là-dedans mais les petites étoiles pâlissent devant l'éclat de la comète qui se lève au ciel musical.

Le grand concert de « la comète » est annoncé pour le 28 mars. Seulement, ce vendredi est celui de Carême, et la cour ne peut assister à un concert un tel jour. La première apparition de Paganini est donc reportée au samedi 29 mars. Elle a lieu dans la *Grosser Redoutensaal*.

A ce concert, assiste une pléiade de musiciens, dont Joseph

Mayseder(6), qui aurait déclaré à l'issue de la soirée : « Nous n'avions jamais entendu rien de tel jusqu'ici, et nous n'entendrons rien de tel à l'avenir. Il ne nous reste plus qu'à casser nos violons ».

Malgré tout, si l'on en croit quelques auteurs, l'affluence, lors de ce premier concert, augure mal de l'avenir du virtuose dans la capitale autrichienne. Cette version des faits semble corroborée par la faible recette : 2 464 florins. Voici ce qu'écrit, dans ses mémoires, le violoniste norvégien Ole Bull, qui, il est vrai, n'assistait pas à ce concert.

Les rumeurs qui circulaient à Vienne, selon lesquelles il n'était qu'un charlatan, précédèrent sa première apparition dans cette ville. En raison de ce préjugé défavorable, son premier concert eut lieu devant une salle quasi déserte. Mais à l'issue de la première partie, l'impression suscitée sur les rares auditeurs était si grande que les musiciens présents dans le théâtre se précipitèrent dans les cafés et les auberges, criant qu'il s'agissait d'un phénomène et que nul ne pouvait manquer de l'écouter. En conséquence, pour la seconde partie du concert, le théâtre était quasiment plein.

Tout paraît donc se passer à l'inverse de ce qu'a connu le pauvre Schubert : le public semble avoir boudé quelque peu le virtuose, alors que la critique est, elle, unanime à chanter ses louanges.

Le premier à commenter ce concert historique est le rédacteur du *Musiker Zeitung*, l'une des plus importantes revues musicales de Vienne.

Ce que nous avons entendu dépasse l'entendement et ne peut se décrire avec des mots... Il allie une à prodigieuse noblesse une pureté sonore exceptionnelle... Rien ne paraît le rebuter, ni les cordes montées et descendues sans interruption à une vitesse vertigineuse, ni les morceaux de bravoure les plus difficiles. Ce qui, en d'autres circonstances, toucherait aux limites du charlatanisme, nous transporte jusqu'à l'extase muette, tant son exécution revêt un caractère de perfection inégalable.

Les correspondants de la presse étrangère ne veulent être en reste pour faire part de l'événement à leurs lecteurs, tel Fétis, qui confond sans vergogne le premier avec le second concerto.

Paganini a donné le 29 mars, dans la grande salle de la Redoute, un concert qui avait attiré un concours nombreux d'auditeurs : son succès a été complet. Les morceaux qu'il a fait entendre sont le premier concerto de sa composition en si mineur, une sonate militaire qu'il joua entièrement sur la quatrième corde, et dans laquelle il a placé des difficultés qui semblent demander l'usage de toutes les cordes de l'instrument, et un larghetto suivi de variations sur une ronde de la Cenerentola. L'orchestre a partagé le transport du public, et a accablé le virtuose d'applaudissements de tout genre.

Le critique de l'*Harmonicon*, journal musical londonien, ne tarit pas d'éloges et compare le succès du virtuose à celui de la girafe, offerte, quelques semaines auparavant, à l'empereur par le sultan d'Egypte. Celle-ci avait été l'attraction principale et le grand sujet de conversation des Viennois pendant quelque temps, car cet animal était inconnu en Europe centrale.

Quant au journaliste de l'*Allgemeine Theater-Zeitung*, malgré tous les envolées laudatives dont il essaime son article, il ne peut s'empêcher de faire allusion à certaines rumeurs.

Doté par la nature du charme le plus vif, et placé par le destin dans un environnement où il put se consacrer sans cesse à l'instrument qu'il avait choisi, doué d'un sens artistique inconnu du commun des mortels, Paganini a créé des effets qui le conduisent encore et encore à en inventer d'autres et à les enchaîner les uns aux autres...

Paganini ne peut pas ne pas réagir à la calomnie, même la plus allusive. Le petit bout de phrase — « placé par le destin dans un environnement où il put se consacrer sans cesse à l'instrument qu'il avait choisi » — ne lui plaît guère. Il rédige donc une lettre ouverte et la fait publier dans plusieurs journaux.

Tout en remerciant chaleureusement le rédacteur de l'article paru le 5 avril dans le Theater-Zeitung, faisant état de son premier concert, donné devant le public très cultivé et très respectable de Vienne, Paganini pense qu'il se doit de clarifier une expression employée et semblant faire allusion à de vagues rumeurs calomnieusement répandues par ceux qui ignorent son origine. Dans l'intérêt de son honneur et de la vérité, il se doit d'affirmer que jamais, en aucun lieu, sous aucun gouvernement, il n'a été contraint, pour quelque motif que ce soit, de mener une existence différente de celle qui convient à un homme libre, à un citoyen respectable et respectueux des lois. Ce fait peut être vérifié, si nécessaire, auprès de toutes les autorités sous la protection desquelles il a vécu libre et dans l'honneur, pour lui, pour sa famille et pour l'art qui lui procure l'avantage de paraître devant un public de connaisseurs, aussi bienveillant que celui de Vienne, le premier devant lequel il a l'honneur de se présenter depuis qu'il a quitté l'Italie.

*

Le 15 avril, le public se précipite dans la *Grosser Redoutensaal* pour le second concert. La recette est beaucoup plus conséquente que lors du premier : 5 138 florins. L'artiste associée est évidemment Antonia Bianchi. Paganini exécute pour la première fois les *Variations* en sol majeur MS 44 pour violon seul sur le thème « *Nel cor più non mi sento* » extrait de la « *Molinara* » de Paisiello.

Dès lors, tout ce qui dans Vienne s'achète ou se vend devient « *à la Paganini* » : menus de restaurant, vêtements, gants, cannes, ombrelles, parodies théâtrales, etc. Le billet de cinq florins, qu'il faut dépenser pour avoir le droit d'écouter le grand maître de l'archet, est baptisé un « *Paganiner* ».

Le 20 avril, il retourne à la *Grosser Redoutensaal*.

Franz Schubert, quelque peu argenté — une fois n'est pas coutume — a pu, malgré le prix exorbitant des places, aller entendre jouer Paganini. La quatrième apparition du grand maître étant annoncée pour le 4 mai, il décide, non seulement de retourner l'écouter, mais, en plus, d'inviter son ami, le poète Edouard von Bauernfeld[7].

Dans son journal, à la date du 9 mai 1828, Bauernfeld raconte comment il fut invité par Schubert et quelle impression lui laissa le « divin violoniste ».

C'est à cette providentielle rentrée d'argent que je dus d'entendre Paganini. Il m'aurait été impossible de trouver les cinq florins que ce pirate exigeait pour ses concerts ! Schubert voulait absolument aller l'entendre, mais il n'était pas question qu'il s'y rende sans moi. Il se mit en colère lorsque je refusai d'accepter le billet d'entrée qu'il m'offrait. « Ne dis pas de bêtises ! s'écria-t-il, je l'ai déjà entendu jouer et j'ai beaucoup regretté que tu ne sois pas là. Crois-moi, on ne reverra pas de sitôt un tel gaillard. J'ai maintenant autant d'argent que j'en veux. Alors, n'en parlons plus et viens à ce concert ». Nous sommes donc allés entendre le divin violoniste. Nous fûmes bouleversés par son merveilleux Adagio, autant qu'éblouis par sa prodigieuse virtuosité, dont il se servait pour tirer des effets diaboliques. Nous eûmes également droit à un petite note comique, lorsque Paganini, telle une marionnette noire et décharnée suspendue à des fils, vint se répandre en révérences grotesques...

Schubert, lui-même, plus impressionné par la puissance émotive du jeu de Paganini que par ses tours de force techniques, s'écriera, se référant certainement au mouvement lent du deuxième *Concerto* : « Dans l'Adagio, j'ai entendu chanter un ange ! »

Le correspondant du *Wiener Zeitschrift*, Ignaz Castelli(8), jusqu'ici assez timoré dans ses commentaires, n'hésite pas à laisser éclater son enthousiasme.

Jamais, dans notre ville, un artiste n'a laissé une impression aussi grandiose que ce dieu du violon. Jamais, pour un concert, le public n'a été aussi heureux de donner son argent. Jamais, autant que je m'en souvienne, la réputation d'un virtuose ne s'est répandue aussi rapidement dans toutes les classes de la société, même les plus pauvres...

Jusqu'au 30 juin, Paganini va donner neuf concerts, dont un pour une association caritative.

*

Au fil des jours, le succès ne se dément pas.

Le jeudi 15 mai, Paganini est invité par le prince Metternich. Au cours de la même soirée, le comte Moritz von Dietrichstein présente un jeune artiste de seize ans, Sigismund Thalberg, son fils naturel, qui va devenir un des plus illustres pianistes du XIX° siècle. Cette invitation privée est la seule que Paganini accepte durant son séjour à Vienne ; il est vrai que les mondanités ne conviennent guère à son tempérament.

Le vendredi 23 mai, il est nommé Virtuose de la Chambre de S. M. l'Empereur.

Bien que sa santé commence à se détériorer très sérieusement, rien ne transparaît dans la lettre qu'il envoie à Germi, courant juin.

Par la Gazette de Vienne tu vas apprendre mes triomphes ; mais je ne serais pas heureux sans ton amitié et ton affection...

J'ai donné mon neuvième concert au théâtre de l'Opéra Italien, et à peine les affiches étaient-elles placardées, que toutes les loges et tous les fauteuils étaient vendus ; je suis donc obligé de rester à Vienne encore tout ce mois et le mois prochain et d'y donner cinq ou six autres concerts.

J'ai écrit deux Adagii en double cordes, qui devraient

produire un certain effet ; le premier fera pleurer, l'autre, intitulé « Religioso », laissera l'auditoire ébahi. Ici, ils adorent la vraie musique ; les meilleurs interprètes et compositeurs sont venus dans ce pays pour y étudier. J'ai composé une grande sonate pour la quatrième corde avec, pour terminer, des variations sur le thème de Haydn d'après l'hymne « Dieu sauve l'Empereur ». Je l'orchestrerai ces jours-ci...

Je vais me débarrasser de Bianchi ; je ne peux plus la supporter, mais je t'en parlerai plus tard. D'ici là nous nous serons séparés ; demain, je donnerai au théâtre de l'Opéra Italien un dixième concert, qui sera entièrement à son profit, comme l'indiquent les affiches.

La grande nouvelle est évidemment sa séparation prochaine d'avec Antonia Bianchi. Il est vrai que celle-ci, toujours extrêmement jalouse, est devenue à ce point acariâtre, qu'elle en est insupportable. La petite choriste de Venise est parvenue — le mot est tout à fait juste — à se faire entendre aux côtés de Paganini et elle n'a pas l'intention de se laisser supplanter par une quelconque rivale. D'où, ses continuelles scènes de jalousie, sa hargne, ses colères, qui ne sont pas, loin s'en faut, le meilleur moyen pour retenir son grand virtuose. En outre, il est flagrant que Niccolò s'attache de plus en plus à Achille et qu'Antonia n'a que peu d'affection pour l'enfant. Etre mère, était peut-être, dans son esprit, un bon stratagème pour garder son amant, mais il semble que la fibre maternelle ne l'ait jamais habitée.

Comme le dit Paganini, le concert du 12 juin, au « théâtre de l'Opéra Italien », c'est-à-dire au *Kärntnerthor Theater*, est donné au profit d'Antonia. Il ne s'agit, ni plus ni moins, que d'un cadeau d'adieu ; la rupture est pratiquement consommée.

*

Le 19 juin, il a déjà été obligé de renoncer à un concert, car son état de santé ne lui permettait pas de jouer ce soir-là. Après la soirée du 30 juin, il doit, purement et simplement, annuler tous ses engagements. Il souffre de stomatite, symptôme classique de la syphilis ; le traitement au mercure, s'il a quelque peu enrayé le délabrement de l'organisme par la maladie, a eu des effets secondaires néfastes, comme la perte de plusieurs dents ; le coefficient de mastication s'en est trouvé diminué, ce qui a entraîné des problèmes de nutrition, puis de digestion. Ajoutées à cela les désastreuses conséquences de la cure de Le Roy, et l'on comprend que Paganini soit dans l'obligation de cesser toute activité.

Ce ne sont pourtant pas les médecins qui manquent à Vienne. Paganini a retrouvé ici Francesco Bennati et Maximilian Spitzer, qui examine ses yeux et lui conseille de porter des lunettes à verres bleutés quand il joue à la lumière des chandelles.

Ensuite il se rend en consultation chez un certain Vergani, stomatologue, qui est horrifié de voir que presque toutes les dents sont atteintes de caries énormes. Il extrait une molaire, sous laquelle couve un abcès, mais ne peut empêcher une infection de la gencive.

Enfin, Paganini va prendre l'avis du docteur Mathias Marenzeller(9), disciple de Hahnemann(10). Il lui conseille une cure à Karlsbad.

Dès qu'il retrouve un peu de forces, Paganini compose, fait de la musique de chambre et écrit à Germi.

Vienne, le 5 Juillet 1828
J'aurais donné le quatorzième concert si je n'avais pas été gravement malade...
Combien de Paganini crois-tu qu'il y ait dans le monde ?...
En août, j'irai à Munich, Prague, Dresde, Berlin, Francfort et Stuttgart ; puis, ensuite, à Strasbourg, Châlons, Paris et Londres en avril prochain. D'ici là, j'aurai composé deux pièces de musique dramatique pour la corde de sol avec grand orchestre ; la Sonate dramatique intitulée « La Tempête » est presque terminée. Je jouerai cette œuvre, avec mon troisième Concerto, que je n'ai encore jamais présenté, pour mon concert d'adieu à Vienne...
Depuis quelques temps, je me suis séparé de la Bianchi ; c'est vraiment une sale bête, et je ne veux plus jamais entendre prononcer son nom ; je t'en reparlerai, quand même, lorsque j'aurai l'esprit plus tranquille.

A quarante-six ans, à l'apogée de sa carrière, en pleine possession des ses moyens techniques, Paganini a pris conscience de sa valeur : « Combien de Paganini crois-tu qu'il y ait dans le monde ? ».

Le 10 juillet, les magistrats de la ville lui confèrent le titre de chevalier de l'ordre de *San Salvator* et lui font cadeau d'une médaille à son effigie, comportant cette citation latine : *Perituris sonis non peritura gloria* — les sons s'envolent, la gloire est immortelle.

Le 22 juillet, par devant une cour de justice, il verse à « la Bianchi » la somme de 3 530 florins — près de 11 000 lires. En contre-partie, Antonia renonce à toutes ses prétentions sur son fils et le laisse à la disposition du tribunal. Le contrat, signé à Milan, prévoyant le versement d'une rente annuelle de cent écus, est déclaré caduc. Achille est tout d'abord confié par le tribunal à un certain Joseph Hammer, chez qui le couple a logé à son arrivée à Vienne. Le 4 août, le tribunal confie la garde de l'enfant à son père ; on imagine sans peine la joie de Paganini.

*

Le 24 juillet, dans la *Grosser Redoutensaal*, c'est le dernier concert. Pour ses adieux, Paganini offre aux Viennois la primeur de deux nouvelles compositions : le Troisième *Concerto* en mi majeur MS 50, commencé en 1826, et *La Tempesta* MS 52, scène dramatique pour la quatrième corde et orchestre de Josef Panny(11) et Niccolò Paganini — œuvre assez mal accueillie par la critique, qui la juge ennuyeuse, sauf dans la dernière partie, écrite par Paganini lui-même.

*

Début août, Paganini reçoit une lettre de sa mère et la fait publier dans les gazettes.

Gênes, le 21 Juillet 1828
Très cher fils,

Enfin, après sept mois écoulés, depuis que je vous ai écrit à Milan, j'ai eu la consolation de recevoir votre lettre du 9 courant par l'intermédiaire du sieur Agnino. Il m'a été aussi bien agréable d'apprendre, qu'après les voyages de Paris et de Londres, vous avez l'intention de revenir à Gênes pour m'embrasser. Je vous assure que je prie tous les jours le Très-Haut, afin qu'il me donne la santé ainsi qu'à vous, et que mon désir de vous revoir encore soit exuacé.

Mon songe s'est réalisé et ce que Dieu m'a promis est advenu : votre nom est grand et l'art vous a procuré, avec l'aide de Dieu, une situation aisée. Aimé, estimé de vos concitoyens, vous goûterez entre mes bras et auprès de vos amis, le repos qu'exige votre santé. Cher fils, je désire beaucoup que vous continuiez à m'informer de ce qui vous concerne; car, si j'avais cette assurance, il me semble que je pourrais vivre plus longtemps et que j'aurais la certitude de goûter un jour le bonheur de vous embrasser encore.

Nous allons tous bien; au nom de votre famille, je vous remercie des sommes que vous avez envoyées. Faites tout ce qui sera en votre pouvoir pour que votre nom soit immortel. Gardez-vous des excès des grandes villes, et souvenez-vous que vous avez une mère qui vous

aime tendrement. Jamais, elle ne cessera d'adresser ses vœux au Tout-Puissant pour votre sauvegarde.
Je vous prie d'embrasser pour moi votre aimable compagne et de donner un baiser au petit Achille. Aimez-moi comme je vous aime. Votre tout affectionnée mère,
    Teresa Paganini.

Pourquoi porter une telle lettre à la connaissance du public ?

Paganini est l'objet d'une campagne de presse, visant à le discréditer auprès de son auditoire. Il a été traité de « créature infâme, avare et égoïste » ; on prétend que sa famille vit dans la misère et que cette situation le laisse indifférent. Jusqu'à un passé récent cette lettre a été considérée comme un faux, fabriqué par Paganini pour répondre à ses détracteurs ; certains auteurs ont même avancé à l'appui de cette thèse que Teresa ne sait ni lire ni écrire, alors que le style de la missive est, de toute évidence, celui d'un écrivain public, auquel font appel tous les analphabètes de l'époque.

Considérons de plus qu'en juillet Paganini connaît à Vienne de véritables triomphes et qu'il pourrait très bien ne pas répondre à ce genre de calomnie ; alors pourquoi forger de toutes pièces un tel document ? De plus si cette lettre est un faux, pourquoi faire écrire à sa mère « charmante compagne », alors qu'il vient de se séparer d'Antonia et qu'il ne veut surtout plus en entendre parler ? Par contre si la missive vient effectivement de Teresa, il est normal que celle-ci, à la date du 21 juillet, ait ignoré la rupture.

*

Le séjour de Paganini à Vienne touche à sa fin. Si sa santé ne s'améliore guère, on sent que son moral est meilleur ; il est débarrassé d'un souci constant, Antonia, et il a auprès de lui celui qui va devenir son plus cher compagnon, Achille.

Le 10 août, en père responsable de son enfant, et peut-être inquiet de l'aggravation de son propre état de santé, il rédige un premier testament.

Au nom de la Très Sainte Trinité, je désigne comme mon légataire universel Achille Ciro Alessandro, né à Palerme le 22 juillet de l'an 1825, selon la foi du baptême de parents inconnus, mais déclaré par moi à Vienne devant le magistrat comme mon fils illégitime. Si ce fils illégitime meurt mineur ou majeur sans une succession légitime, je veux que son patrimoine provenant de ces dispositions prises par moi, revienne à ma famille, c'est-à-dire à mon frère et à mes sœurs, ainsi

qu'à mes neveux, leurs enfants, selon des proportions égales. Le tout écrit et signé de ma propre main.
Vienne le 10 août 1828.
Le Chevalier Niccolò Paganini
Virtuose de S. M. l'Empereur d'Autriche.

Ces dispositions étant prises, Paganini quitte Vienne le 13 août. Il a connu ici la gloire, a amassé une petite fortune — environ 30 000 florins — et s'il n'avait pas entrepris ce voyage, peut-être ne serait-il pas aussi célèbre de nos jours.

La capitale autrichienne a-t-elle une position géographique trop excentrée en Europe, ce qui rend tout voyage long et harassant ? Ou alors, à cause de l'épisode Bianchi — une femme qui a vraiment énormément compté dans sa vie —, n'en garde-t-il pas que de bons souvenirs ? Lui seul aurait pu répondre à cette question.

Toujours est-il qu'il ne reviendra jamais à Vienne.

*

Notes
1. Wenceslas-Robert, comte von Gallenberg (1783 - 1839). Compositeur d'ouvertures, d'opérettes et de ballets. Épousa Giulietta Guicciardi, dédicataire de la sonate dite *Au clair de lune* de Beethoven.
2. Francesco Bennati (1788 - 1834). Médecin italien. Après avoir étudié à Padoue et Pavie, alla se perfectionner à l'Université de Vienne, puis professa à Paris.
3. Comte Moritz von Dietrichstein (1775 - 1864). Aide de camp du général Mack. Précepteur du duc de Reichstad. Compositeur de mélodies.
4. Artaria. Famille autrichienne, originaire d'Italie. Les trois frères Cesare, Domenico et Giovanni Artaria fondèrent à Mayence en 1765, une société, qui a publié de nombreuses œuvres en première édition, notamment de Haydn, Mozart, Beethoven et Schubert.
5. Voir : Brigitte Massin *Franz Schubert* (Fayard, Paris - 1993)
6. Joseph Mayseder (1789 - 1863). Violoniste autrichien. Membre du quatuor Schuppanzigh. Il a écrit, pour son instrument, 3 concertos, 2 concertinos et des *Variations brillantes*, dédiées à Paganini.
7. Eduard von Bauernfeld (1802 - 1890). Poète autrichien. Auteur de comédies et de drames. Traducteur de Shakespeare et Dickens.
8. Ignaz Franz Castelli (1781 - 1862). Auteur dramatique autrichien. A écrit plus de 200 pièces inspirées des tragédies classiques françaises.
9. Mathias Marenzeller (1765 - 1854). Médecin autrichien. Adversaire déclaré des saignées et des purgatifs.
10. Christian Friedrich Samuel Hahnemann (1755 - 1843). Médecin allemand. Fondateur de l'homéopathie en 1789

11. Josef Panny (1794 - 1838). Violoniste autrichien. Fut nommé directeur de la musique à Mayence, où il fonda une école de musique. A composé un certain nombre d'œuvres de musique de chambre.

Chapitre 13

Karlsbad et Prague
(août 1828 - janvier 1829)

Le 18 août, Paganini, accompagné de son secrétaire, Antonio Caccia, et de Joseph Panny, arrive à Karlsbad.

Depuis 1627, la couronne de Bohème a été donnée à titre héréditaire aux Habsbourg. La tutelle exercée par Vienne, en la personne de Metternich, est ressentie comme un fardeau par les habitants de la Bohème et en particulier par la colonie allemande. Tout ce qui émane d'Autriche n'est pas toujours très bien accueilli dans le pays et le fait que Paganini ait été acclamé par les Autrichiens ne plaide pas en sa faveur.

Qu'il soit à Karlsbad pour y suivre une cure thermale, ne l'empêche nullement de donner deux concerts, qui sont de véritables *fiasco* financiers : 860 florins pour le premier, 495 florins pour le second !

Paganini, mécontent, rend responsable Antonio Caccia de la médiocrité des gains et le congédie, séance tenante. Mais, Caccia a en mains un contrat en bonne et due forme, signé le début juillet. Il s'adresse à la police, qui fait comprendre à Paganini qu'un règlement à l'amiable est préférable à une action en justice. Celui-ci s'incline et le 11 septembre, il remet au chef de la police 150 florins, qui sont donnés à Caccia en guise d'indemnités de licenciement.

*

En septembre, Paganini commence son traitement. Malheureusement, celui-ci a un effet désastreux sur son organisme et, en particulier, sur son système nerveux. Il interrompt la cure et se voit contraint à un repos forcé jusqu'à fin septembre.

Le 3 octobre, il quitte Karlsbad et se dirige vers Prague, où il arrive le 4 octobre, dans un état de délabrement physique complet. Il souffre des yeux, des dents, de l'estomac, des intestins. Il retrouve là Giovanni Gordigiani, son compagnon d'infortune à Ferrare en 1812, devenu professeur de chant au Conservatoire. Effrayé par l'état alarmant de son ami, Gordigiani le recommande à un professeur de médecine de l'Université de Prague. Le 10 octobre, ce dernier, assisté de trois confrères, opère Paganini d'un abcès à la mâchoire inférieure. L'intervention a lieu, évidemment, sans anesthésie et on a du mal à imaginer la torture à laquelle est soumis le patient.

Dix jours après, il écrit à Germi pour lui raconter sa triste mésaventure.

Prague, le 20 Octobre 1828
 A Karlsbad, j'étais malheureux comme les pierres et c'est pourquoi je n'ai pas répondu à ta lettre du 10 juillet. Tout d'abord, laisse-moi t'exprimer une fois encore toute ma plus profonde gratitude pour ta gentillesse et ton conseil, que j'ai immédiatement suivi.
 Tout est fini avec la Bianchi. Au tribunal de Vienne, auquel je me suis adressé afin qu'on me laisse la garde de mon cher fils Achille, qui laisse déjà apparaître son cœur et sa sensibilité, j'ai préféré accepter la proposition de la Bianchi et lui payer la somme de 2 000 écus milanais, à condition qu'elle renonce à toute autre prétention et que ma promesse de lui verser une annuité de 100 écus soit annulée.
 Le 1ᵉʳ Août, la Bianchi est partie de Vienne pour Milan et moi pour Karlsbad, où je n'ai donné seulement que deux concerts. En effet, je suis arrivé beaucoup trop tard dans la saison, et tous les étrangers, c'est-à-dire plus de mille personnes, étaient déjà partis.
 J'ai commencé une cure, mais j'ai dû arrêter à cause d'une cruelle inflammation des glandes salivaires, provoquée par la racine d'une dent du côté gauche ; cela a provoqué d'abord un abcès, puis une infection de la mâchoire. Pendant un mois et demi, j'ai appliqué, jour et nuit, quarante-huit cataplasmes, sans que l'inflammation disparaisse. Je ne peux pas te décrire mon calvaire.
 Les chirurgiens m'ont conseillé me venir ici pour me faire soigner. J'ai été voir quatre des plus célèbres professeurs, et sur leur conseil unanime, je me suis assis sur une chaise, raide comme une statue, et ils m'ont opéré, armés d'une grosse aiguille, de scalpels et de ciseaux. Mon courage a fait l'admiration des professeurs ; on espère que l'os carié se détachera, sinon ils tâcheront de me l'extraire afin de me guérir au plus vite ; en effet, le public meurt d'envie d'entendre mon violon, et j'espère donner un concert vers la fin de novembre prochain.
 P.S. J'ai un appartement dans la maison d'une très charmante dame, qui cuisine divinement bien, et à la génoise.

S'il en était besoin, ce texte prouverait le courage de Paganini et, surtout, son optimisme indéracinable. Pourtant, il n'est pas au bout de ses peines. Le 4 novembre, il doit subir une nouvelle opération, qui a pour but d'extraire des petits morceaux d'os que les chirurgiens espéraient voir tomber d'eux-mêmes. Le résultat est catastrophique : la mâchoire inférieure perd canines et incisives.

Ce n'est que le 1ᵉʳ décembre qu'il peut « faire entendre son violon » au *Standtheater*. Cette salle de concerts appartient à un groupe d'aristocrates praguois, qui en a confié la gestion à un dénommé Johann Stiepaneck. Avec celui-ci, Paganini ne peut pas appliquer sa sacro-sainte règle, qui consiste à se réserver deux tiers de la recette. Néanmoins, les relations entre les deux hommes sont très cordiales et la lettre écrite par Stiepaneck apporte un flagrant démenti à tous ceux qui ont accusé Paganini d'être un artiste uniquement préoccupé par l'argent que peuvent lui rapporter ses prestations.

J'ai le plaisir d'affirmer très sincèrement que, dans toutes mes relations d'affaires avec l'éminent virtuose, qui donna six concerts dans le théâtre de cette ville, j'ai eu en face de moi un homme qui forçait le respect et qui était très éloigné de toute préoccupation mesquine d'argent. Je serais très heureux si mes déclarations pouvaient faire que l'on voit en lui un homme d'affaires avec il n'est pas difficile de s'entendre de façon fort amicale ; je sais bien, qu'ici ou là, on pense tout à fait le contraire.

Même si certains critiques émettent quelques réserves sur le jeu de Paganini et les programmes présentés, le public, quant à lui, est conquis, comme l'écrit le correspondant de l'*Osservatore* de Trieste :

Peut-être à cause du prix des places, doublé par rapport à celui pratiqué à Vienne, le public ne remplissait pas le théâtre. Le rideau se leva enfin et Paganini, pensif, se dirigea lentement vers le centre de la scène. Il semblait voûté par la maladie ; son visage reflétait une pâleur mortelle...

Le musicien ne parut pas se rendre compte des applaudissements. L'Adagio cantabile permit au public d'approfondir l'interprétation. A la fin du Rondo allegretto, éclata une formidable ovation . Sa Sonate militaire sur la quatrième corde ébranla le flegme des Praguois et suscita un tel enthousiasme qu'il fut rappelé par deux fois, ce qui est extrêmement rare.

Le 4 décembre, pour le deuxième concert, la recette n'est plus que de 1 234 florins. Le mardi 9 décembre, bien que les bénéfices soient destinés à l'Hospice municipal — preuve s'il en était besoin que la ladrerie de Paganini reste à démontrer —, le public ne se déplace guère et la somme récoltée ne dépasse guère les 860 florins.

Pour les trois concerts suivants, le prix des places est diminué de moitié. Stiepaneck semble donc avoir raison : il n'est pas trop difficile de s'entendre avec Paganini.

Le 13, la recette est vraiment très minime : 464 florins. Elle sera un peu meilleur pour le concert du 16 décembre : 556 florins.

Pour sa dernière apparition du 20 décembre, Paganini décide de frapper un grand coup, afin d'attirer la foule. Il fait paraître dans la presse locale, une annonce ainsi rédigée.

Le chevalier Nicolo Paganini, virtuose de la chambre de S. M. l'Empereur d'Autriche, aura l'honneur de donner samedi 20 décembre, à la demande générale, encore un concert, qui sera le dernier, et dans lequel on exécutera entre autres morceaux, « L'Orage », sonate dramatique à grand orchestre, avec mise en scène appropriée, et solos et variations de violon par Paganini, sur la quatrième corde. 1 : l'approche de l'orage ; 2 : commencement de la tempête ; 3 : la prière ; 4 : fureur de la mer ; 5 : l'ouragan ; 6 : le désordre à son comble ; 7 : le retour du calme ; 8 : l'explosion de joie la plus vive.

Paganini présente l'œuvre dans une véritable mise en scène d'éclairs, de tonnerre, d'effets d'orage, que le public et la critique n'apprécient guère. L'annonce tonitruante n'a pas réussi à convaincre les habitants de Prague, qui ne se pressent guère plus au *Standtheater* qu'ils ne l'ont fait pour les précédents concerts. La recette nette ne se monte qu'à 705 florins. Les gazettes, au lendemain de cette dernière prestation, parlent de « spectacle indigne d'un véritable artiste », de « concert se terminant en pantomime », de « la pire des inepties pour faire ses adieux à Prague ».

Paganini est déçu : le public l'a boudé et la critique a tout fait pour le détruire.

Début janvier 1829, c'est un homme blessé, désabusé qui écrit à Germi.

Si tu savais combien on a monté d'ennemis contre moi, tu ne voudrais pas le croire. Je n'ai fait de mal à personne, mais des gens qui ne me connaissent pas me dépeignent comme le plus scélérat, le plus avare, le plus rapace des hommes. Pour me venger, j'ai envie d'augmenter encore le billet d'entrée aux concerts que je donnerai dans le reste de l'Europe.

Je resterai peu de temps à Dresde, étant attendu à Berlin, où je te prie de m'adresser tes lettres...

Dans deux ou trois ans, je pourrai posséder environ deux millions. C'est ma gloire qui veut cela ; mais que ferons-nous de tant d'argent ? Aimes-tu les feux d'artifice ? Mais non, j'ai un fils et je prie le ciel de me le conserver.

L'amitié pour Paganini n'est pas un vain mot. Il ne dit pas « que ferai-je de tant d'argent ? », mais « que ferons-nous de tant d'argent ? », lorsqu'il sera arrivé à posséder deux millions. Et dire que ses ennemis le traitent de scélérat, d'avare, de rapace ! Bien sûr, il peut toujours se venger en augmentant le prix des places, mais, il pense avoir trouvé un bien meilleur moyen de faire taire ses détracteurs. Il écrit une brève note à Julius Maximilian Schottky, et lui confie le soin de publier une biographie.

Prague, le 12 Janvier 1829

Je soussigné donne l'autorisation à Monsieur le professeur Schottky de publier ma biographie, et le prie de faire son possible pour me défendre et en finir avec les calomnies de mes ennemis.

Le soir même, n'ayant plus rien à faire à Prague, il quitte cette Bohème, qu'il aurait peut-être mieux fait d'éviter, et part pour Dresde.

L'année 1828, qui s'était ouverte sous les meilleurs auspices, se termine mal.

Malgré toutes les déconvenues, il lui reste « Achillino » et cela suffit pour que l'*espoir* — maître-mot de toute la vie de Paganini — subsiste.

Chapitre 14

Premiers concerts en Allemagne
(janvier - mai 1829)

Le vendredi 16 janvier 1829, Niccolò Paganini arrive à Dresde. Il est, ici, en pays de connaissance ; la colonie italienne implantée dans la ville est très importante et il y a un certain nombre d'amis : Francesco Morlacchi(1), qui en 1811 a été nommé directeur à vie de l'orchestre royal, Antonio Rolla(2), premier violon de l'Opéra italien et Johann Aiblinger(3), rencontré en 1813 à Milan.

De plus, le roi Anton de Saxe est un fervent mélomane. Sur intervention de Morlacchi, le souverain met à disposition du *maestro* le *Linkisches Bad Theater*.

Le 18 janvier, il donne son premier concert. Cette soirée est réservée uniquement à la famille royale. En remerciement, le roi remet à Paganini cent ducats et une tabatière en or.

Le 6 février, le cinquième et dernier concert est une sorte d'hommage aux habitants de Dresde, puisque Paganini abandonne le quart de sa recette nette à des œuvres de charité.

La presse est unanime et les critiques sont toutes très élogieuses. Il faut dire que les journalistes locaux ne peuvent pas trop se permettre de mettre en doute les goûts musicaux de la famille royale, qui a fait preuve envers le virtuose de tant de prévenance et d'admiration.

Paganini s'apprête à quitter Dresde, lorsqu'il a enfin la joie de voir arriver son ami Rebizzo.

Ensemble, ils prennent la route pour Leipzig où ils arrivent le 12 février.

*

Dresde et Leipzig sont deux villes de même importance. Cependant, cette dernière présente l'énorme avantage de posséder une salle spécialement réservée aux concerts, le célèbre *Gewandhaus* construit en 1781.

Une des premières personnes à se présenter à Paganini est Frederick Wieck(4), père de la future Clara Schumann, qui joue un rôle important dans la vie musicale de Leipzig. Il lui demande de donner un concert le 16 février au *Gewandhaus*, ce que Paganini accepte sans se faire prier.

Seulement, si Frederick Wieck a quelque influence dans le monde musical, il n'en demeure pas moins que le véritable patron du *Gewandhaus*, Christian Pohlenz(5), veut imposer sa loi au virtuose. Pour commencer, il refuse de mettre le prix des places à trois thalers, comme le demande Paganini, et ne consent à en accorder que deux. En second lieu, prenant prétexte de l'augmentation des billets, il multiplie par deux la location de la salle et par trois la part devant revenir à l'orchestre. Enfin, il impose la présence d'une chanteuse en tant qu'artiste associée.

Paganini — on ne saurait être plus conciliant — accepte toutes ces conditions. Il demande simplement que l'effectif de l'orchestre soit réduit, les œuvres qu'il a l'intention de présenter ne nécessitant pas un ensemble aussi pléthorique. Christian Pohlenz refuse catégoriquement. Excédé, Paganini se retourne vers Frederick Wieck et le prie de lui trouver une autre salle.

La seule possibilité qui s'offre est le théâtre. Mais, le directeur est très au courant des démêlés du violoniste ; il sait que celui-ci n'a pas d'autre solution que de passer par lui. Il fixe la location de la salle à 300 thalers, montant exorbitant que Paganini ne peut accepter. Il quitte Leipzig sans avoir donné de concert.

Bien sûr, l'affaire fait grand bruit, mais contrairement à ce qui se passe d'habitude dans une semblable situation, bien des voix s'élèvent pour prendre la défense de Paganini. Parmi celles-ci, on compte celle de l'*Abendzeitung* de Leipzig.

Paganini devait jouer dans la salle où la Catalani avait chanté. Au départ, il voulait mettre le prix des places à trois thalers, mais se contenta de deux. Pour commencer, la direction exigea une location très élevée pour la salle ; puis, elle tripla les frais inhérents à l'orchestre et de plus essaya d'imposer une de ses chanteuses. Paganini accepta de payer une location trois fois plus forte pour la salle et d'intégrer la chanteuse à son programme, mais demanda qu'on réduisit l'effectif de l'orchestre, trop important pour ce qu'il devait jouer. La direction refusa. Paganini eut alors cette réponse : « Il est étrange que l'on veuille m'imposer le nombre de violons dont j'ai besoin pour mes concerts » et il s'en alla.

Les membres de l'orchestre se souciaient peu du problème et se seraient contentés de leur rémunération habituelle ; en fait, ils auraient même accepté de jouer pour rien, juste pour le plaisir de l'entendre.

Frederick Wieck — qui a fait tout ce qui était en son pouvoir pour retenir « le plus grand virtuose de son temps » et qui regrette, de tout son cœur, la tournure prise par les événements — ne peut que noter dans son journal :

Paganini s'en alla, et nous le vîmes partir, avec des mines allongées et de grands yeux avides ; il ne nous restait plus qu'à aller à Berlin, si nous voulions l'entendre.

Le 13 février, veille de son départ, Paganini fait parvenir à un mystérieux correspondant, une lettre dans laquelle il exprime ses regrets.

Je suis désolé de ne pas avoir parlé avec vous plus tôt, car nous serions arrivés à un accord sur tous les points évoqués dans votre aimable lettre, qui m'a fait très plaisir.

D'après ce que vous me dites des musiciens, il est clair que l'exigence d'une rémunération plus forte ne vient pas d'eux. L'habitude d'un certain respect entre artistes et mon expérience de nombreuses années me permettent de juger en toute équité.

Il est très important pour moi de disposer d'un orchestre dont l'effectif correspond aux dimensions de la salle, et quand j'ai parlé avec maître Pohlenz du nombre de musiciens qui me semblait convenable, il a, tout d'abord, accepté mon point de vue.

Si j'en juge d'après les prix pratiqués ici par Mme Catalani, il ne me parait pas que mes tarifs aient été exorbitants, surtout si l'on tient compte des habitudes des artistes d'une certaine renommée. J'ai maintenu un tarif bas pour être agréable aux amateurs qui sont nombreux dans cette charmante ville et je regrette, qu'à cause d'un malentendu, nous ayons dû annuler les annonces parues dans les journaux et prendre des engagements à Berlin, où l'on m'attend...

Cette lettre confirme bien, d'une part, que Pohlenz n'a pas eu dans cette histoire une attitude très honnête, et d'autre part, que le fait d'augmenter le prix des places, dont on fera tant grief à Paganini, n'est pas son apanage.

*

Le dimanche 15 février, accompagnés de Lazzaro Rebizzo, Niccolò et Achille Paganini arrivent à Berlin. « Je vais passablement bien » , écrit-il le 27 février à Galeazzo Fontana-Pino, mais il avoue qu'il souffre des yeux.

Peu après son arrivée, il adresse au roi, Frédéric-Guillaume III(6), une requête afin d'obtenir une salle. En Prusse, le protocole doit être scrupuleusement respecté et les deux grandes salles de Berlin, l'*Opernhaus* et la *Schauspielhaus*, ne peuvent être louées que si tel est le bon vouloir du roi.

Celui-ci répond qu'il veut bien mettre, la *Schauspielhaus*, son orchestre et son chef, à la disposition de Paganini pour six concerts entre le 4 mars et le 6 avril.

Le concert annoncé a bien lieu le 4 mars. Y assistent la famille royale, au grand complet, et un grand nombre de personnes, qui comme le laisse entendre Frederick Wieck, sont venus tout exprès de Leipzig.

Deux autres récitals sont donnés les 13 et 19 mars dans la *Schauspielhaus*.

Toute la presse se fait l'écho de l'événement et tous les critiques rivalisent de superlatifs.

*

Le 3 avril, Paganini écrit à Germi. Il lui parle de Rebizzo qu'il qualifie de « véritable trésor », lui annonce qu'il n'envisage son voyage à Paris que pour fin décembre et sa visite à Londres que pour fin du mois de mars 1830. Il l'informe également d'une nouvelle composition pour violon solo, les variations sur le *God save the King* MS 56.

Le 6 avril, Niccolò donne ce qui devrait être son dernier concert à Berlin. Mais, il réitère le 13, le 16 et le 25. Lors de ce huitième concert deux compositions nouvelles sont présentées : le *Larghetto et Rondoletto* MS 415 et les *Variations* en mi bémol majeur pour violon seul sur le *God save the King*.

Durant la seconde quinzaine du mois d'avril, la Prusse orientale est ravagée par des pluies diluviennes. La ville de Dantzig est presque entièrement inondée et les victimes se comptent par milliers. Le 28 avril, Paganini adresse une lettre au roi de Prusse.

Sire, j'ai préféré avancer mon concert pour les malheureux de Dantzig. Cette circonstance va donner quelque prix aux Variations sur l'Hymne « Heyl Dyr im Syeger Kranz » composées dans l'intention d'en faire hommage à Votre Majesté.

Le souverain répond immédiatement qu'ordre a été donné à son Chambellan d'accorder sans frais la *Schauspielhaus* pour le prochain concert. Celui-ci, le neuvième, est organisé le 29 avril. La recette, la plus élevée de toute la série de ses concerts berlinois, se monte à deux mille thalers.

Paganini fait sa douzième et dernière apparition publique, le mercredi 13. Le soir même, le roi lui fait parvenir la missive suivante :

Monsieur,

J'ai résolu de Vous donner, avant votre départ de ma capitale, une marque de la satisfaction que j'ai éprouvée en assistant à vos concerts. La nature Vous a départi un rare talent que Vous avez cultivé avec un esprit original. Les sons, que Vous tirez des cordes de votre violon, vont directement à l'âme et suscitent dans le cœur de vos auditeurs les émotions les plus rares. Je Vous ai nommé mon premier Maître de chapelle honoraire et vous autorise à porter ce titre.

Paganini aurait, certainement, préféré une décoration, ou un titre de noblesse. Il est évident qu'il a très envie d'entrer dans le milieu de l'aristocratie européenne, ne serait-ce que pour conquérir une sorte de respectabilité que tous ses calomniateurs lui refusent.

*

Le 14 mai, il quitte Berlin et se dirige vers la Pologne. Il aura donné 12 concerts dans la capitale prussienne et aura gagné environ 12 000 thalers, ce qui représente une belle petite fortune.

Il s'arrête à Francfort-sur-Oder et obtient un immense succès.

Au cours de son étape de vingt-quatre heures, il fait la connaissance de Paul David Curiol. Celui-ci, né à Francfort en 1776, est issu d'une famille de huguenots français. Il retrouve le pays de ses ancêtres en 1798 et s'engage dans l'armée française. Pendant la guerre de Libération, il rejoint le corps des volontaires allemands, est nommé lieutenant et décoré pour bravoure de la Croix de Fer. En 1816, il revient dans sa ville natale, rachète le bâtiment qu'occupe l'église protestante et le transforme en théâtre. Mais, les affaires marchent mal et en cette année 1829, l'entreprise se trouve au bord de la faillite.

Paganini n'oubliera pas cet homme entreprenant et dont les compétences dans le domaine du spectacle peuvent lui être utiles et lorsque Rebizzo voudra retourner en Italie, il n'hésitera pas à faire appel à lui.

Mais, pour l'heure, il a une idée en tête : arriver le plus tôt possible à Varsovie, où le 24 mai doit se dérouler un événement exceptionnel et il se doit d'être présent.

*

Notes

1. Francesco Morlacchi (1784 - 1841) Compositeur italien. En dehors d'une vingtaine d'opéras, a écrit essentiellement de la musique d'église.
2. Antonio Rolla (1798 - 1837). Violoniste Italien. Fils d'Alessandro Rolla.

3. Johann Kaspar Aiblinger (1779 - 1867). Compositeur allemand. Auteur de 2 opéras, 3 ballets, d'une trentaine de messes.
4. Frederick Wieck (1785 - 1873). Pianiste allemand. Vécut et enseigna principalement à Leipzig et à Dresde. A composé pour son instrument.
5. Christian Auguste Pohlenz (1790 - 1847). Organiste et chef d'orchestre allemand. A publié des œuvres pour piano et des lieder.
6. Frédéric-Guillaume III (1770 - 1840). Roi de Prusse de 1797 à 1840. Fit partie de la coalition de 1813 contre Napoléon. Participa aux deuxième et troisième partages de la Pologne.

Chapitre 15

La Pologne
(mai - juillet 1829)

Si, comme nous l'avons dit, Paganini se hâte vers la Pologne, c'est qu'il veut être présent le 24 mai à Varsovie, où le tsar de toutes les Russies, Nicolas I^{er}(1) doit être couronné roi de Pologne.

Depuis la nuit des temps, le pays a toujours été convoité par ses voisins immédiats et déchiré par eux. En 1795, s'effectue le troisième partage qui supprime purement et simplement la Pologne et il est décidé que la dénomination « Royaume de Pologne » demeurera pour toujours interdite ; Varsovie est donnée à la Prusse, Cracovie à l'Autriche, la Russie gagnant Wilno. Le bref « protectorat » instauré par Napoléon redonne espoir aux Polonais, à nouveau réunis dans le grand duché de Varsovie. Le congrès de Vienne, en 1815, va réduire à néant les plus minimes volontés de renaissance du peuple polonais ; le tsar cède la Posnanie à la Prusse, Cracovie est érigée en république libre et le grand duché de Varsovie est réuni à l'empire de Russie.

En 1820, Alexandre commence à exercer une politique autoritaire et traque impitoyablement les sociétés secrètes d'opposition qui se multiplient parmi les intellectuels. Son frère, Nicolas Ier, qui lui succède en 1825, va intensifier la « russification » et durcir la répression policière.

Ce petit rappel historique nous permettra peut-être de mieux comprendre la mentalité des milieux intellectuels en cette année 1829, qui va voir un tsar russe se faire couronner roi de Pologne, comme cela s'est déjà produit en 1815.

*

En chemin, le 19 mai, Paganini donne un concert à Poznan, au terme duquel les autorités de la ville lui font cadeau de l'intégralité de la recette.

Le jeudi 21 mai, en fin de soirée, il arrive à Varsovie. Le 23 mai, Niccolò Paganini, tant attendu par son ami Karol Lipinski, donne son premier concert. Le violoniste polonais, qui ne cesse de chanter ses louanges depuis leur inoubliable « duel » à Plaisance en 1818, dirige l'orchestre. L'assistance est aussi nombreuse que brillante. Dans la salle, médusé, ébahi, est assis un pianiste de dix-neuf ans, Frédéric Chopin.

Le jeune homme aura l'occasion de rencontrer Paganini quelques jours plus tard, quand Joseph Elsner(2) invitera le virtuose italien à venir écouter les élèves du Conservatoire, dont il est le directeur. Dans son petit carnet de voyage, Niccolò notera après cette audition: « *Mr. Chopin giovine Pianista* ».

*

Le 24 mai, dans la cathédrale, a lieu la cérémonie du couronnement. L'après-midi, au palais royal, Paganini joue pour les invités du souverain. Qu'il ait été préféré, pour la circonstance, à Lipinski mécontente les patriotes polonais. Lach-Szyrma(3) et Mochnacky(4) manifestent de façon véhémente leur colère, prennent ouvertement parti pour leur compatriote musicien et, ce faisant, s'opposent aux cercles modérés, parmi lesquels figurent Elsner et Kurpinski(5).

Malgré un emploi du temps très chargé, Paganini se sent bien et le moral est au beau fixe, comme le montre sa lettre du 30 mai à Germi.

A mon douzième concert à Berlin, le public m'a demandé de revenir ; j'ai promis de le faire pour le mariage du Prince, le fils du Roi, le 20 juin...

Rebizzo t'envoie toutes ses amitiés...

Ma santé n'est pas trop mauvaise ; je n'exagère pas.

J'ai donné des concerts à Berlin le 13 ; à Francfort le 15 ; à Poznan le 19 ; à Varsovie le 23. Le 24, j'ai joué à la cour de l'Empereur. Hier, j'ai donné mon deuxième concert et, ce soir, ce sera le troisième. Demain, je me reposerai, car j'aurai quatre concerts la semaine prochaine, et je dois jouer à Breslau avant de retourner à Berlin.

Lors du couronnement, sa Majesté l'Empereur de Russie m'a donné une bague sertie de diamants.

Heureusement pour lui, Paganini exagère un peu, car il n'aura pas quatre concerts à donner la semaine suivante, mais seulement deux.

La bague sertie de diamants offerte par le tsar va faire réagir les tenants du mouvement nationaliste des *Jeunes Polonais*, car, bien sûr, Lipinski n'a pas eu droit à un aussi mirifique cadeau. Il ne lui sera attribué que le titre honorifique de « Premier violoniste du Tsar de Russie et Roi de Pologne ».

Le 6 juin, se produit un incident que vont exploiter les

ultras. Paganini et Lipinski se font entendre ce même jour dans deux théâtres différents. Le premier connaît un succès qui depuis son arrivée ne décroît pas ; le second n'a même pas les honneurs de la presse. Carlo Soliva(6) a suggéré que Lipinski attende le départ de Paganini avant de se présenter devant le public de Varsovie, mais personne ne l'a écouté et surtout pas Lipinski, qui ne veut pas que l'on dise qu'il a peur de se mesurer à Paganini.

*

Ne pouvant tolérer plus longtemps le succès que remporte le violoniste italien, le 13 juin, Christian Lach-Szyrma fait paraître dans le *Dziennik Powszechy*, un article qui fait sensation.

Paganini est un phénomène extraordinaire dans le monde de la musique. Instruit uniquement par son don inné et sans réelle formation théorique, il a atteint un degré de perfection qui serait quasiment impossible à trouver chez un autre artiste. Certes, les nombreuses rumeurs relatives à sa jeunesse ont été démenties, mais ce qui est certain c'est que, à cette époque, plusieurs années se sont écoulées sans que quiconque n'entende plus parler de lui. Or, pendant ce temps, il vivait, coupé du monde, dans un lieu plus ou moins retiré. Livré à lui-même, il négligea le côté purement musical de son art, pour se consacrer exclusivement à la technique, dans laquelle il atteint un haut degré de compétence.

Mais cette façon très particulière de voir les choses, peu d'artistes, si ce n'est aucun, n'ont voulu l'adopter, de peur d'être accusés de charlatanisme.

Lipinski est totalement à l'opposé. Ce grand artiste respecte les principes de l'art. Il ne franchit jamais les limites du mauvais goût, dédaignant les ornementations spectaculaires. Paganini est un romantique, alors que Lipinski est un classique, au meilleur sens du terme. Son coup d'archet est très au-dessus de celui de Paganini, comme la puissance et la richesse de sa sonorité, son émouvant cantabile et ses harmoniques. Dans les traits de virtuosité, il est l'égal de Paganini, mais ne peut se comparer à lui pour le staccato léger, le passage des sons naturels aux sons harmoniques, et le pizzicato de la main gauche.

L'article constitue un véritable libelle, qui, une fois encore, fait allusion à un passé douteux du maestro italien, et qui cherche à brouiller les deux violonistes amis.

Le 20 juin, Soliva et Kurpinski prennent publiquement la défense de Paganini face aux attaques, qu'ils jugent indignes. Ils commettent une erreur en affirmant que Lipinski a été l'élève de Paganini et que ce seul fait rend absurde et vaine la querelle que Lach-Szyrma voudrait voir naître entre les deux artistes.

Lipinski réplique alors qu'il n'a jamais été l'élève de Paganini et qu'ils ne se sont rencontrés que lors d'un concert donné ensemble en Italie en 1818. Il ajoute qu'il n'est pas dans sa nature de dénigrer ses confrères et qu'il ne veut en aucune façon se comparer à Paganini, étant donné la différence de style et de personnalité existant entre eux. Cette déclaration, qui veut faire plaisir à tout le monde, ne satisfait personne, et, dès lors, les deux hommes cessent toutes relations.

Soliva a souvent été accusé d'être à l'origine de la brouille entre Paganini et Lipinski. Il est évident que sa remarque — relative au moment opportun pour Lipinski de jouer à Varsovie — ne fait pas preuve d'un très grand tact ; cependant, la seule et entière responsabilité est à imputer à Lach-Szyrma et, également, mais dans un degré moindre, à Karol Lipinski, lui-même, qui n'a pas l'intelligence — ou le courage — de défendre Paganini contre les attaques dont il est l'objet.

*

Lipinski quitte Varsovie, alors que Paganini se fait entendre encore deux fois le 4 et le 14 juillet. Ce dernier concert dans la capitale polonaise est donné au bénéfice des veuves et des orphelins des musiciens polonais ; il y interprète, apparemment pour la première et la dernière fois, la *Sonata Varsavia* MS 57 avec variations sur une mazurka de J. Elsner.

Le 19 juillet, les sommités du monde musical de Varsovie organisent, en son honneur, un banquet, au terme duquel ils lui offrent une tabatière en or, dont le couvercle porte l'inscription suivante : « Au Chevalier Paganini, les admirateurs de son talent — 19 juillet 1829 ».

*

Le 23 juillet, il arrive à Breslau, ville rattachée à la Prusse.
Pour les deux premiers concerts, la *Aula Leopoldina* est

mise à sa disposition. Le nom de « *Aula* » désigne la salle des fêtes de l'université.

Le succès remporté ne doit pas nous faire oublier que ces deux concerts donnèrent lieu à quelques incidents.

A l'époque où Paganini arrive à Breslau, les étudiants ont pris l'habitude d'assister aux répétitions dans l'enceinte de leur université et considèrent cette coutume comme un droit acquis. Or, on sait que Niccolò n'apprécie pas du tout que qui que ce soit puisse venir entendre ce qu'il va jouer en concert ; il agit donc exactement comme à l'ordinaire, ébauchant quelques soli de ses œuvres, ne dévoilant que les toutes premières mesures des cadences, pour finir par un « et ainsi de suite, Messieurs ». Cette façon de faire ne plaît guère aux étudiants, qui lui interdisent la *Aula Leopoldina*, pour une troisième apparition. Paganini donne quand même deux autres concerts, mais au théâtre de la ville, les 1ᵉʳ et 3 août.

Les étudiants mécontents viennent quelque peu troubler ces deux soirées ; il est possible également qu'ils se soient vengés en allant voir une des représentations de la pièce intitulée à l'origine *Die falsche Primadonna in Krähwinkel*, et écrite comme une charge contre Angelica Catalani. Rebaptisée *Der falsche Virtuoso*, cette comédie s'en prend cette fois-ci à Paganini. Le *faux virtuose* de la farce y joue « *un concerto à la Paganini avec accompagnement de rires moqueurs du public* ».

Le 5 août, sans avoir à déplorer d'autres incidents, il quitte Breslau, à destination de Berlin, pour sa seconde tournée de concerts en Allemagne ; son périple va durer dix-huit mois.

*

Notes

1. Nicolas Iᵉʳ (1796 - 1855). Tsar de Russie de 1825 à 1855. Roi de Pologne de 1829 à 1855. A l'origine de la guerre de Crimée en 1855.
2. Joseph Elsner (1769 - 1854). Chef d'orchestre et compositeur polonais. Fondateur en 1815 d'une société pour les progrès de la musique en Pologne. A composé 32 opéras, 3 symphonies, de la musique de chambre.
3. Christian Lach-Szyrma (1790 - 1866). Patriote polonais, journaliste et professeur de philosophie. Un des membres les plus influents du mouvement des *Jeunes Polonais*.
4. Maurycy Mochnacky (1804 - 1834). Écrivain polonais. Participa à

l'insurrection de Varsovie, et fut nommé membre du gouvernement provisoire de 1830.
5. Karol Kazimierz Kurpinski (1785 - 1857). Compositeur polonais. Directeur de l'Opéra de Varsovie. A composé des opéras, des mélodrames, de la musique de chambre et d'église, des œuvres pour piano.
6. Carlo Soliva (1791 - 1853). Compositeur italien. Professeur au conservatoire de Varsovie. A composé des opéras, de la musique d'église et de chambre.

Chapitre 16

La conquête de l'Allemagne
(août 1829 - février 1831)

Niccolò Paganini arrive à Berlin, le 10 août 1829, après quatre jours de voyage. Le 16 août, comme Rebizzo veut retourner en Italie, il engage en tant que secrétaire Paul David Curiol, rencontré en mai à Francfort-sur-Oder. Le contrat signé porte sur une durée de six mois.

Sans plus s'attarder à Berlin, et sans y donner de concert, il part pour Francfort-sur-le-Main, où il arrive le 21 août.

*

Francfort est une ville d'environ cinquante mille habitants, où la vie politique et artistique est dominée par la classe commerçante, souvent bancaire. Ici, pas de prince ou de duc pour posséder un théâtre et entretenir un orchestre, mais de riches négociants, qui récemment ont fait construire le *Stadttheater*, dont le *Kappelmeister* est Karl Guhr[1] ; celui-ci, violoniste, va étudier le style et le jeu de Paganini dans ses moindres détails et, en 1830, fera paraître à Mayence un ouvrage intitulé *L'art de jouer du violon de Paganini*.

Au cours des dix-huit jours passés à Francfort, Paganini donne cinq concerts et assiste le 27 août à une soirée organisée en l'honneur de Gœthe ; puis, le lendemain, il est invité au banquet traditionnel d'anniversaire du grand poète allemand.

Le 2 septembre, comme l'exige l'étiquette, il écrit à Louis Ier[2], grand-duc de Hesse-Darmstadt, pour lui demander l'autorisation de donner un concert dans le duché.

La rumeur ne cesse de chanter les louanges de Votre Altesse Royale et, depuis longtemps, je voulais présenter mes hommages à ce protecteur princier des beaux-arts...
Le moment que j'ai tant désiré est arrivé. J'ai tout exprès retardé mon voyage en Angleterre pour avoir l'honneur de soumettre au jugement indulgent de Votre Altesse Royale un petit exemple de mes compositions.

Le grand-duc ayant répondu favorablement à la requête, il joue à Darmstadt, le 8 septembre, dans le *Hof Opern Theater*. Bien sûr, le grand duc est dans la salle, accompagné de toute sa famille et de la cour au grand complet.

Louis Ier, émerveillé par le jeu de Paganini, lui offre, sur sa cassette personnelle, 100 friedrichs, auxquels son fil aîné ajoute vingt ducats, soit 1 100 florins, qui viennent compléter les 1 100 de la recette de la soirée. L'orchestre ne peut cacher son admiration, et vient, le concert terminé, donner la sérénade sous les fenêtres de Paganini. Toujours courtois et très sensible aux démonstrations d'amitié de ses confrères, il adresse au chef d'orchestre un lettre toute empreinte d'émotion.

J'avais entendu parler de la perfection avec laquelle votre orchestre jouait les œuvres les plus difficiles, mais la merveilleuse interprétation du superbe opéra de Spontini, dimanche dernier, a suscité en moi la plus grande admiration...

Je dois vous remercier, vous et le premier violon en particulier, mais aussi tous les membres de l'orchestre de Son Altesse Royale. Je dois également vous exprimer ma reconnaissance pour votre sérénade, qui a été pour moi un grand honneur et m'a vraiment enchanté. J'en garderai toujours le plus vif souvenir.

Le 14 septembre, Paganini est de retour à Francfort. Puis, le 16, il se produit au *Reithalle* de Mayence, et le 19 à Mannheim.

Le 21 septembre, il joue à Francfort, le 23, de nouveau, à Mayence et il revient à Francfort, qu'il quitte le 26, à destination de Leipzig, ville avec laquelle il a un compte à régler. Avant son départ, il adresse à tous les habitants de Francfort une lettre pour les remercier de leur hospitalité et de leur fidélité à ses concerts.

Le 29, il s'arrête à Weimar et va immédiatement rendre visite à Gœthe, en compagnie d'Achille et de Curiol.

*

Paganini arrive à Leipzig le 30 septembre. Le premier à se réjouir de sa venue est évidemment Frédéric Wieck, qui note dans son journal :

Le 30 septembre au soir Paganini est arrivé et je vais pouvoir entendre le plus grand de tous les artistes.

Comme s'il voulait prendre sa revanche sur son échec passé, il fait organiser par Curiol pas moins de trois concerts en une semaine. Le lundi 12, il présente une toute nouvelle composition les *Variations* sur *Le Carnaval de Venise* MS 59. Cette œuvre — dédiée à Karl Fradl, violoniste et chef d'orchestre, qui a dirigé un de ses concerts à Vienne — prend pour thème une très célèbre chanson napolitaine *O mamma, mamma cara*. La presse, à l'instar de l'*Allgemeine Musikalische Zeitung*, fait à Paganini un véritable triomphe.

Il sait faire parcourir à ses auditeurs toute la gamme des émotions humaines, tantôt joyeuses et gaies, tantôt émouvantes et nobles ; parfois, il les emporte avec lui dans un tourbillon, parfois, il les laisse ébahis par tant de nouveautés ; le plus souvent, on ne peut qu'admirer les effets sonores produits et la perfection de ses exécutions.

Le 14 octobre, petit aller-retour pour un concert à Hallé, et le 15 nouvelle prestation à Leipzig.

En ces temps de liesse, son état de santé n'est pas apparemment le plus gros souci de Paganini et dans sa lettre à Germi, il ne montre aucune inquiétude à ce sujet.

> *Mon cœur a bondi de joie en voyant ton écriture sur ta chère lettre du 22 venant de Sarzana. N'en crois rien, je suis toujours célibataire et je n'ai ni touché à une femme, ni pris de médicaments depuis plus de deux ans...*
>
> *J'ai donné quelques concerts à Darmstadt et j'ai été couvert d'honneurs par le prince et par le public. Sans arrêt, une foule immense me suivait, les gens guettaient les fenêtres de ma chambre, me donnaient la sérénade, etc., etc.*
>
> *Je pars ce matin pour donner des concerts dans les villes suivantes : demain 17 à Magdebourg, le 20 à Helberstadt, le 23 à Magdebourg, le 25 à Dessau, le 30 à Weimar, le 2 novembre à Erfurt, le 6 à Nuremberg, le 9 et le 11 à Stuttgart, le 13 à Karlsruhe, le 16 à Brunswick...*
>
> *Mon fils Achille, qui parle très bien l'allemand, me sert d'interprète.*
>
> *J'ai écrit le premier mouvement d'un concerto en ré mineur et un adagio en fa dièse mineur... mais ces maudits concerts ne m'ont pas laissé le temps d'écrire le rondo, dont j'ai pourtant trouvé le thème.*

La deuxième phrase de la lettre demande quelques explications. Elle fait allusion à des rumeurs qui courent quant au mariage de Paganini. En août, l'*Allegemeine Musikalische Anzeiger* de Vienne a annoncé les fiançailles de Paganini avec une jeune fille âgée de vingt et un ans, dont le nom n'est pas cité, mais que l'on dit très amoureuse de lui et qui apporte 120 000 francs de dot. Bien sûr, il n'y a dans tout cela pas la moindre parcelle de vérité.

Ce qui semble par contre beaucoup plus réel, c'est d'une part la chasteté de Paganini, d'autre part, et extrêmement plus important, le fait que sa santé ne lui cause plus de souci, puisqu'il ne prend plus de médicaments, pas même la funeste cure de Le Roy.

Il parle de plusieurs concerts à Darmstadt, alors que nous n'avons connaissance que d'un seul. Il n'en demeure pas moins qu'il a séjourné dans cette ville du 8 au 13 septembre, ce qui lui donnait amplement le temps de jouer au moins deux fois ; il lui aurait été également possible de se faire entendre à la cour du grand duc Louis Ier. Ce ne sont là que des hypothèses que nul document ne vient corroborer.

Le concerto dont il parle est évidemment le quatrième en ré mineur MS 60, composé d'un *Allegro maestoso*, d'un *Adagio flebile con sentimento*, en fa dièse mineur, et d'un *Rondo galante*, dont le thème rappelle celui de la *Campanella*, le violon répondant à un triangle et non plus à une clochette.

Les concerts annoncés ne sont pas tout à fait ceux qui ont été donnés. En réalité, il joue le 17 octobre à Magdebourg, le 20 à Halbertstadt, puis de nouveau à Magdebourg le 21 et le 24.

*

Pendant que Paganini donne ses concerts, Curiol s'occupe des futurs contrats. Dans sa lettre, datée du 9 octobre et adressée au Directeur de la musique de Dessau, il aborde des problèmes financiers, ce que son employeur n'aurait certainement pas admis, s'il avait été mis au courant.

Je suis certain, cher Monsieur, que vous considérerez comme confidentiel le fait que je me permette d'aborder des questions d'ordre pécuniaire. Je dois dire que j'espère vraiment qu'un concert de Mr. Paganini à Dessau rapportera 100 louis d'or de bénéfice, si la salle et l'orchestre sont mis gracieusement à sa disposition, ainsi qu'il est d'usage dans les grands duchés.

Curiol termine sa lettre en suggérant que le prix des places soit doublé. Toutes ces conditions reçoivent l'agrément du Directeur de la musique de Dessau et le concert est organisé pour le 23 octobre.

Mais, en fonction de l'accueil reçu, Paganini a parfois envie de bouleverser son emploi du temps et de donner un concert supplémentaire non prévu ou au contraire d'abréger son séjour. Et c'est pourquoi, dans l'après-midi du 23, ledit Directeur apprend que Paganini est resté à Magdebourg pour un troisième concert et que sa venue à Dessau est reportée au 26.

Ni le duc Friedrich von Anhalt-Dessau, ni la presse ne lui tiennent rigueur de ce contretemps. Le seul qui paraisse mécontent est Curiol.

Et les concerts continuent. Le 28 octobre à Bernburg et

le 30 à Weimar, fief de Gœthe. On s'en doute, le grand poète fait partie de l'auditoire. Il se dit très troublé par ce prodige et fait part de ses impressions à son ami Zelter(3).

Moi aussi j'ai entendu Paganini... Pour cette colonne de flammes et de nuées, il me manque une base pour définir ce que l'on appelle le plaisir, c'est-à-dire ce qui, pour moi, plane toujours entre le sensuel et l'intellect. J'ai simplement entendu quelque chose de météorique, que je ne peux pas expliquer...

Et Paganini continue son chemin : Erfurt, Rudolstadt, Coburg, Bamberg. Le 9 novembre, il joue à Nuremberg. En lui-même le récital n'a rien de bien mémorable. Le fait le plus important de cette soirée a lieu après le concert : Niccolò est présenté au baron Ludwig Friedrich von Dobeneck et à sa jeune femme Hélène, fille d'un éminent juriste et criminologue, Paul Johann Anselm Feuerbach(4).

Le 12 novembre, Paganini donne un second concert à Nuremberg. Les Dobeneck sont à nouveau dans la salle, et pourtant ils habitent Ansbach, ville distante d'une bonne quarantaine de kilomètres.

Le 16 novembre, il joue à Ratisbonne. Dès la fin du concert, il reprend la route et arrive à Munich en fin de soirée.

*

Comme Leipzig, Munich, capitale du royaume de Bavière, possède une salle exclusivement réservée aux concerts, l'*Odéon*, construite en 1828. L'orchestre de la cour royale comprend soixante-dix musiciens et est dirigé alternativement par Johann Aiblinger et par Joseph Hartmann Stuntz(5), que Paganini a certainement rencontré à Venise ou à Milan.

Paganini donne trois concerts à Munich et, pour chacun d'eux, on ne peut même plus parler de succès, mais de véritable triomphe. Le troisième et dernier, le 25 novembre, a lieu dans une authentique atmosphère de folie. Les portes du théâtre restent ouvertes durant toute la soirée, afin que les personnes qui n'ont pas pu trouver de place dans la salle puissent quand même entendre le génie du violon italien. Toute la famille régnante de Bavière assiste au concert, à l'exception du roi Louis I^{er}(6), souffrant. Toute la presse munichoise rend compte de l'ovation faite au virtuose.

Alors qu'il saluait la loge du prince Karl, qui applaudissait frénétiquement, Stuntz se glissa derrière lui et posa sur sa tête une couronne de lauriers. Cet homme étrange avait l'air d'un empereur romain. Des poèmes descendaient en flottant dans toute la salle. Les larmes perlaient dans les yeux de bien des gens. Paganini embrassa Stuntz et d'autres personnes qui avaient fait cercle autour de lui ; ensuite pleurant et tremblant d'émotion, il salua encore et encore. Profondément ému, et dans un état d'excitation tel qu'il pouvait à peine se contenir, il fendit la foule et s'en alla.

La reine-mère, Fredericke Wilhelmine Caroline de Baden, veuve de Maximilien-Joseph(7) et mère de Louis I°, n'a pas eu à se déplacer pour entendre Paganini, puisqu'elle l'avait fait venir dans sa résidence de Tegernsee, deux jours auparavant, le 23 novembre. Elle lui avait offert une broche sertie de diamants et d'émeraudes. Les paysans des environs, qui ont entendu parler de Paganini, mais n'ont pu se rendre à Munich, se dirigent en masse vers Tegernsee dans l'espoir de le voir et surtout de l'entendre. Et leur attente n'est pas déçue. Les faits sont relatés par tous les journaux allemands.

Au moment où le concert allait commencer, on entendit un grand tumulte au dehors. La reine ayant fait demander la cause de ce bruit, on vint lui dire qu'environ soixante paysans des alentours, ayant appris l'arrivée du célèbre violoniste italien, étaient venus dans l'espoir de l'entendre, et qu'ils demandaient qu'on laissât les fenêtres ouvertes, afin qu'ils puissent jouir de son talent. La bonne reine, toute disposée à leur faire plaisir, fit mieux que leur accorder leur demande, car elle donna l'ordre qu'on les fit entrer dans le salon, où ils ne se firent pas moins remarquer par la manière judicieuse avec laquelle ils témoignaient leur satisfaction, que par la décence de leur tenue.

*

Mais tout n'est pas rose dans la vie quotidienne de Paganini. Ses relations avec Curiol se détériorent. Ce dernier reproche à son patron son manque de rigueur dans le respect de ses engagements : concert annulé (Würzbourg), organisé à son insu (Magdebourg) ou reporté (Dessau). Il prend Aiblinger à témoin et parvient à faire signer à Paganini une note, dans laquelle celui-ci s'engage à se conformer désormais au programme établi par son secrétaire. En marge de la lettre, rédigée par Curiol dans un français tout à fait approximatif et que nous reproduisons fidèlement, ce dernier accepte, moyennant dédommagement, que Paganini ne se rende pas à Stettin.

Je déclare que d'après la Convention contractuelle que Mr. Curiol a établie avec moi, j'ai consenti en

présence de Mr. le Maître de Chapelle Aiblinger que je suis prêt à suivre la route désignée dans le dit contrat du 16 août avec aucune exception.
  Munich, le 27 novembre 1829
  Niccolò Paganini
  Monsieur Curiol consent encore aux vœux de Mr. Paganini en faisant une exemption de Stettin, néanmoins que le premier ne garantisse une somme de deux mille thalers pour deux concerts qui pouvaient avoir lieu dans la dite ville.
  Le duplicata a été remis à Mr. Paganini.

*

Quittant Munich, Paganini arrive à Augsbourg le 28 novembre.

Le 3 décembre, il est à Stuttgart très tôt dans la matinée et participe à une répétition en vue du concert qu'il doit donner dans la soirée.

Certains auteurs ont fait état d'un accident de diligence dont il aurait été victime entre Augsbourg et Stuttgart. Or, on ne trouve nulle trace de cet incident dans la presse locale et Paganini lui-même ne l'a jamais mentionné ni dans sa correspondance, ni lors de ses entretiens avec Schottky.

Quittant Stuttgart le 8 décembre, il arrive à Karlsruhe, le 9.

Le 12 décembre, il écrit à Germi, pour lui faire part de ses gains et de certains projets. Il lui apprend qu'une jeune femme mariée est amoureuse de lui, mais ne cite pas son nom. Autant dire tout de suite qu'il s'agit d'Hélène Dobeneck, rencontrée à Nuremberg.

  Ma musique produit des effets si magiques qu'elle monte à la tête des gens les plus exaltés et les plus cultivés...
  Tu serais étonné si tu voyais les lettres d'une ravissante dame de vingt ans, mariée depuis peu à un baron, et qui voudrait abandonner sa famille pour s'unir à moi pour la vie. Mais comme elle est la fille d'un homme très connu en Allemagne et conseiller intime de S. M., je dois sacrifier le bonheur de la posséder à la religion et à ma gloire. Un jour, je te lirai ses lettres qui te feront pleurer...
  Le succès que remporte les variations que j'ai composées sur la gracieuse canzonetta napolitaine « Mamma, mamma cara » dépasse tout ce que l'on peut imaginer. Moi-même, je ne pourrais pas te le décrire ...
  Demain je pars pour Mannheim où je donnerai un second concert. Je ne rejouerai pas à Francfort...

Paganini ne part pas le lendemain pour Mannheim. Le 14 décembre, il est encore à Karlsruhe, d'où il adresse une autre lettre à Germi. Le 18, il est nommé membre honoraire du Museum.

Ce n'est qu'au soir du 18 décembre qu'il se décide à partir pour donner son concert à Mannheim, le 19. La recette de cette soirée étant très faible, il annule le second récital, qu'il doit donner le 26, ce qui provoque une nouvelle dispute avec Curiol.

Puis, toutes affaires cessantes, il repart rejoindre son Achillino, qu'il a laissé à Francfort et qui est tombé malade. Il n'est donc plus question pour lui de donner de concerts. Ce n'est que lorsque son fils sera rétabli, mi-janvier 1830, qu'il pourra envisager d'aller jouer à Würzbourg le 19 février.

Bien soigné, Achille se remet de son mauvais rhume, ce que son père ne manque pas d'annoncer à Germi.

Francfort, le 11 et 15 février 1830
J'ai fini le concerto en ré mineur et j'en ai commencé un autre en fa dièse mineur, qui sera mon favori, mais je n'aurai pas le temps de le finir, devant encore orchestrer l'autre avant de partir pour Paris, au début du mois prochain du mois.

J'ai écrit également une Sonate avec variations en si bémol majeur pour la corde de sol, que je dois encore orchestrer...

Comment va ma mère ? J'espère apprendre qu'elle est rétablie...

Mercredi 24, je donne un concert au théâtre pour satisfaire ces dames qui n'ont qu'une envie de m'entendre avant que je parte pour Paris. Je partirai au début du mois prochain après avoir orchestré le grand concerto et, j'espère, la sonate sur la corde de sol avec variations sur un thème de Rossini...

Mon adorable Achille est maintenant tout à fait remis de son rhume et t'envoie un tendre baiser.

Cette lettre est une véritable mine de renseignements. Nous apprenons que le *Quatrième Concerto* est terminé même si la partie orchestrale n'est pas encore complètement écrite. De plus, information importante, Paganini a commencé un concerto en fa dièse mineur. Le concerto connu comme le numéro 5, celui qu'il veut réserver pour le public parisien, est écrit en la mineur. Trois solutions sont envisageables : Paganini a modifié la tonalité, avant que l'œuvre ne soit terminée ; il a abandonné ce concerto et a entrepris la composition de celui que nous connaissons comme le cinquième ; il a bel et bien composé un concerto en fa dièse mineur et la partition en a été égarée. C'est du reste cette dernière hypothèse que privilégient Maria Rosa Moretti et Anna Sorrento dans leur *Catalogo tematico delle musiche di Niccolò Paganini*, puisqu'elles inscrivent cet ouvrage sous le numéro 10 dans le chapitre des œuvres perdues.

La Sonate pour la corde de sol est évidemment la *Sonata amorosa galante* en si bémol majeur MS 61 pour violon et orchestre, seule œuvre de ce genre composée en 1830.

*

Les disputes avec Curiol deviennent de plus en plus fréquentes et Paganini cherche à se débarrasser de ce secrétaire, si peu diplomate.

La situation politique n'étant pas des plus fameuses en France, le moment serait très mal choisi pour y entreprendre une tournée de concerts. Il est donc préférable de rester en Allemagne. Mais, avant d'entamer une autre saison, Paganini congédie Curiol, qui n'hésite pas un seul instant à s'adresser aux tribunaux.

Le 16 janvier 1830, Spohr, qui n'a jamais pu entendre Paganini et qui est au courant que ce dernier a décidé de quitter l'Allemagne et de partir pour Paris, lui écrit une lettre, qui est une véritable supplique.

Tous les amateurs de musique de Kassel sont, comme moi-même, inconsolables de ne pouvoir admirer votre immense talent...

Le 19 février, comme prévu depuis janvier, Paganini joue à Würzbourg . Par contre, il annule un concert organisé par Curiol à Aschaffenbourg et revient à Francfort, où il se produit le 24.

Paganini demeure à Francfort jusqu'au 10 mai et y donne trois autres concerts, dont deux sont marqués par un événement important.

Le 11 avril, parmi le public, se trouve un étudiant en droit de l'université d'Heidelberg, que sa famille considère comme un pianiste amateur doué, mais qui ne doit, en aucun cas, se destiner à une carrière musicale : Robert Schumann. Et pourtant, le jeune homme — subjugué par ce si exceptionnel virtuose — n'hésite pas à braver les foudres maternelles, à abandonner ses études, pour se consacrer uniquement à la musique. Comme Schubert, il est plus sensible à la poésie des œuvres qu'a la virtuosité. Il écrira plusieurs pièces inspirées par les *Caprices*, son Op. 3 et son

Op. 10, qui portent tous les deux le titre de *Six Études d'après les Caprices de Paganini*. Il réalisera de plus un accompagnement de piano pour les vingt-trois premiers caprices ; celui destiné au vingt-quatrième ne sera jamais été terminé.

Au cours du second concert du mois d'avril, le 26, Paganini crée son *Quatrième concerto*, primitivement destiné au public parisien.

Le 25 avril, il envoie une lettre à Spohr, pour l'informer de son intention de venir jouer à Kassel fin mai et lui demander si le concert peut avoir lieu au théâtre. L'Électeur ayant donné son accord, Spohr informe Paganini des conditions financières et lui fixe les dates retenues pour deux concerts : les 25 et 30 mai.

L'itinéraire, qu'il emprunte pour parvenir à Kassel, n'est pas le plus court, loin s'en faut. Il a le temps et il en profite pour aller jouer à Coblence, à Bonn, à Cologne, à Düsseldorf et enfin à Elberfeld le 20 et le 22 mai.

Mais le second concert à Elberfeld n'était pas prévu ; Paganini a décidé de l'organiser au dernier moment pour remercier les habitants de la ville de leur excellent accueil.

L'inconvénient c'est qu'il y a plus de cent cinquante kilomètres entre Elberfeld et Kassel, et que, se mettant en route le 23 au matin, il n'arrive à destination que le 25, c'est-à-dire le jour même du premier concert. Spohr, qui ne voit pas arriver Paganini, ne peut donner à l'événement toute la publicité désirée, et le concert a lieu dans une salle au trois quarts vide. La recette est loin d'être celle escomptée : 351 florins.

Paganini, le 26, adresse une lettre à Spohr et lui demande d'annuler le second concert.

> *Le produit du concert d'hier soir se monte à peine à la moitié des 1 500 florins, garantis dans la lettre d'invitation que vous m'avez adressée à Francfort. Je vous prie, en conséquence, de m'excuser pour le second, qui devait avoir lieu dimanche prochain, le 30, car il semble que l'on se soucie peu des artistes étrangers dans la ville...*

L'Electeur, mis au courant, choisit de lui céder la totalité de la recette du second concert, si l'illustre virtuose veut bien revenir sur sa décision, ce à quoi Spohr va s'employer. La réponse de Paganini, parti jouer à Göttingen, ne se fait pas attendre.

> *J'ai beaucoup apprécié le contenu de votre lettre, votre grandeur d'âme, l'insigne faveur du Directoire,*

> *l'accueil d'un public aussi indulgent, et surtout le grand honneur dispensé par Son Altesse Royale. J'aurai donc le plaisir de revoir votre bonne ville de Kassel... Je tâcherai d'être aussi bon que possible pour vous remercier de la grande générosité, dont vous faites preuve envers votre dévoué serviteur.*

Le 29, Paganini participe à la répétition et se montre très satisfait de l'orchestre, dirigé par Spohr lui-même. Le 30 au soir, le succès est immense ; la recette est cette fois-ci plus que convenable, puisque l'Electeur rajoute deux cent cinquante florins aux huit cent soixante produits par le concert.

Spohr, dans une lettre à un ami, parle du passage de Paganini à Kassel, avec la même réserve qu'il a toujours marquée pour son confrère italien.

> *J'ai écouté Paganini avec le plus grand intérêt lors de ses deux concerts à Kassel. Sa main gauche, la pureté de son intonation et sa corde de sol sont absolument admirables. Ses œuvres et son interprétation sont un étrange mélange de génie consommé, d'enfantillage, de manque de goût, si bien qu'on est, à la fois, charmé et rebuté. Pour ma part, l'impression globale, surtout après plusieurs auditions, n'est nullement satisfaisante et je n'ai pas l'intention de l'entendre une fois de plus.*
>
> *Durant les congés de Pentecôte, je l'ai invité à Wilhelmshöhe et il y a été de très bonne humeur, presque exubérant. Le soir, mon « Faust » y a été représenté ; il l'entendait pour la première fois et parut énormément intéressé.*

*

Le 1er juin, Paganini quitte Kassel et arrive à Hanovre le lendemain. A peine descendu de la diligence, il fait la connaissance de George Harrys.

Ce dernier, malgré ce que pourrait laisser penser son patronyme, n'est pas britannique. Il est né à Hanovre en 1780 dans une famille juive. Orphelin très tôt, il a été envoyé en France pour poursuivre ses études. Marié en 1805 à la fille d'un chirurgien, il s'engage dans l'armée et parvient au grade d'Inspecteur des Hôpitaux militaires. A 36 ans, il est admis à faire valoir ses droits à la retraite, se consacre à la littérature et fonde un journal.

Le 7 juin, Paganini signe un contrat, engageant Harrys comme secrétaire pour une période de trois semaines. Il lui réserve, à titre d'émoluments, deux pour cent sur les recettes nettes des concerts. Tous les frais de voyage seront à la charge de Paganini.

Ces formalités étant réglées, ils quittent Hanovre, s'arrêtent à Celle et, le 11 juin, ils arrivent à Hambourg, où ils séjournent jusqu'au 29 juin.

Les deux hommes se rendent ensuite à Brunswick, où Paganini doit jouer les 1ᵉʳ et 6 juillet, dans un théâtre complètement rénové et agrandi.

L'orchestre, qui compte une trentaine de musiciens, est dirigé par Gottlieb Wiedebein(8). Le plus amusant est que les premiers pupitres des cordes sont tous occupés par des membres d'une certaine famille Müller : Carl Friedrich premier violon, Franz Ferdinand premier alto, August Theodor premier violoncelle. Pour former le Quatuor Müller, leur frère Theodor Heinrich, second violon de l'orchestre, vient se joindre à eux. Ils ont tous eu pour professeur leur père, Christoph Müller, qui a été lui aussi violoniste de l'orchestre de Brunswick. Berlioz compta jusqu'à 7 membres de cette famille Müller dans l'orchestre.

Le 2 juillet, comme prévu par contrat, Harrys quitte Paganini.

*

Paganini part de Brunswick, passe par Francfort, pour aller chercher Achille et s'en va avec lui à Ems, pour une cure thermale, ce qui ne l'empêche pas d'y donner un concert le 24 juillet.

Puis, il s'en va jouer le 26 à Wiesbaden et le 27 rejoint Francfort, où il ne reste que quelques jours, car il veut suivre une autre cure thermale à Baden-Baden.

A peine arrivé à destination, il écrit à Germi.

Baden-Baden, le 4 Août 1830
Je suis ici pour suivre une cure thermale conseillée par le célèbre professeur Himly de Göttingen et j'y resterai tout le mois de septembre ; puis je passerai par la Hollande pour rejoindre Paris où je séjournerai tout l'hiver, en espérant que mes ennuis de santé seront terminés...

Mon Achille va bien...

J'aimerais qu'en une ligne tu me parles du « délice », que tu comptes acheter pour moi ou nous, et sache d'ores et déjà que je suivrai tous les conseils que tu me donneras en la matière...

Je te parlerai une autre fois de mes affaires de cœur.

Après une année de tournée exténuante, Niccolò va s'accorder deux mois de repos complet, hormis un récital au théâtre de Baden-Baden, le dimanche 8 août. Le prochain concert ne sera donné que début novembre.

S'il a très vite délaissé Ems, peut-être parce qu'il s'y ennuyait, il n'en est pas de même à Baden-Baden, où son emploi du temps est très chargé ; les soins quotidiens lui prennent une bonne partie de ses journées et le reste du temps est occupé par les jeux au casino, les réceptions, les concerts, les opéras et les séances de musique de chambre avec des amis.

L'argent gagné depuis deux ans et demi va servir en partie à l'acquisition d'un *délice*, une résidence dans laquelle il rêve déjà de se retirer lorsqu'il rentrera en Italie. Germi, depuis quelque temps, négocie l'achat d'une propriété à proximité de Parme, appelée villa *Gajone*, et dont l'actuel propriétaire le comte Castellinard veut se débarrasser pour renflouer une fortune qui s'étiole.

« Je te parlerai une autre fois de mes affaires de cœur ». Il y a bel et bien affaires de cœur. Une tocade sans lendemain et certainement sans importance, « trop jeune et trop belle » jeune fille de Francfort, dont nous ignorons le nom, et puis une plus triste histoire, dont la victime — car hélas, victime il y aura — s'appelle Hélène von Dobeneck. Dans la lettre qu'elle lui écrit en août 1830, on sent, à chaque ligne, la passion de cette femme pour celui qui est devenu son seigneur et maître.

Ansbach, le 7 Août 1830
Mon très cher Niccolò
Les jours, les heures s'écoulent ; craintive, j'en compte les minutes, m'abandonnant à l'espérance que, du moins la prochaine, puisse m'amener quelques lignes de votre main, mais c'est bien en vain que j'attends. Oh mon âme, puisse-je vous ouvrir ce cœur, vous dire ce que je sens pour vous. Ne me croyez pas trop faible femme, hélas, mille fois je me reproche comme grand péché les sentiments que je vous porte, mais comment s'y opposer ? Effacer votre image, quelle peine superflue ! Fuir Niccolò ce serait fuir la vie. Sans lui il faut mourir !

C'est dans toutes mes occupations que se mêle la pensée à votre adorable personne, que je brode, que je chante ou parle : oui, même dormante je suis auprès de vous, mais vous ne me rendez pas toujours heureuse, souvent les doutes les plus terribles me poursuivent et je pleure comme une pauvre enfant, quoiqu'il y a des heures où je suis très gaie, je plaisante alors, je ne suis plus la même, et ce sont là des heures où j'ose m'imaginer : il pense à moi ! Que vous savez bien me dominer, que je suis votre prisonnière pour toujours ! Bientôt le temps de ma liberté ira s'envoler ; mon mari reviendra et l'oiseau retournera dans sa cage. Mais ne pensez pas sur cette plainte que j'ai usé de ma liberté, fréquentant la société, la promenade ou les plaisirs de l'été. Non, mon ami, je ne goûtais rien de cela, toujours je choisis les promenades, où je ne trouvais nulle personne, jamais je ne sortais de chez moi sans être accompagnée toujours, et ainsi je pense avoir bien suivis (sic) *les règles donnés* (sic) *de mon mari.*

Mais, divine (sic) *cher Niccolò, de quelle manière pourtant j'ai employé ma liberté si délicieuse ? Eh bien ! Au lieu de dormir je chantais et jour et nuit, je pensais à vous, trop adoré ami. Niccolò et la musique, voilà les deux charmes de ma vie ; je suis assurée de la fidélité de la dernière, mais pour le premier, pour ce Niccolò ?*

J'apprends que vous vous servez des eaux de Baden-Baden. Comment les trouvez-vous ? Votre santé vaut-il (sic) *mieux ? Les plaisirs de ce charmant lieu Baden-Baden n'iront-ils point m'effacer de votre mémoire ? Pardonnez si certaine ami* (sic) *s'inquiète, mais pensez aussi, cher Niccolò, que quelque part on est si cruel, si méchant à ne point vouloir même tracer le moindre petit mot affable, quoique ce petit mot puisse avoir la force à détruire dans une âme crainte et ratie* (?) *ces tourments de l'enfer.*

Vous vous amusez et moi, je me meurs, vous oubliez et moi je ne fais que conserver le plus fidèlement votre chère image. Quelle grande différence dans les humeurs ! Sympathie, divine sympathie, c'est toi maintenant que j'implore ; va le trouver cet homme qui oublie, va, je t'en conjure, entoure le des plaisirs les plus bruyants. Il ignore peut-être qu'il ait jamais été une pauvre Hélène au monde ; approche donc toi (pour) *lui faire sentir un des mille soupirs que renferme un cœur malheureux mais fidel* (sic) *jusqu'au tombeau. Mon Niccolò, pourquoi ce long et terrible silence ? Je ne veux vous prier de m'écrir* (sic) *; que votre cœur vous dicte bientôt quelques lignes et si même je ne les devais qu'à l'aide de la sympathie, je m'en contenterais, je veux retrouver le repos tant que je puis.*

Je vous ai adressé plusieurs lettres mais encore la réponse me manque aussi le portrait... mais silence je suis accoutumée à me taire et encore plus à souffrir. Cependant n'attendez point que je vous oublie, je ne tiens vos traits en peinture ; la gravure de l'amour est plus durable que toutes les couleurs du monde. Dans ma lettre envoyée à Francfort, je vous ai proposé de venir me voir ; malgré cela vous continuez à observer votre silence diplomatique sans songer combien il a déjà rendu malheureux ; je ne puis croire que cela soit votre dessein. Vous vous êtes amusé aux eaux d'Ems, de Visbad, à Francfort, le tems (sic) *vous vole, et c'est bien naturel que l'on trouve ennuyeux qu'une plume doit* (sic) *être le rapporteur entre deux âmes séparées, tandis que la présence vous offre partout des conversations agréables et cela de vive voix...*

Je vous excuse sans cesse, mais malgré cela je ne puis trouver quelque repos. Je vais vous dire maintenant mille tendres adieux, mon très cher ami ! Ne voulant trop abuser de votre patience je termine cette lettre sans pouvoir terminer (sic) *la vivacité de mes sentiments qui continuellement vous cherche* (sic). *Amusez-vous beaucoup, pourvu qu'à travers les distractions de votre vie, la fantaisie vous présente quelque fois l'image de votre plus sincère amie. Eh bien ! Attendons de la sympathie mon assistance ; de Dieu qu'il me soulage en me gardant votre amitié, votre souvenir ; et de Niccolò qui fait espérer encore et NE POINT DESESPERER SON HELENE*

Son amie pour toujours
P.S. Ami ! Mon bien aimé ! Mon Niccolò persistez dans votre silence si vous voulez ma mort. Le désir d'après vous me tue, me consume.

A la lecture de cette lettre — que nous avons retranscrite intégralement avec ses fautes d'orthographe et de grammaire — nous comprenons que les relations entre Paganini et Hélène ne sont pas qu'épistolaires. Où et quand se sont-ils revus après les deux concerts de Nuremberg en novembre 1829 ? Mystère ! Par contre, ce que nous savons, par une lettre à Germi, c'est que les deux amants se rejoignent les 27, 28 et 29 août dans une auberge d'Ansbach. Paganini n'a pu résister aux supplications enflammées et au ton désespéré de cette lettre.

Baden-Baden, le 30 Août 1830
Ta lettre du 11 m'a guéri d'un horrible rhume, qui m'a obligé d'interrompre ma cure thermale, et maintenant il est trop tard pour reprendre...

A Francfort-sur-le-Main, j'ai demandé la main de la plus charmante jeune fille. C'est la fille d'un négociant, pas riche mais aisé. A la réflexion, comme elle est trop jeune et trop belle, et qu'elle n'aime pas la musique, ou tout au moins qu'elle n'a pas la musique dans le sang, elle ne pourrait pas se consacrer entièrement à moi, sauf en faisant semblant, et je me demande si je ne vais pas renoncer à ce projet.

Il vaudrait peut-être mieux que j'épouse quelqu'un d'autre ; la fille d'un célèbre, si ce n'est le plus célèbre juriste d'Allemagne, Monsieur de Feuerbach, chevalier de plusieurs ordres, conseiller particulier du roi de Bavière, et président de la ville d'Ansbach. Elle s'appelle Hélène, elle est baronne parce qu'elle a épousé un baron il y a trois ans, mais pas par amour ; elle est passionnée de musique et chante très bien ; elle est venue à Nuremberg pour m'entendre et a prié son mari de l'emmener à mon second concert. Après m'avoir entendu, vu et parlé, elle s'est tellement éprise de moi qu'elle en est totalement obnubilée et qu'elle préférerait mourir, plutôt que de ne pas m'avoir à elle. Il y a neuf mois que j'ai eu le plaisir de la connaître. Elle est belle et son éducation est celle d'une princesse. Ses lettres — j'en ai plus de vingt-quatre — sont dignes d'être imprimées et beaucoup plus imprégnées d'amour que celles d'Eloïse et Abélard. Elles sont restées à Francfort, et si tu veux les voir, je t'en enverrai des copies.

Cette jeune femme ferait une merveilleuse épouse et excellente mère pour Achille. Lis la lettre ci-jointe qui m'a fait aller à Ansbach, où, pour ne pas être reconnu, je suis arrivé au milieu de la nuit, sans aller jusqu'au relais de poste, mais en descendant en cours de route ; sous un nom d'emprunt et en me faisant passer pour un architecte de Sa Majesté le Roi de Prusse, je suis resté trois jours dans une auberge, sans que personne ne me reconnaisse, aussi étrange que cela puisse paraître ; la baronne est venue m'y rejoindre. J'en suis parti cette nuit pour rentrer à Baden-Baden.

Les sentiments, que me porte cette jeune femme, m'impressionnent tellement que je ne peux que la respecter et l'aimer. Elle a persuadé son père de lui obtenir le divorce, dans l'espoir de devenir ma femme ; elle se déclare prête à renoncer à toute ma fortune et ne veut que ma main !

Qu'en penses-tu ? Il est très difficile de trouver une femme qui m'aime autant qu'Hélène ! Il est vrai que lorsqu'elles entendent ma musique et les vibrations de mes notes elles se mettent toutes à pleurer ; mais je ne suis plus très jeune et je ne suis pas très beau ; en réalité, je suis même devenu très laid. Réfléchis-y et dis-moi ce que tu en penses. Elle raisonne comme elle écrit ; ses propos, sa voix sont très suggestifs. Elle connait la géographie comme moi le violon.

Paganini paraît totalement épris d'Hélène. Il ne doute absolument pas de ses sentiments à elle, mais des siens propres, à tel point qu'il se sent obligé de demander conseil à son ami. Comment celui-ci pourrait-il lui répondre ? Et peut-être parce qu'il est impossible à Germi de lui donner un avis autorisé, « l'affaire de cœur » va tourner au tragique.

Sans avoir, depuis le 29 août, revu son grand amour, Hélène obtient le divorce en novembre. Elle quitte donc Ansbach pour une destination inconnue. Elle réapparaît en 1831 à Paris, élève du grand Manuel Garcia(9). Après un séjour en Irlande, elle revient à Paris, où elle travaille à mettre en musique plusieurs chansons de Béranger(10). Il est à peu près certain que ses allées et venues entre la France et la Grande Bretagne sont pour elle un moyen de ne jamais être trop loin de Paganini. Quand en 1840, elle apprend la mort de son seul et grand amour, elle est victime d'une dépression nerveuse, dont elle ne se remet que très lentement. Elle partage alors son temps entre Zurich et Rome, vivant de leçons de chant et de musique. Reniée par son frère, Ludwig(11), protestant rigoriste, pour s'être convertie au catholicisme, elle est plus ou moins aidée par son neveu, Anselme(12). Après avoir brûlé toutes les lettres de Paganini, dont elle ne se séparait jamais, elle entre dans les ordres et finit ses jours, dans un complet état de dénuement, au sein d'une congrégation religieuse, près de Bâle, en 1890, à l'âge de 81 ans.

*

Fin octobre, revenu à Francfort depuis un mois, Paganini va apprendre deux mauvaises nouvelles. Sa mère, qu'il aime tant, est très malade et son frère Carlo est mort le 15 octobre. Il accorde à sa belle-sœur, qui se retrouve sans ressources, une pension de 240 lires par an et une rente viagère de cent louis.

Il reste à Francfort jusqu'au début de février 1831. Achille est victime d'une épidémie de rougeole, maladie infantile très dangereuse à cette époque, et Paganini ne veut plus quitter son chevet.

Fin janvier, tout est rentré dans l'ordre et il écrit à Germi une lettre, plus que mélancolique, dans laquelle il lui fait part de ses projets à court terme.

> *La disparition de mon pauvre frère, la maladie persistante de ma mère et le fait de n'avoir travaillé que deux mois l'année dernière, tout cela me rend très triste.*
>
> *De plus, j'ai été retardé par la rougeole de mon fils ; mais maintenant qu'il est parfaitement rétabli, je partirai mardi 1ᵉʳ février, et après avoir donné un concert à Karlsruhe et un autre à Strasbourg, j'irai directement à Paris, où je jouerai pour Carême, avant de partir à Londres au printemps.*
>
> *L'époque n'est peut-être pas la mieux choisie, mais la vie étant courte, il ne faut pas perdre de temps. J'espère que le Ciel me donnera le plaisir de te revoir avant de mourir.*

*

Le 8, il franchit la frontière séparant l'Allemagne de la France et se dirige vers Strasbourg.

Il y a seulement deux ans qu'il a quitté l'Italie. Deux ans qui ont suffi pour faire d'un virtuose célèbre, l'artiste le plus connu, le plus attendu, le plus fêté par le public. Deux ans qui lui ont permis d'amasser une jolie fortune ; qui lui ont apporté bien des satisfactions et des joies, mais aussi bien des déceptions et des peines ; qui ont, surtout à cause du surmenage, un peu plus ruiné sa santé ; mais, qui n'ont pas réussi à faire de lui autre chose qu'un homme désespérément seul et toujours en quête de cette « immortelle bien-aimée », que sa nature trop exigeante lui fait repousser aussitôt trouvée.

*

Notes

1. Karl Guhr (1787 - 1848). Violoniste, chef d'orchestre et compositeur allemand. Son concerto op. 15 est sous-titré « *Souvenir de Paganini* ».
2. Louis Iᵉʳ (1753 - 1830). Grand duc de Hesse-Darmstadt de 1806 à 1830. D'abord allié de Napoléon, il rejoignit la coalition en 1813.
3. Carl Friedrich Zelter (1758 - 1832). Compositeur allemand. Professeur de Mendelssohn, Nicolai, Meyerbeer.
4. Paul Johann Anselm Feuerbach (1775 - 1833). Juriste allemand. Auteur du Code pénal bavarois (1813.

5. Joseph Hartmann Stuntz (1793 - 1859). Compositeur et chef d'orchestre allemand. A composé des opéras, de la musique de chambre.
6. Louis Ier de Wittelsbach (1786 - 1868). Roi de Bavière de 1825 à 1848. Sa tumultueuse liaison avec Lola Montez l'obligea à abdiquer.
7. Maximilien Ier Joseph (1756 - 1825). Roi de Bavière de 1806 à 1825.
8. Gottlieb Wiedebein (1779 - 1854). Compositeur allemand. Ami de Beethoven et de Schumann. A composé de la musique de théâtre, des lieder et un oratorio.
9. Manuel Patricio Rodriguez Garcia (1805 - 1906). Ténor espagnol. Frère de Maria Malibran et de Pauline Viardot. Professeur au Conservatoire de Paris, puis à l'Académie Royale de Musique de Londres.
10. Pierre Jean de Béranger (1780 - 1857). Chansonnier français. Auteur de chansons populaires évoquant l'épopée napoléonienne ou consacrées aux gens du peuple.
11. Ludwig Feuerbach (1804 - 1872). Fils de Paul Johann Anselm. Philosophe. Il se détacha de la théorie hégélienne et se rallia au matérialisme (*L'essence du christianisme*, 1841).
12. Anselm Feuerbach (1829 - 1880). Peintre. Petit fils de Paul Johann Anselm.

Chapitre 17

« Paris, où l'on m'attend impatiemment... »
(février - mai 1831)

Le mercredi 9 février 1831, Paganini arrive à Strasbourg, où il donne son premier concert le 13. Le succès remporté est considérable, en dépit des malaises dont est victime le violoniste, qui doit interrompre, à plusieurs reprises, sa prestation. Le surlendemain, il est à nouveau sur scène. La fatigue semble s'être dissipée, puisqu'aucun problème de santé n'est à déplorer.

Mieux vaut pour lui ne pas trop se presser pour arriver à Paris. En effet, une insurrection vient de s'y produire et il y a tout lieu de croire que si Paganini avait été informé de ces incidents, il aurait, sans aucune hésitation, renoncé à son projet.

Le 14 février, une manifestation anti-légitimiste veut empêcher un office à la mémoire du duc de Berry, célébré à Saint-Germain l'Auxerrois. Le rassemblement populaire dégénère en saccage, à la suite de quoi, l'église, rendue impropre au culte, sera convertie en mairie pendant six ans. Les émeutiers, non contents de leur premier exploit, s'en prendront le lendemain à l'archevêché, situé, à cette époque, entre la Cathédrale Notre-Dame et la Seine.

Les journaux parisiens qui parlent de l'émeute, ne seront pas distribués à Strasbourg avant le 19 février, jour choisi par Paganini pour reprendre la route et se diriger vers Paris. Avant son départ, il prend le temps de donner de ses nouvelles à Germi.

Strasbourg, le 19 Février 1831
Je ne puis te donner une idée de la cordialité des amateurs de Strasbourg : pour que je ne sois pas volé à mes deux concerts donnés en ce théâtre, plusieurs amateurs millionnaires se sont postés à la caisse pour vendre les billets d'entrée, surveiller et compter la recette exacte...

Je pars dans une demi heure pour Paris, où l'on m'attend impatiemment. Je t'écrirai à mon arrivée. Comment vas-tu ? Comment va ma mère ?

J'ai oublié de te dire que, non seulement à mon premier concert, mais également à mon second, on m'a couronné de lauriers sur la scène. Je garde une des couronnes, très joliment faites par deux des plus charmantes jeunes filles, harpistes amateurs, et je la

poserai sur la tête de mon ami Germi, quand j'aurai le plaisir de l'embrasser...
   Ce que j'ai lu à mon sujet par l'auteur G. Imbert de Laphalèque, Paris, E. Guyot Éditeur, m'a plu. Lis-le...

*

« Le plus étonnant violoniste de l'époque actuelle » arrive donc dans la capitale française le jeudi 24 février. Le soir même, oubliant la fatigue du voyage, il s'empresse d'aller applaudir la Malibran, qui triomphe, au théâtre des Italiens, dans l'*Otello* de Rossini.

Paganini connaît à Paris énormément de monde, en particulier dans le milieu musical : Paër, Meyerbeer, Cherubini(1), Rossini, Blangini, Kreutzer, Lafont, l'éditeur Pacini. Pour le soigner, le cas échéant, il disposera sur place du docteur Bennati, déjà rencontré à Pavie et à Vienne. Toutes ces relations vont lui être d'un grand secours et vont lui apporter une aide efficace et désintéressée. Car, ici comme dans toutes les grandes métropoles européennes, Paganini, à son arrivée, est confronté à deux problèmes : trouver une salle disponible et se faire accompagner par un orchestre digne de ce nom.

Le 27 février il assiste à un concert, au cours duquel l'orchestre de la Société des Concerts du Conservatoire, dirigé par Habeneck, interprète la *Symphonie en ut mineur* de Beethoven. A de partir de ce moment, la cause est entendue, seuls ce chef et cet ensemble peuvent lui assurer un accompagnement satisfaisant lors de son premier concert.

Cette question étant réglée, il reste encore à dénicher une salle de concert ; or, il n'en existe que deux à Paris : celle de la rue de Cléry et celle du Conservatoire, beaucoup trop petites pour un tel événement.

*

C'est sur l'Académie Royale de Musique, autrement dit l'Opéra, que Paganini va porter son choix. Mais, les obstacles à franchir sont nombreux avant de pouvoir en disposer et il aura bien besoin, pour arriver à ses fins, de tous ses amis et de leur influence.

L'Opéra est en pleine réorganisation et aucun contrat ne peut être signé tant que le nouveau directeur n'aura pas été nommé. Un nouvel administrateur entre en fonction début mars 1831. Il s'agit de Louis Véron, archétype du bourgeois issu de la révolution de 1830, ce dont il est très fier ; aux six volumes de ses souvenirs, il donnera pour titre « Mémoires d'un Bourgeois de Paris ».

Fils d'un papetier de la rue du Bac, Véron est né avec « la

bosse du commerce ». Il mène à bien des études de médecine et exerce, mais sans réelle vocation. Un de ses amis, pharmacien de la rue Caumartin, meurt en 1824 ; sa veuve communique à Véron la formule d'une pâte pectorale, que son mari avait mise au point. Véron se lance dans la fabrication et la vente du produit, en ayant recours à une technique rarement utilisée jusqu'alors : la publicité dans les journaux. Sa fortune est faite. Il se fait, ainsi, de nombreuses et puissantes relations dans la presse.

C'est donc à cet homme-là, qui, fait étrange, n'entend rien à la musique, que va être confiée pour six ans la destinée de cette grande maison. Mais, Véron n'a pas besoin d'être un mélomane averti pour comprendre que, le public va changer et que les goûts vont se modifier. La préférence va aux compositeurs tels que Rossini, Spontini, Cherubini, Auber. Toutes les outrances de l'italianisme sont acceptées sans difficulté. Ce que l'on aime, c'est la mélodie pure, légère, facile à retenir. Dans ces conditions, qui trouver mieux que le grand violoniste italien pour inaugurer le tout nouveau contrat de Véron ?

*

En attendant que l'Académie Royale de Musique soit disponible, Paër organise, pour le 2 mars, une réception chez le roi au Palais Royal. Mais Paganini, malade, doit se décommander.

Le 4 mars, grâce à l'entremise de Rossini, le contrat est signé entre Paganini et Véron. Le document prévoit une série de concerts sur cinq semaines, le mercredi et le dimanche, le prix des places étant doublé. Pour le concert du dimanche, la recette reviendra en totalité à Paganini, à charge pour lui de payer les frais d'éclairage, de chauffage, de gardiennage, d'affichage, de droits d'auteur ; pour celui du mercredi, tous ces frais seront à la charge de la direction de l'Opéra, qui aura droit à un tiers de la recette, si celle-ci est égale ou inférieure à dix huit mille francs, et un quart du surplus si la recette excède ce chiffre.

La date du premier concert est fixée au 9 mars. La location à peine ouverte, le public se précipite et, passé le lundi 7, obtenir une place tient du miracle.

Pour le grand soir tant attendu des Parisiens, l'Académie Royale de Musique fait salle comble. Parmi l'auditoire on peut remarquer toutes les plus grandes célébrités du monde des lettres, des arts et de la finance : Théophile Gauthier, Heinrich Heine, Jules Janin(2), Alfred de Musset, Charles Nodier(3), Sainte-Beuve, George Sand, Alfred de Vigny,

Eugène Delacroix, Baillot, de Bériot(4), Castil-Blaze(5), Cherubini, Donizetti, Meyerbeer, Pacini, Rossini.

La presse, dans les jours qui suivent le concert, est unanime : Paganini est un véritable génie, qu'on ne peut comparer à aucun autre violoniste.

Le premier à rendre compte de cette soirée mémorable est, naturellement, Fétis dans la *Revue musicale*, suivi peu après par Castil-Blaze, qui dans son « feuilleton » du *Journal des Débats*, commence son analyse, en parodiant, de façon très amusante, Mme de Sévigné, annonçant à sa fille le mariage de la Grande Demoiselle et du duc de Lauzun.

C'est la chose la plus étonnante, la plus surprenante, la plus merveilleuse, la plus miraculeuse, la plus triomphante, la plus étourdissante, la plus inouïe, la plus singulière, la plus extraordinaire, la plus incroyable, la plus imprévue... — Mais il me semble que Madame de Sévigné... — Qu'importe ; pourquoi donc, profitant de l'avantage d'être née cent cinquante ans avant moi, s'est-elle avisée de gaspiller ma phrase ? Et pour quel usage, bon Dieu ! Pour annoncer le mariage d'une haute princesse avec un petit cadet de Gascogne ou d'Auvergne ! Voyez le beau miracle ! Marier le Grand Turc avec la République de Venise, une carpe avec un lapin serait chose étrange sans doute, mais ne justifierait pas la bordée éloquente et vive de Madame de Sévigné auprès de ceux qui ont entendu Paganini.

Le chroniqueur de *La Revue de Paris* insiste sur le caractère incomparable du jeu et des œuvres du violoniste. Comme celui du *Journal des Débats*, il termine son exposé en exhortant ses lecteurs à ne surtout pas hésiter, une seule seconde, à aller entendre le « grand homme ».

Malheur à ceux qui l'auront laissé passer sans l'entendre ! Le génie est-il donc si commun que l'on ne coure pas là où l'on vous assure que vous le rencontrerez à l'œuvre ?... Notre pauvre vie humaine est-elle donc si riche en vives sensations que l'on se refuse à courir au-devant d'une émotion, à coup sûr et toute faite ?... Paganini, en un mot, pourrait s'appeler un grand homme. Des grands hommes ! Dites-moi, en avez-vous beaucoup vu ?

Il faut bien qu'au dessus de ce concert d'éloges unanimes une voix discordante s'élève : celle d'un certain Alexandre Guibal du Rivage(6), qui se présente comme « Professeur (ad honores) de violon, d'harmonie et de composition ; homme de lettres, compositeur de musique, et membre de plusieurs sociétés académiques » et qui fait paraître une notice qu'il intitule modestement « Réflexions d'un artiste sur le talent de Paganini ». Maniant l'ironie avec une redoutable efficacité, il répond aux rédacteurs de différents journaux, avant de s'en prendre directement à celui qu'il considère comme un rival de ses dieux : Baillot et de Bériot.

Mais, il existe une question de fond que ce défenseur du violon français nous oblige à poser : peut-on juger le génie de Paganini à l'aune de celui d'un Baillot ou d'un de Bériot ? Pour y répondre, il suffit peut-être de savoir ce que les idoles de notre pamphlétaire, ont pensé de leur confrère.

La correspondance de Baillot aurait, sans aucun doute, étonné le « professeur (ad honores) de violon... ». Le 20 mars 1831, le grand violoniste français écrit à l'un de ses amis :

Je vais ce soir au troisième concert de Paganini. C'est un talent admirable, vraiment prodigieux, un phénomène en musique, faisant des choses nouvelles avec une facilité et une perfection dont rien ne peut donner une juste idée. Le compte-rendu de son concert dans la Revue musicale du 12 mars me paraît excellent. Venez l'entendre et vous ne regretterez pas le voyage. N'attendez pas de moi une critique, je ne puis rien voir en ce moment que ses éminentes qualités, justesse à toutes épreuve, aplomb que je ne puis comparer qu'à celui de Viotti, netteté et facilité inouïes, tout cela joint à beaucoup de chaleur, de sentiment et d'originalité : voilà Paganini.

Le 20 Avril de la même année, après le dixième concert de Paganini à Paris, le jugement est toujours aussi flatteur.

Il y a de bien bonnes et estimables choses dans le grand talent qui est aujourd'hui l'objet de l'admiration générale, mais parce qu'il y en a d'autres qui ne sont pas dans la même religion, il faut nous tenir en garde contre notre propre jugement et ne pas condamner ce que nous n'aimons pas. Son originalité est un des dons les plus précieux qu'un artiste puisse recevoir en naissant. Le pouvoir d'entraîner la multitude est également respectable puisqu'il tient au secret d'émouvoir. En cela il a quelque chose de divin.

Quant à de Bériot, lui, à la Malibran, qui lui demandait son opinion sur Paganini, il aurait répondu :

Ah ! Madame, c'est miraculeux, inconcevable, ne m'en parlez pas, car il y a de quoi rendre fou !

Mais, il n'y a pas que de grandes personnalités des arts,

des lettres et de la finance à assister à ce premier concert de Paganini ; et, il n'y a pas que des violonistes. Parmi l'auditoire, se trouve un jeune pianiste de vingt ans, qui a déjà fait beaucoup parler de lui, mais qui traverse une grave crise : Franz Liszt.

Malade, lorsque Paganini arrive à Paris, il vit, depuis plus d'un an, pratiquement cloîtré dans un petit appartement de la rue Montholon, soigné par sa mère. On l'a même cru mort et un article nécrologique est paru dans la presse. Deux événements ont gravement compromis l'équilibre psychologique du jeune homme. D'abord, son père est mort quelques années auparavant et, à seize ans, il a dû assumer la lourde tâche de soutien de famille. Ensuite, il est tombé amoureux d'une de ses élèves, Caroline de Saint-Cricq, fille du ministre du Commerce et des Manufactures, et celle-ci répondait à son amour ; mais, le comte a interdit sa porte au pauvre pianiste. La musique n'est plus désormais pour lui qu'un moyen de gagner sa vie et celle de sa mère. C'est alors qu'apparaît Paganini ; à partir de ce moment, le jeune Franz n'a plus qu'une obsession : arracher au piano ses secrets — comme Paganini l'a fait avec son violon — aussi rebelles puissent-ils être. Il lui faut, à n'importe quel prix, devenir le Paganini du piano. A l'un des ses premiers élèves, Pierre Wolf, il écrit :

Mon esprit et mes doigts travaillent comme deux damnés... Ah ! pourvu que je ne devienne pas fou, tu retrouveras un artiste en moi. Oui, un artiste tel que tu les demandes, tel qu'il en faut aujourd'hui. « Et moi aussi je suis peintre », s'écria Michel-Ange la première fois qu'il vit un chef d'œuvre... Quoique petit et pauvre, ton ami ne cesse de répéter ces paroles d'un grand homme depuis le dernier concert de Paganini.

Si pour Franz Liszt, on n'entendra jamais un second Paganini, il n'est pas question qu'il existe non plus un deuxième Liszt.

*

Le dimanche 13 mars, Paganini donne son deuxième concert à l'Académie Royale de Musique.

Les mêmes rédacteurs des mêmes journaux reprenant en chœur les mêmes louanges, sauf *Le Courrier des théâtres*, qui commence un lent travail de sape, en appliquant une stratégie, qui a fait depuis longtemps ses preuves : « *In cauda venenum* », d'abord flatter, ensuite lancer la flèche blessante.

Tout cela n'offre pas un plaisir complet, à l'égal de celui que nous recevons des artistes dont nous avons, plus haut, cité les noms à tant de titres honorés, et c'est précisément par ces motifs que nous préférons et préférerons toujours nos bien aimés compatriotes.

Paganini ne revient pas à l'Opéra le mercredi 16 mars, ainsi que le prévoit son contrat. Ce soir-là, cas de force majeur, il est invité au Palais Royal par Louis-Philippe, qui ne tient aucunement rigueur au violoniste de sa défection du 2 mars.

*

Le troisième concert a donc lieu le dimanche 20 mars. Paganini interprète, entre autres œuvres, le *Concerto N° 4 en ré mineur* MS 60, « composé exprès pour Paris », précise l'affiche, bien qu'il ait été créé le 26 avril 1830 à Francfort.

Infatigablement, Paganini poursuit sa série de concerts. Le 23 mars, il en est déjà à son quatrième, toujours dans la salle de l'Opéra. Il met, ce soir-là, à son programme un concerto de Rode, certainement pour faire plaisir à son auditoire parisien. Son style, dans des œuvres qui ne sont pas écrites par lui, n'est guère apprécié, ni du grand public, ni de certains spécialistes.

Hier il a voulu exécuter le concerto de Rode en ré mineur. En ma qualité de Français, je suis sensible à cet hommage rendu à un artiste dont le souvenir nous est cher. Mais faut-il le dire ? Il n'a été ni Rode, ni Paganini. Si j'osais le regarder en face, je lui dirais : « Esprit mystérieux, mortel, ange ou démon, qui que tu sois enfin, reste ce que tu es ». [Joseph d'Ortigue(7)]

Le 27 mars, les mélomanes parisiens, qui ont pu se procurer une place, retournent à l'Opéra.

Le vendredi 1ᵉʳ avril, c'est-à-dire trois semaines après ses débuts à Paris, Paganini en est à sa sixième prestation. A partir de maintenant, ses concerts ne seront plus donnés le mercredi et le dimanche, mais le vendredi et le dimanche.

Le surlendemain, dimanche 3 avril, Paganini donne son premier « dernier » concert. L'affiche ne laisse aucun doute : « Dernier Concert dans lequel on entendra M. Paganini ». Ce n'est pas encore le « Tout dernier » ou « L'ultime », comme on le verra annoncé successivement à Londres, et donc Paganini pourra se permettre de se produire encore quatre autres fois avant de faire, pour l'année 1831, ses véritables adieux à Paris.

Le jour même du concert, le *Courrier des théâtres* passeà l'attaque, s'en prenant à Paganini, d'abord, puis à tous les musiciens étrangers, ensuite, surtout les artistes italiens, Rossini en tête.

M. Raffle, en italien « il signor Paganini », donne ce soir son dernier concert à l'Opéra. En général, nous voudrions que l'on en terminât avec les étrangers, avec ces artistes envers lesquels nous aimons beaucoup à exercer les saints devoirs de l'hospitalité, mais alors que l'état des choses le permet. L'instant actuel n'est pas favorable au culte de cette vertu... Des temps plus heureux viendront sans doute... Mais jusque là, nous devons nous presser les uns contre les autres, tant pour acquérir la force du faisceau, que pour protéger ceux qui vont se dévouer à notre résurrection. Là, il n'y a point de place pour les étrangers. Ils reviendront après. Ce jour n'étant pas venu, ils nous permettront de penser aux nôtres et de désirer, dans le genre musical, par exemple, que M. Rossini, M. Paganini et tous les « i » d'au-delà des Alpes nous laissent un peu reposer de leur présence...

Le 6 avril, Paganini, qui se sent bien, écrit à son ami Germi, qu'il a peu délaissé tous ces temps-ci, la dernière lettre connue datant du 19 février.

Te donner une idée de mon triomphe à Paris est impossible...

A Laporte, impresario du Théâtre de Londres, qui est venu ici, exprès pour moi, j'ai promis, par un contrat fait avant-hier, de commencer mes concerts au début du mois prochain, et d'en donner au moins huit en six semaines. Quand la saison sera terminée, j'irai en Ecosse et en Irlande, puis je serai probablement de retour ici en octobre ou novembre afin de satisfaire dans la mesure du possible au désir de ceux qui n'ont pas pu m'entendre...

Un tel succès en autant de concerts, les uns après les autres, est surprenant en cette époque de morosité.

Si j'étais venu l'an dernier, j'aurais pu encaisser un million...

Qu'as-tu à me dire au sujet de la Delizia ? Combien va-t-elle coûter ?

Achille va bien. Il faut que je te remercie de toutes les attentions que tu as pour ma mère qui, je l'espère, profite du climat printanier et apprécie tout ce que tu fais pour son rétablissement ; si l'air de la campagne peut être bon pour elle, nous pouvons, par exemple, lui acheter une jolie petite maison quelque part...

De plus en plus, Paganini montre son désir de posséder une grande propriété, où il pourra se retirer et, enfin, profiter de sa fortune. Il ne montre encore aucune lassitude pour cette existence de perpétuel errant et c'est bien ainsi, car il n'est au bout ni de ses fatigues, ni de ses peines. En effet, les jaloux, les malveillants, les calomniateurs lui feront, dès à présent, constamment cortège. Il se voit, par exemple, traîné dans la boue par certains journaux pour avoir refusé de jouer au bal, donné annuellement à l'Opéra au profit de la garde nationale. Fétis mettra fin à cette pitoyable querelle en publiant, dans la *Revue musicale*, le commentaire suivant.

C'est une idée fort malheureuse que celle de faire exécuter par un artiste tel que Paganini un ou plusieurs morceaux dans une salle disposée pour un bal, et au milieu d'un public rassemblé pour danser. Elle n'a pu naître que dans la tête d'hommes absolument étrangers à la musique. La résolution prise par le virtuose est plus convenable sous le rapport du respect qu'il doit à son talent, et plus digne de sa philanthropie.

Une bataille a été gagnée, mais la guerre est unilatéralement déclarée par les adversaires de Paganini, et ceux-ci n'en resteront pas là.

*

C'est le vendredi 8 avril que nous retrouvons Paganini sur la scène de l'Opéra. Le précédent concert ayant été annoncé comme le dernier, il faut tenter d'expliquer pourquoi l'artiste se présente à nouveau devant le public. L'affiche est donc ainsi rédigée : « Représentation redemandée dans laquelle on entendra M. Paganini ».

A cause du bal de la garde nationale, pas de concert le dimanche 10 avril ; Paganini ne revient que le vendredi 15.

Le 16 avril, simple entrefilet dans le *Moniteur universel* :

M. Paganini donne demain dimanche, à l'Académie royale de musique, un grand concert dont le produit est destiné au soulagement des indigents.

Ce concert de charité, que beaucoup de ses détracteurs avaient reproché à Paganini de ne pas avoir encore donné, a lieu le dimanche 17 avril.

Dans son numéro du 3 mai, *Le Moniteur universel* indique le montant exact de la recette et la répartition faite parmi les diverses œuvres de charité.

Le concert donné par M. Paganini à l'Académie Royale de Musique, au bénéfice des indigents, le dimanche 17 Avril, a produit une recette de frs. 6 105.

Sur cette somme, il a fallu déduire :

1/ 3 000 francs distribués par M. Paganini, à un établissement particulier de bienfaisance, et à diverses

familles malheureuses,
2/ les frais déboursés par l'Administration : 336,50 frs,
Reste à distribuer aux indigents secourus par l'Administration des secours publics : 2 768,50 frs.
Bien sûr, il ne faut pas s'étonner si Le Courrier des théâtres n'applaudit pas à ce geste de générosité, qui est, il est vrai, le fait d'un Italien.

*

Malgré ces attaques, la popularité de Paganini, parmi le bon peuple de Paris, est comparable à celle qu'il a connue à Vienne, ou dans les grandes métropoles allemandes.

Chaque fois qu'il sort de son hôtel, les parisiens le reconnaissent, l'entourent, l'acclament, lui font cortège. Comme Vienne, il y a trois ans, Paris vit à l'heure Paganini.

Mais, au cours d'une promenade, il découvre dans la devanture d'un marchand d'estampes, une lithographie dont il est le principal et même l'unique sujet. Cette gravure, dont l'auteur est un certain Louis Boulanger[8], est intitulée : « Paganini en prison ». Que signifie cette lithographie ? De toute évidence, il pense à sa semaine d'emprisonnement, en mai 1815, lors de l'affaire Cavanna. Le public ne doit pas être au courant d'une telle ignominie. Alors, il va trouver Fétis et lui demande conseil.

Il vint me confier ses chagrins et me demander des conseils, me donnant sur les calomnies dont il était l'objet les renseignements les plus satisfaisants. Je lui dis de me remettre des notes écrites ; elles me servirent à rédiger une lettre que je lui fis signer et que je publiai dans la Revue musicale.

La lettre, datée du 21 avril, n'arrivera pas entièrement à dissiper le malaise produit par l'estampe, que l'on colporte maintenant dans tout Paris. Peut-être surtout parce que, de peur que cette mésaventure avec Angiolina Cavanna vienne à être dévoilée, Paganini ne peut pas dire toute la vérité.

A F. G. Fétis
Paris, le 21 Avril 1831
Monsieur,
Tant et tant de marques de bonté m'ont été prodiguées par le public français, il m'a décerné tant d'applaudissements, qu'il faut bien que je croie à la célébrité qui, dit-on, m'avait précédé à Paris et que je ne suis pas resté, dans mes concerts tout à fait au-dessous de ma réputation. Mais si quelque doute pouvait me rester à cet égard, il serait dissipé par le soin

que je vois prendre à vos artistes de reproduire ma figure, et par le grand nombre de portraits de Paganini, ressemblants ou non, dont je vois tapisser les murs de votre capitale. Mais, Monsieur, ce n'est point à de simples portraits que se bornent les spéculations de ce genre ; car me promenant hier sur le boulevard des Italiens, je vis chez un marchand d'estampes une lithographie me représentant en prison. « Bon ! me suis-je dit, voici d'honnêtes gens, qui à la manière de Bazile, exploitent à leur profit, certaine calomnie dont je suis poursuivi depuis quinze ans ». J'examinais en riant cette mystification avec tous les détails que l'imagination de l'artiste lui avait fournis, quand je m'aperçus qu'un cercle nombreux s'était formé autour de moi, et que chacun, confrontant ma figure avec celle du jeune homme représenté dans la lithographie, constatait combien j'étais changé depuis le temps de ma détention. Je compris alors que la chose était prise au sérieux par ceux que vous appelez, je crois, les badauds, et je vis que la spéculation n'était pas mauvaise. Il me vint dans la tête que, puisqu'il faut que tout le monde vive, je pourrais fournir moi-même quelques anecdotes aux dessinateurs qui veulent bien s'occuper de moi ; anecdotes où ils pourraient puiser des sujets de facéties semblables à celle dont il est question. C'est pour leur donner de la publicité que je viens vous prier, Monsieur, de vouloir bien insérer ma lettre dans votre revue musicale.

Ces messieurs m'ont représenté en prison, mais ils ne savent pas ce qui m'y a conduit, et en cela ils sont à peu près aussi instruits que moi et que ceux qui ont fait courir l'anecdote.

Il y à là-dessus plusieurs histoires qui pourraient fournir autant de sujets d'estampes.

Par exemple, on a dit qu'ayant surpris mon rival chez ma maîtresse, je l'ai tué bravement par derrière, dans le moment où il était hors de combat. D'autres ont prétendu que ma fureur jalouse s'est exercée sur ma maîtresse elle-même ; mais ils ne s'accordent pas sur la manière dont j'ai mis fin à ses jours. Les uns veulent que je me sois servi d'un poignard ; les autres, que j'aie voulu jouir de ses souffrances avec du poison.

Enfin, chacun a arrangé la chose suivant sa fantaisie : les lithographes pourraient user de la même liberté.

Voici ce qui m'arriva, à ce sujet, à Padoue, il y a environ quinze ans. J'avais donné un concert, et je m'y étais fait entendre avec quelque succès. Le lendemain, j'étais assis à table d'hôte, moi soixantième, et je n'avais point été remarqué, lorsque j'étais entré dans la salle. Un des convives s'exprima en termes flatteurs, sur l'effet que j'avais produit la veille. Son voisin joignit ses éloges aux siens, et ajouta :

« *L'habileté de Paganini n'a rien qui doive surprendre : il la doit au séjour de huit années qu'il a fait dans un cachot, n'ayant que son violon pour adoucir sa captivité. Il avait été condamné à cette longue détention pour avoir assassiné lâchement un de mes amis, qui était son rival* ».

Chacun, comme vous le pensez, monsieur, se récria sur l'énormité du crime. Moi, je pris la parole, et m'adressant à la personne qui savait si bien mon histoire, je la priai de me dire, en quel lieu et en quel temps, cette aventure s'était passée.

Tous les yeux se tournèrent vers moi : jugez de l'étonnement quand on reconnut l'auteur principal de cette tragique histoire ! Fort embarrassé était le narrateur ! Ce n'était plus son ami qui avait péri : il avait entendu dire... on lui avait affirmé... il avait cru... mais il était possible qu'on l'eût trompé...

Voilà, monsieur, comment se joue la réputation d'un artiste, parce que les gens enclins à la paresse ne veulent pas comprendre que l'artiste a pu étudier en liberté dans sa chambre, aussi bien que sous les verrous.

A Vienne, un bruit plus ridicule encore mit à l'épreuve la crédulité de quelques enthousiastes. J'y avais joué les variations qui ont pour titre « Le Streghe » (Les Sorcières), *et elles avaient produit quelque effet. Un monsieur que l'on m'a dépeint, au teint pâle, à l'air mélancolique, à l'œil inspiré, affirma qu'il ne trouvait rien qui l'étonnât dans mon jeu, car il avait vu distinctement, pendant que j'exécutais mes variations, le diable près de moi, guidant mon bras et conduisant mon archet ! Sa ressemblance frappante avec mes traits démontrait assez mon origine ; il était vêtu de rouge, avait des cornes sur la tête et la queue entre les jambes !*

Vous concevez, monsieur, qu'après une description si minutieuse, il n'y avait pas moyen de douter de la vérité du fait. Aussi, beaucoup de gens furent-ils persuadés, qu'ils avaient surpris le secret de ce qu'on appelle « mes tours de force ».

Longtemps, ma tranquillité fut troublée par tous ces bruits qu'on répandait sur mon compte. Je m'attachai à en démontrer l'absurdité. Je faisais remarquer que, depuis l'âge de quatorze ans, je n'avais cessé de donner des concerts et d'être sous les yeux du public ; que j'avais été employé, pendant seize ans, comme chef d'orchestre et directeur de musique à la cour ; que, s'il était vrai que j'eusse été retenu en prison pendant huit ans pour avoir tué ma maîtresse ou un rival, il fallait conséquemment que ce fût avant de me faire connaître du public, c'est-à-dire que j'eusse eu une maîtresse ou un rival à l'âge de sept ans.

J'invoquais le témoignage de l'ambassadeur de mon pays à Vienne, qui déclarait m'avoir connu, depuis près de vingt ans, dans la position qui convient à un honnête homme, et je parvenais ainsi à faire taire la calomnie pour un instant ; mais il en reste toujours quelque chose, et je n'ai pas été étonné de la retrouver ici. Que faire à cela, monsieur ?

Je ne vois d'autre chose que de me résigner et de laisser la malignité s'exercer à mes dépens. Je crois, cependant, devoir avant de terminer, vous communiquer une anecdote qui a donné lieu aux bruits injurieux, qu'on a répandus sur mon compte. La voici :

Un violoniste, nommé D... i, qui se trouvait à Milan en 1798, se lia avec deux hommes de mauvaise vie, qui l'engagèrent à se transporter avec eux, la nuit, dans un village, pour y assassiner le curé, qui passait pour avoir beaucoup d'argent. Heureusement, le cœur faillit à l'un des coupables au moment de l'exécution, et il alla dénoncer ses complices. La gendarmerie se rendit sur les lieux et s'empara de D... i et de son ami, au moment où ils arrivaient chez le curé. Ils furent condamnés à vingt années de fer et jetés dans un cachot ; mais, le général Menou(9), étant devenu gouverneur de Milan, rendit, au bout de deux ans, sa liberté à l'artiste.

Le croiriez-vous, monsieur ? C'est sur ce fonds qu'on a brodé toute mon histoire. Il s'agissait d'un violoniste dont le nom finissait en « i », ce fut Paganini ; l'assassinat devint celui de ma maîtresse ou de mon rival, et ce fut encore moi qu'on prétendit avoir été mis en prison. Seulement, comme on voulait m'y faire découvrir mon nouveau système de violon, on me fit

grâce des fers, qui auraient pu gêner mes bras.
Encore une fois, puisqu'on s'obstine contre toute vraisemblance, il faut bien que je cède. Il me reste pourtant un espoir : c'est qu'après ma mort, la calomnie consentira à abandonner sa proie, et que ceux qui se sont vengés si cruellement de mes succès laisseront en paix mes cendres.

Mais, les ennemis de Paganini n'ont que faire de tous ces arguments. *Le Courrier des théâtres*, qui n'a nullement l'intention de déposer les armes, annonce le prochain concert du violoniste italien en un entrefilet, preuve irréfutable de la xénophobie du rédacteur.

Par extraordinaire, soit, et allons encore une fois écouter le violon Paganini. Cela finira peut-être.

Il s'est bien gardé de le faire, mais toujours est-il vrai que si le virtuose après lequel on a tant couru, avait voulu ne produire aucune sensation, il ne tenait qu'à lui. Au lieu de son nom précédé d'« il signor », il lui eut suffi de s'appeler monsieur Paganin. O grande vertu de la troisième voyelle !

Avant de boucler ses bagages et de partir pour Londres, « il signor » va donner un dernier et onzième concert à l'Opéra, le 24 avril. On peut lire sur l'affiche : « Pour le départ de Monsieur Paganini. Dernière représentation extraordinaire ».

Le 26 avril, le chef de la comptabilité de l'Académie royale de musique, M. Lamy, établit le *Décompte général du produit des Concerts donnés par le Sr Paganini, sur le théâtre de l'Académie*. Le total brut des recettes s'élève à 165 751 francs ; sont déduits de cette somme la part de l'administration — 30 281,16 francs —, les frais non payés par Paganini — 4 906,57 francs — et la recette du concert du 17 avril, entièrement consacrée aux indigents — 6 115 francs. Il reste donc pour Paganini, la somme de 124 448, 27 francs, soit en réalité, non pas comme à l'accoutumée les deux tiers, mais les trois quart du total brut.

Ce n'est pas tant la fortune qu'il s'apprête à emmener de France, qui déclenche la hargne et le courroux du *Courrier des théâtres* — encore lui — mais le fait que le violoniste ait refusé de jouer au profit de réfugiés italiens. Cette nouvelle attaque va déclencher une bien mauvaise campagne de presse, surtout en Angleterre.

Dans la nuit du 28 avril, accompagné par l'éditeur Antonio Pacini, il quitte Paris, laissant Achille aux bons soins d'un certain M. Wolters, demeurant 6 rue Taitbout.

Si le départ de Paganini réjouit certaines personnes, mal intentionnées à son égard, il reste des mélomanes — et ils sont la majorité — pour regretter de voir partir cet « homme à part ».

Pour que justice lui soit, presque tout à fait rendue, Louis Boulanger, l'auteur de l'estampe diffamatoire, fait amende honorable dans une lettre adressée à *L'Artiste,* périodique dirigé également par Fétis.

Monsieur,

Vous avez bien voulu me communiquer une lettre, dans laquelle M. Paganini se plaint amèrement des poursuites de la calomnie, qui ne doit, dit-il, abandonner sa proie que lorsqu'il sera au tombeau. Or, comme je passe dans son esprit pour un agent de la livide déesse, ayant forme de lithographie, il m'importe de repousser ce rôle ridicule, car je ne suis ni calomniateur, ni faiseur de facéties, ni mystificateur exploitant la curiosité des badauds de Paris. Voilà tout mon tort. Paganini vint à Paris : l'enthousiasme fut universel ; je le vis, je l'entendis et ce fut un des plus beaux moments de ma vie... C'était bien un de ces hommes prédestinés dont le ciel est si avare, hommes à part de l'humanité foule, que j'ai vus si bien peints par Hoffmann et que le monde comprend si peu.

En regardant ce front pâle, empreint de tristesse, je me demandais si la fatale destinée n'avait pas pressé de sa main de fer cette âme brûlante, pour lui faire expier d'avoir tant reçu en partage... puis, dans mon esprit, vint se placer cette touchante figure du Tasse, tristement assis sur la pierre du cachot, seul, avec ses hautes pensées, sublime, rayonnant dans ces ténèbres ; alors à tout cela se mêla confusément ce que j'avais entendu dire de la captivité de Paganini, dont la cause m'était inconnue, ce qui me le représentait plus grand encore. Oui, me disais-je, voilà le sort du génie ! Méconnu longtemps, souvent opprimé et quelquefois récompensé de tant de maux par l'acclamation universelle ! Sort digne d'envie !

Rentré chez moi, la tête remplie du souvenir de Paganini, je fis ce croquis que vous avez bien voulu insérer dans votre journal. C'est donc une faute qui m'est personnelle, et je désire que ces lignes prouvent à M. Paganini que je ne fais partie d'aucun complot ourdi pour nuire à sa réputation ; que c'est ignorance d'un fait et non pas obstination à constater un fait inventé à plaisir ; que, d'ailleurs, ce serait une chose ridicule que d'attaquer un homme que tout le monde estime et que tout le monde admire ; qu'il n'aurait dû voir en ceci qu'une méprise d'artiste, et que les piquantes anecdotes dont il a bien voulu faire part aux dessinateurs ne fourniraient pas d'heureux sujets de lithographies.

*

Le 30 avril 1831, Paganini donne un concert à Boulogne. Puis début mai, il joue successivement à Dunkerque, Lille, Saint-Omer et Calais. A l'issue du récital de Lille, il remet le quart de la recette, soit 4 700 francs, à une association caritative.

A Paris, les journaux continuent à parler de lui et de ses triomphes dans les différentes villes traversées.

Le Moniteur universel — *Un concert donné à Lille par Paganini a produit un effet prodigieux. L'Écho du Nord dit que c'était du délire et de la frénésie. Le lendemain matin, la musique de la garde nationale, celle des canonniers, du 19ème et 38ème régiments, se sont réunies sous ses fenêtres, où elles ont exécuté divers morceaux. Paganini a répondu aux demandes pressantes qui lui étaient faites, qu'il reviendrait à Lille pour son bonheur.*

La Revue musicale — *Paganini a fait merveilles dans le département du Nord. Les journaux de Boulogne, Lille, Calais et Dunkerque sont pleins des prodiges du grand artiste : ce sont partout des enchantements, des admirations à perdre la tête. La ville de Dunkerque lui a décerné une médaille en or avec cette devise : A Paganini, les dames de Dunkerque. A Lille, on ne l'a laissé partir qu'après une promesse formelle qu'il reviendrait à son retour d'Angleterre.*

Le Journal des débats — *Un chœur de louanges, des transports d'enthousiasme, ont accompagné Paganini jusqu'à la frontière... A Dunkerque les dames ont voulu transmettre à la postérité le tribut de leur admiration et de leur reconnaissance pour le troubadour voyageur ; une médaille en or a été frappée avec cette devise : « A Paganini, les dames de Dunkerque »... A Boulogne, à Calais, on est encore émerveillé des prodiges de Paganini ; à Lille, on n'a voulu lui viser son passeport et lui accorder son congé, que sous la condition expresse qu'il reviendrait en cette ville après sa tournée en Angleterre.*

Le vendredi 13 mai 1831, Paganini, qui apparemment n'est pas superstitieux, s'embarque à Calais pour rejoindre l'Angleterre. Il avait écrit à Germi qu'il voulait revenir à Paris en octobre ou novembre. En fait, il ne sera de retour en France qu'en mars 1832.

*

Notes
1. Luigi Cherubini (1760 - 1842). Compositeur italien. Directeur du Conservatoire de Paris en 1821. A écrit plus de trente opéras, 5 messes, des œuvres vocales, 1 symphonie, de la musique de chambre.
2. Jules Janin (1804 - 1874). Écrivain et journaliste français. Entra en 1836 au *Journal des Débats*. Fut élu à l'Académie française en 1870.
3. Charles Nodier (1780 - 1844). Écrivain français. Auteur d'un grand nombre de romans. A été élu à l'Académie française en 1833.
4. Charles Auguste de Bériot (1802 - 1870). Violoniste belge. Professeur au Conservatoire de Bruxelles. A composé 10 concertos et de nombreuses pièces brillantes pour violon.
5. François Henri Joseph Blaze, dit Castil-Blaze (1784 - 1857). Compositeur français. A réalisé des arrangements très controversés des opéras de Mozart.
6. Alexandre Guibal du Rivage (1775 - ap. 1834). Violoniste et compositeur français. Il prétendait être « un des premiers talents de l'époque sur le violon ».
7. Joseph d'Ortigue (1802 - 1866). Musicologue et critique musical français. Succéda à Berlioz au *Journal de Débats*.
8. Louis Boulanger (1806 - 1867). Peintre français. Portraitiste de Victor Hugo, Honoré de Balzac, Alexandre Dumas père et fils.
9. Baron Jacques François de Menou (1750 - 1810). Général français. Gouverneur général de Toscane (1808), puis de Venise (1809).

Chapitre 18

L'Angleterre, l'Irlande et l'Ecosse
(juin 1831 - mars 1832)

Lorsque Paganini arrive en Angleterre en mai 1831, le royaume est gouverné par Guillaume IV, qui a été couronné, l'année précédente, roi de Grande-Bretagne, d'Irlande et de Hanovre.

La situation du pays est catastrophique. La crise économique dure depuis les années 1815-1820, période au cours de laquelle le prix du blé n'a cessé d'augmenter, ce qui a provoqué des émeutes dans tout le pays ; celles-ci ont été durement réprimées et les plaies laissées par le massacre de Manchester en 1819 ne se sont pas encore refermées. De plus, du fait de l'industrialisation, les campagnes se sont dépeuplées et les grands centres urbains ont vu s'entasser des milliers d'ouvriers, mal payés, mal logés, misérables : le prolétariat est né.

Les conservateurs — les « tories » — qui n'arrivaient pas à mener une politique cohérente, répondant aux aspirations de la population, ont été remplacés en 1830 par les libéraux — les « whigs » ; ceux-ci, jouant un jeu dangereux, encouragent l'agitation croissante en faveur d'une réforme parlementaire, qu'ils finiront par obtenir en 1832.

Londres est une ville d'un million et demi d'habitants, dont la population a sextuplé en un siècle. Les faubourgs ouvriers de L'East End possèdent des quartiers entiers, à l'est de la ville, peuplés exclusivement de clochards et de vagabonds.

La misère n'est pas générale, mais, excepté pour quelques nantis, les conditions de vie sont très difficiles. Ceci explique, en partie, la levée de boucliers à laquelle Paganini va devoir faire face, quand il voudra appliquer des prix que les Anglais jugeront exorbitants.

*

Ici, comme dans toutes les capitales d'Europe, il est attendu par plusieurs relations : Franz Cramer[1], Paolo Spagnoletti[2], Pio Cianchettini[3]. Il apporte, comme lors de son arrivée dans toutes les grandes villes européennes, des lettres d'introduction pour les plus éminents médecins, en l'occurrence sir Ashley Cooper[4], le docteur Archibald Billing[5] et un dentiste du nom de Samuel Cartwright.

Le 17 mai, Laporte, directeur du *King's Theatre* annonce un concert pour le 28 mai. Le prix des places s'échelonne entre 1 shilling, pour la galerie, et 5 shillings, pour les loges ; en regardant les affiches, les Londoniens s'aperçoivent avec stupéfaction que ces montants équivalent au double du prix normal. Le 19, le *Times* s'empare de l'affaire et attaque violemment Laporte et Paganini.

> *L'idée de Laporte, de doubler le prix des places au King's Theatre pour le premier concert de Paganini, est une de ces extravagances qui ne peut germer que dans le cerveau d'un étranger, qui, en outre, est arrivé à l'heureuse conclusion que la nation anglaise était composée de jobards...*

Mais le *Times* n'est pas le seul à réagir et une véritable campagne de presse s'organise à Londres. Deux journaux musicaux, l'*Harmonicon* et l'*Athenæum*, s'en prennent au *Signor* Paganini, oubliant volontairement le rôle joué par Laporte dans cette affaire.

> L'Harmonicon — *A son arrivée dans ce pays, Paganini demande pour une soirée presque autant que ce qu'il a gagné dans la capitale du royaume voisin pour dix ou douze concerts. Il spécule sans doute sur cette naïveté qui est un trait de notre caractère national, parfaitement connu de chaque musicien et de chaque orchestre en Europe.*

> L'Athenæum — *Si le King's Theatre devait être rempli aux prix annoncés, la part du butin du Signor serait presque de 2 000 livres par soirée ! Et jusqu'à maintenant ses pairs, des hommes tels que Robert Lindley, ont à peine osé demander un pourcentage, une fois par an dans une petite salle de concert, de peur que la recette ne puisse couvrir les dépenses.*

Laporte, qui connaît bien la mentalité anglaise, voit un scandale se profiler à l'horizon ; il essaie de dégager sa responsabilité et adresse un court billet au *Times*.

> *C'est avec un vif regret que j'ai lu dans votre journal un article tendant à me rendre responsable de l'augmentation de prix annoncée pour le concert du Signor Paganini. Un sentiment de délicatesse, et l'heure tardive de mon retour en ville à laquelle j'ai pris connaissance dudit article, ne m'ont pas permis jusqu'à présent de fournir la moindre explication.*

Il ne pourra du reste pas trouver une quelconque justification ; le grand journal londonien a réussi à mettre la main sur une copie du contrat signé à Paris et publie une mise au point qui ne laisse aucun doute sur le partage des responsabilités entre les deux hommes.

> *Le contrat stipule que Laporte doit toucher un tiers de la totalité de la recette ; que Paganini, dans tous les cas, lui garantit, au minimum, deux cent quatre vingt dix livres par soirée... Il est clair que Laporte s'est assuré le monopole des meilleurs jours du violoniste...*

On voit donc que la question du prix des places fait grand bruit dans tout Londres. Plus la date du concert approche, plus le mécontentement grandit parmi le public.

Deux jours avant la date fatidique — c'est-à-dire le 26 mai — Paganini envoie un court billet à Laporte.

> *Me sentant trop souffrant, je vous prie de prévenir respectueusement le public que le concert annoncé pour demain ne peut avoir lieu.*

Les ratures et le tremblement de la main — que l'on remarque dans la note à Laporte — trahissent l'incertitude, la nervosité et la fatigue. Une traduction est immédiatement envoyée au Times, qui la publie le 27 mai.

Ce même jour, Paganini enjoint Laporte d'élaborer un nouveau contrat qui annule le précédent, signé le 4 avril à Paris, et prévoit une série de concerts, au prix normal pratiqué pour les opéras. Dès la signature du nouveau protocole, Laporte et Paganini cessent de se rejeter la responsabilité de cette bataille des prix.

A la décharge de Paganini, il faut dire qu'il est habitué à doubler le prix des places sur le continent européen. Laporte, bien que parfaitement au courant du tempérament du public anglais et des us et coutumes britanniques, n'a pas hésité à heurter le monde musical de Londres, uniquement dans l'espoir d'accroître ses gains.

Le 1er juin, Paganini adresse une lettre au rédacteur en chef du *Times*.

> *Le soir de mon premier concert au Théâtre Royal étant proche, je sens qu'il est de mon devoir d'annoncer moi-même que j'implore les faveurs de la nation anglaise, qui honore l'art autant que je le respecte. Habitué dans tous les pays du continent à doubler les prix ordinaires des théâtres, dans lesquels j'ai donné mes concerts, et peu instruit des coutumes de cette capitale, où je me présente pour la première fois, j'ai cru pouvoir agir de même. Mais, informé par plusieurs journaux que les prix fixés étaient déjà plus élevés que ceux du continent, et ayant constaté que cette observation était justifiée, j'accède volontiers au désir du public, dont je tiens l'estime et le bon vouloir pour la meilleure récompense.*

*

Et le grand soir — c'est-à-dire le vendredi 3 juin 1831 — arrive. Le public est plus brillant que nombreux, et essentiellement composé de professionnels, parmi lesquels on reconnaît Franz et Johann-Baptist Cramer, Johann Wilhelm Moralt(6), Robert Lindley(7), Domenico Dragonetti(8), Ignaz Moscheles, Nicholas Mori(9).

L'auditoire et la presse, unanimes, lui font un triomphe. L'incident relatif au prix des places est oublié et aucune voix ne s'élève pour critiquer le *maestro*. Même le *Times*, qui fut le premier à s'en prendre au violoniste, ne peut que saluer sa performance d'artiste.

Parler des performances de Paganini est une des choses les plus difficiles... Il est, non seulement le plus grand violoniste qui ait jamais existé, mais il a un style qui n'appartient qu'à lui... Son génie ressort beaucoup plus dans les mouvements lents, dans lesquels il expose, et ceci dit sans exagération, toutes les nuances de sa sensibilité... Si l'on peut dire qu'un instrument parle et pense, c'est bien entre ses mains...

Dans d'autres journaux, on peut lire certaines formules, assez inhabituelles de la part du flegmatique peuple britannique.

Nous n'avons jamais vu, jamais pensé qu'il serait possible de voir, un auditoire aussi enthousiaste...

Johann-Baptist Cramer, à haute voix, remerciait le ciel de ne pas être violoniste, alors que Nicholas Mori brandissait son violon, au-dessus de sa tête, et l'offrait au premier venu pour dix-huit pence.

Si on ajoute à cela que toute la presse annonce que Paganini participera le 24 à une soirée organisée au profit des musiciens nécessiteux, il ne faut pas s'étonner que, pour le second concert donné le 10 juin, toutes les places soient louées au *King's Theatre*. Par rapport à celle de la semaine précédente, la recette est pratiquement doublée.

Comme à Paris, les concerts se succèdent à raison de deux par semaine.

*

Jusqu'au 21 juin, Paganini va connaître une courte période de répit. Par contre, les dix jours qui suivent seront certainement pour lui extrêmement harassants : pas moins de dix concerts.

Au vu d'un tel emploi du temps, on reste stupéfait, surtout quand l'on sait que Paganini trouve encore le moyen de consacrer quelques après-midi à Benedetto Pistrucci(10), qui veut réaliser son buste.

Certainement trop occupé pour en venir à bout d'une seule traite, il met un mois pour écrire une longue lettre à Germi. La missive commencée le 8 juin — « après-demain, je donne le second concert » — n'est terminée que vers le 8 juillet — « lundi, je participerai au concert de M. Torri ».

Si tu as l'occasion de lire quelques uns des journaux anglais, tu verras quel enthousiasme inouï, et même quelle frénésie incomparable, j'ai suscités chez les froids Britanniques lors mon premier concert donné au Grand Théâtre de l'Opéra Italien le 3 juin... L'enthousiasme ne s'est pas limité à l'enceinte du théâtre : où que j'aille, dans les rues ou ailleurs, les gens s'arrêtent, me suivent et s'agglutinent autour de moi ; pour emprunter une phrase du Times : tu ne croiras peut-être pas la moitié de ce que je dis, et je ne dis pas la moitié de ce qui est...

J'ai commencé cette lettre il y a vingt jours et depuis j'ai donné trois concerts publics dans le même théâtre, où j'ai donné le premier. Je ne peux rien ajouter à ce que je t'ai déjà dit, à part que les applaudissements sont de plus en plus vifs, le public de plus en plus nombreux, et les recettes de plus en plus importantes...

Invité par le Roi, j'ai joué à la Cour, et j'attends une bague, car son joaillier est venu me voir pour prendre la mesure d'un des mes doigts.

Une multitude de portraits, faits par différents artistes, fleurit dans toutes les boutiques ; ils sont plus ou moins fidèles, mais je n'en ai pas encore vu un seul qui soit vraiment ressemblant. Il y a aussi des caricatures... Cela me fait beaucoup rire et, eux, cela les amuse.

Le 4 juillet, j'ai donné mon huitième concert dans le même théâtre : c'est le cinquième qui m'a rapporté le plus... Quand Paganini joue, tout le monde accourt...

Cher Germi, essaie de sortir ma sœur Domenica et sa famille de la misère... Ma mère m'a écrit pour me demander d'envoyer mon neveu Carlo au collège, et je serais heureux que cela se fasse, si tu penses que c'est bien ainsi. Donc, sois assez gentil pour voir où il serait mieux de l'envoyer pour son éducation et fais comme tu penses. Je serai toujours satisfait de tout ce que tu décideras.

A Paris, ils ne me laissent pas le temps de souffler et ici je peux à peine respirer.

Dans cette lettre, il parle essentiellement d'argent. De celui gagné grâce à son violon, mais aussi de celui qu'il entend dépenser sans compter, pour venir en aide à sa sœur et pour envoyer son neveu au collège. De celui, également, qu'il abandonne à des œuvres de charité lors de deux concerts « gratis ». Il est vrai que toute sa vie Paganini a énormément été attiré par l'argent et qu'il s'est montré très dur en affaires, chaque fois qu'il a eu l'impression qu'on voulait le berner. Mais, on voit bien que cet amour des espèces sonnantes et trébuchantes n'en a jamais fait ni un avare, ni un ladre ; il a su même parfois se montrer d'une générosité qui dépassait tout ce que l'on pouvait imaginer.

*

Le mois de juillet, qui donne l'impression d'une course folle, d'un concert à l'autre, paraît en définitif bien fastidieux. Heureusement — peut-être pas pour Paganini —, quelques anecdotes viennent mettre un peu de piment au milieu de cette monotonie de la vie d'artiste.

D'abord un incident à Cheltenham, rapporté de façons tellement différentes suivant les narrateurs, qu'il est bien difficile de connaître la vérité.

Il semble que le deuxième concert dans cette ville ait lieu le même jour qu'un grand bal et qu'en conséquence le théâtre dans lequel joue Paganini soit loin d'être plein. Déçu du peu d'affluence, il demande soit le paiement intégral de la somme convenue, soit l'annulation pure et simple de la soirée. Bien sûr, la presse s'empare de l'affaire et fustige l'attitude de Paganini. *The Harmonicon* — qui ne cessera, durant les différents séjours en Angleterre du violoniste, de s'insurger contre les sommes gagnées par celui-ci — prend la tête de la contestation.

Paganini avait déclaré que ses nombreux engagements l'empêchaient de rester ici plus d'une journée ; malgré cela, il fit savoir qu'il avait décidé de jouer une deuxième fois. Dès que l'intention du Signor fut connue, le capitaine Berkley et W. L. Lawrence, Esq. prirent sur eux d'imprimer une affiche invitant les notables et la noblesse à assister, le soir même, au traditionnel Bal, jugeant cela comme une justice à rendre au propriétaire de la salle. Cela assura une grande affluence au Bal de la Rotonde, mais, en contre partie, si peu de public se présenta au théâtre, que Paganini refusa de jouer.

D'après le journal local, dans une mise au point parue le lendemain de l'incident, il semblerait que le directeur du théâtre ait bel et bien promis à Paganini une garantie de deux cents guinées.

Mais, le plus étonnant de la part de Paganini, c'est qu'il prend le risque de renouveler cette triste expérience à Norwich. Deux concerts seulement avaient été prévus dans cette ville ; flatté de l'accueil que le public lui a réservé, il ne peut résister au plaisir d'en donner un troisième. Malheureusement pour lui les mélomanes de Norwich sont prévenus trop tard et, de plus, un autre spectacle est prévu pour le même soir ; et il se retrouve sur une scène, face à quelque quatre vingts personnes.

Mais, ce mois de juillet ne lui laissera pas que des souvenirs un peu amers : le 29, le roi lui fait parvenir la bague sertie de diamants qui avait été promise.

*

Le mois d'août s'annonce plus calme, la saison touchant à sa fin. Il est temps pour lui de faire ses véritables adieux à Londres ; le nombre de six concerts, prévus au King's Theatre, a été largement dépassé — on en est à onze — et le public londonien risque de se lasser.

Le 2, il joue à Great Yarmouth à quelques encablures de Norwich, où il se produit à nouveau le 3. Puis, il revient à Londres pour une série de concerts d'adieu.

Le 5 août, il est au King's Theatre pour la douzième fois. Il revient dans la même salle le 11, puis le 17 et le 20, il donne son quinzième et dernier concert, en interprétant, entre autres œuvres, la *Sonata amorosa galante* MS 61 pour la quatrième corde, composée en 1830 sur un thème de Rossini et peut-être été créée ce soir-là.

Le *Times* nous apprend, dans son numéro du 20 août, que le 18, après la représentation du *Barbier de Séville* de Rossini, « M. Paganini a interprété avec une grande maîtrise ses variations préférées », sans aucune autre précision, comme à l'accoutumée.

Ces dernières apparitions au King's Theatre ne font guère recette. Les Londoniens ont déserté la capitale et les critiques se déchaînent contre « cet étranger qui n'est venu fouler le sol britannique que pour emporter l'argent de John Bull ». La presse n'a que faire de donner à ses lecteurs une appréciation du talent de l'artiste ; elle s'attache uniquement à calculer les sommes gagnées par Paganini et insiste sur sa cupidité, allant parfois jusqu'à l'injurier.

De fait, son livre de comptes révèle que les seuls concerts donnés au King's Theatre lui ont rapporté la somme de 10 212,11 livres, soit environ 260 000 francs.

*

Dans une voiture de louage, entouré d'une véritable

escorte comprenant deux artistes associés — Pio Cianchettini, pianiste-accompagnateur, et un certaine Constanza Pietralia, soprano — un valet de chambre et un porteur, Paganini quitte Londres le 20 août 1831 pour rejoindre Dublin. En outre, il a engagé un nouvel agent, du nom de Freeman, qui précède le cortège pour préparer les concerts.

Arrivé le 27 à Liverpool, port d'embarquement pour l'Irlande, il y annule un concert, dont la recette n'aurait pas couvert les frais, la ville étant à peu près déserte en cette saison.

Le 29, il parvient à Dublin, cité dans laquelle se déroule annuellement un festival de musique, dont les deux directeurs artistiques sont George Smart(11), qui a déjà dirigé un concert de Paganini à la cour du roi, et Ferdinand Ries(12). Ce festival doit débuter le 31 août et se terminer le 3 septembre ; le principal artiste invité est, bien entendu, Niccolò Paganini.

Sans attendre l'ouverture des festivités, Paganini donne un concert le 30 au soir. Il se fait entendre deux fois au cours du festival, puis à cinq reprises au Théâtre Royal. Au cours de la dernière soirée, il crée les *Variations* pour la corde de sol MS 64 sur le *St Patrick's Day*, hymne national irlandais.

Le 19, il joue à Carlow. Le 20, à Kilkeny, il annule une soirée ; le temps exécrable ne permet pas aux habitants de la ville et des environs de se déplacer ; Paganini promet de revenir. Le 21, à Clonmel, il donne un concert à l'issue duquel il reçoit une offre si alléchante pour venir jouer à Waterford, qu'il en oublie la promesse faite aux mélomanes de Kilkeny.

Le 23, il arrive à Cork. Il y séjourne jusqu'au 2 octobre. Le dernier soir, le plancher sur le devant de la scène s'effondre, blessant, heureusement sans trop de gravité, plusieurs personnes. Paganini, un peu choqué, n'en continue pas moins sa prestation et abandonne une part de sa recette au bénéfice des blessés.

Les 3 et 5 octobre, il joue à Limerick, puis il traverse d'ouest en est l'Irlande, pour rejoindre Dublin, où il arrive le 6 dans la soirée, pour donner un concert le 7.

Il quitte Dublin, le 8, et se produit deux fois à Belfast.

Toujours accompagné de son escorte, il s'embarque pour l'Ecosse et arrive le 13 au matin à Glasgow.

*

Ce séjour va être extrêmement éprouvant pour Paganini. En vingt-six jours ouvrables — les théâtres et les salles de spectacle sont fermés les samedis et dimanches — il va donner vingt-deux concerts !

Le 19 octobre, il quitte Glasgow et se rend à Edimbourg, où il est attendu avec impatience, car la population de la ville connaît très bien et apprécie énormément toute la musique italienne. Le 20, il donne son premier concert à l'*Assembly Rooms*. Cela ne suffisant pas à son bonheur, et surtout à celui des habitants d'Edimbourg, il revient, dans la même salle, à quatre reprises. En Ecosse, comme en Irlande, les journaux ne tarissent pas d'éloges sur son talent, et contrairement à ceux de Londres, ne font paraître aucun article déplaisant sur sa vie ou son passé.

Le 30 octobre, il répond au maire de la ville, qui lui a demandé de participer à un concert de charité, prévu pour le 16 novembre.

J'ai l'honneur d'accuser réception de votre honorée d'hier soir.

Je vous prie de croire que l'invitation transmise dans votre lettre m'a procuré le plus grand plaisir... Donc, permettez-moi de vous offrir mon concours au concert que vous voulez donner au bénéfice des œuvres de charité de cette magnifique capitale...

Le 3 novembre, il donne un concert à Ayr et, comme l'accueil du public a été très chaleureux, il décide d'en donner un autre le lendemain soir. Hélas, les habitants de la ville n'ont pu être prévenus à temps et cette deuxième prestation se révèle financièrement désastreuse. Déçu de cet échec, il est résolu à ne pas s'arrêter à Kilmarnock, où il doit jouer le 5. Mais, le sort en décide autrement, comme nous le raconte un certain James Paterson, dans ses mémoires :

Paganini se dirigeait vers Glasgow sans intention de s'arrêter à Kilmarnock. Juste en face de l'hôtel George, sa voiture fut endommagée et il dut se résigner à passer la nuit dans la ville. Mr. Johnson, directeur du théâtre, immédiatement mis au courant des faits, se précipita chez le maestro et le persuada de donner un concert au profit des pauvres de la ville...

Le 7 novembre, il arrive à Dundee pour y jouer en matinée. Là se produit un incident, qui faillit bien être imputé à Paganini, alors que les seuls responsables étaient les propriétaires du théâtre de la ville. En effet, ceux-ci, alléchés par l'argent que pouvait leur faire gagner une aussi grande célébrité, décident de traiter directement avec l'illustre artiste, en écartant de la négociation leur directeur et les vendeurs de billets. Comme prix de location de leur salle, ils exigent le paiement d'une somme qui est dix fois supérieure à celle que demande, en règle générale, le directeur. De plus, ils menacent de poursuites judiciaires quiconque voudrait prendre langue avec Paganini. Celui-ci, indigné par une telle attitude et n'ayant pas du tout l'intention de céder à un tel chantage, fait distribuer dans toute la ville un tract ainsi rédigé :

> *Monsieur Paganini est dans l'obligation d'informer la noblesse, les habitants et le public de Dundee, qu'étant donné les dissensions entre Mrs. Watt et Johnson, propriétaires du théâtre, et Mr. Chalmers, directeur dudit théâtre, il ne peut faire autrement que de renoncer à l'honneur de donner son concert ce soir... Une assignation a été remise à Mr. Chalmers à la demande de Mrs. Watt et Johnson, menaçant Mr. Paganini de poursuites judiciaires. Celui-ci n'a donc pas d'autre solution que d'annuler purement et simplement ses concerts à Dundee. L'argent des billets vendus par Mr. Chalmers sera remboursé.*

Mais, les habitants de la ville ne veulent rien connaître de ces querelles mercantiles et demandent à Paganini de jouer au *Caledonian Hall* le lendemain. Or le 8, en soirée, il doit honorer un engagement à Perth. Il est donc obligé de se produire, devant un public très restreint, le 8 à une heure de l'après-midi à Dundee, de partir pour Perth donner son concert à huit heures du soir et de revenir à Dundee pour y rejouer, toujours au *Caledonian Hall*, le 9, mais, cette fois dans un théâtre plein à craquer.

Il donne deux concerts à Aberdeen, puis il part pour Edimbourg, où il arrive le 13 dans la soirée. Il y reste sept jours et s'y produit à quatre reprises, le 14, le 15, le 16 — concert de charité — et le 18. Pour sa soirée d'adieu, il présente pour la première fois la *Sonate en deux parties* MS 416, et des variations sur un air traditionnel écossais *Scots wha ha'e* MS 417.

Le 20 novembre, il quitte Edimbourg pour rejoindre Londres. L'accueil qu'il a reçu en Ecosse est résumé dans cet extrait d'un article paru dans le journal *The Scotsman* :

> *L'impression produite par sa musique ne sera pas oubliée de sitôt. On se souviendra de Paganini et les générations présentes en reparleront, et sa gloire, entourée d'un aura d'émerveillement, se perpétuera à travers les âges.*

*

Paganini arrive à Londres le 24 novembre. Il est très certainement exténué et il veut à tout prix se reposer. Une de ses premières visites est pour la docteur Billing, ce qui prouve bien que son état de santé lui donne quelques soucis.

Au cours d'un de ses entretiens avec son médecin, il entend celui-ci parler d'une opération très délicate, que doit pratiquer l'un des plus grands chirurgiens britanniques, et à laquelle cet éminent confrère l'a invité à assister. Paganini, dont le penchant un peu morbide est bien connu, insiste pour l'accompagner.

L'intervention est prévue le 1ᵉʳ décembre. Pour un événement aussi exceptionnel, un grand nombre de curieux, n'appartenant pas tous au milieu médical, a réussi à se faire admettre dans l'amphithéâtre ; mais, cette foule est si indisciplinée et bruyante, que le chirurgien décide de remettre l'opération au samedi suivant. Le violoniste préfère ne pas poursuivre plus loin l'expérience et renonce à se rendre à l'hôpital une seconde fois. Mais, bien sûr, la présence de Paganini en un tel lieu n'est pas passé inaperçue et *The Harmonicon* y voit le sujet d'une nouvelle attaque contre le musicien italien.

Dans un article paru récemment au sujet d'une intervention pratiquée à l'Hôpital St. Bartholomew... on affirme que l'opération a été retardée à cause d'une foule obstinée rassemblée devant la porte de l'amphithéâtre... Parmi ceux qui étaient déçus de ce contretemps se trouvait M. Paganini, qui avait été amené en ce lieu par un ami médecin, auquel il avait fait part de son ardent désir d'assister à une « grave et délicate opération ».

Ce monsieur, cependant, n'était pas présent le jour où eut lieu l'opération et son absence a été expliquée de la façon suivante : Mr. Earle, le chirurgien, informé de la déception de l'illustre violoniste, lui fit savoir que l'opération serait pratiquée le samedi et qu'il serait très heureux de l'accueillir, pour peu qu'il accepte de jouer, un de ces prochains jours, au profit de la pauvre opérée.

La curiosité de M. Paganini semble s'être totalement évaporée au reçu de la missive, car il ne répondit pas, ne se montra pas le jour de l'intervention, et nous sommes portés à croire que le seul but de cet Orphée moderne en cherchant à assister à une « grave et délicate opération » était d'étudier les hurlements de douleur du patient, et d'ajouter à ses parodies une toute nouvelle et intéressante imitation, qu'il se serait fait un bonheur de porter à la connaissance du monde musical.

Comme d'habitude, cet article n'est qu'un tissu de

mensonges et l'on peut se demander ce que le journal pouvait savoir de « l'ardent désir » de Paganini. Quant à la prétendue correspondance entre le chirurgien et le musicien, il n'en a été retrouvée nulle trace.

*

Le 7 décembre, Paganini se remet en route pour une série de concerts dans les provinces anglaises.

Freeman, son secrétaire et agent, l'a quitté. Il s'est tourné vers Laporte, qui lui a conseillé d'engager un dénommé John Watson, employé, jusqu'au 31 décembre, au King's Theatre en tant que pianiste, professeur de chant, compositeur, arrangeur, en un mot comme homme à tout faire. Sa femme ne pouvant plus supporter un mari volage et éternellement endetté, l'a quitté en 1819, emmenant avec elle, à Bath, ses quatre filles et son fils. Il vit en concubinage avec une de ses élèves, Mlle Wells. Une de ses filles, Charlotte, qui se destine à une carrière théâtrale et étudie le chant, a rejoint le domicile du couple illégitime.

John Watson peut remplir les triples fonctions de secrétaire, d'agent et de pianiste accompagnateur. De plus, Mlle Wells et Charlotte, qui possèdent toutes les deux un joli filet de voix, peuvent faire partie de la tournée de concerts en tant qu'artistes associées. Les frais seront ainsi réduits.

Les 7 et 9 décembre au soir, Paganini joue à Brighton. Le 10, il se produit à Bristol. Dans la journée, est parue dans la presse, et sous forme d'affichage sur les murs de la ville, une véritable déclaration de guerre envers Paganini et les « monstres musiciens étrangers ». Bien sûr, ce factum n'est signé que d'un nom d'emprunt.

Aux citoyens de Bristol

Camarades citoyens — C'est avec un sentiment de profond dégoût que j'annonce les prochains concerts du SIGNOR PAGANINI *dans cette ville.*

Pourquoi dans cette période de détresse ? Le souvenir de tant de scènes de misère est encore vivace dans nos esprits et alors que des SUBSIDES *nous sont demandés, dans la mesure de nos possibilités, pour* NOURRIR *et* HABILLER *les* PAUVRES *: pourquoi ce* VIOLONISTE ÉTRANGER *apparaît-il ? Pour drainer ces ressources qui seraient infiniment mieux employées à l'exercice du plus beau sentiment de l'homme —* la CHARITÉ.

N'acceptez plus de payer des charges qui ne méritent que le nom d'escroquerie ; plutôt se voir reprocher un manque de goût que de payer le tribut exigé par les MONSTRES MUSICIENS ÉTRANGERS, *qui collectent*

l'argent de ce pays et l'emportent sur leur propre rivage, en se moquant de la naïveté de John Bull.
PHILADELPHIUS.

Peine perdue pour le pamphlétaire. Paganini donne à Bristol deux autres concerts, avec toujours le même succès qui tient du triomphe, même si les recettes ne sont pas celles espérées, compte tenue de la taille réduite des salles.

A Bath, fatigué, au bout du rouleau, ne tenant debout que grâce à son exceptionnelle force de caractère, il donne quatre concerts. A Exeter, il va encore jouer trois fois. La dernière soirée est financièrement catastrophique pour le directeur du théâtre. Paganini lui fait cadeau de cinquante livres sur sa recette personnelle.

Le 23 décembre, malade, il regagne Bath. A peine est-il rétabli que, début janvier 1832, il reprend sa course folle.

Le 4, il joue à Clifton et le 6 à Bath.

Le 8, il est à Liverpool. Là l'attend une lettre de Germi, qui lui apprend la terrible nouvelle : sa mère tant vénérée, sa « carissississississississississima madre », est morte, le 11 décembre.

Il a à peine le temps d'encaisser le rude coup, qu'il doit déjà remonter sur scène. Le 9 janvier, il donne, à Liverpool, le premier concert au cours duquel apparaissent, en tant qu'artistes associées, la compagne et la fille de John Watson, Mlle Wells et Charlotte.

Le 10 et le 11 janvier, il se produit à nouveau à Liverpool. Puis, il part pour Manchester, où il joue le 12, le 13 et le 14. Le 15, il s'accorde un répit et écrit à Germi.

Mon cœur me l'avait dit ! Tu as remarqué mon retard pour t'écrire. J'ai été vraiment désolé pour Tonietta (cuisinière et bonne à tout faire de Germi) *et je pleure amèrement Teresa. Mais il faut se résigner à son destin et garder l'espoir de la revoir un jour au Paradis ; il faut penser, qu'à l'heure actuelle, elles reposent dans la paix et la gloire de notre Père Céleste...*

Je serai de retour (à Paris) *le 20 février, pour embrasser mon cher Achille, le plus adorable des garçons ; il est entre d'excellentes mains. Quand je l'aurai de nouveau près de moi, je ne pourrai plus m'en séparer car il est toute ma joie.*

Donne-moi un peu une idée de la maison, de ce « délice », que tu est en train de m'acheter. Sache que j'ai besoin de me reposer pendant un an ou deux, pour me remettre de certains ennuis qui m'ont beaucoup affecté. Cette tension électrique que je produis lorsque j'exécute ma musique féerique me fait beaucoup de mal ; mais revenir au pays et être auprès de toi pour quelque temps allongera ma vie...

Je suis parti de Londres pour l'Irlande, et vois combien de concerts j'ai donnés, d'abord au festival de Dublin et dans les autres villes de l'Irlande, de l'Ecosse et de l'Angleterre : soixante-cinq entre le 30 août 1831 et le 14 janvier 1832. N'oublie pas que, pendant cinq semaines, j'ai été malade et que je n'ai pas pu jouer. Donc, j'ai donné soixante-cinq concerts en l'espace de trois mois environ, traversant trente villes dans une voiture à quatre chevaux...

Aujourd'hui on ne demande plus si l'on a entendu Paganini, mais si on l'a vu vu. A vrai dire, je regrette beaucoup que dans toutes les classes de la société se propage la rumeur que j'ai signé un pacte avec le diable. Les journaux parlent trop de mon physique, qui suscite une invraisemblable curiosité.

P.S. — Excuse mes gribouillis, je ne me sens pas très bien. Demain je pars pour Leeds, et mardi j'y donnerai un concert. Jeudi, vendredi et samedi je jouerai à Manchester. Lundi 23, le 24 et le 25 autres concerts à Liverpool. Le 26, le 27 et le 28, concerts à Birmingham ; le 30, concert à Chester et puis dans trois ou quatre autres villes.

Comme pris dans un engrenage infernal, Paganini continue, encore et toujours, à jouer et à produire « cette tension électrique », qui lui « fait beaucoup de mal ». Alors, il rêve de rentrer dans son pays, avec son cher « Achillino », de se reposer auprès de son ami et de profiter de la maison, du *délice*, que celui-ci est en train de négocier pour lui. Mais, quand on s'appelle Paganini, on ne s'arrête pas aussi facilement ; s'il reverra son fils d'ici deux mois, il lui faudra attendre octobre 1834, avant de retourner à Gênes. D'ici là, bien d'autres événements se seront produits ; la fatigue, la lassitude et la maladie auront fait encore plus de ravages.

Le 15 également, il écrit à sa sœur Nicoletta, comme à chaque fois, pour lui venir en aide.

Manchester, le 15 Janvier 1832

J'ai pleuré et je pleure encore sur la mort de notre mère bien-aimée, mais il faut garder espoir de la revoir au Paradis, grâce à ses prières au Sauveur, au moment voulu par Dieu.

Je tiens à respecter les dernières volontés de son testament en ta faveur, étant donné l'aide et le réconfort que tu lui as apportés et je t'autorise à toucher la pension que je lui versais. Si je peux t'être utile pour l'avenir de ton fils, je le ferais avec plaisir. En attendant, courage, sois de bon conseil pour ton mari et embrasse mes neveux pour moi.

Si tu penses à quelque chose d'autre, écris-moi et donne la lettre à Germi.

Paganini, que l'Église a honoré d'une de ses plus hautes distinctions — mais qu'elle rejettera après sa mort en tant que mécréant — croit au Paradis et en Dieu. La pratique d'une religion ne fait pas partie de sa vie quotidienne, mais cela ne l'empêche pas d'être profondément catholique ; c'est bien une des toutes premières fois qu'il affiche ainsi sa croyance dans un au-delà posthume et dans le Sauveur.

*

Paganini fait halte deux jours à Manchester et reprend son périple. Jusqu'au 24 février, les concerts vont se succéder à un rythme infernal. Comment son organisme, qui commence à se délabrer, lui permet-il de mener une telle existence ? Ne sent-il pas qu'il abuse un peu trop de ses forces ? Que cherche-t-il encore ? Certainement pas la gloire ; sûrement pas la fortune. Peut-être quelques phrases, prises au hasard dans sa correspondance, aident-elles à comprendre, pourquoi on ne s'arrête pas quand on s'appelle Niccolò Paganini :

Si, autrefois, mon violon plaisait comme dix, maintenant il plaît comme cent...

Ma gloire le veut ainsi...

A Paris, ils ne me laissent pas le temps de souffler et ici je peux à peine respirer...

L'enthousiasme délirant soulevé par mon instrument lors de ces concerts m'a amené à en donner six autres...

Aller jusqu'au bout de ce rêve qu'il réalise, d'être l'un des plus grands, sinon le plus grand, et pour cela ne jamais refuser de donner un concert, de monter sur une scène, d'offrir encore plus à ce public si exigeant ; c'est déjà trop que, parfois, ce corps, qu'il ne maîtrise pas, l'oblige à interrompre cette course démentielle.

Les 17 et 18 janvier, il joue à Leeds ; les 19, 20 et 21 à Manchester ; les 23, 24 et 25 à Liverpool ; le 26 à Birmingham ; les 27 et 30 à Chester.

Le mois de février ne sera pas non plus de tout repos, puisqu'il se produit à Birmingham, les 1er, 2 et 3 février ; à York, les 7 et 8 ; à Halifax, le 9 ; à Sheffield, le 11 ; à Hull, le 13 ; à Manchester, les 18 et 20 ; de nouveau, à Birmingham, les 20, 22 et 24.

Partout, tant auprès du public que de la presse, le triomphe est immense et chacun loue l'exceptionnel talent de l'interprète et le don magique du compositeur. Rien ne vient ternir cette consécration, aucune calomnie, aucune légende, aucune controverse, comme si les rédacteurs et les critiques laissaient ce genre d'articles à leurs confrères londoniens.

*

Épuisé, mais ravi du succès remporté dans les provinces anglaises, Paganini arrive le 26 février à Londres. Il veut s'y reposer quelques jours et ensuite partir pour Paris.

Le 29, il écrit à Germi ; il lui fait part de son désir grandissant de se retrouver chez lui et de s'y reposer avec son fils.

> *Jeudi, je serai à Paris ; tu peux m'y écrire en envoyant ta lettre à Mr. Pacini, marchand de musique, 11 boulevard des Italiens. Achète moi tout de suite le beau manoir...*
>
> *J'aimerai bien acquérir cet autre endroit enchanteur, que l'on appelle « Paradisio » ; pourquoi pas ? Je voudrais que tu ne perdes pas cela de vue et que tu me dises ce que tu sais à ce sujet... J'ai l'intention de donner à ma sœur Nicoletta les intérêts ou les revenus d'un capital de 20 600 lires et la maison de campagne de Polceverra. Embrasse la de ma part et dis-lui que j'ai énormément apprécié sa lettre. Je voudrais également aider beaucoup plus mon autre sœur Domenica, si tu es d'accord ; dis-lui que j'ai beaucoup aimé la lettre de remerciements, qu'elle m'a envoyée en novembre et que j'ai reçue hier. Pour ce qui concerne le mariage de sa seconde fille, elle peut compter sur mon consentement et j'approuve le choix du mari. Que cela serve d'exemple à ses autres filles.*
>
> *P.S. — Le grand Pistrucci m'a donné une copie du grand buste de Paganini et je te l'envoie en priant Monsieur Heath de se charger du transport... Ta phrase pour l'inscription est très belle.*

Paganini reparlera à son ami du fameux *Paradisio*, célèbre chef-d'œuvre de l'art et de l'architecture italiens, qu'il aimerait bien acquérir. Mais Germi est déjà engagé depuis longtemps dans de difficiles négociations en vue de l'achat de la villa *Gajone* et il ne donnera pas suite à la demande de son ami.

En somme, Paganini est peut-être un homme fatigué, mais il est heureux de vivre en ce 29 février 1832. Il a l'espoir de retourner bientôt à Gênes ; son fils est à ses côtés et les sommes gagnées, durant cette tournée en Angleterre, lui permettent d'envisager l'avenir avec confiance.

Le 4 mars 1832, laissant Achillino à Londres, il part pour la France. Il est accompagné de Charlotte Watson, Mlle Wells servant de chaperon. En effet, il est parvenu à convaincre John Watson que sa fille devait être confiée au grand Giovanni Tadolini(13), qui enseigne son art à Paris.

Le 5 mars, il joue dans la St John's House de Winchester et le 6 à Southampton et c'est de cette ville qu'il s'embarque, le 8 mars, pour gagner la France.

Il a passé dix mois en Grande Bretagne, sillonné le pays en tout sens, dans le confort très relatif d'une voiture à chevaux, affronté des climats pas forcément très propices à sa santé, visité près de quarante villes — pour certaines d'entre elles le terme « traversé » serait plus judicieux —, donné plus de cent vingt concerts.

Plus jamais, au cours des huit années qui lui reste à vivre, il ne renouvellera un tel exploit.

*

Notes

1. Franz Cramer (1772 - 1848). Violoniste. Chef d'orchestre de la Société Philharmonique de Londres.
2. Paolo Diana, dit Paolo Spagnoletti (1786 - 1834). Violoniste italien, installé à Londres en 1802.
3. Pio Cianchettini (1799 - 1851). Compositeur et pianiste. A été surnommé le « Mozart anglais » en raison de sa précocité.
4. Sir Ashley Paston Cooper (1768 - 1841). Médecin anglais. Chirurgien du roi. Pionnier de la chirurgie vasculaire.
5. Archibald Billing (1791 - 1881). Médecin anglais. Spécialiste des maladies pulmonaires.
6. Johann Wilhelm Moralt (1774 - ?). Altiste anglais, d'origine allemande.
7. Robert Lindley (1776 - 1855). Violoncelliste anglais. Premier violoncelle de l'Opéra italien de Londres. A composé 3 concertos pour son instrument.
8. Domenico Dragonetti (1763 - 1846). Contrebassiste italien. Véritable virtuose, il fut surnommé le « Paganini de la contrebasse ».
9. Nicholas Mori (1797 - 1839). Violoniste et éditeur anglais. Créa une maison d'éditions à Londres en 1810.
10. Benedetto Pistrucci (1784 - 1855). Graveur et médailleur italien. On lui doit « *St George et le Dragon* », gravé sur le revers de la pièce anglaise d'un souverain.

11. George Smart (1776 - 1867). Chef d'orchestre, organiste et compositeur anglais. C'est pour lui que Weber écrivit *Oberon*
12. Ferdinand Ries (1784 - 1828). Pianiste allemand. Élève de Beethoven. A composé des opéras, des symphonies, des concertos, de la musique de chambre, des sonates pour piano, des lieder.
13. Giovanni Tadolini (1785 - 1872). Compositeur italien. A écrit des opéras, de la musique religieuse et symphonique.

Chapitre 19

Entre la France et l'Angleterre
(mars 1832 - décembre 1833)

Le samedi 10 mars 1832, Paganini est de retour à Paris. La ville est décimée par une épidémie de choléra. Les salles de spectacle désertées ne font plus recette. Les parisiens, qui n'ont pas fui devant le péril — les personnes les plus aisées se sont rapidement mises à l'abri, en province ou même à l'étranger — restent cloîtrés chez eux, évitant, le plus possible, tout contact avec le monde extérieur.

Chateaubriand, dans un chapitre de ses *Mémoires d'outre tombe*, a parlé du fléau et de ses funestes cortèges et a décrit, en termes qui font frémir, les scènes d'horreur, dont quiconque pouvait être le témoin à cette époque.

Paris n'est pas, en ce printemps 1832, la ville la plus propice pour donner des concerts.

*

L'Opéra étant indisponible jusqu'en avril, c'est au Théâtre Italien que Paganini se fait entendre le 25 mars.

Le 8 avril, il a écrit au Secrétariat général du Ministre du Commerce.

Pénétré de douleur pour les maux qui accablent une partie de la population, et voulant payer ma dette à l'humanité, je désirerais donner un concert dont le produit serait consacré aux victimes du cruel fléau qui désole la capitale. A cet effet, je vous supplie de me faire obtenir gratis la salle de l'Opéra un jour que le directeur ne donne pas spectacle. J'espère qu'il n'exigera d'autre rétribution que celle nécessitée pour subvenir aux différents frais.

Le geste de générosité du violoniste est très vite révélé à la presse. Lui-même fait part de ce concert, à son ami Germi.

Paris, le 18 Avril 1832
J'aimerais que tu augmentes la pension trimestrielle de Domenica de 100 francs...

Tous fuient Paris à cause du choléra-morbus. La Police, à ce jour, a délivré plus de 130 000 passeports. Le nombre des morts du choléra est de 11 000 environ. Je me distrais au cimetière en assistant à l'enterrement des victimes.

Vendredi prochain, je donnerai un concert pour les malades au grand théâtre. Le ministre du Commerce et des Travaux publics a été sensible à mon offre, et ordonné que la salle soit mise à ma disposition, et le directeur m'a, lui, offert l'orchestre ainsi que tout le personnel, qui sont payés à l'année.

Rossini a fui poussé par la peur. Moi, au contraire, je n'ai pas peur, et je désire être utile à l'humanité.

Domenica m'a écrit que sa fille Antonietta voulait se marier. S'il te plaît, dis-lui, ou fais-lui comprendre, qu'avant tout un mari doit avoir les moyens de subvenir aux besoins de sa femme ; c'est le seul conseil à lui donner.

Paganini, qui vit avec la maladie depuis plus de dix ans, affiche un certain fatalisme devant le danger — il avoue ne pas avoir peur de l'épidémie —, et nous dévoile, à nouveau, son esprit un peu morbide, qui le conduit à se distraire dans les cimetières.

On voit encore que l'une de ses grandes préoccupations reste sa famille et, en l'occurrence, sa sœur Domenica et sa nièce Antonietta, à laquelle il fera parvenir une dot de vingt mille lires, lors de son mariage. Remarquons l'unique conseil donné pour le choix d'un époux, en un temps où le seul rôle dévolu à une femme est d'entretenir son foyer et d'élever les enfants.

*

Le vendredi 20 avril 1832, Paganini est à l'Opéra pour une soirée au profit des victimes du choléra.

Toute la presse unanime, ou presque, fête le violoniste italien pour son geste de générosité. La recette nette, tous frais déduits, s'élève à 9 154 francs et 29 centimes.

On pourrait croire que tout le monde est content. Cela serait trop beau. *Le Courrier des théâtres*, toujours lui, montre bien qu'il n'a nullement l'intention de déposer les armes, quand il s'agit de s'attaquer aux artistes étrangers résidant en France, surtout à Paganini, quitte à faire preuve de la plus évidente mauvaise foi.

La dernière ligne de notre article s'est égarée, avant-hier au soir, à l'imprimerie, et nos lecteurs n'ont pu savoir, en se réveillant, que la recette du Concert de l'Opéra a été de 9 750 francs. Pour un théâtre accoutumé à de si fortes sommes, ce n'est pas tout ce qu'on aurait désiré, mais eu égard aux circonstances, la soirée a été fructueuse. Quant à amusante, c'est autre chose ! Celui qui s'est le plus récréé est M. Paganini... Nous sommes comme cela en France ! Nous aimons l'étrangeté, l'unique, l'absurde même, pourvu qu'il ne nous soit pas compatriote : nous voulons nous persuader que cela nous instruit, nous forme et qu'il y a de notre part, généreuse hospitalité à ne pas conspuer, à bien recevoir cet extraordinaire. Et la preuve, c'est que nous sifflerions, nous honnirions de telles choses si elles nous étaient offertes par des gens de notre pays. Le signor et italien Paganini sait cela mieux que personne...

Ces attaques trouvent un écho en Angleterre, où *The Harmonicon* ne cesse de reprocher à Paganini d'avoir emporté l'argent de John Bull, sans que le manque de véracité des arguments employés ne gêne en rien le rédacteur des articles. En mai, le journal londonien fait paraître l'entrefilet suivant :

Paganini a donné un concert à Paris au profit des pauvres. Lorsqu'il se trouvait dans notre ville l'an dernier, il y a gagné environ 6 000 livres sterling pour ses concerts. Dans les Iles britanniques il a amassé au moins 20 000 livres. Mais il n'a donné ici aucun concert de charité ! Non, non ! Les Anglais, les Écossais et les Irlandais sont tout juste bons à être plumés et abusés ; louanges et concerts gratuits sont réservés à nos voisins.

Il est vrai qu'en Angleterre, Paganini n'a jamais annoncé ses concerts de charité ; il n'en demeure pas moins que *The Harmonicon* ne peut ignorer les neuf concerts donnés en 1831 en Grande Bretagne au profit d'associations caritatives ou au bénéfice d'autres artistes.

23 juin	*au bénéfice de Lablache*
24 juin	*au profit du New Musical Fund*
26 juin	*au profit de l'Orphan Institution*
29 juin	*au bénéfice de de Begnis*
1ᵉʳ juillet	*au bénéfice de Hawes*
5 juillet	*au bénéfice de Spagnoletti*
11 juillet	*au bénéfice de Torri*
5 novembre	*au profit des indigents*
16 novembre	*au profit des indigents.*

Mais, quand on veut abattre un homme, tous les moyens sont bons, surtout la propagation des plus gros mensonges.

La calomnie, on le sait, bénéficie d'une durée de vie illimitée. Après la dernière guerre, c'est-à-dire plus d'un siècle après la mort du violoniste, on écrivait encore en Angleterre que Paganini n'avait jamais donné « un seul concert de charité durant son séjour en Grande-Bretagne ».

L'action de dénigrement du *Courrier des théâtres* et de *The Harmonicon* a porté ses fruits jusqu'à notre siècle.

*

Le 29 avril, *Le Moniteur universel* annonce le « dernier » concert pour le lundi 30. C'est aller un petit peu vite en besogne : Paganini ne peut se contenter de trois concerts à Paris.

Paganini, avant son départ, donnera lundi prochain un concert... Il fera entendre pour la première fois un morceau de sa composition, intitulé « Les Matines du couvent du mont Saint-Bernard », avec pendule à sonnerie, orchestre et chœur à plain-chant...

Le « pour la première fois » s'applique évidemment à Paris, puisque l'œuvre a déjà été exécutée en 1831 à Londres. Si les autres compositions interprétées font l'unanimité, *Le couvent du mont Saint-Bernard* est loin de recueillir tous les suffrages, même parmi les admirateurs inconditionnels du violoniste.

Fétis ne cache pas une certaine déception, qu'il a éprouvée à l'écoute de ce qu'il appelle une « espèce de scène ».

Une représentation composée d'un concert, où s'est fait entendre Paganini, et du ballet de la Somnambule, a été donnée lundi dernier à l'Académie royale de Musique. Cette représentation avait attiré beaucoup de monde. Paganini y a fait entendre « La prière de Moïse » sur la 4ème corde, les variations à violon seul sur l'air « Nel cor più non mi sento », et une espèce de scène intitulée « Le Mont Saint-Bernard », dans laquelle un chœur de moines, entendu dans le lointain, se joint aux sons du violon.

Je ne dirai rien des deux premiers morceaux, parce que j'ai eu occasion d'en parler plusieurs fois, et que les progrès de l'artiste y sont connus. A l'égard de la scène, il faut bien avouer qu'elle n'a pas retenu l'attention du public ni même de l'artiste. Le rapport qu'on voudrait trouver entre le chœur et le violon n'est pas assez senti, et le violoniste ne fait entendre dans ses solos que des choses ordinaires en sons harmoniques. Heureusement la scène s'est terminée par le rondeau du concerto en si mineur avec la clochette, morceau charmant qui a obtenu le plus grand succès. Je regrette seulement que Paganini ait jugé à propos d'en couper une partie.

Quant au *Courrier des théâtres*, on s'en doute, il exulte littéralement : le concert n'a pas eu le succès escompté et rien ne peut faire plus plaisir à son rédacteur.

Il s'en est donné du charlatanisme, M. Paganini, avant-hier, à l'Opéra ! Les décors, le gaz hydrogène, les ténèbres, les choristes, la cloche du théâtre, tout a été mis en mouvement pour chanter ses « Matines ». Mais cette fois, les grimaces du virtuose n'étaient plus que celles du désappointement. Il a senti le peu d'effet que produisait tout cela, et il s'est retiré plus penaud qu'enchanté. Comme le public.

*

Mais, « le dernier » concert n'était ni « le tout dernier », ni « l'ultime » et Paganini en donnera encore six autres.

Au cours de sa soirée d'adieu, il présente, pour la première fois, sa *Sonate en mouvement perpétuel* MS 66 pour violon et orchestre, comprenant un *Larghetto con passione* en ré bémol majeur et un *Perpetuela, Allegro vivace* en si bémol majeur. Le *Perpetuela*, véritable feu d'artifice de quelques 2 250 notes jouées en trois minutes, a déjà été utilisé par Paganini pour le final de son quatorzième quatuor avec guitare.

Le 3 juin, il écrit à Germi en lui annonçant sa venue à Gênes pour le printemps de l'année 1833. Pauvre Paganini ! Il se trompe et de saison et d'année, puisqu'il ne reverra sa ville natale qu'en novembre 1834.

Le testament que j'ai rédigé à Milan avant de partir pour Vienne était bien, mais étant donné le changement d'attitude de la Bianchi, il faut que j'en fasse un autre qui sera mieux, si le Ciel m'accorde de te revoir en Italie. J'espère pouvoir t'embrasser au printemps prochain...

Si l'année dernière, j'ai fait oublier la guerre, cette fois-ci, j'ai fait oublier le choléra-morbus. Le Grand Théâtre était plein aux huit soirées. Ces huit concerts ont été précédés par un autre, donné au Théâtre-Italien. A Paris, miracles comme ailleurs...

Demain ou après-demain, deux des plus grands chirurgiens au monde, viendront me voir pour examiner ma prostate, qui a bien enflé depuis quelques temps. Je te dirai quel traitement ils me conseillent...

Il y a longtemps qu'il n'a pas fait part de ses ennuis de santé ; à priori, le traitement conseillé pour soigner sa prostate douloureuse doit avoir eu un effet salutaire, puisqu'il ne sera plus question de la glande incriminée dans les correspondances ultérieures. Mais cela ne veut pas dire qu'il se porte aussi bien que possible.

*

Le 5 juin, les obsèques du général Lamarque[1], victime du choléra, donnent lieu à une grande démonstration de ferveur républicaine, qui tourne à l'émeute. Le 6, l'insurrection est écrasée. Louis-Philippe prend des mesures d'exception et promulgue la loi martiale ; nul étranger n'a le droit de quitter le sol français. Paganini, qui était prêt à partir pour l'Angleterre, doit remettre son voyage à plus tard.

Le 10, il écrit à son ami le docteur Billing pour lui donner des nouvelles de sa santé et lui annoncer son arrivée prochaine.

Des rhumatismes articulaires m'ont obligé à rester au lit pendant six jours... Maintenant je vais mieux ; je pourrai partir, au plus tard, mercredi ou jeudi.

Je brûle d'envie de vous embrasser et de vous dire, de vive voix, tout ce que je ne peux exprimer par écrit, ce sentiment de tendresse pour vous et votre adorable famille...

La crise de rhumatismes passée, la loi martiale levée, Paganini peut se mettre en route le jeudi 14 juin. Il se dirige sur Boulogne, d'où il veut embarquer pour l'Angleterre.

La réception chaleureuse que lui ont réservée, l'année précédente, les habitants de Boulogne, l'incite à donner un concert. Celui-ci est organisé pour le 18 juin et, contrairement à ce qui s'était produit en 1831, Paganini, lorsqu'il paraît sur scène est très mal accueilli et il est même sifflé par une partie du public.

Dans son édition du 23 juin, *La Revue musicale* ne manque pas de flétrir l'attitude des Boulonnais.

Il est réservé à Paganini d'éprouver à Boulogne le contraire de ce qui lui est arrivé dans toute l'Europe...

Il y a ici une société philharmonique ; c'est à elle que s'adressa une personne qui s'était chargée d'arranger d'avance le concert de Paganini à son passage pour aller à Londres. Tout était prêt en effet quand l'artiste célèbre arriva ; mais à peine fut-il dans la ville qu'une série de tribulations commença pour lui. Les amateurs qui composent la société lui déclarèrent qu'ils ne joueraient pas à son concert s'ils ne recevaient de lui quatre-vingt treize billets d'entrée... Il leur présenta d'abord que quatre-vingt treize personnes placées de cette façon occuperaient une place considérable dans une salle qui est fort petite... et il finit par déclarer qu'il prendrait des artistes pour l'accompagner et qu'il les paierait... Il fut défendu aux musiciens de la ville de coopérer au concert de Paganini, sous peine de se voir retirer les bonnes grâces de la société et de perdre leurs élèves... Paganini restait donc seul pour donner son concert... Il se décida donc et joua sans

accompagnement.
C'est ici que commence la partie la plus ridicule de l'histoire. Une vingtaine de ces amateurs ne voulurent pas qu'on se fût passé de leur talent impunément, et ils vinrent au concert armés de sifflets pour accueillir Paganini à son entrée dans la salle... L'artiste illustre, dédaignant comme il le devait une telle incartade, confia à son archet le soin de sa vengeance, et les effets magiques qu'il sait en tirer eurent bientôt réduit au silence ceux qui venaient de l'insulter d'une manière si grossière...
Qu'en dites-vous, monsieur ? Piron(2), de joyeuse et spirituelle mémoire, disait, en abattant des chardons avec sa canne, qu'il coupait les vivres aux habitants de je ne sais quelle ville. Paganini, pour peu qu'il soit mieux disposé pour ceux de la nôtre, pourrait ne pas leur refuser cette nourriture. Désormais, les amateurs de musique de Boulogne auront des droits à figurer dans l'histoire de cet art : ils ont sifflé Paganini !
Le lendemain matin, Paganini s'embarque à destination de l'Angleterre pour un séjour qui va durer trois mois.

*

Lorsque fin juin, accompagné d'Achille, il arrive à Londres, la ville a été, depuis le début du printemps, ravagée par le choléra, qui a fait plus de dix mille victimes. Même si l'épidémie est pratiquement endiguée, la conjoncture n'est donc guère favorable à une tournée de concerts, qui, sans être désastreuse, ne se révélera pas aussi fructueuse que celle de l'an passé. Mais, il n'y a pas que le choléra qui soit la cause de maigres recettes ; le climat social déplorable et la période choisie — la saison artistique touche à sa fin — en sont pour une grande part responsables.

Le programme établi par Watson, que Niccolò a repris comme impresario, n'en est pas moins des plus ambitieux : pas moins de treize concerts en six semaines du 6 juillet au 17 août. De plus, le 15 juillet, il accepte de prêter son concours à une soirée de bienfaisance, donnée au Royal Gardens Vauxhall.

Cet emploi du temps très chargé est évidemment une cause de fatigue, et le manque d'affluence aux concerts un motif de contrariété.

Par contre, si la foule ne se presse pas au théâtre pour aller l'entendre, elle lui fait fête à chacun de ses déplacements, ce qu'il n'évoque pas sans une certaine irritation.

Bien que la curiosité de me voir soit depuis longtemps

satisfaite, bien que j'ai joué en public au moins trente fois et que mon portrait ait été reproduit dans tous les styles et formes possibles, je ne peux sortir de chez moi sans ameuter la foule qui est contente de me suivre et de m'accompagner, de marcher à côté de moi, devant moi, de me parler en anglais dont je ne comprends pas un mot, et de me toucher, comme pour se rendre compte si je suis en chair et en os. Et cela, non seulement la populace, mais également les gens bien élevés.

C'est sans regret que le 21 ou le 22 août, Paganini quitte Londres pour une petite tournée en province.

*

Le 23 août, Paganini se fait entendre à Canterbury, le 27 à Brighton, les 30 et 31 à Southampton, le 4 septembre à Winchester, le 7 à Southampton, les 10 et 11 à Portsmouth, les 12 et 13 à Chichester. La recette de ces dix concerts couvre à peine les frais et il renonce à poursuivre une tournée si mal engagée, d'autant plus que partir pour le nord du pays signifie s'exposer une fois encore au choléra, qui sévit toujours dans cette région.

Fatigué, il revient à Londres et la lettre qu'il adresse à Germi, le 17 septembre, montre la lassitude qu'il éprouve à l'égard de l'Angleterre.

Je commence à être fatigué et je ne vois pas venir le moment où je pourrai me reposer au pays ; et puis cette Angleterre, si tu savais ! Maintenant, oui, je connais le monde !

Cette année, je suis arrivé trop tard à Londres ; la saison était déjà terminée ; mais j'ai quand même donné onze concerts au Théâtre Covent Garden à une époque où, traditionnellement, il est fermé. Il n'y avait que mon violon pour le remplir, puisque ma façon de jouer est, à ce que l'on dit, plus merveilleuse que jamais...

J'ai fait une courte tournée de concerts dans de petites villes, mais samedi je compte partir pour Paris où je resterai plusieurs jours ; je ferai ensuite un tour en France, selon un itinéraire que je suis en train d'établir. Je te dirai dans quelles villes je m'arrêterai pour ajouter quelques lauriers à ma couronne.

Le 24 septembre, il quitte Londres et arrive à Paris le 27. Jusqu'au 12 octobre, il se repose dans un grand appartement du 8 rue Le Peletier. Il a à ses côtés Achille, Mlle Wells et Mlle Watson.

Le 13 octobre, il donne un concert à Rouen. Il réitère les 15 et 17 octobre, remportant un énorme succès. Le 18 octobre, il est à Evreux, les 20 et 22 au Havre.

Le 25 octobre, Paganini revient à Paris. Comme il le dira dans une lettre à Germi, le 22 janvier 1833, il va changer six fois d'appartement, surtout pour éviter d'être enfumé par des cheminées qui fonctionnent trop mal à son goût. Il finit par s'installer dans un hôtel, rue des Belles Filles. Rien ne dit que Mlle Wells et Charlotte Watson l'aient suivi dans ses pérégrinations, mais cela n'est pas impossible.

Certainement fatigué des tournées et n'ayant aucune envie de repartir en voyage au moment où arrive l'hiver, il demeure à Paris, sans même chercher à donner un concert à l'Opéra ou au Théâtre-Italien. Il est, comme il le dira à Germi, « pris de paresse ».

*

Le 16 novembre, Paganini envoie à Laporte une lettre pour l'informer qu'il renonce à se rendre en Angleterre avant 1834. S'il lui parle d'une tournée dans le midi de la France et d'un retour dans son pays, il lui cache par contre d'autres projets, disons plutôt d'autres rêves, comme des voyages en Russie et en Amérique.

Le 5 décembre, il se rend chez les célèbres frères Bapst, associés dans la même bijouterie. Il leur achète un solitaire, qu'il fait sertir sur une bague en or ; la facture s'élève à la coquette somme de 16 000 francs. Il est vraisemblable que ce diamant a été offert à Charlotte Watson. Depuis mars, la jeune fille, toujours chaperonnée par Mlle Wells, n'a pratiquement pas quitté Paganini. Il est à peu près avéré qu'elle n'a jamais été sa maîtresse ; par contre, il est indéniable qu'il a envisagé de l'épouser et il considère, certainement, ce bijou comme une officieuse bague de fiançailles. On imagine mal comment Charlotte a pu dissimuler le cadeau à Mlle Wells et, donc, John Watson a été mis au courant. Mais, celui-ci tient trop à ses moyens de subsistance, pour s'opposer à son employeur ; sa prétendue indignation, lors de l'enlèvement de sa fille en 1834, ne trompera personne.

Le 9 décembre, Paganini assiste à un concert d'œuvres de Berlioz. Joseph d'Ortigue, présent lui aussi ce soir-là, relate la rencontre du violoniste et du compositeur.

Le concert terminé, un homme, visiblement ému, traversa la salle et entra dans le foyer du Conservatoire. Il demanda Berlioz, qu'il ne connaissait pas ; il l'embrassa et lui dit avec une certaine emphase : « Monsieur, vous commencez par où les autres ont fini ». C'était Paganini.

*

Le 24 décembre, Niccolò est fait baron de Westphalie, et la chose n'a rien pour nous surprendre. En 1829, il avait déjà sollicité, sans résultat, un titre de noblesse de la part du roi de Prusse. Paganini n'a pas renoncé à obtenir un titre nobiliaire, qui, dans son esprit, doit lui valoir le respect de ses concitoyens et faire taire tous ceux qui n'hésitent pas à faire de lui un repris de justice. Lorsque, peu de temps après son arrivée à Paris, en septembre 1832, il fait la connaissance du prince Frederick IV de Salm-Kyrbourg, il ne peut certainement pas s'empêcher de lui faire part de son souhait. Le prince n'est, en définitif, qu'un vulgaire aventurier, noble déchu de toute souveraineté depuis 1815 ; sans fortune, il est prêt à attribuer, contre espèces sonnantes et trébuchantes, un titre héréditaire, alors même qu'il n'a aucun pouvoir pour le faire. Le 12 novembre, le prince décerne à Paganini la Grande Croix de l'Ordre de Stanislas. Dans le certificat joint à la décoration Paganini est simplement nommé « Monsieur le Baron », formule de courtoisie beaucoup plus que titre de noblesse. Rien n'indique qu'il ait été élevé à la pairie.

Le 20 janvier 1833, il écrit à Germi. Il lui parle de sa fatigue, de son prochain voyage en Angleterre et, bien évidemment, de son tout nouveau titre de baron.

Pris de paresse, j'ai été incapable de tenir une plume ou un archet pendant deux mois et demi. J'ai dû garder le lit à cause de deux rhumes, mais maintenant je vais mieux. Ici il fait très froid, et à cause de cheminées défectueuses qui fumaient, j'ai changé d'appartement au moins six fois...

Si mon retour à Gênes était différé, tu aurais plus de temps pour préparer un logis digne de nous et d'un Baron comme moi maintenant, ainsi que le disent les journaux parisiens.

Mon fils attend avec impatience l'heureux instant où il pourra t'embrasser. C'est tout mon portrait, e tanto basta, je me reposerai plus tard.

Le Commandeur Baron Paganini
Chevalier de plusieurs Ordres

La signature au bas de la lettre montre sa fierté d'avoir échappé à sa condition de violoniste génois issu du peuple, et d'avoir acquis, grâce à son art, en même temps que cette condition de gentilhomme, une certaine respectabilité.

La paresse confessée n'a rien avoir avec une quelconque répulsion pour le travail ; elle est avant tout la conséquence d'un état de santé qui se dégrade et qui, de jour en jour, vient ajouter à la fatigue physique et à la lassitude de cet éprouvant métier. Le 28 février, il avoue : « Cela fait quatre mois que je n'ai ni regardé ni touché mon violon, mais aujourd'hui je vais un petit peu lui pincer les cordes... ». Le formidable enthousiasme de l'année 1828 s'est un peu émoussé ; trop de concerts, trop de critiques injustifiées, trop de médisances et de mesquineries, trop de solitude aussi, pour cet homme qui a un incoercible besoin de chaleur humaine.

*

Le 4 mars, on peut lire, dans *Le Moniteur universel,* cette information.

La célèbre actrice anglaise, miss Smithson, s'est cassée hier la jambe en descendant de voiture... Une représentation au bénéfice de cette tragédienne si distinguée se préparait. L'événement ne pourra avoir d'autre effet que de rendre à cette représentation l'affluence plus considérable.

Harriett Smithson est une actrice d'origine irlandaise. Après des débuts prometteurs à Londres, elle vient à Paris en 1827 et y joue Shakespeare à l'Odéon. Berlioz en tombe follement amoureux. Fin 1832, à cause du choléra, de la crise économique générale et de la désaffection du public pour le théâtre anglais, la situation financière de l'actrice devient catastrophique. Elle réussit, néanmoins, à organiser un gala de charité, qui doit avoir lieu début mars. Mais le 1er mars, en descendant de son cabriolet, elle tombe et se casse une jambe. Comme elle est immobilisée pour plusieurs semaines, Berlioz a l'idée, pour lui venir en aide, d'une soirée mixte — musique et théâtre — qui doit être surtout un grand événement mondain.

Pourquoi Paganini n'accepte-t-il pas de prêter son concours à cette soirée ? La maladie, le fait que, depuis quatre mois, il n'a pas touché son violon, un certain besoin de repos avant d'entreprendre une nouvelle tournée en Angleterre, sont autant de raisons pour lui de renoncer à monter sur une scène. Mais, il ne fournit aucune explication à son refus, ce qui a pour conséquence de lui attirer les foudres de la presse. Bien sûr, son attitude est encore plus vivement critiquée en Angleterre, où les journaux n'apprécient pas que Paganini fasse aussi peu de cas d'une de leurs concitoyennes. Le seul à ne pas lui tenir rigueur de sa défection est Hector Berlioz lui-même.

La lettre que Paganini écrit à Germi, le 12 avril, explique bien son manque d'enthousiasme à se faire entendre en public, même s'il s'agit d'un concert de charité : il ne possède plus l'énergie nécessaire pour jouer, il a très envie de se reposer, il n'en peut plus.

N'ayant pas donné de concert depuis six mois, je ne peux te dire comme il est pénible pour moi de rassembler l'énergie nécessaire pour jouer !... J'ai vraiment très envie de me reposer. Je suis très fatigué et je déteste les voyages ; mais je ne suis pas très loin de Londres et j'ai donné ma parole à cette fripouille ; il me traînerait en justice autrement, et, étant donné les maudites lois de ce pays, cela me coûterait cher ; j'ai donc décidé de partir le mardi 16...

Dès que mon contrat en Angleterre sera terminé, je ferai un petit tour en France, en passant si possible par la Hollande, et ensuite, à ma plus grande joie, je rentrerai en Italie ; et plus de concerts, car je n'en peux plus.

P.S. — J'ai oublié de te dire que j'ai eu l'idée, hier matin, de gagner un peu d'argent pour mon voyage à Londres. Je vais donc donner un concert, après-demain dimanche, au Grand Opéra ; comme l'impresario ne veut me donner que la moitié de la recette brute, je ne jouerai que deux de mes compositions...

Le 14 avril, à l'Opéra, Paganini ne joue donc que deux œuvres. Son dernier concert remonte au 22 octobre 1832 au Havre : près de six mois sans monter sur une scène.

*

Le 25 avril 1833, Paganini quitte Paris pour Londres.

Le 6 mai, il accepte de participer à un concert, donné au King's Theatre, au profit du *Musical Fund*. Étant donné la cabale montée contre lui par les journaux, à cause de son refus de jouer pour Harriett Smithson, il juge plus prudent de commencer sa tournée par un geste de générosité. Peine perdue ! Attaqué, il répond à toutes les accusations, mais n'arrive pas à faire taire les calomniateurs.

Début mai, chez le docteur Billing, une extraordinaire soirée a lieu. Niccolò Paganini à l'alto, Robert Lindley au violoncelle et Felix Mendelssohn au piano exécutent pour la première fois le *Terzetto concertante* en ré majeur MS 114 pour violon, violoncelle et guitare. La partie de guitare est adaptée pour le piano par Mendelssohn. Quel trio de rêve ! Cet événement est si exceptionnel, qu'il est commenté, peu de jours après, par le *Morning Post*.

Il est fréquent d'entendre dire que Paganini ne peut jouer en quatuor sans y ajouter quelques artifices. Cela est loin d'être exact. Au cours de la soirée donnée, l'autre jour, chez le docteur Billing, Paganini,

Mendelssohn et Lindley ont joué un trio pour alto, guitare et violoncelle (composé par Paganini). Mendelssohn tenait la partie de guitare transcrite au piano et y a adjoint une basse très ingénieuse. L'exécution de Paganini à l'alto fut une véritable leçon ; aucun effet, ni saut d'obstacles, ni cabriole, mais de la belle musique, jouée dans la plus juste intonation, comme celle de Lindley au violoncelle. L'œuvre reflète ce que l'on sait du Signor ; bien conçue, écrite avec toute la science voulue, très plaisante et agréable à entendre.

*

Jusqu'à fin juin, Paganini se repose, prépare son premier concert londonien et fait de la musique de chambre avec ses amis. Il attend également, en vain, que la cabale montée contre lui faiblisse.

Du 21 juin au 8 août, il donne dix concerts, dont trois pour des associations caritatives. Malgré tout son dévouement, il ne parvient pas à faire baisser les armes de ses adversaires ; parmi ses ennemis les plus virulents, on trouve des réfugiés politiques italiens, jaloux de sa gloire et de sa fortune.

Mais, les flèches décochées contre lui paraissent ne pas l'affecter outre mesure, si l'on en juge par ce qu'il confie à Germi, le 16 juillet

Tu ne peux pas imaginer comme cela me fait plaisir de me retrouver propriétaire de la Villa Gajone ; une autre à Gênes, et une autre à Florence, et je serai pleinement heureux.

L'horrible hiver de Paris m'a fait garder le lit six mois et, ici, à cause d'une cabale orchestrée par des gens malintentionnés, je n'ai pas fait recette ; mais je savais comment contrer la conspiration et, par mon attitude et grâce à mon « cannone violino », j'ai réussi à leur faire honte et à m'assurer un triomphe...

J'aimerais bien revenir ici l'année prochaine ; en attendant, j'ai décidé d'aller à Saint-Pétersbourg en septembre et de rester en Russie tout l'hiver : qu'est-ce que tu en penses ?...

P.S. — Demain je vais donner le Quatrième Concerto au Théâtre Drury Lane. Après demain, je pars pour Cheltenham et je ferai une tournée en Irlande et en Ecosse tout le mois d'Août ; je serai de retour début Septembre.

Les beaux jours sont revenus, les six mois d'inactivité sont oubliés, la lassitude s'est envolée, et voilà que Paganini, persuadé qu'il a terrassé ses adversaires, pense à partir pour Saint-Pétersbourg et à revenir en Angleterre en 1834. Malgré l'acquisition de la villa Gajone — dont l'achat a enfin été conclu le 9 avril — il ne parle plus de rentrer en Italie.

Nonobstant le triomphe qu'il prétend avoir assuré, ses concerts londoniens sont loin d'être fructueux. Ses ennemis ont atteint partiellement leur but ; de plus, il ne suscite certainement plus le même enthousiasme et son répertoire n'apporte rien de nouveau.

Le 18 juillet, il gagne Cheltenham, où il passe quelques jours en touriste. De là, il rejoint Birmingham, s'y fait entendre le 23 et le 25 juillet et revient à Londres, juste à temps pour son concert du 27, au Théâtre royal Covent Garden.

*

Paganini quitte Londres le 9 août en compagnie de John Watson, de Charlotte et de Mlle Wells.

La tournée commence le 10 août et se termine le 27 octobre. Onze longues et harassantes semaines de voyage, au cours desquelles il ne donne pas moins de quarante-deux concerts dans trente-cinq villes différentes.

Le 28 octobre, il est de retour à Londres, une seule idée en tête : se reposer. Dans sa lettre à Germi, écrite le lendemain de son retour, il évoque la possibilité d'un voyage en Russie — auquel il veut bien renoncer, puisque son ami semble s'y opposer — et parle de son retour à Londres pour le mois d'avril 1834. Néanmoins, on sent qu'il a surtout envie d'être chez lui, près de ses proches. Il y a plus de cinq ans, qu'il a quitté l'Italie et bien qu'il demande de faire annoncer son prochain retour, il sait qu'il ne pourra pas rentrer à Gênes avant mai ou juin de l'année suivante.

J'attendais une lettre de toi au sujet du voyage que j'envisage de faire en Russie. Si j'en juge par ton silence, il vaudrait mieux que je n'entreprenne pas ce voyage, étant donné que tu ne le souhaites pas. Bon ! Je n'irai pas...

Je n'ai aucun engagement à Paris et je peux donc partir pour où tu veux, de façon que nous soyons ensemble pour le restant de nos vies...

Je dois retourner à Londres en avril pour jouer sur mon grand alto. N'aimerais-tu pas venir avec moi ? Nous pourrions passer ensemble les fêtes de Noël chez nous. Si seulement je pouvais passer tous mes jours avec toi ! Je serais heureux, et mon fils également.

Fais annoncer mon prochain retour dans les journaux.

En 1832, Paganini achète au luthier londonien George Corsby(3), un alto Stradivarius de 1731. Le 28 février 1833, il demande à Germi de lui envoyer son alto : « Si j'avais besoin de ton grand alto pour jouer à Londres, pourrais-tu me l'envoyer ? J'appellerai cet instrument la *contra viola...* ».

Le 9 novembre, il est de retour à Paris. Malade, ne pouvant même plus tenir debout, il est obligé de s'aliter et pendant près d'une quinzaine de jours, il va rester entre la vie et la mort. Durant une brève période d'accalmie, il trouve la force de lancer un véritable appel au secours à Germi.

Paris, le 24 Novembre 1833
Je suis si malade que je ne sais pas si je m'en sortirai. Malade de la poitrine ; j'ai fait une hémorragie, et je ne sais pas quoi te dire. Je serais heureux si tu pouvais venir à Paris.

Pacini ajoute un post-scriptum à la lettre :
Je suis dans la chambre de Paganini. Il est vraiment très malade ; il tousse tellement qu'il a pu à peine écrire ces deux lignes. Il désire vraiment que vous veniez à Paris. Je ne vous cache pas que les médecins sont très inquiets. Que Dieu nous épargne un malheur !

Germi est-il malade ? La missive met-elle tant de temps à lui parvenir, qu'il décide de ne rien entreprendre avant d'avoir reçu d'autres nouvelles ? Quoi qu'il en soit, malgré la supplique extrêmement pathétique de son ami, et l'inquiétude que révèle le post-scriptum de Pacini, Germi ne se met pas en route pour Paris. Il ne faut cependant pas l'accuser trop vite d'égoïsme et d'indifférence, comme on a été tenté trop souvent de le faire.

L'issue fatale, tant redouté par Pacini, ne se produit pas et Paganini peut, trois semaines plus tard, rassurer Germi sur son état de santé, sans aucunement lui tenir rigueur de ne pas avoir répondu à son appel.

Paris, le 14 Décembre 1833
Me voici rétabli. Quand je t'ai écrit le 24 novembre, les médecins et les chirurgiens, dans leur diagnostic, ne me donnaient que huit ou dix heures à vivre. Grâce au Ciel, j'ai survécu.

... Je suis fatigué des voyages et des concerts. J'ai bien l'intention de m'arrêter de jouer du violon et je le vendrais volontiers un million à toute personne qui voudrait l'acheter...

A vrai dire, quand je voulais que tu viennes à Paris,

j'étais sûr de ne plus être en vie à ton arrivée. Mais je m'en suis sorti pour t'embrasser et te confier mon fils ; il sait que tu seras pour lui un second père.

A peu près rétabli, le 22 décembre, Paganini assiste à un concert de Berlioz. C'est la deuxième entrevue des deux hommes et le point de départ de la grande admiration que le violoniste voua toujours au compositeur. Berlioz, dans ses *Mémoires*, fait état de cette rencontre.

La Symphonie Fantastique figurait encore dans le programme ; elle enleva d'assaut d'un bout à l'autre les applaudissements. Le succès fut complet, j'étais réhabilité... Enfin comble de bonheur, quand le public fut sorti, un homme à la longue chevelure, à l'œil perçant, à la figure étrange et ravagée, un possédé du génie, un colosse parmi les géants, que je n'avais jamais vu, et dont le premier aspect me troubla profondément, m'attendit seul dans la salle, m'arrêta au passage pour me serrer la main, m'accabla d'éloges brûlants qui m'incendièrent le cœur et la tête. C'était Paganini ! ! !

*

A partir de maintenant, plus rien, dans l'existence de Paganini, ne se présentera plus comme il le voudrait. Les déceptions seront toujours plus fréquentes que les occasions de se réjouir. La maladie va faire des progrès de plus en plus fulgurants.

L'année 1834 qui arrive va lui apporter encore son lot de grandes désillusions.

*

Notes
1. Jean Maximilien Lamarque (1770 - 1832). Général français. Combattit dans l'armée de la République, puis dans la Grande Armée. Élu député en 1828, il milita dans l'opposition libérale.
2. Alexis Piron (1689 - 1773). Écrivain humoriste français. Auteur de chansons quelque peu grivoises, d'une comédie et de monologues pour le théâtre. Il avait rédigé lui-même sa propre épitaphe : « Ci-gît Piron, qui ne fut rien. Pas même académicien ».
3. George Corsby. Luthier anglais. Fabriqua des violons et des violoncelles, copies très appréciées d'Amati. Se consacra également au commerce d'instruments anciens.

Chapitre 20

« Je suis fatigué de donner des concerts... »
(janvier - septembre 1834)

Le 16 janvier 1834, la *Revue musicale* fait paraître l'information suivante :
Paganini vient de demander à Berlioz une nouvelle composition dans le genre de la « Symphonie Fantastique », que le célèbre virtuose compte jouer lors de sa tournée en Angleterre. Cet ouvrage sera intitulé « Les derniers instants de Marie Stuart », fantaisie dramatique pour orchestre, chœur et alto solo...
Même si cette nouvelle ne contient qu'une part de vérité, Paganini n'a aucun intérêt à contredire ce jeune homme, spirituel et influent chroniqueur musical du *Journal des débats*. Mais, il est bien clair que le violoniste a « demandé » et non pas « commandé » et qu'il n'a pas écrit la moindre lettre au jeune compositeur ; celui-ci se serait empressé de la reproduire dans sa chronique.
Selon Berlioz, Paganini aurait formulé sa demande de la façon suivante :
Paganini vint me voir. « J'ai un alto merveilleux, me dit-il, un instrument admirable de Stradivarius, et je voudrais en jouer en public. Mais je n'ai pas de musique ad hoc. Voulez-vous écrire un solo d'alto ? Je n'ai confiance qu'en vous pour ce travail. — Certes, lui répondis-je, elle me flatte plus que je ne saurais dire, mais pour répondre à votre attente, pour faire dans une semblable composition briller comme il convient un virtuose tel que vous, il faut jouer de l'alto ; et je n'en joue pas. Vous seul, ce me semble, pourriez résoudre le problème. — Non, non, j'insiste, dit Paganini, vous réussirez ; quant à moi, je suis trop souffrant en ce moment pour composer, je n'y puis songer »
Bien évidemment, Berlioz s'empresse de répandre autour de lui la prétendue requête de Paganini. Quelle éclatante reconnaissance de son talent et quelles rentrées d'argent en perspective, si Paganini veut bien créer l'œuvre et faire, pour l'occasion, ses débuts d'altiste ! Mais il est manifeste qu'il ne s'agit tout au plus que d'une phrase échangée au cours d'une conversation, d'une parole en l'air, que Berlioz interprète pour en tirer avantage. Il a mis en chantier un « ouvrage pour chœurs, orchestre et alto principal » et rêve de l'entendre jouer par Paganini ; il fait donc courir le bruit que

c'est l'illustre virtuose génois lui-même qui a sollicité la composition.

Mais, encore faut-il qu'il soit au courant que, depuis quelque temps, le violoniste à l'intention de se produire en public en tant qu'altiste. Comment a-t-il pu le savoir, si Paganini lui-même ne lui en a pas parlé ? Car, pourquoi penser en premier lieu à l'alto, lorsque l'on veut dédier une œuvre à un aussi illustre virtuose du violon ? Cela semble illogique, à moins d'être parfaitement informé du nouveau penchant de celui-ci.

De toute façon, beaucoup de bruit pour rien ; cette prétendue collaboration n'a pas le résultat escompté par le compositeur. Berlioz lui-même ne se fait pas trop d'illusions, sur la suite que le violoniste compte donner à son entreprise. Et, comme il sait que Paganini ne jouera pas *Harold*, il va chercher à justifier le refus de ce dernier.

J'essayai donc pour plaire à l'illustre virtuose d'écrire un solo d'alto, mais un solo combiné avec l'orchestre de manière à ne rien enlever de son action à la masse instrumentale, bien certain que Paganini, par son incomparable puissance d'exécution, saurait toujours conserver à l'alto le rôle principal... Le premier morceau était à peine écrit que Paganini voulut le voir. A l'aspect des pauses que compte l'alto dans l'Allegro : « Ce n'est pas cela ! s'écria-t-il, je me tais trop longtemps là-dedans ; il faut que je joue toujours. — Je l'avais bien dit, répondis-je. C'est un concerto d'alto que vous voulez, et vous seul, en ce cas, pouvez bien écrire pour vous » Paganini ne répliqua point, il parut désappointé et me quitta sans parler davantage de mon esquisse symphonique. Quelques jours après, déjà souffrant de l'affection du larynx dont il devait mourir, il partit pour Nice, dont il revint seulement trois ans après.

Or, en février 1834, Paganini ne part pas pour Nice ; il entreprend une tournée de concerts dans le nord de la France, en Belgique, puis à Londres et ne part de Paris pour le Midi de la France qu'en septembre, alors que la symphonie est, d'ores et déjà, terminée ; la phrase « Le premier morceau était à peine écrit que Paganini voulut le voir » ne semble pas très vraisemblable.

Les faits, que Berlioz est seul à relater, ne concordent guère entre eux et on est amené à conclure que le compositeur a, bel et bien, confondu désir avec réalité.

L'œuvre ne sera jamais jouée par Paganini ; elle sera créée

par Chrétien Urhan[1] le 23 novembre 1834.
*

Début février, Paganini emménage au 14 rue Caumartin, dans un appartement beaucoup plus grand, où il peut héberger toute la famille Watson. Il se rétablit lentement de plusieurs ennuis de santé, dus à un hiver trop rigoureux, au cours duquel les médecins ont diagnostiqué, à tort semble-t-il, une tuberculose pulmonaire.

C'est de sa nouvelle adresse qu'il expédie à Germi sa première lettre de l'année.

Ma santé s'améliore, mais je souffre encore de temps en temps de constipation, ce qui me rend plus paresseux qu'avant pour écrire.

Le grand alto, que je croyais perdu à la douane de Londres a finalement été retrouvé... L'instrument est à l'heure actuelle chez mon ami le docteur Billing, qui affirme qu'il est très beau. Je le retrouverai le 1er avril, puisque j'ai décidé de quitter Paris le 10 mars et que je passerai par Bruxelles et par d'autres villes...

P.S. — Je ne sais pas si je t'ai dit que, pendant ma tournée en Angleterre, mes chanteuses anglaises — deux satanées bonnes femmes — se rendant au concert en voiture, ont confié mon violon au cocher, au lieu de le garder sur leurs genoux. L'étui est tombé et le violon a été endommagé, ce qui fait que j'ai dû le donner à réparer à un célèbre luthier. J'espère que ce sera bien fait.

Les « deux satanées bonnes femmes », coupables de crime de lèse-Guarnerius, sont, de toute évidence, Mlle Wells et Charlotte Watson.

Si, le 17 février, Paganini ne semble pas tout à fait persuadé que son violon sera bien réparé, il est totalement rassuré, lorsqu'il écrit la lettre suivante.

Paris, le 9 Mars 1834

Le violon a été bien réparé, mais je me suis blessé au troisième doigt de la main gauche, en coupant du fromage de Plaisance ; et il a fallu que cela m'arrive le soir même où je voulais me remettre au travail pour préparer mes concerts ! Par bonheur, la blessure ne s'est pas infectée et sera vite guérie, grâce au pansement que j'ai appliqué après avoir fait saigner la coupure ; mais je ne pourrai toucher à mon violon avant le concert...

P.S. — Je vais envoyer quelques lignes à ma chère sœur Nicoletta en réponse à plusieurs de ses lettres, en lui disant que j'ai pensé à mettre à sa disposition l'argent nécessaire pour l'éducation de son fils et qu'elle aura le solde quand je rentrerai à la maison.

Paganini n'a vraiment pas de chance ; une fois le violon remis en état, un accident stupide le prive de la possibilité de travailler ; il n'a pas besoin de ce fâcheux contretemps, étant donné le calendrier établi par John Watson.

*

Le 10 février, il quitte Paris pour Amiens. Quelques heures avant son concert, il apprend la nouvelle de la mort de son ami, le docteur Bennati, renversé par un cheval emballé, boulevard des Italiens à Paris ; on peut imaginer dans quel état d'esprit, il aborde ses récitals.

Le 12, il est à Douai, puis le 13 à Valenciennes et enfin le 14 à Mons.

A son arrivée à Bruxelles, Paganini se heurte à des difficultés d'organisation. Composé d'amateurs sans aucun talent, l'orchestre est incapable de l'accompagner. Il en est donc réduit, pour son premier concert au Théâtre de la Monnaie, à recourir aux bons soins de Watson, comme pianiste-accompagnateur.

Après Jeffrey Pulver(2), on a souvent prétendu que la tournée de Paganini en Belgique avait été un vrai désastre et qu'il avait été très mal reçu.

Il trouva le pays tout entier hostile... Paganini joua devant des salles pratiquement vides... On peut à peine parler du fiasco de Paganini en Belgique comme d'une défaite, car l'incident a été passé sous silence.

Tout autre, plus mesurée, et peut-être plus objective, est la version de Fétis, qui réside alors à Bruxelles.

Je peux affirmer tout d'abord que ce concert fut très mal organisé et que tout semblait avoir été fait pour que le fameux artiste crée une impression défavorable...

L'orchestre n'était pas bon. Il avait été constitué à la hâte le matin même de la répétition. Quand Paganini arriva, il trouva des pupitres jusque devant la rampe, si bien qu'il n'avait plus la place de bouger, lui qui a besoin d'espace et qui ne produit le plus grand effet que lorsqu'il remplit de grandes salles de sa puissante sonorité. Irrité par cette lamentable organisation, il refusa de répéter. Sans répétition, il était incapable de jouer un de ses grands concertos. C'est pourquoi, il dut se contenter d'un accompagnement de piano, et ainsi, au lieu d'entendre une de ses plus belles œuvres dans lesquelles il fait preuve de son admirable et incomparable habileté, tout fut réduit aux misérables dimensions d'un joli rondo. Ce n'est que dans la grande sonate sur la corde de sol qu'il montra ce qu'il était réellement.

Très franchement, je dirai qu'il se montra très au-dessous de ses prestations habituelles dans la première et la dernière œuvres et même dans la sonate Militaire sur la corde de sol...

Paganini n'est assurément pas aussi impérial dans sa façon de jouer, qu'il a pu l'être naguère. A cela, on peut trouver plusieurs raisons. D'abord, il a passé un très mauvais hiver, sa santé n'est pas très bonne et le diagnostic des médecins guère rassurant ; son moral est donc loin d'être au beau fixe. Ensuite, l'accident survenu à son violon et sa coupure à la main lui ont interdit tout travail pendant quelque temps. De plus, la mort de son vieil ami, le docteur Bennati, lui a porté un rude coup et il n'a, sans nul doute, pas retrouvé tout son enthousiasme d'antan.

La recette du concert est loin d'être négligeable et le roi Léopold I[er](3), présent dans la salle, lui fait cadeau d'une bague sertie de diamants et de mille francs prélevés sur sa cassette personnelle.

La seconde soirée a lieu le 17 mars, toujours au théâtre de la Monnaie. Paganini, qui a retrouvé tous ses moyens, est, cette fois-ci, accompagné par un orchestre, dirigé par Jean-François Snel(4) et qui lui donne toute satisfaction.

Le 18 mars, délaissant Bruxelles, il va jouer à Anvers, où il obtient un énorme succès. Malheureusement, ici aussi, faute d'un orchestre correct, il est obligé de se faire accompagner au piano par Watson.

Le 19, il est de retour dans la capitale belge, mais ce troisième concert ne connait pas l'affluence des deux premiers. Les commentaires de Fétis ne manquent pas de mettre l'accent sur une certaine lassitude que laisse entrevoir Paganini.

Lui qui aujourd'hui est si libre, qui a fortune faite, ne devrait pas oublier qu'une exploitation trop intense de son beau talent ne peut être que néfaste, que le repos est quelquefois nécessaire au plus grand des artistes, pour qu'il soit en mesure d'utiliser toutes ses capacités, et que la spéculation n'a pas sa place dans l'art...

Le 21, à Gand, le public fait un véritable triomphe à Paganini, comme en témoigne le compte-rendu du 23 mars paru dans le *Messager*.

Vous avez entendu les plus célèbres violonistes du

monde... Eh bien vous n'en êtes qu'à l'alpha de votre expérience ; vous ignorez ce que peut un homme de génie, armé d'un violon et d'un archet, si vous n'avez vu et entendu Paganini...

Le 24, il se fait entendre à Bruges, dans la nouvelle salle du Grand Concert. Sa tournée en Belgique se termine en ovation.

Le 26, avant de s'embarquer pour l'Angleterre, il joue, une dernière fois, au théâtre de Dunkerque.

*

Le 1er avril, Paganini arrive à Londres. Les concerts se suivent à une cadence infernale, un par jour pendant six jours.

Au vu d'un tel rythme, on comprend qu'il ait refusé tous les engagements que voulait prendre Watson et qu'il ait préféré se reposer une quinzaine de jours.

Le 27 avril, à l'*Hanover Square Rooms*, il prend pour la première fois en public sa *contraviola* - instrument à cinq cordes, inventé par Paganini et construit spécialement pour lui par Francesco « Tino » Borghi - pour présenter au public sa nouvelle œuvre, la *Sonata per la Gran Viola* MS 70 en do majeur. L'altiste et l'œuvre sont très bien accueillis par le public, alors que le correspondant du *Times* se montre un peu plus réservé.

Hier soir, le Signor Paganini a exécuté une œuvre pour alto... On aurait aimé plus de clarté et d'agilité dans les notes aiguës ; de plus, les traits, à cause d'une extension plus grande des doigts, ne furent pas exécutés avec le même brio que sur un violon. Tout compte fait, cette expérience ne semble pas à la hauteur de la réputation de Paganini...

Parmi les musiciens présents ce soir-là, il faut citer le nom d'Henri Vieuxtemps[5], qui aura l'occasion de rencontrer le virtuose italien chez le docteur Billing et assistera à ses trois autres concerts londoniens. Très impressionné par le maestro, Vieuxtemps a laissé dans ses souvenirs le témoignage de ces soirées inoubliables.

A l'époque où j'entendis Paganini, je n'avais que quatorze ans à peine, mais j'étais cependant déjà assez avancé dans l'art de jouer du violon pour comprendre toute l'immensité de son talent. L'impression qu'il me fit fut foudroyante, et, quoique ne pouvant me rendre un compte exact des moyens dont il se servait pour arriver aux effets rendus, mon étonnement n'en fut pas moins immense.

Début mai, quittant Londres, Paganini se rend en province — Blackheath, Richmond, Gloucester, Bridgenorth, Stafford, Liverpool — pour quelques concerts au résultat financièrement désastreux.

De Liverpool, il écrit à « Achillino », qu'il a laissé à Londres, une lettre pleine de tendresse.

Liverpool, le 6 Mai 1834
Ces quelques jours passés loin de toi valent dix années pour moi.
Dieu sait ce que j'ai souffert de te laisser derrière moi ! mais connaissant ta santé délicate, j'ai renoncé au bonheur de t'avoir près de moi pendant ce maudit voyage, alors que tu pouvais rester à Londres ; surtout que tu es entre de très bonnes mains avec la belle-sœur de Watson et son fils William...
Il ne se passe pas un seul jour sans que je pense à toi, que je te parle et que je t'embrasse. Dimanche soir, j'aurai la joie de t'embrasser pour de bon et de te dire toutes ces choses que, par excès de tendresse, je ne peux écrire. J'espère que tu es très sage et que tu fais des progrès dans tes études. J'attends avec impatience l'heureux instant où je te serrerai contre moi. Souviens-toi que je t'aime passionnément.
Ton papa.

Irrité par le peu de succès remporté, il renonce à aller jouer à Oxford et décide de rentrer à Londres, où il arrive le 11 mai au soir.

*

La tournée dans les provinces anglaises a été un échec, qui n'a pas permis à Watson, couvert de dettes, de se remettre à flot. Il n'a payé ni la location de la salle, ni l'orchestre, pour le concert du 12 avril à l'*Hanover Square Rooms*. A peine de retour à Londres, Watson est arrêté et envoyé en prison. Paganini doit payer les 45 livres sterling nécessaires à la libération de son impresario. Il lui faut également régler les notes d'hôtel et faire cadeau à Watson de 50 livres, que celui-ci lui doit et qu'il n'est pas en mesure de lui verser.

Ces problèmes étant résolus, et la salle de l'*Hanover Square* lui étant à nouveau ouverte, il peut songer à donner d'autres concerts. Le 14 juin, le *Times* fait paraître l'information suivante :

Miss Watson (fille de Mr Watson compositeur du Theatre Royal du Covent Garden) annonce très respectueusement que le Signor Paganini, compte tenu des récents ennuis de son père, a accepté très

> *généreusement de lui consacrer la totalité de la recette de son concert d'adieu, qui aura lieu au Théâtre Royal le 17 Juin et qui constituera la dernière apparition de Paganini à Londres.*

Cette manière de procéder permettait à Paganini d'aider John Watson, sans que les créanciers de ce dernier ne s'emparent de la recette. Le *Times* va retenir en priorité le geste de générosité du violoniste italien.

> *Ce geste de générosité de la part de Paganini devrait convaincre le public qu'il n'est pas l'homme mesquin et peu charitable que l'on a si souvent dépeint.*

Avant de quitter définitivement Londres, Paganini écrit à Germi. Ses deux préoccupations présentes sont, d'abord et surtout, la légitimation de son fils, et ensuite, le repos bien mérité qu'il veut s'octroyer de retour dans son pays.

> *Londres, le 19 Juin 1834*
>
> *J'ai la ferme intention de revenir chez moi et de m'y reposer plusieurs mois. Je suis fatigué de donner des concerts.*
>
> *La légitimation d'Achille me préoccupe beaucoup plus que tout autre chose. J'obtiendrai tout ce dont j'ai besoin pour mon Achille grâce au prince Metternich de Vienne et à la Duchesse de Parme.*

Fatigué, déçu par une tournée de concerts financièrement peu rentable, Paganini quitte Londres le samedi 21 juin, pour ne plus jamais y revenir.

*

Le 23 juin, Paganini arrive à Boulogne et s'installe à l'hôtel d'Angleterre. Le 24, John Watson débarque dans la ville. Puis, le lendemain matin, c'est au tour de Charlotte, sans aucun chaperon à ses côtés.

Pourquoi, s'ils devaient venir tous les deux en France, le père et la fille n'ont-ils pas fait le voyage ensemble ? La réponse à cette question est donnée par le journal local, *L'Annotateur de Boulogne* dans son numéro du 26 juin.

> *Le célèbre Paganini, que nous aimons tant à louer comme artiste, mais dont le caractère d'homme a si souvent été compromis, ou du moins bien sévèrement jugé par la presse, avait conclu à Londres avec M. W... un marché fort avantageux, qui lui permettait de s'abandonner librement à ses goûts d'artiste, sans se préoccuper des ses intérêts pécuniaires...*
>
> *M. W... se ruina au marché qu'il avait fait, mais ses relations avec Paganini devaient lui être plus funestes encore. Celui-ci engagea sa fille, âgée de seize ans, à le*

suivre secrètement sur le continent. Le génie a des charmes bien puissants sur une tête de seize ans! Ce démon de la musique, qui s'empare si complètement de l'artiste à l'heure de ses merveilleuses exécutions, qui exalte son âme, qui le métamorphose, le grandit, qui donne à ses traits un type si remarquable d'expressive beauté, ce démon fut le facile vainqueur d'une pauvre enfant, incapable de résister à tant de puissance conjurée contre elle. La fuite de la jeune personne une fois décidée, Paganini vint l'attendre dans notre ville. Quelques heures après son départ, sa complice s'esquiva de la maison paternelle. Heureusement, M. W... fut averti de ce qui se passait. Il accourut ici, et instruisit les autorités françaises et le représentant de sa nation du malheur dont il était victime, et de l'abus de confiance dont son hôte s'était rendu coupable.

... Dans la nuit de mardi à mercredi, à une heure, au moment de l'arrivée du paquebot, la tendre fugitive, en débarquant, se trouva en face de son père qui la revendiqua comme sa fille et la conduisit dans son hôtel, en dépit des clameurs d'un émissaire de Paganini qui protestait à tue-tête contre cet attentat à la liberté individuelle... M. W... est reparti hier avec sa fille éplorée...

Paganini est donc accusé publiquement de détournement de mineure. Les plaintes formulées ne sont peut-être pas toutes d'une indéniable véracité. Il réagit, le 2 juillet, dans une lettre adressée au rédacteur du quotidien boulonnais.

Accusé d'être le ravisseur d'une jeune personne de seize ans, mon honneur noirci m'impose la tâche pénible, mais nécessaire, de ramener les faits à la vérité.

Levant le voile de l'initiale W... , que votre ménagement a réservé pour mon calomniateur, quand vous me nommez tout entier, je vais à mon tour montrer M. Watson sous quelques-unes de ses faces hideuses.

M. Watson, accompagné d'une Miss Wells, qui n'est pas sa femme, et de Miss Watson, sa fille, avait fait avec moi un traité pour donner ensemble des concerts. Ce traité, qui n'a pas ruiné Watson, parce que depuis longtemps il l'était, a été exécuté par moi, non seulement avec fidélité, mais encore avec abnégation de mes propres intérêts. Pendant mon dernier voyage à Londres, j'ai dû prendre à ma charge les dépenses d'hôtel, qui devaient être payées en commun. Après compte réglé, j'ai fait à Watson une remise de 50 livres sterling, qu'il me redevait. Mis en prison par ses créanciers pour la quatrième fois depuis cinq ans, j'ai fourni de ma poche 45 livres sterling pour le rendre à la liberté. Je m'étais, par mon traité, réservé le droit de donner un concert d'adieux à mon bénéfice ; mais sur sa prière, après sa sortie de prison, j'y renonçai pour en donner un au nom de sa fille, afin que ses créanciers ne vinssent pas prendre la recette, me réservant seulement 50 livres sterling ; sa fille lui remit 120 livres sterling, produit net de ce concert.

Telle fut, Monsieur, ma manière d'agir avec Watson... un homme, qui, depuis quinze ans, laisse languir dans la misère sa femme légitime, à Bath... qui accable de traitements les plus inhumains sa fille, devant laquelle il se livre à tous les désordres d'une vie licencieuse ; cet homme, dont je n'offre ici qu'une faible esquisse, mérite-t-il le moindre crédit que vous accordez à ses récits calomnieux ?...

J'arrive à l'accusation d'enlèvement... Reconnaissant à cette jeune personne de grandes dispositions pour la musique, dont son père était hors d'état de tirer parti, je lui proposai d'en faire mon élève...

Miss Watson, âgée de dix-huit ans, et non de seize, avait déjà commencé la carrière du théâtre, où elle pouvait avoir du succès ; cependant, les vues intéressées de son père, sacrifiant son avenir au présent, s'arrangeaient mieux de son séjour chez lui, où les plus rudes travaux du ménage la mettaient dans une position pire que la dernière des servantes, obligée qu'elle était d'obéir à toutes les volontés de Miss Wells, maîtresse de son père.

Lassée enfin de tant d'avanies... c'est pour s'y dérober qu'elle s'est enfuie de la maison paternelle, et que, se rappelant les propositions que j'avais faites à son père, elle venait, de son propre mouvement, à celui dont les conseils et la bienveillance lui faisaient espérer un meilleur avenir.

Je n'ai point enlevé Miss Watson... et si j'avais eu cette intention coupable, rien ne m'eût été plus facile, car pendant que M. Watson était en prison... sa fille était libre et seule, Miss Wells quittant la maison toutes les nuits pour aller rejoindre le prisonnier.

Mais, j'ai le courage de l'avouer, Miss Watson était sûre de trouver en moi, le protecteur qu'elle pouvait chercher, et l'assistance que lui refusait l'auteur de ses jours...

Pour en finir, Monsieur, avec cette triste affaire, je proclame à haute voix, que ma conduite a été sans reproche, mes vues honnêtes, désintéressées et conformes aux idées de morale et de religion, qui prescrivent secours et protection à l'opprimé...

Il est certain, comme le dit Paganini, que John Watson est un personnage assez peu recommandable. Mais, Niccolò est-il aussi parfaitement honnête et désintéressé qu'il le proclame ? Il est assurément trop tôt pour le dire.

La réponse du journal à la lettre de protestation de Paganini ne se fait pas attendre.

Nous répondrons à M. Paganini, que, malgré son habileté à se défendre, il n'en est pas moins vrai qu'une jeune personne de seize ou dix-huit ans, peu importe, a consenti à le suivre, et a quitté la maison de son père à son instigation. Or, dans tous les pays du monde, cet acte, si motivé qu'il fût, attirera toujours la censure des honnêtes gens, même si celui qui en est l'auteur l'a conçu dans des idées de bienfaisance et d'humanité...

Admettons que M. Watson ait fait tout ce que lui reproche M. Paganini... ce n'est pas une raison pour que M. Paganini, un étranger, prenne le droit de s'interposer aussi imprudemment entre le père et la fille, car une jeune personne de seize ou dix-huit ans est toujours plus à sa place dans la maison paternelle, même au milieu d'une vie de débauche, que chez un étranger pas marié, artiste et voyageur... Et même si M. Paganini a dit la vérité, ce que rien ne prouve, il restera encore que Miss Watson a une mère et que cette mère vit éloignée d'elle. Il nous semble que c'était plutôt auprès d'elle que la jeune fille devait se rendre pour l'aider à vivre, la consoler dans la misère.

Il me semble, en terme de conclusion, que tout cela ressemble bien à un enlèvement consenti !...

L'affaire ne peut en rester là. Le journal fait quelque peu marche arrière en parlant « d'enlèvement consenti », mais Paganini veut contraindre L'Annotateur de Boulogne au silence. Le 10 juillet, il écrit une nouvelle lettre au rédacteur ; cette fois, le but est atteint : le journal ne répond pas.

Vous établissez que mes assertions contre M. Watson sont fausses, et vous me blâmez d'avoir, à la légère, affirmé que Miss Wells l'accompagnait à Boulogne, tandis que, selon vous, il est officiellement venu absolument seul.

Vos renseignements officiels ne sont pas heureux, Monsieur, car il est positif que Miss Wells est venue à Boulogne avec Watson. Je l'ai vue moi-même descendre du paquebot... il ne vous reste maintenant qu'à démentir ce fait dont d'autres yeux que les miens, certes, ont été témoins.

Mes autres assertions, croyez-moi, sont aussi fondées, et au surplus, c'est à Monsieur Watson, et non à vous de contredire, s'il y a lieu...

Voici maintenant que les journaux de Londres et de Paris, jasant aussi sur cette affaire, parlent du repentir de Miss Watson pour son étourderie et sa démarche imprudente ; ajoutant qu'elle venait me trouver parce que je devais l'épouser à Paris, et lui donner riche dot et joyaux !... Son action était donc volontaire mais intéressée. C'est au public à conclure. Quant à moi, j'ai dit mon dernier mot sur toutes ces tracasseries... Il y a entre nous deux une différence : c'est que j'ai le courage de signer ma lettre... ce courage vous manque.

Niccolò Paganini.

La vérité, dans cette pénible affaire, est difficile à entrevoir. Il existe cependant deux documents, qui éclairent les faits d'un jour nouveau.

En premier lieu, l'entretien accordé par John Watson lui-même au *New York Daily Mirror*, en janvier 1835, au cours duquel il déclarera notamment : « Rien dans la conduite ou le comportement de Paganini, lors de son séjour chez Mr. Watson, n'a éveillé le moindre soupçon dans l'esprit celui-ci » et également « Quant aux véritables intentions de Paganini, il n'y a aucune preuve tangible qu'elles n'aient pas été honorables ».

Il y a également une lettre de Paganini à Francesco Urbani, son domestique, le 20 juillet, dans laquelle il lui demande de prendre contact avec la mère de Charlotte, demeurant à Bath. Il termine la missive par cette phrase : « Dites lui que je lui donnerai la même éducation que celle que j'ai prévue pour mon fils et qu'il la considérera comme sa sœur ».

Quelles sont exactement les vues de Paganini ? A-t-il l'intention d'adopter Charlotte, comme il le dit clairement dans cette lettre, ou de l'épouser ? Cette dernière hypothèse n'est nullement à exclure, puisque Germi déclara, après la mort de son ami, que celui-ci avait, bel et bien, projeté de se marier avec Charlotte, « selon les rites et coutumes de la religion catholique ».

Mi-juillet, le clan Watson — John, sa fille Charlotte, son fils

Henry et Mlle Wells — s'embarque pour les États-Unis. En 1837, Charlotte y épousera un dénommé Bailey. Henry Watson sera l'un des fondateurs de la *New York Philharmonic Society*.

*

Pourquoi la tempête calmée et l'affaire oubliée, Paganini reste-t-il plus d'un mois sur place au lieu de s'en retourner au plus vite en Italie ? A-t-il tellement besoin de repos, qu'il ne peut, ou ne veut, même pas entreprendre le voyage jusqu'à Paris ? Quels attraits trouve-t-il à cette ville, où sa dernière apparition n'a pas dû lui laisser un très bon souvenir ? Ce n'est pas sa lettre du 28 août à Germi qui peut permettre de répondre à cette question.

Sachant que début septembre tu peux t'absenter comme tu veux, je regrette d'avoir perdu mon temps dans cette ville ; mais je te promets que j'ai déjà fait mes adieux et que demain, mon fils, mon domestique et moi nous sautons dans notre voiture et que nous serons à Paris au plus tard dimanche matin...

Pourtant, alors que rien ne le retient en ces lieux, il ne quitte Boulogne que le 7 septembre et arrive à Paris le lendemain.

*

Même s'il a lu les journaux, la catastrophe, provoquée par la crue du Furens à Saint-Etienne — à six cents kilomètres de Paris — ne l'a certainement pas affecté outre mesure. Pourtant, l'événement va être le prétexte à une attaque en règle dirigée contre lui par l'un des plus influents chroniqueurs de la presse parisienne, Jules Janin.

Le 11 septembre, Paganini assiste à l'Opéra Comique, à la double représentation du *Valet de chambre* de Carafa(6) et de *Lestocq* ou *l'Esprit amoureux* d'Auber d'après un livret de Scribe(7). Au cours de la soirée, il est reconnu par Jules Janin, dont le seul souci est celui de collecter des fonds pour venir en aide aux malheureux habitants de Saint-Etienne, sa ville natale.

Au lieu d'adresser directement une requête à Paganini, le journaliste va attaquer le violoniste, par voie de presse, et chercher à le ridiculiser.

Dès le 15 septembre, Jules Janin déclenche les hostilités dans son « feuilleton » du *Journal des débats*. Il rappelle d'abord l'accueil délirant fait au violoniste par les parisiens en 1831 — « Quand il est venu, avec quel empressement nous avons été au devant de lui ! » —, feint d'être désolé de la quasi-indifférence de ses concitoyens — « Mon chagrin était d'autant plus profond de voir Paganini ainsi perdu et oublié » — et donne au virtuose une recette infaillible pour recouvrer sa gloire d'antan :

> *Mon moyen, je vous le dis, est simple et facile ; il ne s'agit pour l'artiste que de prendre son violon un des jours de cette semaine, le soir, à sept heures, et de se rendre au théâtre qu'il aura choisi et qu'il aurait fait prévenir le matin, et là de jouer ce qu'il voudra au bénéfice des malheureux ouvriers de Saint-Etienne, dont l'inondation a renversé les maisons, emportant avec elle cette pauvre fortune du pauvre qui était tout son bien, et après laquelle il n'a plus qu'à mourir... Si Paganini fait cela, il sera le musicien le plus connu du monde entier ; il aura un plus grand nom que Mozart, il sera connu dans les mines de Saint-Etienne... le nom de Paganini sera inscrit sur la houille, mais sur une houille qui ne brûlera jamais...*

Quel étrange procédé pour présenter une requête ! Cela ressemble fort à du chantage. Le chroniqueur, imbu de sa personne, se croit tout puissant et sait bien qu'il ne risque rien à attaquer de la sorte Paganini. Mais, celui-ci ne se laisse pas prendre au stratagème et adresse une brève lettre de protestation au rédacteur du journal, en demandant de la publier.

> *Le singulier moyen, employé par votre spirituel feuilletoniste pour m'engager à donner un concert au bénéfice des pauvres, m'oblige de répondre à cette attaque.*
>
> *Depuis plus de trois mois en France, je n'ai donné aucun concert ; ma santé délabrée exige le plus grand repos et je retourne à Gênes, ma patrie, pour y passer tout le temps nécessaire à mon complet rétablissement. J'ai donné à Paris deux concerts au bénéfice des pauvres. Qui a le droit de douter que je n'éprouverais pas du plaisir à en donner un troisième ? J'espère que vous voudrez bien donner place à ces lignes dans votre estimable journal.*

Janin ne tien aucun compte de la demande formulée par Paganini et s'en prend au violoniste avec une véhémence, certainement accrue par le fait qu'il ne peut pas supporter que quelqu'un d'aussi illustre lui tienne tête.

> *Nous avons reçu une lettre de M. Paganini. Il écrit, pour son excuse, qu'il est malade, qu'il veut partir et qu'il a déjà donné deux concerts pour les pauvres. Sa réponse eût été tout autre si on lui avait offert dix louis*

par coup d'archet. Voilà où nous en sommes avec lui. Toutes les démarches ont été inutiles... Il s'est contenté de répondre par cet horrible sourire d'idiot, qui est sténographié sur sa face. Il a dit, pour son excuse, qu'il partait pour l'Italie dans huit jours...

Mais pourquoi insister encore ? Cet homme ne veut pas venir au secours de Saint-Etienne, sous prétexte qu'il a joué deux fois pour les pauvres ; tant pis pour cet homme. Les pauvres de Saint-Etienne ne veulent pas de secours mendiés ; s'il faut mourir, ils mourront, mais jamais ces rudes infortunés ne plieront le genou pour implorer le grand cadavre tout pâle qui les regarderait en souriant...

Que M. Paganini s'en aille chargé de dédain public ; que chacun lui prête son assistance dans sa route, pour qu'il ne soit pas dépouillé de son cher argent ; que les aubergistes modèrent leurs prix en sa faveur ; que les diligences lui fassent payer demi place, comme à un enfant au-dessous de sept ans ; que les postillons aient la pudeur de ne pas lui demander leur pourboire ; que son voyage soit heureux, comme il le désire ; mais que sur sa route personne ne demande ni à le voir, ni à l'entendre ; que son violon, ce violon qui ne sonne que quand il est plein d'or, soit maudit et condamné au silence ! Que cet homme passe inaperçu, comme le dernier colporteur de vins frelatés ou de livres au rabais ! Telle sera sa peine. Qu'il soit puni, par où il a péché, par l'argent, puisqu'on ne peut pas le punir par la gloire ! C'est là une malédiction fatale, à laquelle il n'échappera pas. Le voyez-vous d'ici, tirant son violon de son étui, et au même instant tout le monde s'enfuir ? Il joue, chacun se bouche les oreilles ; même les jeunes filles qui dansent sous l'ormeau préfèrent la contredanse de leur ménétrier aveugle aux gambades du violon de M. Paganini. C'est que ce violon de M. Paganini ne peut plus résonner nulle part, sans faire entendre bien distinctement les larmes que son maître n'a pas voulu tarir, et les douleurs qu'il n'a pas voulu soulager.

Excédé, le virtuose met en demeure le journaliste de publier sa précédente déclaration, en utilisant son droit de réponse légal.

En réponse à un article inséré dans le feuilleton de votre journal du lundi 15 septembre, et qui contenait à mon égard des imputations que je ne devais ni ne pouvais laisser sans réponse, j'ai eu l'honneur de vous adresser une lettre justificative, le samedi 20 Septembre, en vous priant de lui donner place dans votre feuille.

Au lieu de déférer à ma juste demande, vous vous êtes borné, dans le feuilleton de ce jour 22 Septembre, à faire mention de ma lettre en renouvelant d'ailleurs vos attaques personnelles contre moi avec plus d'amertume, et, j'ose le dire, d'injustice.

Dans cette position, il ne me reste plus à employer qu'un moyen, c'est de vous sommer positivement, et en vertu des termes de la loi, d'insérer ma lettre telle que je vous l'ai écrite, et dont je joins copie à la présente, persuadé que je n'ai pas besoin de plus ample apologie.

*

Malade, fatigué des concerts, désenchanté par cette année au cours de laquelle il a connu trop de désillusions — une tournée financièrement mauvaise en Angleterre, l'affaire Watson, les attaques de Jules Janin — Paganini quitte Paris le 28 septembre 1834 pour retourner, enfin, dans son pays.

Il a quitté l'Italie, il y a six ans et demi. Il a parcouru des milliers de kilomètres, visité sept pays, s'est arrêté dans plus de cent vingt villes, a donné plus de quatre-cents concerts — c'est-à-dire une moyenne de presque deux par semaine, si l'on tient compte des périodes de maladie et de convalescence ; il a été présenté aux grands de ce monde, a fait la connaissance des plus brillantes personnalités de cette époque et s'est lié d'amitié avec certaines d'entre elles ; il a acquis, pour plusieurs siècles, une renommée mondiale et a amassé une fortune colossale.

Mais le bilan de ces six années et demie n'est pas totalement favorable. Sa mère et son frère ne sont plus, Bianchi l'a quitté ; heureusement, il lui reste son cher Germi et, surtout, Achille. De plus, la maladie a fait d'énormes progrès et la guérison n'est plus possible.

Les années qui vont venir ne lui apporteront que peu de réconfort et ses joies seront de courte durée, même si, dans les pires instants, son indéfectible optimisme refera toujours surface.

*

Notes

1. Chrétien Urhan (1790 - 1845). Altiste et compositeur français. A écrit de la musique de chambre et des romances.
2. V. Jeffrey Pulver - *Paganini, the romantic virtuoso.*

3. Léopold Ier (1790 - 1865). Roi des Belges de 1831 à 1865. Premier roi de la Belgique. Gendre de Louis-Philippe.
4. Joseph François Snel (1793 - 1861). Violoniste et chef d'orchestre belge. A composé de la musique symphonique, instrumentale et de chambre.
5. Henry Vieuxtemps (1820 - 1881). Violoniste belge. Fit ses débuts à 8 ans. A composé 9 concertos, des pièces de virtuosité pour son instrument, de la musique de chambre et un opéra.
6. Michele Enrico Carafa (1787 - 1872). Compositeur italien. A écrit des opéras, des ballets, de la musique religieuse.
7. Eugène Scribe (1791 - 1861). Auteur dramatique français. A écrit des comédies et des livrets d'opéras (*La Juive, Les Huguenots*).

Chapitre 21

Le retour au pays — Le rêve presque réalisé
(octobre 1834 - juillet 1836)

Début octobre 1834, Paganini arrive à Gênes. Il n'y reste que quelques jours, le temps d'embrasser sa famille et ses amis et il repart pour pour la villa Gajone, en compagnie de Germi.

Située à moins de dix kilomètres de Parme, la villa Gajone est en réalité un immense domaine, que son précédent propriétaire a dû abandonner, car il n'avait plus les moyens de l'entretenir. Le « délice » tant désiré par Paganini est, en fait, une véritable gouffre financier, dont la gestion ne peut évidemment pas être assurée par lui, ses compétences en la matière étant des plus réduites. Il est du reste assez étrange que Germi, homme de loi, scrupuleux et méfiant, ait pu entraîner son ami dans une telle entreprise.

Il reste dans sa propriété jusqu'à fin octobre, époque à laquelle son ami et banquier génois, Luigi Bartolomeo Migone, l'emmène à Parme et le présente au comte Stefano Sanvitale, conseiller privé de l'archiduchesse Marie-Louise, ex-impératrice des Français. Le comte, ami de Castellinard, connaît bien des difficultés financières, dont il s'est ouvert à Migone. Celui-ci persuade Paganini d'accorder un prêt à Sanvitale, ce qui sera fait le 11 novembre, la somme mise à disposition s'élevant à 37 000 lires.

Sanvitale, lors de l'entrevue, suggère à Paganini de donner un concert le 7 novembre au Théâtre Ducal. La recette de cette soirée, reportée au 14 en raison de l'état de santé du violoniste, est intégralement consacrée aux indigents.

Quelques jours plus tard, c'est Germi qui demande à son ami, de venir jouer à Gênes, ce qui ne s'est pas produit depuis novembre 1827. Paganini ne peut faire autrement que de répondre favorablement aux sollicitations des édiles de sa ville natale.

Villa Gajone, le 21 Novembre 1834
En réponse à ta bien chère lettre, sache que j'accède, de tout cœur, au désir des très estimés magistrats ; et, quoique je ne me sente pas encore très bien, je partirai sans faute après demain pour être à Gênes lundi soir. En attendant, ils peuvent tout mettre en œuvre pour le concert...
Sache que j'ai un engagement, ici à la cour, le 12.

Paganini arrive à Gênes avec un jour de retard, le mardi 25

novembre. Le concert, organisé au théâtre Carlo Felice, a lieu le 30, en présence de Charles-Albert(1) et de son épouse. Le succès obtenu va faire beaucoup de bien au moral du virtuose.

À l'issue de la soirée, les autorités de la ville lui demandent de consacrer une des ses prestations aux pauvres. Au lendemain du concert, qui a lieu le 5 décembre, la municipalité de Gênes fait frapper, par l'Hôtel des Monnaies de Turin, une médaille portant les inscriptions suivantes : sur l'avers : ORDO DECUR. GENV. ; sur le revers : NEC. PAGANINO FIDICINJ. CVI. NEMO. PAR. FUIT CIVISQUE. BENE. MERENTI. A. MDCCCXXIIII

Paganini quitte Gênes le 9 décembre, mais avant de se rendre à Parme, pour son concert du 12, il s'en va jouer au profit des indigents, le 10 à Plaisance. Le 12 au soir, à l'occasion de l'anniversaire de Marie-Louise, il se fait entendre au Théâtre Ducal, dont la souveraine le nomme intendant ; en outre, elle lui offre une bague sertie de diamants. Pour Noël, Paganini retourne dans sa ville natale. Il participe, le 31 décembre, à la réception donnée pour la nouvelle année, par le comte Filippo Paulucci, gouverneur du duché de Gênes, qui ne peut envisager cette fête sans entendre jouer, dans sa propre résidence, l'illustre violoniste.

Le 5 janvier 1835, il donne un nouveau concert de charité au théâtre Carlo Felice, cette fois au bénéfice des victimes du choléra.

Peu pressé d'être à nouveau confronté aux difficultés soulevées par la gestion de la villa Gajone, il reste à Gênes. En moins de trois semaines, il compose les *60 Variations sur Barucabà* MS 71, qu'il dédie à Germi, et qu'il lui fait parvenir accompagnées d'une brève missive.

Voici pour toi les variations, afin de ne pas manquer de parole et, en même temps, pour te souhaiter à toi et à la si aimable Madame Camilla, une bonne nuit.

« La si aimable Madame Camilla » s'appelle en réalité, Camilla Berretti. D'abord gouvernante de Germi, elle est, depuis plusieurs années, sa concubine. Ils se marieront en 1837.

Le 18 mars, le comte Sanvitale rend visite à son bienfaiteur et sollicite un nouvel emprunt de 180 000 lires, qui lui est accordé. Le 6 avril, Paganini décide de faire un cadeau à son Germi. Il lui fait parvenir la coquette somme de cinquante mille lires.

Je te prie d'accepter le présent de 50 000 nouvelles lires piémontaises, par billet à ordre ci-joint. Ne

considère en aucun cas cela comme une rétribution, mais comme une preuve de ma gratitude et de mon indéfectible amitié.

*

En juillet, alors que l'épidémie de choléra s'étend dans le duché de Gênes, Paganini tombe malade et doit garder la chambre plusieurs semaines ; il renoue alors avec la cure de Le Roy. Comme il ne fait plus parler de lui pendant quelque temps et qu'il ne sort pas de sa demeure, les journaux concluent que le fléau a frappé et annoncent la mort du violoniste. Bien sûr, l'information totalement erronée, sera vite démentie, au grand soulagement des amis et des admirateurs de l'artiste. En réalité, deux Paganini moururent, à cette époque, du choléra. Tous les deux médecins, ils se prénommaient Marco Antonio, pour le premier, et Luigi, pour le second.

Le 28 juillet, Giancarlo di Negro organise une somptueuse fête en l'honneur de Paganini, dans sa propriété baptisée « Le paradis terrestre » et située dans les environs de Gênes. Il inaugure en grande pompe un buste de son illustre et principal invité.

Fin août, Paganini part pour Novare et va rendre visite à Lazzaro Rebizzo, frappé par le choléra. Le 9 septembre, il donne un concert à Milan et y reste jusqu'au 19.

Le 20 septembre, Paganini regagne la villa Gajone, où personne ne l'attend. La lettre, au ton désespéré, qu'il envoie alors à Germi, laisse entrevoir quelque amertume à l'encontre de son ami.

A mon arrivée de Milan, avant-hier, dans la nuit, j'ai été surpris de ne pas te trouver à Gajone.

L'espoir d'embrasser mon cher Germi avait quelque peu fait oublier les pénibles instants de la quarantaine à Novare et Milan ; mais j'ai été presque désespéré en arrivant dimanche soir et en trouvant la villa fermée.

Le courage nous manque ici sans toi et si tu n'as pas l'intention de venir, je repartirai pour Milan, où l'on m'attend. Mon Achille mourra si tu l'abandonnes ; et je suis très triste de ne pas te voir ici.

Germi ne peut rester insensible aux supplications de son ami et vient le rejoindre avec Camilla.

Le 27 octobre, répondant à une demande de Migone, Paganini fait un don de 1 000 lires à l'*Illustrissima congregazione della carita di Parma*, pour venir en aide aux victimes du choléra.

*

Le 1ᵉʳ novembre à Parme, l'archiduchesse Marie-Louise promulgue un décret par lequel elle nomme Paganini, membre de la commission de l'orchestre de la cour.

Pour la payer de son entière soumission aux Alliés, Metternich, lors du congrès de Vienne en 1815, avait fait attribuer à Marie-Louise, seconde femme de Napoléon Iᵉʳ, les duchés de Parme, Plaisance et Guastalla, avec un revenu d'un million deux cent mille francs. Mais comme le chancelier d'Autriche, n'a guère confiance en elle, il lui donne comme chambellan, le comte Adam de Neipperg, entièrement dévoué au chancelier d'Autriche. Celui-ci, qui, en réalité, tiendra les rênes du pouvoir, épousera sa souveraine en 1821.

Lorsque le 22 février 1829 de Neipperg meurt, Marie-Louise éprouve un très profond chagrin.

Pour remplacer le chambellan défunt, Metternich dépêche à Parme le comte de Bombelles.

Charles-René de Bombelles approche de la cinquantaine. Il est ambitieux, autoritaire, mais sait, quand il le faut, être souple et patient. Il a du jugement, le goût du travail, des manières courtoises. Il procède à une refonte complète de l'administration du duché, remet les finances en ordre, établit un budget strict, réorganise la petite armée. Un peu plus de six mois après l'arrivée de Bombelles à Parme, le 17 février 1834, Marie-Louise l'épouse secrètement, dans la chapelle du palais ducal.

Tels sont les souverains auprès desquels Paganini va faire sa seconde expérience de musicien de cour. Bombelles, bigot, économe, hautain et cassant avec les subordonnés, obséquieux et flagorneur avec ses supérieurs, n'aime ni le décorum, ni les festivités. Marie-Louise, âme généreuse, possède ce que l'on appelle un cœur en or. Mais, incapable de prendre une décision, voulant faire plaisir à tout le monde, mais ne contentant personne, elle est constamment un jouet entre les mains de son entourage. Elle a toute confiance en certains de ses conseillers et balance continuellement entre ses opinions, pas très bien ancrées, et les desiderata, pas toujours désintéressés, de ses courtisans.

*

L'orchestre ducal, dont Niccolò vient d'être nommé membre de la commission, est entièrement composé de professionnels, tous inscrits sur la liste civile de la souveraine. Il comporte trente-quatre musiciens. Le déséquilibre de l'ensemble est flagrant, la prédominance étant donnée aux parties basses, que ce soit parmi les cordes ou parmi les bois et les cuivres. Il n'existe pas de chef d'orchestre ; ce rôle est dévolu, selon les circonstances ou les œuvres interprétées, soit au premier violon — Ferdinando Melchiori(2), ami de Paganini —, soit au claveciniste. La formation manque de rigueur, de cohésion, de compétence technique. Les musiciens sont souvent dépassés par la difficulté des œuvres à interpréter. Le chef, préoccupé par la partie qu'il doit exécuter en tant qu'instrumentiste, ne remplit pas totalement son rôle, et le mot d'ordre est « chacun pour soi ».

L'orchestre et le théâtre relèvent de la compétence de deux commission présidées par le conseiller privé Sanvitale, l'une administrative, l'autre artistique, dont les membres sont nommés par la souveraine. La première de ces instances est composée du chef de la police et de quatre propriétaires de loges ; la seconde — qui ne comporte que des courtisans rompus depuis longtemps aux intrigues de la cour — a toute compétence pour décider du choix du répertoire, de la composition du programme des concerts, de l'admission des candidats, de la composition de l'orchestre, etc.

Paganini va se lancer à corps perdu dans la réorganisation de la musique, sans bien s'apercevoir que beaucoup ne souhaitent pas vraiment que son œuvre aboutisse, car son plan suppose trop de suppressions de privilèges et de passe-droits.

Le 21 novembre, sans que Paganini en soit informé, Ferdinando Melchiori, trop malade pour continuer à occuper ses fonctions, est remplacé par Ferdinando Orland(3). Le 24 novembre, Marie-Louise, bien sûr en présence de Bombelles et de Sanvitale, accorde une audience à Paganini et lui demande de lui soumettre un plan de réorganisation de l'orchestre du théâtre ducal.

Paganini se met immédiatement au travail et le 26 a lieu la première répétition, au cours de laquelle il commence à appliquer les principes de base, appris auprès des chefs rencontrés en Allemagne, en France et en Angleterre.

Dans tous les principaux orchestres, à Vienne, Berlin, Munich, Londres, il y a un chef d'orchestre placé de façon à faire comprendre ses intentions aux chanteurs et à l'orchestre... Il se tient debout, indique les mouvements, bat la mesure, agit comme un chronomètre et avertit de l'œil ; il est au centre de l'action. Le premier violon est, en général, incapable de diriger ; on exige de celui-ci simplement des qualités de bon exécutant. Il n'est pas souhaitable, non plus, de faire du claveciniste, placé près de la contrebasse, un chef d'orchestre... Mais si toutes les responsabilités reposent sur le chef d'orchestre, alors il faut que celui-ci doit un véritable maestro...

Pour ce coup d'essai, l'orchestre est euphorique et joue ce jour-là assez bien pour que Paganini soit satisfait du résultat, même s'il mesure tout le chemin restant à parcourir pour en faire une formation de premier plan. Tout le monde, Marie-Louise et Sanvitale y compris, est content et, pour l'instant, tout va pour le mieux dans le meilleur des mondes possibles.

La deuxième répétition ne se déroule pas dans d'aussi bonnes conditions. Jugeant Ferdinando Orland totalement incompétent, Paganini le place en position de surnuméraire, congédie sept musiciens pour incapacité et engage trois instrumentistes de la fanfare de la garnison. Mais, Orland est très soutenu par certains membres de la commission artistique ; sans déclarer franchement la guerre à son supérieur direct, il commence à saper son autorité et à intriguer auprès des autres musiciens de l'orchestre.

*

Le 12 décembre, pour l'anniversaire de Marie-Louise, Paganini donne son premier concert en tant que chef d'orchestre, en dirigeant de main de maître, les ouvertures de *Guillaume Tell* de Rossini et de *Fidelio* de Beethoven. Comme il le dit dans sa lettre, du 23 décembre, à Germi, le concert « fait fureur ».

Oublie tes fatigues du voyage et avec ta philosophie coutumière pense que tout ira mieux bientôt.

C'est un vrai plaisir de lire les lettres jointes, venant l'une de l'autre bout du monde et l'autre de Londres.

Si ma santé me le permettait, je partirais volontiers à New York et j'en reviendrais avec une compagne ; et ce ne serait pas la première ni la dernière des folies que je commettrais... J'aimerais bien passer l'hiver en Russie, puis faire un saut en Amérique ; le plaisir de visiter de nouvelles villes, un millier d'écus en plus, et une aimable jeune fille à mes côtés ne seraient pas à dédaigner...

Les deux ouvertures, que j'ai dirigées à la cour le 12, ont fait fureur et tout le monde a été convaincu que le chef d'orchestre était un maître...

La cour m'a fait l'honneur de me nommer à la Commission du Théâtre, délégué à la musique, et rien ne sera fait sans mon approbation... J'ai fait passer des tests à plusieurs violonistes titulaires, et comme j'ai jugé sept individus dépourvus d'oreille, je les ai exclus de l'Orchestre Ducal et de celui du théâtre...

La lettre venant de « l'autre bout du monde » est signée de John Watson, avec lequel Paganini, peu rancunier, a renoué des relations épistolaires. Quant à « l'aimable jeune fille », il pourrait bien s'agir, dans son esprit, de Charlotte.

Pour le moment, le moral est au beau fixe, même si son état de santé lui donne quelques soucis.

Le 25 décembre Marie-Louise signe, sur avis favorable de Sanvitale, un décret conférant au violoniste la responsabilité entière de la musique au Théâtre Ducal. Elle ajoute : « Tout ce que proposera Paganini sera adopté » et le 3 janvier 1836, elle lui décerne le titre de Chevalier de l'Ordre Constantinien de Saint-Georges.

Les deux lettres adressées à Germi reflètent bien l'état d'esprit du violoniste à cette époque.

Parme, le 5 Janvier 1836
L'orchestre est euphorique et moi heureux d'avoir obtenu tout ce que je pouvais désirer. Je suis toutefois très occupé, car personne ne bouge sans que j'ai été consulté, vu mon honorable fonction de Directeur en chef honoraire de la musique et membre de la commission du théâtre...

Parme, le 15 Janvier 1836
Je suis allé au bal de la Cour, l'autre soir, avec épée et décorations, dont l'Ordre Constantinien en diamants, épinglé sur mon habit. Quelque chose de nouveau et d'inoubliable... Ma toux empire et je souffre de plus en plus. Je pense que le froid est mauvais pour la cure. Mais que puis-je y faire ?

Au début du mois suivant, le ton n'a guère changé, même s'il s'adonne, de plus en plus, à la cure de Le Roy.

Parme, le 4 Février 1836
Je suis très occupé par le nouveau règlement que je rédige, en vue de la réorganisation de l'Orchestre Ducal et Sa Majesté m'a demandé de renoncer au plaisir d'entreprendre mon voyage à Turin. Mais j'espère que ce contretemps n'aura pas de fâcheuse conséquence...

J'aurai l'esprit plus tranquille, dès que je l'aurai rédigé ; je veux parler de mon testament.

Parme, le 5 Février 1836
Je prends Le Roy toute la journée et cela ne suffit pas. Ce n'est pas le courage qui me manque...

L'orchestre bien qu'encore imparfait, est, à l'heure actuelle, le meilleur d'Italie ; mes leçons données sur les deux ouvertures, Tell de Rossini et Fidelio de Beethoven, et le fait d'avoir fait changer les anches aux instruments à vent, ont opéré un miracle...

Le second bal de la Cour, qui devait avoir lieu le 9, a été remis à une date ultérieure en raison du décès de la Reine de Naples. A ce moment, je serai capable de danser la gavotte.

Le testament rédigé, à Vienne, en 1828, par Paganini, et sans le conseil d'aucun juriste, a dû sembler bien sommaire à Germi, qui a conseillé à son ami d'en formuler un autre. Voulant mettre toutes ses affaires en ordre, il a déjà, le 17 janvier, remis au docteur Spitzer un document par lequel il nomme celui-ci tuteur d'Achille, où cas où celui-ci se retrouverait seul. L'ajournement du voyage à Turin, sans nul doute prévu pour prendre certaines dispositions d'ordre financier, le contrarie quand même un peu, malgré tout le désir qu'il a d'être agréable à sa souveraine.

Mais, alors que Paganini pense à danser la gavotte, les intrigues vont bon train. Le 7 février, dans une note confidentielle adressée au comte Richer, secrétaire du Cabinet de Marie-Louise, Stefano Sanvitale fait part de son inquiétude quant aux dispositions prises par Paganini et demande des instructions officielles précises de la part de l'Archiduchesse.

Le 15 février, Richer répond à la requête de Sanvitale.

La façon la plus simple de connaître les intentions de Sa Majesté concernant la réorganisation de l'Orchestre Ducal était de lui transmettre la lettre confidentielle que Votre Excellence m'a fait parvenir le 7. Sa Majesté a gracieusement exprimé le souhait que le Baron Paganini, de concert avec Votre Excellence, établisse un projet très détaillé de ce qui lui semble indispensable pour la réorganisation complète et définitive de l'Orchestre Ducal, en précisant le coût maximum ou minimum pour les finances de l'Etat. Ce projet devra être soumis à Sa Majesté pour approbation afin qu'elle juge des mesures qui lui semblent opportunes et nécessaires.

Sans désapprouver les décisions de son nouveau responsable de la musique, la réponse de la souveraine est loin du « Tout ce que proposera Paganini sera adopté ». Telle est Marie-Louise, tête tournante et esprit changeant.

Paganini, qui ne se doute aucunement de ce qui se trame derrière son dos, adresse, le 17 février, à Sanvitale une lettre, dont certains termes — par les bouleversements qu'ils impliquent — effrayent celui-ci. Le conseiller de Sa Majesté n'est pas habitué à voir quelqu'un assumer ses responsabilités avec autant d'ardeur, d'enthousiasme et de rigueur. Les mesures proposées ont de quoi lui faire froncer les sourcils : abrogation de la sacro-sainte règle de l'avancement à l'ancienneté, création d'un orchestre où tous les musiciens pourraient être interchangeables dans leur spécialité, remise en cause des pouvoirs de la commission. Il se retourne vers Richer et lui demande, par une nouvelle note confidentielle, que soient clairement définies les responsabilités et les prérogatives de Paganini.

Richer se garde bien de donner à Sanvitale une réponse claire et précise. Il limite les responsabilités du nouveau directeur musical au seul Théâtre Ducal, alors que le même orchestre officie à la fois au dit théâtre et à la cour.

Paganini essaie de lever l'ambiguïté par une lettre qu'il adresse le 29 février à Sanvitale, après que celui-ci lui ait, insidieusement, fait part de la position de Richer.

Je remercie Votre Excellence de m'avoir aimablement communiqué le contenu de la lettre adressée par le Secrétaire du Cabinet en date du 27 Février.

Il me fait l'honneur de me juger trop sublime pour être considéré comme un membre de l'Orchestre Ducal, mais, je prends la liberté de prétendre que :

. primo, Sa Majesté, en me faisant l'honneur de me demander de rédiger un plan de réorganisation de son orchestre, n'avait nullement l'intention de me considérer comme un employé de l'orchestre...

. secundo, le sublime que l'on se plaît à m'attribuer disparaît dans le restant de la lettre, qui affirme que je n'ai rien à faire avec l'Orchestre Ducal...

. tertio, le fait que Votre Excellence ait présidé, et préside encore, aux fonctions administratives de l'Orchestre Ducal, aussi bien à la Cour qu'ailleurs, m'amène à penser que vous incarnez l'autorité unique et compétente indispensable pour mener à bien une opération de réorganisation, unité qui, au vu de ladite lettre, ne serait qu'un vain mot.

J'espère pouvoir soumettre très bientôt à sa Majesté le projet de réorganisation de l'Orchestre Ducal, dont j'ai fréquemment parlé à Votre Excellence...

Sanvitale est mis au pied du mur par Paganini, qui le considère comme « l'autorité unique et compétente indispensable pour mener à bien une opération de réorganisation » et lui fait remarquer que le secrétaire du

Cabinet de Marie-Louise semble lui contester ces prérogatives.

Sanvitale, en courtisan avisé, ne répond pas à la lettre. Que pourrait-il objecter à de tels arguments ?

*

Mais, Paganini va commettre une erreur en outrepassant ses droits. Le 6 mars, il écrit à Carlo Bignami(4), premier violon de l'orchestre du théâtre de Mantoue, de venir à Parme, toutes affaires cessantes, pour discuter d'un poste à pourvoir. Quelques jours plus tard, il lui adresse une lettre d'engagement. Évidemment, Bignami, trop heureux d'une telle aubaine, accepte, sans autre garantie, le poste qui lui est offert et démissionne de son emploi à Mantoue.

Paganini cherche vainement à obtenir de Marie-Louise une audience, afin de lui présenter son plan de réforme. Ne pouvant y parvenir, le 28 mars, il remet à Stefano Sanvitale son projet, accompagné du contrat de Bignami ; ce faisant, il met son supérieur hiérarchique devant un fait accompli et le place dans une situation embarrassante vis-à-vis de la souveraine.

De ce plan, qui, sans complaisance, dévoile tous les abus existants, donne les solutions pour y mettre fin et ne néglige que peu de détails, les autorités ne retiennent qu'une chose : la perte de leurs privilèges au profit d'un Directeur général de la musique, charge qui ne peut revenir qu'à Paganini, bien que celui-ci ne soit jamais nommé.

Le 30 mars, Marie-Louise demande à Sanvitale, qui n'a pas communiqué à la souveraine les documents concernant Bignami, d'organiser le concours en vue de pourvoir au poste vacant de premier violon. Le 9 avril, dans la *Gazetta parmense*, paraît l'avis de concours. Immédiatement, Bignami exige de la part de Paganini des explications, que ce dernier a bien du mal à lui fournir ; par contre, il adresse une note à Sanvitale, lui demandant de lui retourner les contrats devenus caducs.

Le 12 avril, Sanvitale renvoie les documents, accompagnés d'une note, rédigée de façon à ne pas heurter Paganini. Quand on doit beaucoup d'argent à quelqu'un, il faut savoir le ménager.

> *J'espère que vous voudrez bien croire que, si je ne vous ai pas spontanément retourné les deux copies, c'était uniquement par respect pour vous.*

Paganini ne peut pas ne pas répondre aux lettres que lui adresse Bignami. Celui-ci est inquiet à cause de l'avis de concours paru dans la presse et d'autre part, il a eu vent de certaines rumeurs concernant la position plus qu'instable de son protecteur. Niccolò va chercher à le rassurer.

> *Parme, le 23 Avril 1836*
> *Les rumeurs, que vous avez entendues, concernant mon plan de réorganisation de l'orchestre de Parme, sont indiscutablement exagérées. Il est vrai que j'ai transmis ce plan à la Cour, mais rien n'indique qu'il ait été rejeté...*
> *Il n'est pas vrai que le poste de premier violon soit attribué sur concours, car, même si ce terme est utilisé dans la Gazetta Parmense, il est clair qu'ils ont l'intention de choisir un des candidats pour ce poste et que, donc, le terme de « concours » n'est pas correct.*
> *Dans ces circonstances, vous devriez écrire au Grand Chambellan de Sa Majesté, et pour que vous ne soyez pas gêné par les termes à employer, je joins à la présente un brouillon de lettre...*

Paganini croit-il encore pouvoir faire engager Bignami ou essaie-t-il de donner le change ? Il est certain qu'il sait que sa marge de manœuvre est extrêmement étroite et qu'il ne peut plus se permettre le moindre faux pas. Le 3 mai, sa lettre à Germi n'a plus le même ton optimiste que les précédentes.

> *Hier, il a neigé. Il gèle à Gajone. Pour moi, c'est le huitième mois d'hiver ; il ne manque plus qu'un tremblement de terre, mais Dieu va peut-être y pourvoir !*
> *Je ne t'ai pas écrit avant à cause d'une de mes habituelles crises de rhumatismes et parce que j'ai été obligé de reprendre la cure Le Roy ; mais à la première occasion j'irai à Turin ; et quand j'aurai l'esprit un peu plus tranquille je ferai mon testament...*

Plus rien sur ses fonctions à Parme et sur son plan de réorganisation de l'orchestre. Juste une petite allusion à ses problèmes du moment. Par contre, à nouveau, cette immense lassitude qui refait surface. Le moral n'est plus là.

Le 9 juin, il fait parvenir à Sanvitale la candidature de Bignami.

> *Je vous adresse ci-joint quatre certificats, que m'a fait parvenir Monsieur Carlo Bignami, y compris un certificat d'aptitude au poste de premier violon de l'Orchestre Ducal.*
> *Je prie Votre Excellence d'être assez aimable pour garantir à notre auguste souveraine, qu'en proposant et recommandant cette personne, mon seul but est d'ajouter à l'éclat et à la valeur de l'Orchestre Ducal...*

Il serait regrettable que mon action soit interprétée d'une autre façon...

Mais, tout est déjà consommé. Les courtisans menacés dans leurs privilèges par le plan de réorganisation ont réussi, aidés en cela par de Bombelles, à persuader Marie-Louise que Paganini a outrepassé ses droits. Comme celui-ci n'a aucun contact direct avec « l'adorable souveraine », il lui est impossible de faire preuve de sa bonne foi et de démontrer l'incompétence de ses adversaires. De plus, sans le savoir, il a recommandé une personne, en l'occurrence Bignami, connue de la police du duché, pour ses idées libérales. C'en est trop pour Marie-Louise, qui pressée de toutes parts par les ennemis de son ex-protégé, finit par lui retirer sa confiance.

Paganini est sans cesse harcelé par Bignami, qui n'a plus de moyen de subsistance. La commission artistique, sans l'informer de sa décision, a retenu la candidature d'un certain Nicola de Giovani, premier violon de l'orchestre de Bologne. Il écrit le 20 juin à Sanvitale une dernière lettre, dans laquelle il rappelle les premières directives données par Marie-Louise, elle-même — « Tout ce que proposera Paganini sera adopté » — et le travail qu'il a accompli sans jamais ménager sa peine.

Paganini ne révélera jamais la teneur de la réponse de Sanvitale, si réponse il y eut. Il abandonne la partie et ne reparaît plus à la cour de Marie-Louise. Ses dernières lettres, envoyées de Parme à Germi, disent toute son amertume, vis à vis de tous ceux — Sanvitale y compris — qui ont tout fait pour que son rêve ne puisse se réaliser.

Parme, le 17 juin 1836
Tant mieux, si le jeune Raimondi(5) ne veut rien faire pour cette satanée ville, pleine de nobles ignorants et imbéciles. Ils ne méritent pas d'avoir une souveraine qui ait aussi bon cœur. Il est simplement dommage qu'elle ait aussi peu de mémoire !

Sanvitale est une carogna. Excuse mon mouvement d'humeur.

Parme, le 21 Juin 1836
Je suis obligé de prendre des médicaments tous les jours et je n'ai pu partir hier, comme je te l'avais écrit vendredi dernier ; mais j'espère toujours que cela va s'améliorer et que je vais pouvoir prendre la diligence.

J'avale au moins trois cuillères de purgatif avant d'obtenir le nombre suffisant d'évacuations et c'est pourquoi je prends, en plus, un vomitif tous les jours ;

mais, je vois, à mon grand regret, qu'il va falloir que j'en prenne deux fois par vingt-quatre heures ; ce soir, pourtant, je ne me sens pas capable de prendre la deuxième dose.

Quand les illusions se sont envolées, que l'enthousiasme a disparu, alors l'état de santé s'en ressent et la maladie reprend le dessus. Et les paroles de consolation de Germi ne peuvent rien contre le mal qui chaque jour fait de plus en plus de ravages.

Un jour, le monde jugera, si la réorganisation de l'orchestre de Parme et si le seul homme à qui cette tâche pouvait être confiée et qui avait consacré tous ses efforts à mener à bien sa mission, devaient être sacrifiés aux usages de la cour.

La chose qui m'importe le plus est ta santé. J'ai donc toujours considéré ton activité d'organisateur comme le comble de la stupidité ; bien que cela aurait très bien pu réussir avec un peu de tact.

Le 10 juillet, Paganini quitte Parme pour rejoindre Turin. Son plan de réorganisation ne verra jamais le jour ; il ne sera jamais nommé Directeur musical d'aucun orchestre ; il ne pourra plus faire profiter aucune formation italienne de la formidable expérience qu'il a acquise durant ses tournées en Europe.

Le rêve, presque réalisé, est brisé.

*

Notes

1. Charles-Albert (1798 - 1849). Roi de Sardaigne de 1831 à 1849, duc de Gênes. Abdiqua en faveur de son fils Victor-Emmanuel II.
2. Ferdinando Melchiori (1777 - 1855). Violoniste italien. Fit ses débuts de chef d'orchestre en 1804 à Plaisance.
3. Ferdinando Orland ou Orlandi (1777 - 1848). Compositeur italien. A écrit plus de 20 opéras, de la musique d'église et des œuvres vocales.
4. Carlo Bignami (1808 - 1848). Violoniste et chef d'orchestre italien. A composé des œuvres pour violon.
5. Pietro Raimondi (1786 - 1853). Compositeur italien d'opéras. Directeur des théâtres royaux et professeur à Naples, à Palerme et à Rome. A composé une soixantaine d'opéras, des ballets et de la musique d'église.

Chapitre 22

Les dernières notes d'un virtuose
(août 1836 - juin 1837)

Le 12 juillet 1836, Paganini arrive à Turin. Il va y séjourner jusque vers le 23 août, date à laquelle il adresse d'Alexandrie une lettre à Germi. Le 29 octobre, il est de retour à Turin. Que fait Paganini si loin de sa propriété pendant quatre mois ? Il est peu probable qu'il ait donné des concerts à Turin et à Alexandrie, et nous verrons ci-dessous pourquoi. Sa lettre du 19 novembre ne permet guère de connaître à quelles activités il s'est adonné dans ces deux villes.

De Nice et de Milan, tu recevras des lettres à mon adresse. Je te prie de les ouvrir, de les lire et de répondre pour moi en assurant à M. le comte de Cessole que je serai à Nice pour y donner au Théâtre les trois concerts convenus...

C'est vraisemblablement à Turin que Paganini fait la connaissance du comte Joseph Anselme Hilarion Spitalieri de Cessole. Celui-ci, après des études de droit à l'Université de Sienne, revient dans sa ville natale et gravit rapidement les échelons d'une carrière de magistrat. En 1833, il est nommé président-chef et premier président du Sénat royal, chef suprême du Magistrat de Santé. Il est donc garant de l'autorité royale, ainsi que du bon fonctionnement de la justice et de la probité de ceux qui l'exercent. Son titre de chef suprême du Magistrat de Santé lui confère toute autorité pour la conservation de la santé publique. Mélomane, créateur du Cercle Philharmonique de Nice, Paganini dit de lui qu'il est un « excellent violoniste amateur ». Rien d'étonnant que, très vite, les deux hommes se lient d'amitié et que le comte de Cessole invite Paganini à venir jouer dans sa bonne ville de Nice.

Les trois concerts, qui ont lieu le 15, le 17 et le 20 décembre, ne rapportent que 7 760 lires. L'explication de cette faible recette est donnée par Paganini dans une lettre à Germi du 23 décembre.

Mon violon est encore un peu fâché contre moi... Je suis content d'avoir repris mon instrument et de m'être présenté devant le public, car cela influe beaucoup sur ma santé.

Le produit de ces concerts n'a été que de 7 760 lires, parce que beaucoup d'Anglais sont pauvres et parce que quantité de procureurs et d'avocats sont allés au Paradis, aussi appelé Lubion. Prix du parterre et des loges : la place 5 lires ; prix au Lubion : 2 lires.

Il y a, certainement, longtemps que Paganini n'a pas joué en public : « mon violon est encore un peu fâché contre moi », « je suis content d'avoir repris mon instrument et de m'être présenté devant le public ». Son dernier concert remonterait donc au 5 janvier 1835 à Gênes.

*

Le 24 décembre 1836, Paganini arrive à Marseille. Il retrouve ici le bon docteur Spitzer, qui depuis 1829, a ouvert un cabinet d'ophtalmologiste. Deux autres violonistes de grande réputation sont présents en ville pour y donner des concerts, Heinrich Wilhelm Ernst[1] et Alexandre Boucher[2].

Dans la nuit du 31 décembre 1836, un incendie éclate dans les ateliers d'un ébéniste de la rue de Rome. *Le Moniteur universel* relate l'événement dans son édition du 8 janvier.

Un incendie considérable a éclaté à Marseille dans la nuit du 31 décembre au 1ᵉʳ janvier, et a menacé d'envahir toute une île de la rue de Rome.

Le feu s'est communiqué dans un amas de boiseries déposées dans les ateliers de M. Coste, menuisier.

L'étude d'un notaire, M. Arnaud de Fabre, habitant cette maison, a été la proie des flammes, et les deux maisons voisines ont également éprouvé des dommages considérables.

Les autorités s'y sont rendues de suite, et leur présence a puissamment contribué à régulariser les efforts que l'on faisait pour maîtriser le feu. Le service des pompes, qui sont arrivées avec autant de célérité que l'état du pavé l'a permis, a été fait aussi bien qu'on pouvait l'espérer dans la situation de l'atmosphère.

A midi, l'incendie semblait ne plus offrir aucun danger de propagation ; mais, vers le soir, il a repris avec une nouvelle activité.

Plusieurs familles sont sinistrées et doivent avoir recours aux organismes de secours de la ville pour se reloger provisoirement.

*

Paganini joue une première fois, le 7 janvier au Grand Théâtre. Aucun billet gratuit n'est délivré pour le concert, qui a lieu en matinée ; les huit cents abonnés, qui en soirée bénéficieraient de l'entrée gratuite, sont obligés de payer leurs places. Le succès tient du triomphe. Toute la presse est subjuguée. Il récidive le 15, toujours au Grand Théâtre et, bien sûr en matinée.

*

Le 14 janvier, Alexandre Boucher propose que soit organisée, au profit des victimes de l'incendie de la rue de Rome, une soirée de gala, à laquelle participeraient également Paganini et Ernst.

Le 22, le concert que doit donner Paganini est annulé, pour raison de santé. Immédiatement, le *Messager* réagit ; pour le rédacteur de l'article, la maladie du violoniste n'est qu'un prétexte pour ne pas prêter son concours à une œuvre de charité.

Il est certain que M. le Baron Paganini partira de Marseille sans attacher son nom à un acte de bienfaisance. Cela est fâcheux pour lui, car une seule renommée n'est pas toujours suffisante, et lorsqu'on jouit d'une haute réputation d'artiste, il est comme d'obligation d'y ajouter celle de bienfaisance et d'ami des malheureux.

Hélas pour lui, Paganini est vraiment malade. A partir de maintenant, dans toutes ses lettres à Germi, à l'exemple de celle du 22 janvier, il parlera, sans vraiment se plaindre, des traitements qu'il doit subir et des souffrances qu'il lui faut endurer.

Si mes forces physiques étaient à la hauteur de mon esprit, je serais beaucoup plus satisfait de mes prestations lors des trois concerts à Nice, ainsi que des deux que j'ai donnés au Grand Théâtre et en matinée, afin d'éliminer les huit cents abonnés qui, le soir, auraient eu droit d'entrer sans payer. Ayant annoncé que le second serait le dernier, je n'en donnerai pas d'autres ici, et j'ai la ferme intention, avant de reprendre mon instrument, de prendre soin de ma santé avec l'aide d'un célèbre docteur allemand qui m'assure un total rétablissement. Je ne pourrai pas quitter Marseille avant une vingtaine de jours, à cause d'un léger traitement à entamer au col de la vessie...

Mon cher Germi ! Fais-moi plaisir. Je voudrais quatre lignes de remerciements, pour témoigner ma gratitude à dix ou douze personnes choisies de cette ville, célèbres amateurs de musique, qui ont tout fait pour m'aider... Tu sais combien j'apprécie ce genre de choses et que je ne suis pas toujours capable d'exprimer ma reconnaissance.

Paganini sent que ses forces l'abandonnent ; depuis qu'il

a quitté Parme, ses lettres fourmillent d'expressions telles que « mon violon est encore un peu fâché contre moi », « j'ai plus de courage que de forces », « si les forces physiques étaient à la hauteur de mon esprit ». Lui qui parlait, le 23 décembre 1836, de donner six ou huit concerts à Marseille, il décide, d'un seul coup, de s'en tenir à deux.

Mais, ses détracteurs savent très bien tirer parti du fait qu'il ait joué en matinée. D'autant plus que Ernst annonce, pour le 3 mars, un récital avec entrée gratuite pour les huit cents membres de la Société Philharmonique. Le *Sémaphore* écrit que, dans un élan d'admiration pour Ernst, un certain nombre d'abonnés a refusé cette faveur et veut acheter ses billets d'entrée. L'amalgame est alors facile à faire : concerts en matinée + maladie diplomatique = sordide avarice.

Même la gentillesse de Paganini est tournée en dérision, lorsqu'il enverra à toutes les personnes qui l'ont aidé, une note de remerciement ainsi rédigée :

Je vous remercie, Monsieur, de l'intérêt que vous m'avez témoigné pendant que je vous présentais un essai de mes études et de ma vénération à votre illustre ville.

Ses ennemis trouveront encore à redire ; la lettre — en réalité œuvre de Germi — sera qualifiée de « sèche comme un coup de trique ».

Le 31 janvier, Niccolò se confie de nouveau à son ami. La description du traitement infligé par le docteur Spitzer fait frémir.

Qui aurait pu penser que je tomberais malade : fièvres nerveuses et menace d'inflammation de la vessie... En ce moment, je prends des poudres pour atténuer l'irritation et je m'introduis de fines sondes graduées dans la vessie, pour éliminer l'urine ; j'en suis au repère 3. Quand j'en serai au 6, il appliquera un remède sur le col de la vessie et ainsi je pourrai éliminer l'urine sans le secours d'aucun instrument...

*

Le 21 février, toujours à Marseille, Paganini reçoit l'acte de légitimation de son fils, délivré par le gouvernement sarde. Bien entendu, sa joie est immense ; depuis 1828 qu'il a entrepris les démarches pour qu'on reconnaisse à son fils le droit de porter son nom et d'hériter de lui, il n'a eu de cesse d'arriver à ce résultat et, pour ce faire, a recherché tous les concours possibles — Germi, Testa, Fontana-Pino, Marie-Louise, etc. Les autorités du duché de Parme se font encore tirer l'oreille, car elles veulent être certaines qu'Antonia

Bianchi a bel et bien renoncé à tout droit sur Achille ; pour cela, il faut prouver qu'elle est remariée, mais si Paganini et Germi savent pertinemment qu'elle a épousé un certain Carlo Felice Brunati en 1830, ils ignorent en quelle ville. Il leur faudra attendre 1839 pour pouvoir obtenir une copie de l'acte de mariage.

Le même jour, il fait part de son bonheur à Germi. Le moral est en hausse et son état de santé s'est immédiatement amélioré.

Je suis ivre de bonheur devant la gentillesse du plus clément et du plus auguste des souverains ; ceci, comme tu peux le penser, a une une grande influence sur ma santé.

Je me suis arrangé avec le docteur Spitzer pour partir vendredi ou samedi prochain, de façon à pouvoir exprimer mon éternelle gratitude à tous ceux qui le méritent et remplir mes devoirs envers cette ville...

Après mon concert à Turin, le docteur m'attendra pour terminer son traitement ; il faudra donc que je retourne à Marseille, avant de partir pour Paris et de là pour Le Havre.

Cette nouvelle a eu un tel effet sur la santé du violoniste, que malgré tous les traitements qu'il doit encore subir, il envisage sereinement de se rendre au Havre et de là, évidemment, en Amérique. Quel optimisme !

Mais les adversaires ne désarment pas et tout est bon, soit pour détruire la réputation de Paganini, soit pour tirer profit de sa renommée. Le 23 février, Boucher adresse, aux journaux marseillais, un communiqué, qui ressemble à s'y méprendre à une lettre ouverte.

Chargé par l'administration de bienfaisance du soin d'organiser le concert, dont j'avais conçu l'idée au bénéfice des incendiés de la rue de Rome, après avoir fait toutes les démarches nécessaires, et même au détriment de mes intérêts, retardé mon départ de deux mois, je me vois aujourd'hui forcé d'abandonner cette œuvre philanthropique en raison des difficultés insurmontables qui me privent d'éléments sans lesquels il n'est pas de concerts possibles. Je croirais manquer à un devoir si je ne fesais (sic) *connaître au public, qui n'a cessé de me combler de bienveillance, le désappointement que j'éprouve dans cette seule conjecture* (sic), *désappointement tel qu'il me prive aussi de faire entendre en cette honorable occasion ma femme, Madame Boucher, pianiste et harpiste d'une réputation européenne, qui devait joindre ses talents aux miens dans cette solennité musicale, comme elle l'a fait tant de fois en semblable occurrence.*

Admirons l'habileté du personnage. D'abord, il parle d'une « administration de bienfaisance » sans autre précision, qu'il serait bien en peine de donner, puisqu'aucune association caritative, officielle ou privée, ne l'a jamais chargé d'organiser un concert. Ensuite, quels sont ces « éléments sans lesquels il n'est pas de concerts possibles » ? Tout le monde peut comprendre qu'il fait ainsi allusion à la défection de Paganini, mais en quoi un refus de participation du violoniste italien pouvait-il empêcher l'organisation d'un gala de charité ? Enfin, ce que nous appellerions aujourd'hui la « promotion » de Madame Boucher nous fait douter de la sincérité du signataire de la lettre.

Enfin, Ernst, comme pour ne pas être en reste, annonce pour le 3 mars, un concert au cours duquel il interprétera des œuvres de Paganini, qu'il a orchestrées de mémoire : la *Prière de Moïse* et l'*Air varié sur la Quatrième corde*, titre qui doit en réalité cacher la *Sonate militaire*.

*

Paganini n'entendra pas sa musique jouée par le violoniste allemand. Il quitte Marseille le samedi 25 février, par bateau, pour se rendre à Gênes, mais, trop malade pour aller plus loin, il doit s'arrêter à Nice. Son état est tel qu'il doit attendre le 6 mars avant d'en informer Germi.

J'ai quitté Marseille samedi et j'ai été accompagné jusqu'à Nice par un horrible vent ; l'après-midi, j'ai été contraint de me mettre au lit, à cause de rhumatismes et de fièvres. Jeudi, j'allais un peu mieux, car j'avais beaucoup transpiré et j'ai remercié le Seigneur de m'avoir débarrassé de ces douleurs ; mais, à la fin de ma prière, quelle ne fut pas ma surprise de constater que mon testicule gauche était gonflé, de la taille d'une grosse poire ou d'une petite courge ; tu peux imaginer le reste. Cette maladie, appelée orchite, est due à l'utilisation d'une sonde et aux trépidations de la diligence. Aujourd'hui, je me sens un peu faible car je suis à la diète ; rien que de la bouillie jour et nuit ; je dois garder le lit et le manque de forces va m'empêcher de sortir avant cinq ou six jours, et encore ce sera avec un bandage herniaire. Que Dieu me donne le courage !... Je suis tellement malheureux, que je ne peux dire si ce qui me fait souffrir le plus est de ne pas

pouvoir aller à Turin, comme j'en avais tellement envie, ou de supporter de telles douleurs.
Dix jours après, les forces semblent être revenues.

Comme je te l'ai dit, je suis cloué au lit depuis le 26 février ; d'abord rhumatismes, ensuite orchite, puis fièvre, hémorragie, irritations et enfin grippe, avec toux catarrhale ; aujourd'hui, je suis un peu moins triste en constatant une amélioration au testicule gauche qui semble dégonfler...

A la lettre de Watson, que tu m'as envoyée, j'ai répondu que j'étais dans l'impossibilité de tenir ma promesse à cause de mon actuel état de santé ; mais je pourrai peut-être entreprendre un tel voyage fin juin. J'ai simplement prévenu les gens au Havre que les deux réservations que j'avais faites sur le paquebot sont annulées.

Quelle est cette promesse que Paganini avait faite à John Watson ? Était-ce simplement de venir donner des concerts en Amérique ou s'agissait-il d'épouser Charlotte ? Celle-ci, peut-être lassée d'attendre, épousa, en juillet de cette année-là, un certain M. Bailey.

Le 21 mars, Paganini envoie une troisième lettre à Germi, dans laquelle il lui annonce, que bien qu'il aille mieux, il ne pourra pas remonter en diligence avant une dizaine de jours. De fait, ce n'est que le 2 avril, qu'il quitte Nice pour Gênes, où il arrive le lendemain. Il va y séjourner deux mois, pour préparer le concert qu'il a promis de donner à Turin.

Le 27 avril 1837, il présente au Sénat Royal, pour enregistrement, un nouveau testament, qui annule les dispositions, qu'il avait prises le 10 août 1828 à Vienne. De toute évidence, le texte du présent document a été rédigé par Germi.

En l'année du Seigneur mille huit cent trente-sept, le vingt-sept avril à Gênes.

Par le présent testament, je soussigné, Niccolò Paganini, fils de feu Antonio et de Teresa Bocciardo, prends les dispositions qui suivent :

Premièrement, j'ordonne que dans un délai convenable à compter du jour de ma mort, on constitue deux placements, l'un de soixante-quinze mille lires nouvelles, l'autre de cinquante mille lires nouvelles, soit en immeubles, soit par garantie immobilière, et ce avec toute la prudence possible.

Je lègue l'usufruit du premier placement de soixante quinze mille lires nouvelles à ma sœur, Domenica

Passadore.

Je lègue l'usufruit du second placement de cinquante mille lires nouvelles à mon autre sœur, Nicoletta Ghisolfi, et ce pour toute la durée de leur vie.

Je lègue la propriété du premier capital ou placement à tous les fils ou les filles, indistinctement, de ladite Domenica, avec l'obligation de rapporter ce que, à quelque titre que ce soit, ils auraient déjà reçu de moi, les fils et filles précédemment décédés étant représentés par leurs descendants.

Je lègue la propriété du second capital aux fils de Nicoletta, selon les mêmes modalités et conditions que ci-dessus.

Si madame Antonia Bianchi de Côme déclarait par acte notarié n'avoir ni droit ni prétention d'aucune sorte à avancer, qui s'opposerait directement ou indirectement aux dispositions prises par moi, je lègue à ladite personne une rente annuelle de deux cents lires nouvelles durant toute sa vie, payable d'avance d'année en année ; si cette déclaration n'était pas faite, le présent legs devrait être tenu pour non écrit.

J'ordonne que soit maintenue la rente annuelle de six cents lires nouvelles à Francesco Bocciardo durant toute sa vie.

Je laisse à titre de legs à Eleonora Quilici, de Lucques, sœur d'Anna Bucchianeri, la rente annuelle de six cents lires nouvelles durant toute sa vie.

Je nomme et institue comme mon légataire universel, mon fils bien-aimé, Achille Paganini, avec l'obligation de conserver, et de rendre à ses enfants, tant nés au moment de mon décès qu'à naître, toute la quotité des biens que les lois en vigueur au moment où la succession sera ouverte, permettront de léguer à l'héritier institué par une semblable substitution, lois auxquelles j'entends me conformer pour toutes les dispositions relatives à une telle substitution.

J'institue une première descendance héritière des biens immeubles que je possède à Parme, dénommés villa Gajone sans rien qui en soit exclu ni excepté de ce qui garnit la maison, avec toutes ses aisances et dépendances, sans exception ni réserve, pour cela j'ordonne à mon susdit fils et héritier Achille Paganini de conserver et rendre lesdits biens à ses fils et descendants masculins en ligne masculine par ordre d'aînesse.

Je charge le bénéficiaire de présenter mon testament au Souverain, et supplie humblement Sa Majesté d'avaliser mes dispositions en vertu de l'article 689 et suivants du Code civil pour les États de Parme, Plaisance, etc.

Je prie mes exécuteurs testamentaires et le tuteur de mon fils de veiller à l'accomplissement de mes volontés et de faire en sorte que la grâce de la Souveraine Clémence soit implorée en leur faveur.

Je nomme tuteur de mon bien cher fils le marquis Lorenzo Pareto, né de feu le marquis Agostino.

Je nomme comme exécuteurs testamentaires Messieurs Giambattista Giordano, fils de Domenico, Lazzaro Rebizzo, et Pietro Torrigiani, fils de l'avocat Luigi de Parme.

Je prie les susdits d'accepter cette charge.

Je ne fais pas mention dans mon testament de mon vieil ami l'avocat Luigi Guglielmo Germi, puisqu'il l'a désiré ainsi ; je recommande cependant à mon fils de suivre ses conseils.

J'interdis toute pompe à mon enterrement.

Je ne veux pas que des artistes exécutent un requiem pour moi.

Cent messes seront célébrées pour moi par les Révérends Pères Capucins.

Je lègue mon violon à la ville de Gênes, afin qu'il y soit perpétuellement conservé.

Je recommande mon âme à l'infinie bonté de notre Créateur.

Ceci est mon testament.

On trouve mentionné dans ce nouveau texte, un certain Francesco Bocciardo, frère cadet de sa mère ; pourtant, Paganini ne tenait pas particulièrement son oncle en haute estime. En parlant de lui, il écrivit le 14 mai 1822 à son beau-frère, Sebastiano Ghisolfi : « Ma mère n'est pas venue à Pavie, car son frère est arrivé... Je ne vous parlerai pas de sa perfidie, mais ma mère vous racontera sa conduite honteuse pendant les deux jours où il est resté à Milan ».

Par contre, sa tendresse envers les êtres qu'il aime est durable. Ce legs à Eleonora Quilici, qu'il a connue au début du siècle à Lucques et qu'il n'a sans doute pas revue depuis, n'est-elle pas une preuve, que ce premier amour fut peut-être le seul de sa vie, riche cependant en aventures sentimentales ?

Sans aucune hésitation, Antonia Bianchi — qu'Achille refusait de voir, car il estimait n'avoir été, ni plus ni moins, que vendu par sa mère — accepta, le 30 juin 1840, la clause du testament .

*

Le 3 juin, Paganini arrive à Turin. Il vient tenir la promesse faite au roi Charles-Albert. Il ira même plus loin, puisque ce n'est pas un, mais deux concerts qu'il va donner au bénéfice des indigents, au théâtre Carignano. Ces deux soirées rapporteront 9 885 lires.

Le premier a lieu le 9 juin, le secon, le 16 juin. En quittant le théâtre, ce soir-là, il ne se doute certainement pas qu'il vient de donner son dernier concert. Plus aucun public n'entendra le Guarnerius del Gesù de 1742, le « Canon », joué par Paganini.

*

Notes

1. Heinrich Wilhelm Ernst (1814 - 1865). Violoniste et compositeur austro-tchèque. Fasciné par Paganini à Vienne en 1828, a composé des variations sur le *Carnaval de Venise* inspirées de celles de son idole.
2. Alexandre Jean Boucher (1778 - 1861). Violoniste français. Il cultiva toute sa vie sa ressemblance physique avec Napoléon et se fit appeler « L'Alexandre des violons ».

Chapitre 23

Retour à Paris
Le Casino — L'hommage à Berlioz
(juillet 1837 - décembre 1838)

Le 21 juin 1837, venant de Turin, Paganini arrive à Paris, accompagné d'Achille, qui a maintenant douze ans.

Sa présence dans la capitale ne passe pas inaperçue de la *Revue et Gazette musicale.*

Le retour de Paganini dans notre capitale n'est dû qu'à la nécessité douloureuse où se trouve ce grand artiste, de recourir aux soins de l'un de nos plus habiles docteurs... On garde peu d'espérances d'entendre le roi de l'archet dans un concert public.

Il est vrai que Paganini ne se fera pas entendre à Paris et qu'il est gravement malade. C'est ce qu'il explique dans sa lettre du 16 septembre à Germi.

Je suis toujours malade, mais j'essaie d'être courageux... J'ai fait appel au Dr Magendie(1), président de l'Académie. Il a diagnostiqué un rétrécissement de l'intestin au niveau du rectum, qui est la cause de tous mes maux : irritations de l'anus, hémorragies, somnolence, indigestion, manque d'appétit, et bien d'autres choses. Le docteur a été soulagé de ne pas trouver, comme il le craignait, d'ulcère de l'intestin. Il m'a promis une complète guérison et m'a prescrit des lavements quotidiens, après quoi il dilatera l'intestin avec un cathéter en caoutchouc, que je devrai laisser en place toute la nuit. Gardons espoir !...

« Gardons espoir ! ». Espoir, le maître mot de Paganini. Malgré son organisme qui se délabre de plus en plus rapidement, la « guérison complète » ne fait, pour lui, aucun doute.

Deux mois plus tard, à priori, non seulement il n'a pas constaté d'amélioration, mais de plus, d'autres maux sont venus s'ajouter à son calvaire.

Paris, le 17 Novembre 1837

Je suis atteint depuis un mois et demi d'une paralysie du larynx, qui me prive de ma voix, mais le célèbre docteur Magendie me dit, qu'avec le temps, tout rentrera dans l'ordre. Pour l'instant je ne peux parler et suis obligé de résoudre par écrit tous les problèmes qui se posent, puisqu'on m'a confié le soin de tout mettre en œuvre pour une ouverture pleinement réussie du Casino ; ceci aura lieu jeudi prochain, car je le veux ainsi.

La « paralysie du larynx » ne guérira pas et rien ne « rentrera dans l'ordre », malgré l'avis hautement autorisé du professeur Magendie. A partir de maintenant, il n'y aura plus guère qu'Achillino qui pourra traduire les quelques sons qui sortiront de la gorge de Paganini.

Le Casino, dont il parle, est au centre d'une longue et pénible affaire, dont il a été la victime. Pour en narrer l'intégralité des péripéties, il faut, tout d'abord, effectuer un retour en arrière de quelques années.

*

Tout commence au printemps 1835, lorsque Lazzaro Rebizzo fait la connaissance de deux promoteurs immobiliers, l'un italien, Bettoni, l'autre français, Michel-Raymond Fleury. Les deux hommes ont une idée très intéressante : ouvrir, à Paris, un établissement de concerts et de bals populaires, concurrent de ceux de Musard(2) et de Jullien(3), avec en plus une salle de jeux.

Paganini, séduit par le projet, accepte de participer à l'entreprise. Mais, l'affaire ne se fait pas en un jour, comme nous l'apprend Bianca Rebizzo, l'épouse de Lazzaro.

M. Rebizzo a demandé à Paganini de faire partie d'une société à Paris, persuadé qu'il était, que le nom de l'illustre Paganini suffirait à faire de l'établissement un endroit à la mode. Paganini a accepté. Rebizzo est alors revenu en Italie pour distribuer les actions, mais a dû interrompre ses activités à cause d'une épidémie de choléra, qui l'a empêché d'entreprendre quoi que ce soit... Un an avant le départ de Paganini, mon mari, qui se trouvait avec lui à Turin, lui remit le casino en mémoire, et lui demanda de ne rien faire sans le consulter auparavant.

Donc, Lazzaro Rebizzo parle du casino à Paganini, en août 1835, à Novare, puis à Turin, lors du séjour que fit le violoniste du 17 juillet au 18 août 1836. Michel Raymond Fleury, mis au courant des discussions entre les deux amis, n'hésite pas à écrire, le 3 août 1836, à Bianca Rebizzo :

Battez chaud tant que vous pouvez sur Paganini. L'avoir pour associé c'est être sûr du succès. D'autant plus qu'il pourrait nous faire de la réclame en nous envoyant, de temps à autre, quelques morceaux qu'on pourrait annoncer être de sa composition. Usez de tous vos moyens de séduction pour qu'il accepte ; si ce n'est pas par intérêt pour lui, qu'il le fasse par amitié pour vous ; et, le cas échéant, envoyez-moi une autorisation de signer des parts pour lui sur les copies de nos contrats respectifs. Surtout, n'oubliez pas Paganini ! Paganini ! Paganini !

Le complot est en train de se mettre en place, et l'honnêteté ne semble pas être le souci premier du dénommé Fleury.

Mais, celui-ci se brouille avec Bettoni et doit rechercher une nouvelle association. Il va trouver trois personnages peu recommandables : le comte Charles Tardif de Petitville, Ambrogio Fumagalli, Rousseau-Desmelotries. Aux quatre hommes, vient se joindre Pacini, vieil ami de Paganini.

Le 24 novembre 1836, un acte de création de société — raison sociale : de Petitville et Cie — est déposé pour la fondation d'un établissement, appelé « Casino ». Tardif de Petitville, le seul à posséder un semblant de fortune, a accepté de financer, jusqu'à concurrence de 80 000 francs, un modeste établissement similaire à celui de Musard. Mais ce n'est pas ce dont rêve Paganini. Il veut bien donner son nom à une salle de concerts, mais pas à un petit pavillon de plein air, comme celui envisagé. Il faut donc trouver un immeuble entier, ce qui est fait au 11 rue de la Chaussée d'Antin. Une société en commandite par actions est créée, sous le nom de Casino-Concerts Paganini ; le capital s'élève à 700 000 francs, réparti en 700 actions de 1 000 francs ; pour sa part, Paganini en reçoit 20 en tant que fondateur ; il est chargé de la rénovation de l'immeuble, de son aménagement intérieur et se voit confier la responsabilité de toutes les activités musicales du Casino. Peut-être a-t-il même accepté de s'y faire entendre de temps à autre, cela semble très logique. Très honoré de la confiance qui lui est accordée, il s'empresse de remercier de Petitville, par une lettre datée du 11 août 1837.

Je suis pénétré de la gracieuse proposition qui m'a été faite de la part de votre admirable société. Tout ce qui me manque c'est le pouvoir d'exprimer dignement ma reconnaissance pour les nobles et affectueux sentiments que vous me témoignez...

Pauvre Paganini ! Sa gentillesse est touchante et ressemble vraiment à de la naïveté. Et ce n'est pas fini, car il va tomber dans un autre piège, que vont lui tendre ses « associés ». Quelques semaines avant l'inauguration du Casino, plusieurs journaux parisiens annoncent que le maestro italien a accepté de jouer chez Musard. De Petitville et Fumagalli demandent, évidemment, à Paganini d'apporter un démenti formel à la nouvelle ; celui-ci ne s'aperçoit pas de la machination, que les deux compères ont ourdie.

Je soussigné, affirme que les journaux ont été mal informés et que le seul engagement que j'ai contacté est de jouer pour le Casino qui porte mon nom.

De plus, le *Moniteur universel* publie, le 24 septembre 1837, un article, dans lequel Paganini apparaît comme le principal exécutant et le chef d'orchestre du Casino.

M. Paganini s'occupe d'organiser dans la Chaussée d'Antin, un Casino musical dont il sera le premier exécutant...

Continuant leurs manœuvres tendant à prouver que Paganini s'est bien engagé à jouer au Casino, les promoteurs de l'établissement font rédiger une brochure publicitaire, dans laquelle il est notifié que le virtuose « tiendra l'archet » lors des concerts.

Bianca Rebizzo réagit et demande pour son mari un poste de directeur et des parts de fondateur ; elle accuse sans vergogne Paganini d'accaparer tous les honneurs et de profiter de tous les privilèges.

On ne peut plus compter sur quoi que ce soit en ce monde si vous êtes amené à faire faux bond à Rebizzo. C'est lui qui vous a suggéré le projet ; c'est sur son ordre que vous avez souscrit pour 30 000 francs. Est-il possible que vous soyez maintenant passé dans l'autre camp, alors que vous lui aviez promis à Turin de n'écouter personne, sans une enquête approfondie ?

Le 14 octobre 1837, Paganini va, de lui-même, se mettre à la merci de ses « partenaires ». Fumagalli, le lendemain, a encore du mal à croire à une pareille erreur, de la part de celui que, partout, on considère comme un véritable requin, un être extrêmement rusé et âpre au gain. Il ne peut s'empêcher d'écrire à Bianca Rebizzo, pour lui raconter son aventure.

Paris, le 15 Octobre 1837

Ce qui m'est arrivé hier en l'espace d'une heure ou deux dépasse l'entendement. Il était deux heures de l'après-midi. A trois heures, les fondateurs devaient aller signer les statuts, et qui vois-je arriver ? Paganini, qui venait chez moi pour me demander d'augmenter le nombre de ses parts de soixante : trente pour lui et trente, pour qui croyez-vous ? Pour Monsieur Rebizzo !

« Mais, lui dis-je, il n'y a que quatre-vingt dix parts disponibles ; or le notaire et le banquier en demandent

soixante-dix » — « *Il m'en faut soixante. Même si je dois en sacrifier quelques unes des miennes, il m'en faut trente pour Rebizzo. Je viens de recevoir une lettre de Madame Bianchina, et si je ne peux pas répondre à la demande de cette charmante jeune femme et de mon ami, je ne pourrai plus les regarder en face* ».

Vers cinq heures, Paganini a signé pour soixante parts de mille francs, trente pour lui et trente pour Rebizzo. Le jour même, il informe Bianca Rebizzo qu'il tient à la disposition de son mari trente parts de mille francs chacune, et que celui-ci est nommé directeur du Casino.

Mais, les choses vont aller en se gâtant. D'abord, Paganini est de plus en plus souffrant ; une tuberculose laryngée s'est déclarée, ce qui le rend à peu près complètement aphone ; la syphilis, continuant ses ravages dans le système nerveux, provoque d'atroces douleurs dans les membres inférieurs ; victime d'hémorragies pulmonaires, il est obligé de garder le lit et les travaux d'aménagement du Casino traînent en longueur. Ensuite, coup du sort, la Préfecture refuse la licence de maison de jeux, dont de Petitville a fait la demande. Enfin, Johann Strauss arrive à Paris pour une série de concerts, qui doit durer trois semaines ; il attire une foule énorme, et il ne peut plus être question d'inaugurer le Casino, avant qu'il ne soit reparti.

Le 2 novembre, Paganini écrit une première lettre à Rebizzo pour lui demander de venir très vite à Paris.

L'ouverture du Casino n'a pu avoir lieu... Mais, de toute façon, il ne faut pas attendre plus longtemps, car ta présence est absolument nécessaire pour régler nos affaires...

Le 17 novembre, Rebizzo n'a toujours pas bougé. Faible et pusillanime, il se retranche derrière sa femme, n'ouvrant même plus les lettres de Paganini. Tout autre est Bianca : extrêmement intelligente, ambitieuse et calculatrice, c'est elle qui dirige toute l'opération. Alors, le 17 novembre 1837, Paganini adresse à Lazzaro une lettre, mais en usant d'un subterfuge : il lui fait remettre la missive, en mains propres, par Germi.

Je ne comprends pas pourquoi tu ne m'écris pas directement, pour me dire ce que tu penses, que tu aies tort ou raison...

Quand j'ai consenti par courrier à acquérir des parts, mon acceptation était évidemment conditionnée au fait que le projet soit mené à bien. L'entreprise tourna court, puisque l'établissement ne pouvait ouvrir. Quand tu es revenu à Gênes quelques mois plus tard, tu n'as pas dit un mot du projet, qui était parti en fumée, et longtemps après ton retour, quand tu y as fait allusion, je n'ai pas pu connaître le fin mot de l'histoire. En outre, longtemps avant ça, cette affaire était vouée à l'échec : je te rappelle qu'après t'avoir écrit à Paris que j'acceptais les actions, j'ai attendu pendant un mois une réponse et ne voyant rien venir je t'ai écrit que je voulais être mis au courant d'une façon ou d'une autre ; et, malgré cela, toujours pas de réponse...

Il y a trois mois, en arrivant à Paris, j'ai eu l'occasion de visiter un magnifique établissement au 11 de la rue de la Chaussée d'Antin ; sous le nom de Casino, il était destiné au divertissement de gens aisés...

Je savais que le propriétaire de ce bel établissement était M. Petitville. Invité par lui à devenir l'un des membres fondateurs du Casino et à bénéficier en retour d'un cadeau de vingt actions de mille francs, j'ai accepté...

Entre temps j'avais reçu une lettre de Madame Bianchina, qui me disait que tu désirais devenir co-fondateur et actionnaire du Casino... Bien que malade, je me suis rendu à la Société, j'ai demandé et obtenu ce que tu voulais et en ton nom j'ai signé, pour que tu en sois propriétaire, l'acquisition de trente parts du capital du Casino. Le jour suivant, je t'ai écrit pour te mettre au courant et je t'ai prié de venir à Paris immédiatement. Mais, à ma très grande surprise, je n'ai reçu aucune réponse...

Tu te plains que j'ai entrepris tout cela sans toi. Mais qu'ai-je fait sans toi ? Bien au contraire ! Je dois dire que je n'ai rien fait sans toi, car la seule chose que j'ai faite a été de signer les statuts de la Société et d'accepter les parts. En signant, j'en ai pris trente de plus pour toi et j'ai même stipulé que ton nom devait figurer comme co-fondateur, actionnaire et directeur...

Je peux simplement te dire que tu as tort de ne pas m'écrire, encore plus de ne pas venir, et bien plus encore de me tromper et de me traiter de la sorte.

Naturellement, Paganini ne recevra jamais de réponse.

Le 25 novembre, le Casino-Paganini est inauguré. Cette première n'est en vérité qu'une répétition générale. Paganini fait une brève apparition dans la salle, trop malade, pour assister à tout le concert. Il n'a pas pu ne pas se rendre compte que le public n'a pas répondu à l'attente des dirigeants du Casino. Il accepte de jouer le 3 janvier et le concert est annoncé dans tout Paris. Trois jours avant, son état de santé empirant, il doit annuler sa participation.

La situation est dramatique, et il faut, à tout prix, pour de Petitville, trouver une solution de rechange, qui ne déçoive pas le public. Il a alors la funeste idée d'engager les chœurs de l'Opéra ; ce faisant, il commet une grave infraction, qui va être lourdement sanctionnée par les tribunaux, sur plainte de la direction de l'Académie Royale de Musique. La sentence est sans appel : le Casino est condamné à fermer ses portes le 31 janvier 1838, au plus tard.

Le 30 janvier a lieu la dernière soirée. La partie vocale est assurée par une cantatrice du nom de San Felice, qui n'ayant pas été payée, s'adresse à la justice, en demandant que l'intégralité de la recette soit confisquée à son profit.

Le 31, le Casino fermé, Paganini quitte ses appartements et va s'installer à la Maison Hygiénique des Néo-Thermes, 48, rue Chantereine — aujourd'hui rue de la Victoire. Cet établissement de soins lui a été recommandé par le professeur Magendie.

Le 8 mars 1838, Fumagalli déclare la Société du Casino-Paganini en faillite, et décide, avec de Petitville, d'intenter des procès à un peu tout le monde, y compris et surtout, au virtuose, à qui ils ne réclament pas moins de 100 000 francs de dommages-intérêts.

Le 14 mars, Paganini est au cœur du débat qui anime la première chambre du Tribunal de Première Instance de Paris. La plainte déposée contre lui par ses anciens associés vient à être examinée ce jour-là. Sa déclaration — « le seul engagement que j'ai contacté est de jouer pour le Casino qui porte mon nom » — et tout ce que les journaux ont pu affirmer concernant sa participation active aux concerts du Casino, sont autant de preuves, qu'il n'a pas respecté ses engagements. On veut donc l'obliger par voie de justice à honorer son « contrat » et à jouer deux fois par semaine. Mais comment pourrait-il le faire étant donné son état de santé ?

Le 28 mars, quand il écrit à Germi, le moral est un peu meilleur. Il est entré en convalescence, et pense déjà à une tournée de concerts à Londres. Sa grande préoccupation du moment est bien entendu cette lamentable affaire, et les malheurs qui en découlent, dont Rebizzo est, pour lui, le principal auteur.

Merci de te réjouir autant de ma convalescence. Peu à peu, je reprends des forces. J'irai certainement faire un tour à Londres, et je te tiendrai au courant...

A cause de nouvelles machinations de ces infâmes voleurs de la Société du Casino, j'ai été obligé de me séparer d'un avocat qui, en faisant semblant de me défendre, agissait dans leurs intérêts. Mais j'espère d'ici peu trouver une autre avocat qui m'aidera à obtenir satisfaction, et qui sait ? J'arriverai peut-être à envoyer l'un d'eux aux galères.

Rebizzo, Rebizzo ! La cause de tous mes maux.

Rebizzo ! Rebizzo qui fait le mort et qui n'a, bien sûr, aucune envie de se montrer à Paris ! Il en oublie tout à fait qu'il doit trente mille francs à son ami. Paganini confie alors ses intérêts à un avocat parisien, Maître V. Escudier, qui menace le débiteur de porter plainte devant les tribunaux.

La réponse, qui ne se fait pas attendre, émane, évidemment, de Bianca Rebizzo. Fine mouche, elle échafaude son propre historique de l'affaire, met au défi l'avocat de produire une quelconque preuve de la dette de son mari et surtout fait jouer une corde très sensible chez Paganini : celle de la vieille amitié entre son époux et le virtuose. Celui-ci renoncera, du reste, à traîner Rebizzo en justice, surtout parce qu'il répugne à intenter une quelconque action contre un des ses vieux amis.

Le 8 juin 1838, le Tribunal de Commerce entérine la faillite déclarée le 8 mars par Fumagalli. Les loups commencent à se déchirer entre eux et de Petitville et Fleury font appel du jugement, prétextant que leur ancien associé n'avait aucun pouvoir pour entreprendre une telle démarche, les créanciers ayant été payés par de Petitville lui-même. Le jugement est cassé ; mais, c'est oublier bien vite la cantatrice San Felice, qui, elle, n'a toujours pas perçu son cachet ; elle contre-attaque et obtient la liquidation de la Société pour insolvabilité.

L'affaire « Casino-Paganini contre Paganini » arrive devant le Tribunal de Première Instance, le 28 février 1839.

L'avocat du Casino ne manque pas de rappeler la déclaration de Paganini à la presse : « le seul engagement que j'aie pris est celui de ne me faire entendre que dans le Casino qui porte mon nom. ». Ensuite, il développe dans sa plaidoirie un tissu d'arguments, auxquels les juges seront sensibles.

Dès le mois de juin, on avait préparé pour le virtuose des appartements somptueux... et il était venu s'y installer...

La salle de concerts venait d'être terminée ; on lui

avait donné une forme ronde, et au milieu s'élevait l'amphithéâtre destiné à recevoir les musiciens. Cette disposition déplut à Paganini, qui ne voulait pas être confondu parmi les autres artistes ; on fut obligé de lui élever dans le fond de la salle, un piédestal, du haut duquel il devait dominer l'assemblée...

Cependant, l'ouverture du Casino avait été annoncée, beaucoup de billets avaient été pris à domicile ; mais au lieu de paraître, la divinité s'est renfermée dans son nuage et n'a plus voulu en sortir. En vain imagina-t-on mille moyens pour remédier à l'absence du maestro ; le public désabusé abandonna les salons du Casino pour n'y plus revenir.

Telle est la cause de la ruine du Casino, qu'on doit attribuer tout entière aux caprices de Paganini. En résumé, il avait pris vis-à-vis de M. de Petitville un engagement qu'il n'a pas rempli ; le défaut d'exécution d'une obligation se résout en dommages-intérêts ; nous réclamons de votre justice une somme de 100 000 frs, certainement insuffisante pour réparer le préjudice causé.

L'avocat du virtuose affirme que son client a été seul victime de l'entreprise du Casino, et qu'il a été l'objet d'une spéculation de la part des fondateurs ; qu'on a exploité cet amour propre, cette vanité si naturelle aux artistes, et qu'on lui a fait souscrire soixante actions qui, aujourd'hui, n'ont plus la moindre valeur. C'est avec ces fonds, les seuls qui aient été versés dans la caisse, que la société a marché, et il serait dérisoire de demander des dommages-intérêts à celui-là seul qui a fait des sacrifices, et qui, par conséquent, a éprouvé des pertes. Quant à la question de savoir si jamais Paganini a pris l'engagement de paraître dans les salons et de diriger l'orchestre, le demandeur, qui doit faire la preuve, n'en rapporte aucune. Pour l'avocat du violoniste, la demande n'est donc pas justifiée.

Le jour-même, la sentence est prononcée : Paganini est condamné à payer vingt mille francs de dommages-intérêts. Malgré tout, entouré des plus éminentes célébrités du barreau, dont l'illustre et redouté Chaix d'Est-Ange(4), il reste confiant, puisqu'il a la possibilité de faire appel.

Le dernier acte de cette pseudo-tragédie se jouera, à Paris, le 3 janvier 1840, alors que Paganini réside à Nice et qu'il n'est pas question qu'il puisse se déplacer. Ce jour là, l'appel interjeté par Me Chaix d'Est-Ange est examiné par la Cour Royale.

La Cour, après en avoir délibéré, confirme la décision des premiers juges et élève les dommages-intérêts à 50 000 frs., en fixant à dix années la durée de la contrainte par corps.

Qu'est-ce qui a pu pousser Paganini à se lancer dans une telle entreprise ? On a parlé d'ambition, de mégalomanie, d'un impérieux besoin d'oublier « son mal-être dû à son état de santé déplorable », du désir d'un artiste de refaire une « apparition retentissante sous les feux de la rampe », de sa volonté « de faire ses adieux en les transformant en une sorte une fin triomphale ». Si cette série d'explications comporte une part de vérité, elle ne saurait être tout à fait satisfaisante.

Il semble que pour Paganini l'appât du gain est très secondaire. Il a toujours profondément ancré en lui l'envie de réussir ce qui a échoué à Parme, ce rêve brisé qu'il ne peut oublier. Alors, il ne résiste pas à tous ces gens qui l'entourent, le dorlotent, sont prêts à céder à tous ses caprices — rappelons-nous la lettre de Fleury à Bianca Rebizzo : « Battez chaud tant que vous pouvez sur Paganini... N'oubliez pas Paganini ! Paganini ! Paganini ! » — lui font miroiter la réussite de ses projets, lui démontrent que l'entreprise ne peut que croître et embellir. Cela leur est d'autant plus facile qu'aucun de ceux-là ne risquera un petit sou dans l'affaire. Seuls Tardif de Petitville et Paganini y perdront une part de leur fortune.

Le plus grave, c'est que Paganini y laissera également une bonne partie de ce qui lui reste de santé.

*

L'année 1838 n'a donc pas débuté sous les meilleurs auspices. Pris par les travaux de son Casino, peu disposé à écrire quand le physique est atteint, il a quelque peu négligé son ami, mais décide de se racheter début mars.

Cela fait quatre mois que je ne t'ai pas écrit. Je ne te dirai pas combien j'ai souffert. Mais grâce au Ciel, je suis en convalescence et je vais mieux.

La société du Casino, composée de voleurs et d'escrocs, est sur le point de faire banqueroute. Rebizzo se repentira, un jour, de m'avoir traité de façon aussi barbare. Il est la cause de tous mes maux...

Console-moi, mon cher Germi, en m'envoyant une de tes bonnes lettres, dont j'ai le plus grand besoin. Et si j'ai perdu la voix, mon cœur bat encore pour toi...

P.S. — Je me charge de l'éducation de mon neveu Ghisolfi.

Ce ne sont pas, bien évidemment, ses déboires au sein de sa

société, qui peuvent améliorer le pauvre état de santé de Paganini. Il n'en continue pas moins de penser, encore et toujours, à aider ses proches, en l'occurrence sa sœur et son neveu.

Le 19 mai, il demande à Germi d'envoyer une sommation à Rebizzo, afin que celui-ci lui rembourse les trente mille francs avancés pour la prise de participation dans la société du Casino. Il lui fait part de son intention de rentrer en Italie dès l'automne, puisque le climat de Paris ne lui permettant pas de se rétablir complètement, il n'ira pas à Londres cette année.

Le 11 juin, il écrit à son ami et de cette lettre il faut extraire deux passages essentiels :

Il pourra te paraître bizarre que j'ai, il y a quelques jours, tiré une traite à vue de 3 000 francs sur la banque de Monsieur Migone ; s'il te plaît, informe-le qu'il va en recevoir une autre de 2 000 francs, car j'ai ouvert un compte chez le Baron Rothschild.

J'ai composé deux très grandes sonates à variations. Je vais en composer une troisième. Ensuite, il faudra les orchestrer. Je dois aussi réorchestrer le monumental concerto della Campana...

Paganini, en juin 1838, a ouvert un compte à la banque Rothschild et il a besoin, pour ses propres dépenses de disposer de cinq mille francs. L'information ne paraît pas être d'une importance capitale ; et pourtant nous verrons bientôt que cette transaction, apparemment anodine, va permettre d'authentifier certaines de ses actions.

Si tout ne va pas pour le mieux, il a, quand même, puisé assez de ressources en lui pour composer deux sonates avec variations ; ces deux œuvres sont facilement identifiables : il s'agit de la *Sonate La Primavera* MS 73 en la majeur, et du *Ballet Champêtre*, variations sur un thème comique MS 74 également en la majeur, toutes deux, évidemment, pour violon et orchestre.

Très affecté par l'affaire du Casino, Paganini, mi-juillet, atteint nerveusement, est obligé de garder la chambre. Le 23 juillet, il trouve assez de force pour donner de ses nouvelles à Germi.

Je n'ai pas dormi de douze jours. Une toux nerveuse catarrhale, la fièvre, les rhumatismes, m'ont fait souffrir au moins vingt heures par jour. Grâce au Ciel, j'ai pu dormir quatre heures ce matin...

Ma sœur Nicoletta me prie de te demander de faire restaurer la maison de Polceverra, y faire faire les réparations nécessaires pour qu'elle soit en parfait état et qu'elle possède tout le confort voulu, au cas où quelqu'un voudrait y séjourner. En ce qui concerne l'éducation de mon neveu, je veux lui donner tout ce qu'il faut pour qu'il fasse des progrès en sciences ; donc, dis-moi ce que coûteraient les livres et les professeurs, et je donnerai mon accord avec joie...

Paganini malade, Paganini ne trouvant plus le sommeil à cause des douleurs insupportables causées par les rhumatismes, mais voulant faire plaisir à sa sœur en aménageant la maison de Polceverra et s'inquiétant de l'éducation de son neveu.

Pourtant, l'affaire du Casino, sa brouille avec Rebizzo, les attaques incessantes d'une certaine presse, finissent par entamer sérieusement son moral, comme le montrent les deux lettres écrites à un jour d'intervalle à son plus cher et plus fidèle ami.

Paris, le 2 août 1838

Cela me suffit d'avoir perdu 30 000 francs, je n'ai pas envie d'en perdre 30 000 autres, et tout ça parce qu'il plaît à Rebizzo de changer d'avis quand les choses tournent mal, et d'avoir recours à des arguments que je refuse d'admettre...

Je te joins une copie de la lettre que Madame Bianchina a adressée à mon avocat... Son contenu te prouvera la rouerie et la mauvaise foi de cet honorable couple Rebizzo.

Paris, le 3 août 1838

Je ne sais pas exactement quand je pourrai partir pour Gênes ; ce sera vers la fin de ce mois...

Ici, il fait un temps d'hiver. Les rhumatismes de mes cuisses et de mes jambes, la fièvre et la toux, me font souffrir toutes les nuits. Je rêve du climat de l'Italie. Tous les docteurs sont lamentables. Le successeur de Leroy m'a dit que j'avais eu tort d'abandonner mon traitement, mais qu'à l'heure actuelle j'étais trop faible pour le reprendre ; mais, lorsque j'aurai repris un peu de forces, je pourrai y revenir sans crainte.

Quand plus rien ne va, quand les médecins n'arrivent plus à calmer ses souffrances, quand son organisme tout entier refuse de fonctionner comme il le voudrait, Paganini se tourne inévitablement vers des médecines de charlatan. Mais, qu'un seul homme de l'art sache lui redonner un peu d'espoir, le voilà élevé au rang de thaumaturge. Le 16 août, il a trouvé cet homme-miracle et commence un nouveau traitement, toujours avec la croyance en une complète guérison de tous ses maux.

Abandonné par tous les médecins de Paris et d'Allemagne, j'ai voulu avoir l'opinion d'un docteur... Il s'agit du Dr. Beneck(5) de Bordeaux, qui a réussi ici quelques miracles. Il est venu me voir l'autre soir et m'a laissé un peu d'espoir de guérison. Le lendemain, il m'a fait parvenir un régime que je dois suivre ; je dois manger beaucoup, quatre fois par jour à la fourchette, boire une tisane entre deux repas et mouiller mes jambes à partir des genoux jusqu'en bas avec de l'eau très chaude, matin et soir.

Il est revenu me voir trois jours après, m'a trouvé un peu mieux, m'a pris le pouls plusieurs fois et m'a dit : « Vous êtes sauvé. Je vais vous guérir de tous vos maux. C'est faux : vous n'avez ni les poumons atteints, ni de rétrécissement de l'intestin au niveau du rectum. Le fait que vous alliez aux toilettes 16 ou 20 fois par jour provient d'un mauvais fonctionnement de la vessie. En somme, je promets de vous rendre à l'Europe frais comme un gardon, gras, robuste, et vous irez aux toilettes comme tous les gens bien portants »... Si ce qu'il dit se vérifie, je suis prêt à lui donner mon violon.

Paganini, qui s'alimente de façon plus régulière et plus copieuse et qui a abandonné depuis quelques temps la néfaste cure de Leroy, va un peu mieux.

Paris, le 28 août 1838
Depuis quelques jours je me sens mieux.
J'ai appelé le docteur et l'ai persuadé de me laisser partir pour l'Italie à cause du climat ; donc je ne resterai plus longtemps à Paris... D'ici huit jours je partirai dans mon coupé avec des chevaux de poste. En une petite journée je serai à Marseille, de là à Gênes, et puis je te reverrai. Comme j'aimerais te trouver à Gênes...

Comme amélioration va de pair chez lui avec euphorie, il se prend à rêver et à transcrire ses chimères. Mais, il faut bien revenir à la réalité et confesser à son ami son innocent mensonge.

Paris, le 29 août 1838
Je dois t'avouer la vérité ; ce n'est pas vrai, comme je te l'ai écrit hier, que j'ai persuadé mon cher docteur de me laisser partir en Italie ; ce matin, quand il est venu me voir, il m'a ordonné de rester ici encore 20 ou 25

jours ; il m'a dit de ne pas perdre courage malgré les crises brutales, lorsque de temps en temps mes douleurs me font horriblement souffrir : contrairement à ce que pense les 1 400 docteurs d'ici qui m'avaient condamné... Il m'assure que, quoi qu'il en soit, dans deux ou trois mois au plus, je serai capable de jouer ma nouvelle œuvre en Europe, y compris en Russie, quelque soit la saison.

Un mois après, malgré quelques crises de rhumatismes, l'optimisme est toujours au beau fixe et la perspective d'affronter les rigueurs de l'hiver russe ne l'effraie nullement. Il est plus probable qu'il a affaire à un médecin, qui sans faire de miracle, est assez perspicace pour se rendre compte que son patient survivra aussi longtemps que quelqu'un lui donnera un léger espoir de reprendre sa vie de violoniste-virtuose. Car c'est bien cela que veut à tout prix Paganini : retrouver assez d'énergie pour reprendre son existence de musicien errant, adulé par le public européen.

Paris, le 20 septembre 1838
Ce que disait le sage docteur Beneck est vrai. En mangeant des choses solides et nourrissantes — des anguilles à la sauce tartare, du bifteck, du mouton, du gibier — et en buvant du bon vin de Bordeaux, quatre fois par jour même sans appétit, je me sens beaucoup mieux. Et il m'assure que je verrai une amélioration sensible d'ici un mois et demi, ce qui me permettra de quitter Paris et d'affronter ensuite le rude climat de la Russie. En attendant, je dois demeurer ici un autre mois et peut-être plus, et il est possible que je ne revienne pas en Italie ; mais je t'en dirai plus par la suite...

En cette fin d'année 1838, l'espoir persiste, même s'il affiche son aversion pour Bianchina Rebizzo, les hommes d'affaires et les gens de justice.

Paris, le 1ᵉʳ Novembre 1838
Si la foudre avait frappé la plume de Bianchina Rebizzo, lorsqu'elle m'a écrit, je n'aurais pas à déplorer la perte de 60 000 francs, et 10 000 de plus pour me défendre des attaques de gens très malveillants devant les tribunaux ; là, j'ai été trahi par les hommes d'affaires, les avoués, les avocats agréés, les huissiers, les représentants des tribunaux, et en plus de tout par le procureur du Roi.

Le docteur Beneck n'est peut-être qu'un âne, mais je dirai qu'il est meilleur que bien d'autres ; en mangeant copieusement et en buvant plus, j'ai moins de convulsions, et mes douleurs il les trouve fonctionnelles. Donc, continuons.

Face à sa maladie, il semble avoir adopté un certain comportement fataliste ; mais, il a beaucoup plus de mal à accepter d'avoir été trahi par un de ses amis. Il n'est du reste pas au bout de ses peines dans ce domaine. En effet, mi-novembre, Fumagalli vient lui rendre visite aux Néo-Thermes ; à un certain moment, les deux hommes en viennent à échanger des propos aigres-doux et Paganini demande à l'un des membres du personnel de faire sortir son importun visiteur ; ce dernier porte alors plainte pour « coups et blessures avec l'intention de donner la mort ». Le départ du violoniste va être retardé d'un mois, la police lui interdisant de quitter Paris, tant que l'enquête n'est pas close.

Paris, le 28 Novembre 1838
Je suis toujours en liberté surveillée... Ce maudit Rebizzo est responsable de ce retard. Que Dieu me donne la patience ! Écris moi, mon âme a tant besoin de réconfort.

Rien ne va plus. La mesure juridique dont il fait l'objet, le retard apporté à son départ, toutes les déceptions, ses incessantes douleurs, l'hiver particulièrement rigoureux qui commence, tous ces facteurs pèsent très lourd sur son moral. Et pour comble de malchance, l'enquête de police avance moins vite qu'il ne le voudrait ; mi-décembre, il n'a pas encore pu quitter Paris.

*

Le 16 décembre, dans la salle du Conservatoire, il assiste à un concert Berlioz et y entend pour la première fois la symphonie avec alto *Harold en Italie*.

Berlioz dans ses *Mémoires* fit le récit de cette fameuse soirée.

Le concert venait de finir, j'étais exténué, couvert de sueur et tout tremblant, quand, à la porte de l'orchestre, Paganini, suivi de son fils Achille, s'approcha de moi en gesticulant vivement. Par suite de la maladie du larynx dont il est mort, il avait alors déjà entièrement perdu la voix, et son fils seul, lorsqu'il ne se trouvait pas dans un lieu parfaitement silencieux, pouvait entendre ou plutôt deviner ses paroles. Il fit un signe à l'enfant qui, montant sur une chaise, approcha son oreille de la bouche de son père et l'écouta attentivement. Puis Achille redescendit et se tournant vers moi : « Mon père, dit-il, m'ordonne de vous assurer, monsieur, que de sa vie il n'a éprouvé dans un concert une impression pareille ; que votre musique l'a bouleversé et que s'il ne se retenait pas, il se mettrait à vos genoux pour vous remercier. »... Paganini me saisissant le bras et râlant avec son reste de voix des oui ! oui ! m'entraîna sur le théâtre où se trouvait encore beaucoup de mes musiciens, se mit à genoux et me baisa la main...

Le lendemain, j'étais seul dans ma chambre, quand je vis entrer le petit Achille. « Mon père sera bien fâché, me dit-il, d'apprendre que vous êtes encore malade, et s'il n'était pas lui-même si souffrant, il fût venu vous voir. Voilà une lettre qu'il m'a chargé de vous apporter. » *Comme je faisais le geste de la décacheter, l'enfant m'arrêtant :* « Il n'y a pas de réponse, mon père m'a dit que vous liriez cela quand vous serez seul. » *Et il sortit brusquement.*

Je supposai qu'il s'agissait d'une lettre de félicitations et de compliments, je l'ouvris et je lus :

« Mon cher ami

«Beethoven mort, il n'y avait que Berlioz qui pût le faire revivre ; et moi qui ai goûté vos divines compositions, dignes d'un génie tel que vous, je crois de mon devoir de vous prier de bien vouloir accepter, comme un hommage de ma part, vingt mille francs qui vous seront remis par M. le baron de Rothschild sur la présentation de l'incluse.

« Croyez-moi toujours votre affectionné

« Niccolò Paganini »

Je sais assez d'italien pour comprendre une pareille lettre, pourtant l'inattendu de son contenu me causa une telle surprise que mes idées se brouillèrent et que le sens m'en échappa complètement. Mais un billet adressé à M. de Rothschild y était enfermé, et sans penser commettre une indiscrétion, je l'ouvris précipitamment. Il y avait ce peu de mots français.

« Monsieur le baron

« Je vous prie de vouloir bien remettre au porteur de la présente, M. Hector Berlioz, les 20 000 fr que j'ai laissés en dépôt chez vous hier.

« Vous obligerez infiniment votre dévoué

« Niccolò Paganini »

Il est toujours délicat de chercher l'équivalence entre la monnaie du XIXème siècle et celle de notre époque. Mais, on sait que ces vingt mille francs permirent à Berlioz, qui n'avait pas la réputation de quelqu'un d'économe, de vivre agréablement pendant trois ans. Quelle aubaine pour ce désargenté perpétuel, surtout après l'échec de son opéra *Benvenuto Cellini* !

Le lendemain, Berlioz, dont la bronchite a empiré, envoie une brève lettre à son bienfaiteur, lui promettant de venir le vois, dès qu'il pourra quitter son lit. Quelques jours plus tard, Berlioz va rendre visite à son mécène aux Néo-Thermes. Fou de joie d'être reconnu comme le nouveau Beethoven par un des ses pairs, et non des moindres, Berlioz répand la bonne nouvelle aux quatre coins de la France. Il écrit à son père, à sa sœur Adèle, à Jules Janin, et, en dernier lieu, à Franz Liszt.

> *Paris, le 22 Janvier 1839*
> *Tu ne me dis rien de Paganini ! C'est beau pourtant ! Tu aurais fait ça toi !*
>
> *Quand Paganini m'a écrit sa fameuse lettre et qu'on a su son exaltation en entendant pour la première fois Harold au Conservatoire, il y a eu des grincements de dents d'une part et des applaudissements furieux de l'autre...*

Viennent, alors, dans le même temps, les louanges chantées sur tous les tons pour la plus grande gloire de Paganini, et les plus sévères critiques lui reprochant le côté ostentatoire du geste.

Parmi les premiers à couvrir d'éloges le violoniste, on trouve — ce qui peut paraître surprenant — Jules Janin ; il ne faut cependant pas oublier que le chroniqueur et le compositeur collaboraient au même journal. Il ne s'arrêtera pas du reste en si bon chemin et fera amende honorable quelques années plus tard.

> *Rien n'était plus cruel et plus dur, je l'avoue à ma honte, que mes colères contre Paganini. J'avais tort dans la forme et j'avais tort dans le fond ; mais l'opinion publique était avec moi : trop de « l'opinion publique dont on ne saurait tenir compte » a dit quelque part l'archevêque de Cambrai ; toujours est-il que j'eus le beau rôle, et que tout le monde donna tort à l'avare artiste. Aujourd'hui je lui donne raison ; il était son maître après tout ! Il voulait être généreux à ses heures ; il n'avait rien à faire avec une centaine de charbonniers et de mineurs qui n'avaient jamais entendu parler de Paganini ; enfin, il avait sa volonté, il avait ses caprices, il regardait comme une honte de donner pour rien, ces résultats presque divins d'un art qui lui avait coûté tant de génie et tant de veilles, et d'un talent qu'il sentait, sans le dire à personne, s'éteindre peu à peu avec sa vie. En vain, il essaya de*

me répondre ; il ne fit que redoubler ma colère et les applaudissements de la galerie. Alors il rentra dans le silence, il attendit le jour de sa revanche, et quand le jour vint enfin de prouver comment se venge un grand artiste, il se vengea... à la façon d'un roi de la maison de Valois.

L'histoire des vingt mille francs aurait pu en rester là. Mais, il est écrit que jamais Paganini ne peut agir de quelque façon que ce soit sans être calomnié et c'est ce qu'il advint.

La médisance ne fut pas le fait de journalistes adversaires du violoniste ; elle vint, plusieurs années après la mort de Paganini, de personnes, qui se présentaient naguère comme ses meilleurs amis ou ses plus grands admirateurs : Franz Liszt, Gioacchino Rossini, Charles Hallé(6). Ils prétendirent que le véritable donateur était Armand Bertin(7), qui s'était servi de Paganini uniquement comme prête-nom, pour faire prendre conscience du talent de Berlioz et pour faire forte impression sur l'opinion publique. Pourtant, les preuves de la générosité de Paganini existent bel et bien.

Le 17 décembre, Paganini adresse au baron de Rothschild, chez lequel il a ouvert un compte — voir la lettre du 11 juin 1838 à Germi —, un effet à vue de vingt mille francs, tiré sur sa banque de Gênes. Le même jour, il écrit à son banquier, Luigi Bartolomeo Migone, la lettre suivante :

Cette lettre pour vous informer que j'ai reçu ce matin du Baron de Rothschild la somme de 20 000 francs, en échange d'une traite à vue, que je vous demande de payer dès réception.

Puis, il informe Germi de la transaction, sans lui donner d'explication quant à la destination de cet argent.

J'ai écrit à M. L. B. Migone pour l'informer que j'ai reçu ce matin la somme de 20 000 francs à 7,8 pour cent d'escompte contre une traite à vue tirée sur Migone, et je lui ai demandé de payer immédiatement.

La somme a donc bien été prélevée par Paganini sur son compte personnel ; si Bertin, ou un autre, avait été le bienfaiteur de Berlioz, Paganini n'aurait pas eu à effectuer ce transfert d'argent. Dans sa lettre du 6 juin, il annonçait que deux traites, d'un montant total de trois mille francs, allaient être présentées à son banquier — somme suffisante pour couvrir ses dépenses personnelles durant plusieurs mois — et de plus, il demandait une lettre de crédit, lui permettant de disposer très vite de trois, quatre ou dix mille francs. Son départ de Paris étant imminent, il n'avait nul besoin de vingt mille francs supplémentaires pour couvrir ses propres frais.

Bien sûr, reste à savoir pourquoi Paganini a éprouvé le besoin d'un tel geste envers le compositeur français. Si l'on en croit Auguste Morel(8), le violoniste lui aurait confié les raisons de sa générosité.

J'ai fait cela pour Berlioz et pour moi. Pour Berlioz, car j'ai vu un jeune homme plein de génie, dont la force et le courage auraient peut-être fini par se briser dans cette lutte acharnée qu'il lui fallait soutenir chaque jour contre la médiocrité ou l'ignorance indifférente... Pour moi, car plus tard on me rendra justice à ce sujet, et quand on comptera les titres que je puis avoir à la gloire musicale, ce ne sera pas un des moindres d'avoir su, le premier, reconnaître un homme de génie et de l'avoir désigné à l'admiration de tous.

*

Le 27 décembre 1838, par un froid sibérien, Paganini, dont l'organisme se délabre irrémédiablement, quitte Paris pour ne plus y revenir.

Si sa dernière action lui a procuré quelque satisfaction personnelle, il n'en demeure pas moins que, pour son moral, cette année 1838 aura été désastreuse.

Tout a été bon, même les plus grossiers mensonges, pour salir sa réputation et, chez un être aussi sensible, la calomnie blessait beaucoup moins superficiellement qu'il voulait bien le laisser paraître. Étant donné l'influence du psychique sur le physique, comment s'étonner de la dégradation aussi rapide de son état de santé ?

Heureusement pour lui, en 1839, éloigné des envieux et de tous les gens malintentionnés à son égard, il sera un peu oublié, et malgré un organisme tombant de plus en plus en ruine, il pourra trouver quelques satisfactions dans l'exercice de nouvelles activités.

*

Notes

1. François Magendie (1783 - 1855). Physiologiste français. Médecin de l'Hôtel-Dieu, président de l'Académie de médecine.
2. Philippe Musard (1792 - 1859). Violoniste et chef d'orchestre français. Directeur des bals des Variétés, puis des Champs-Élysées.
3. Louis Antoine Jullien (1812 - 1860). Compositeur de musique populaire et chef des concerts du Jardin Turc. Fonda à Londres les « Promenade Concerts ».
4. Gustave Chaix d'Est-Ange (1800 - 1876). Avocat et homme politique français. Conseiller d'Etat, procureur général auprès de la cour d'appel

de Paris en 1857, puis vice-président du Conseil d'Etat.
5. Louis Victor Benech de Saint-Criq (1787 - ?). Médecin français. Diplômé de la Faculté de médecine de Paris en 1817.
6. Charles Hallé (1819 - 1895). Pianiste et chef d'orchestre anglais. Dirigea la *Cecilia Society* ; créa le célèbre orchestre Hallé.
7. Armand Bertin (1766 - 1841). Journaliste français. Propriétaire du *Journal des Débats*.
8. Auguste Morel (1809 - 1881). Compositeur français. Ami de Berlioz. Collaborateur au *Journal de Paris*.

Chapitre 24

« En attendant de recommander mon âme à Dieu... »
(1839)

Le 8 janvier 1839, Paganini arrive à Marseille. Il va retrouver là ses amis le docteur Spitzer et le notaire Camille Brun, dont il est l'hôte pour la durée de son séjour dans la ville. Se savoir à l'abri de ses détracteurs parisiens, être entouré d'amateurs de musique éclairés et pouvoir jouer des quatuors, tout cela influe favorablement sur son moral, et le ton de la première lettre de cette année 1839 à Germi est résolument optimiste.

En ce bas monde, il faut savoir accepter le chaud et le froid. Mais si le Président du Conseil d'Etat de Parme continue à faire des difficultés, j'aurai la solution de vendre la propriété et d'en acheter une autre à Florence, où je pourrai obtenir du Duc de Toscane, ce que j'ai demandé à la Duchesse de Parme. Mais, je m'en remettrai toujours à ton avis...

Si tu venais en mars, tu pourrais venir avec moi à Paris et à Londres. J'ai donné ma parole d'honneur d'être là-bas début avril, quel que soit mon état de santé, mort ou vif...

Tu devrais m'envoyer ton violoncelle Guarnerius. Comme je veux vendre le mien, il faudrait que je les ai avec moi à Marseille. Si je ne les vends pas ici, ce sera fait tôt ou tard à Paris. Lundi je commencerai à orchestrer mes nouvelles œuvres.

Malgré ses anciennes relations, Paganini n'arrive pas à obtenir, des autorités du duché de Parme, la légitimation d'Achille. Mais, il est déterminé à atteindre son but ; il est prêt à vendre la villa Gajone — qui, il est vrai, lui cause quelques soucis de gestion — et à acheter une propriété en Toscane, dont le souverain, Léopold II(1), lui paraît acquis à sa cause.

On peut se demander de quoi est fait cet homme, qui, abattu, démoralisé, obligé de se soigner sans relâche, pense encore à entreprendre, mort ou vif, une tournée de concerts à Paris et à Londres, afin de respecter la parole donnée. Hélas pour lui, en mars, sa santé déclinant encore, il ne sera pas question d'effectuer un tel voyage.

En attendant de mettre à exécution ce qu'il a envisagé

pour le printemps, il se lance hardiment dans le commerce des instruments à cordes. Mais comme « en toute chose, Paganini fuit la médiocrité », il entend exercer ce négoce en véritable expert et ne s'intéresser qu'à des violons, des altos et des violoncelles provenant des meilleurs luthiers, Stradivari, Guarneri ou Amati ; c'est bien ce qui ressort de sa seconde lettre.

Marseille, le 3 Février 1839
Je viens d'acheter au professeur Merighi(2) de Milan un violoncelle de Stradivarius, et deux violons, l'un d'un facteur quelconque, l'autre d'Amati. Il faut à tout prix que L. B. Migone fasse parvenir 385 louis d'or à Merighi et que ces instruments, bien emballés, soient transportés à Gênes où tu les examineras et me les réexpédieras à Marseille.

Je ne suis pas encore rétabli. Diarrhée, rhumatismes et une grande faiblesse dans les jambes m'ont mis dans un piteux état.

J'espère des belles journées, ce mois-ci, pour pouvoir me promener, en attendant de recommander mon âme à Dieu. Excuse-moi d'être aussi bref.
P.S. Rebizzo fait toujours l'innocent ? Troun de l'air !

Le ton n'est plus aussi débonnaire que celui de la lettre précédente. Comme il le dit, il a été dans un piteux état et il ne peut plus soutenir assez longtemps son attention pour écrire de longues missives. Par contre, pour compenser son laconisme, et aussi peut-être parce qu'il est moins occupé qu'auparavant, sa correspondance devient plus abondante.

Marseille, le 17 Février 1839
J'ai été obligé de différer mon départ de Paris à cause d'un homme d'affaires véreux, qui a affirmé au Procureur du roi, que j'avais voulu le faire assassiner chez moi par quatre moustachus armés. L'audition des différents témoins a pris presque deux mois, si bien que je n'ai pas pu partir. Finalement, comme cela devait se produire, la demande a été rejetée et l'imposture de cette canaille reconnue. Et tout ça encore à cause de Rebizzo.

Il faut que tu viennes ici fin mars et que tu restes avec moi une quinzaine de jours... Nous pourrions ainsi essayer les violoncelles. Tu seras étonné d'entendre mon violoncelle de Stradivarius. Ton Guarnerius ne sonne pas comme il devrait ; cela tient en partie à l'âme et au chevalet. Nous tâcherons de les changer. Les Carli ont mon alto d'Amati. Je voudrais que tu me l'expédies, ainsi que le violoncelle de Guarnerius dont m'a fait cadeau Milzetti, à Bologne. Retire de chez Parma mon alto de Stradivarius, mon violoncelle d'Amati, et avec les violons de Stradivarius et d'Andrea Guarnerius, embarque le tout pour Marseille.

Je suis heureux d'apprendre que Rebizzo s'est rétabli de sa grippe et que la rumeur selon laquelle il s'était adressé aux tribunaux, n'est pas fondée...

Mon fils va rentrer au collège, et c'est pourquoi je préfère rester ici...

Ce n'est que trois mois après qu'il explique à Germi les raisons de son retard pour rejoindre Marseille ; jusqu'à ce jour, il n'a guère parlé de l'intrusion de Fumagalli aux Néo-Thermes et de leur discussion un peu vive, qu'en termes voilés.

Si Rebizzo reste toujours sa bête noire et s'il le rend responsable d'une bonne partie de ses malheurs, il ne peut quand même s'empêcher de garder pour ce vieux camarade un certaine tendresse et de se réjouir du rétablissement de sa santé.

*

Vers la fin du mois de février, Paganini est terrassé par une très grave crise de rhumatismes ; les douleurs sont telles qu'il ne peut que garder le lit, mais la position couchée déclenche une toux incessante, qui l'empêche de dormir.

Je viens de traverser une crise qui m'a empêché de dormir pendant 6 jours et 6 nuits. Je n'ai pas senti la plus légère amélioration. Je souffre tellement et je suis si affaibli que je suis incapable de composer en vue de mon concert à Londres, comme je l'ai promis. J'espère que le printemps va me réconforter...

Dans cette lettre, il reparle d'achat et de revente d'instruments, demande conseil à son ami pour faire appel de sa « condamnation injuste » dans le procès du Casino, et, bien sûr, donne des nouvelles de son fils Achille, qu'il a mis dans un collège à Marseille et qu'il voudrait bien envoyer en pension chez les Jésuites à Gênes. Il fait également mention de Carlo Bignami, le violoniste qu'il a voulu jadis faire engager, sans succès, dans l'orchestre de Parme, et qui, momentanément sans emploi, a sollicité son aide ; comme il se sent un peu responsable de la gêne financière de son ex-protégé, il lui fait parvenir quatre cents francs, accompagnés d'une attestation par laquelle le quémandeur s'engage à ce que cette requête soit la dernière entreprise auprès de

Paganini ; peu de temps après, il enverra à Bignami une lettre par laquelle il s'excuse de ne pas avoir pu lui répondre plus tôt et qu'il termine sur un ton presque moqueur, donnant à son correspondant le titre de « premier violoniste d'Italie ».

Souffrant depuis plus de deux mois de cruels rhumatismes, je n'ai pu répondre à votre lettre du 19 février ; cependant, j'ai profité d'un peu de répit pour ordonner à mon banquier à Gênes de vous faire parvenir 400 francs que vous avez dû recevoir ...

Mais je suis très surpris d'apprendre que vous, qui possédez tant de talent, et qui êtes considéré, à juste titre, comme le premier violoniste d'Italie, vous vous trouviez privé de moyen d'existence.

La seconde missive du début de sa convalescence est pour Vincenzo Merighi, qui fait partie du « réseau » de correspondants que Paganini a mis en place, en Italie, à Paris et à Londres, pour lui procurer de beaux instruments à cordes.

Marseille, le 20 Mars 1839

Maintenant que je peux reprendre la plume, je me fais un plaisir de vous informer que les trois instruments sont arrivés en bon état... je suis heureux de posséder ce magnifique violoncelle, que je garde toujours près de moi, comme le Stradivarius, qui complète le quatuor...

Puisque vous me le proposez si aimablement, essayez de me procurer des violoncelles, des violons et des altos Stradivarius, mais à un prix qui me laisse une marge à la revente. Les violons d'Amati sont peu recherchés, mais tâchez de me trouver des Giuseppe Guarnerius del Gesù ; il faut des instruments sains, d'un bois solide. Il est normal que je vous réserve une commission sur les gains que je pourrais en tirer, ne serait-ce qu'à titre de dédommagement pour la peine que vous prenez si gentiment pour moi, ainsi que pour les tracas que cela vous causera à l'avenir...

Vous m'annoncez deux violons de Stradivarius, l'un en état, l'autre non. Pour l'amour du ciel, ne me parlez pas de violons dont les réparations sont par trop visibles, mais négociez des violons en bon état, d'un bois robuste, et qui ne sont pas affaissés vers le chevalet. Laissons aux marchands tous les instruments défectueux. Par exemple, le violon d'Amati, que vous m'avez envoyé, sera très difficile à écouler, car la table d'harmonie est en trop mauvais état, et également parce que les Amati ne sont pas très prisés. Mais, je vous le répète, je suis très content...

Donc, essayez de m'avoir les plus beaux violoncelles, altos, violons de Stradivarius et de Guarnerius, car j'aimerais beaucoup réussir en tant que marchand d'instruments à cordes. Mais n'en dites rien à personne car, si l'on savait que c'est Paganini qui désire acheter, on ferait monter les prix. Le frère de feu Carlo Carli possédait quatre violons de Guarnerius del Gesù !...

Cette lettre est remarquable car elle montre, non seulement, le degré de compétence atteint par Paganini dans l'art difficile de l'expertise en lutherie, mais également sa connaissance du marché — « les violons d'Amati sont peu recherchés » — et son sens du commerce — « car si l'on savait que Paganini... »

*

Le mois d'avril et les premiers chauds rayons de soleil n'apportent pas l'amélioration tant espérée. Il ne quitte pratiquement plus son domicile et ne rédige guère que deux lettres, l'une à Germi, l'autre à Luigi Alliani(3), pour le prier de lui procurer deux violons.

Début mai, une période d'accalmie survient et il reprend ses relations épistolaires avec Germi, dont la femme est très malade et qui, par conséquent, ne peut rejoindre son ami à Marseille.

J'ai souffert cette nuit des rhumatismes si douloureux, auxquels je suis tant sujet.

A Balaruc, pas loin d'ici, il y a une source chaude d'eau de mer et des boues, très indiquées contre la paralysie et les rhumatismes ; je compte y aller en juin. Auparavant je te ferai envoyer par Borelli mes notes relatives à la condamnation prononcée contre moi à 20.000 francs de dommages et intérêts...

Je passerai l'hiver à Hyères, pays plus chaud que Nice : ainsi je serai plus près de mon fils...

A Paris, les Guarnerius del Gesù se vendent jusqu'à 2 800 francs ; les beaux Stradivarius jusqu'à 5 000 francs ; les violoncelles du même entre 6 ou 7 000 francs.

Deux jours plus tard, il déclare se sentir mieux et affirme que les bains de Balaruc lui feront le plus grand bien. L'espoir, encore et toujours l'espoir ! Mais, le répit n'est que de courte durée et les effroyables crises reprennent fin mai, selon un cycle qui paraît maintenant immuable : un léger mieux d'une quinzaine de jours, un mois au plus, et les douleurs, de plus en plus insupportables, qui regagnent le terrain perdu et persistent deux à trois semaines. Le 10 juin, il écrit à Germi.

Je ne peux plus supporter mes cruelles douleurs rhumatismales. Voilà quinze jours et quinze nuits que j'en souffre ; mardi ou mercredi, je pars pour les eaux de Balaruc...

Ce n'est que début juillet que Paganini part enfin en cure, mais il n'y reste que deux semaines environ, les eaux de Balaruc n'ayant pas, sur sa santé, l'heureux résultat espéré. Il rejoint Montpellier, s'y arrête une dizaine de jours, puis gagne Vernet-les-Bains, où il veut consulter le docteur Lallemand(4), qui a la réputation d'opérer des miracles. En réalité ce qu'il espère maintenant c'est une amélioration ; c'est bien ce qui ressort de ses correspondances à Germi.

Montpellier, le 26 Juillet 1839
Je suis ici pour consulter des professeurs traditionnels. Mais, pour être tranquille, je désire, et je dois, avoir l'avis du très célèbre docteur Lallemand, qui se trouve à Vernet-les-Bains... Je te tiendrai au courant...

Ci-joint, tu trouveras, sur ma maladie, l'avis d'un médecin célèbre, qui n'exerce pas ; c'est un philosophe, un sage, un génie, le plus estimé de Montpellier...

« Comme je ne laisse jamais passer une occasion de m'instruire, je m'empresse de vous soumettre mon opinion sur la maladie du célèbre maestro. Je peux la formuler en deux mots : Paganini est une âme de feu servie par un violon. L'âme est intacte ; la caisse d'harmonie a des parois extrêmement minces ; les cordes sont au complet, mais elles vibrent mal et ne sont pas en accord. Excitation nerveuse excessive, affection de la partie lombaire de la moelle épinière ; virus syphilitique ayant attaqué le voile du palais et peut-être la voûte palatine. Voilà ce que je crois. Quant à ce qu'il faut faire, j'attends pour le savoir d'apprendre ce que vous avez fait.

« Signé G. Guillaume »

Le diagnostic de ce docteur Guillaume, que Paganini a certainement rencontré à Montpellier, n'est évidemment pas fait pour le rassurer. Mais, d'une part, Lallemand étant d'un avis tout à fait différent, d'autre part, l'ambiance, la table et le climat de Vernet-les-Bains étant parfaitement à son goût, il veut encore croire à une guérison.

Vernet-les-Bains, le 3 Août 1839
Séjour agréable, bonne table, bon air et le professeur

Lallemand, après m'avoir interrogé, ausculté et sondé, m'a dit que j'étais très vigoureux. Ma maladie est une tension nerveuse généralisée, car j'ai trop utilisé et sollicité mon cerveau ; grâce aux douches et aux bains, je guérirai peu à peu, sans m'en rendre compte...

Je dois bénir la lettre que tu as écrite pour moi à feu Carli, puisqu'elle a amené le mariage de Bianchi. Quand elle est revenue de Paris avec son mari, elle a voulu voir mon fils, qui lui a écrit qu'il ne voulait pas avoir affaire à elle, ni l'appeler maman, puisqu'elle l'avait vendu.

Je te remercie encore au nom de mon Achille pour l'intérêt que tu portes à sa Communion prochaine...

Le 20 août, il annonce, qu'après celle de Balaruc, la cure de Vernet ne lui convient absolument plus.

J'ai essayé les bains de Vernet et ils ne m'ont fait aucun bien ; j'ai dit au professeur Lallemand, que mon fils étant en vacances, j'allais à Marseille, pour le chercher et le ramener ici, où nous passerons le mois de septembre et la mi-octobre. Ceci pour couper court. J'arrangerai les choses par lettre.

Paganini arrive à Marseille, début septembre, plus malade qu'il ne l'a jamais été. Il doit attendre jusqu'au 16 pour être en état de gagner Gênes par la mer, ce qui n'est peut-être pas le mode de transport le mieux indiqué pour lui.

Il se rend très vite compte que le climat de sa ville natale est néfaste pour sa santé ; les crises de rhumatismes s'intensifient, la toux est continuelle et les hémorragies pulmonaires de plus en plus fréquentes. Il attend d'avoir récupéré quelques forces et décide d'aller passer l'hiver à Nice. Le 2 novembre, contre l'avis de Germi, il s'embarque sur le vapeur qui fait la liaison entre Gênes et Nice.

A bout de forces, il ne peut gagner par ses propres moyens l'appartement que le comte de Cessole a mis à sa disposition. Il faut le porter dans sa chambre, où il reste sans pouvoir se lever une vingtaine de jours.

Le 17 décembre, Paganini apprend que « la si aimable madame Camilla », l'épouse de Germi, vient de mourir après une longue maladie. Désespéré de ne pouvoir être auprès de son ami dans un pareil instant, il lui écrit sa peine, mais aussi sa résignation devant tous les maux que la vie peut réserver.

Dieu sait le chagrin que j'ai éprouvé en apprenant la perte que tu as subie !... Que faire ? Se résigner, tel est le destin. C'est le seul remède aux souffrances et aux chagrins qui font de notre vie un long calvaire...

La fin de cette année 1839 est, effectivement, pour Paganini un long calvaire. Ne pouvant sortir de sa chambre, se traînant rarement hors de son lit, peut-être sent-il venir sa fin prochaine. Mais, étant donné que, jusqu'à ce jour, il a lutté contre la maladie, il n'a pas l'intention d'abandonner aussi facilement. Cependant, il est des combats dont même Paganini ne saurait sortir vainqueur.

*

Notes
1. Léopold II (1797 - 1870). Grand-duc de Toscane de 1824 à 1859. Abdiqua en faveur de son fils Ferdinand IV.
2. Vincenzo Merighi (1795 - 1849). Violoncelliste italien. Professeur au Conservatoire de Milan.
3. Luigi Alliani (1789 - ?). Violoniste italien. Premier violon et directeur de l'orchestre du théâtre de Vicence.
4. Claude François Lallemand (1790 - 1853). Médecin français. Professeur de médecine de l'université de Montpellier, spécialiste des maladies pulmonaires.

Chapitre 25

« C'est fini... »
(janvier - mai 1840)

Le 14 janvier 1840, Paganini apprend qu'il est condamné dans l'affaire du Casino à verser non plus vingt mille mais cinquante mille francs de dommages-intérêts à ses ex-associés. Selon ses propres paroles, physiquement, il est « dans un état pitoyable », et il ne lui « reste plus que l'espoir ».

Dans les jours qui suivent, il pense à ses instruments qui sont restés à Marseille, c'est-à-dire sur le territoire français, et il craint que la justice ne les fasse saisir. Pour résoudre ce problème, il se tourne vers son ami.

Les escrocs et les bandits de Paris peuvent-ils faire saisir les instruments qui sont restés chez Brun à Marseille ?... Dans le cas où ils ne seraient pas en sécurité chez lui, nous dirons à Borelli qu'il trouve le moyen de faire revenir ces instruments, en prouvant que s'ils m'ont appartenu, ils sont maintenant à lui, puisque je les lui ai vendus... Il y a là onze violons, un alto et quatre violoncelles, tous de grande valeur.

Heureusement pour lui, une telle collection ne devait pas tomber entre les mains de ses adversaires.

Début février, cédant aux instances de Sivori, Paganini accepte de lui céder la copie que Vuillaume(1) a réalisée à partir de son cher Guarnerius del Gesù. Germi, ayant servi d'intermédiaire dans cette transaction, c'est à lui que le maître s'adresse pour annoncer la bonne nouvelle à « Camillino ».

Vuillaume, le luthier, quand j'étais à Paris, demandait 300 francs pour des copies ordinaires de mon Guarnerius et 500 francs pour des copies plus soignées et de meilleure sonorité. Celle qu'il m'a donnée est peut-être la meilleure du lot, mais tu peux en disposer, surtout s'il est question de faire plaisir à cet excellent et charmant Camillino, que tu salueras de ma part.

Il ne faut pas voir là, encore une fois, une preuve de l'incorrigible avarice de Paganini. S'il vend plutôt qu'il ne donne l'instrument à son élève préféré, c'est que sa délicatesse lui interdit d'offrir à quiconque, pas même à Sivori, le cadeau que Vuillaume lui a fait. Ayant trouvé la façon la plus élégante de céder à Sivori la réplique de son violon, il en informe Vuillaume.

Nice, le 25 Février 1840
Mon cher Vuillaume,
J'ai été obligé de me séparer de la copie de mon violon, que vous m'aviez donnée en souvenir. Je l'ai fait car un des mes amis m'a demandé de la céder à un artiste. Vous trouverez ci-jointe la somme de 500 francs, produit de la vente du violon. Ainsi, j'ai fait plaisir à un ami, et à un artiste, et je pense ne point vous avoir déplu en le cédant pour 500 francs, prix que vous m'avez dit demander de vos instruments les plus soignés. L'idée que vous pourriez m'en procurer un autre à votre convenance, m'a amené à céder votre cher souvenir, qui sera remplacé par un autre de valeur égale.

Ajoutons que ce violon fut cédé par Camillo Sivori, en 1894 à la commune de Gênes ; on peut le voir exposé dans le Palazzo Civico, à côté de l'original.

*

Le 20 mars, Paganini constate une amélioration et s'empresse de rassurer Germi.

Cela ne fait que quelques nuits que je peux respirer et ainsi dormir tranquille...

S'il a quelque peu retrouvé le sommeil, il n'empêche que son état général se dégrade de jour en jour. Le 24 mars, il avoue : « Mes forces vont en décroissant... ». Le 4 avril, il ne peut même plus quitter son lit.

Je suis très faible ; mes jambes ont enflé derrière les genoux ; je ne peux même plus me promener dans ma chambre, où je suis confiné depuis cinq mois, c'est-à-dire depuis que je suis arrivé ici.

Envers et contre tout, il déclarera, quelques jours plus tard, qu'il « garde espoir dans les beaux jours ».

*

A partir de maintenant, Paganini va être sans cesse harcelé par un personnage assez peu sympathique, nommé Romolo Caffarelli, vicaire de la paroisse, .

L'évêque de Nice, qui connaît certainement l'état de santé alarmant du maître, décide qu'il est temps de s'intéresser au salut de son âme. Pâques approchant, le père Caffarelli est dépêché auprès du violoniste afin de l'exhorter à se confesser. Mais, Paganini, depuis longtemps, ne peut plus parler ; il fait donc savoir au prêtre qu'il accepte très volontiers, à condition qu'on lui fournisse une ardoise sur laquelle il inscrira sa confession, qu'il effacera par la suite.

Un autre rendez-vous est pris. Lorsque le curé se présente

au domicile de Paganini, on lui fait savoir que ce dernier vient de prendre un purgatif très énergique et qu'il n'est pas en mesure de recevoir de visite. Le curé se retire, mais charge la servante de faire pression sur son maître pour qu'il accepte de le recevoir au plus vite. Caffarelli s'est certainement rendu compte qu'un acte de contrition ne suffit plus ; il s'agit pour lui de confesser son paroissien et, surtout, de lui administrer les derniers sacrements.

La domestique, Teresa Repetto, entièrement dévouée aux autorités religieuses, à savoir son vicaire et son évêque, Monseigneur Domenico Galvano, insiste tellement auprès de Paganini pour qu'il remplisse ses devoirs religieux, que celui-ci la met à la porte sans autre forme de procès. La servante s'en va immédiatement rapporter l'affaire à Caffarelli, qui, à son tour, en informe l'évêque. Le réseau de surveillance, d'espionnage, de mouchardage constitué autour de Paganini est alors renforcé et les témoignages les plus accusateurs sont recueillis et soigneusement archivés, en attendant de pouvoir être utilisés.

Seul le comte de Cessole, parmi les amis de Paganini, a connaissance de ses démêlés avec l'Église. Il insiste pour que son protégé accepte de recevoir l'extrême onction. Sans opposer de refus catégorique, le violoniste répond que rien ne presse et qu'il sera toujours temps d'y penser, le moment venu. Lorsque le 24 mai, Caffarelli sera appelé pour exercer son office, il en sera empêché par l'état du malade, déjà entré dans le coma.

*

Il est un autre individu, guère plus charmant, que Paganini va devoir affronter ; il s'agit d'Adolphe Sergent, chargé des intérêts des ex-associés du Casino. Infatigable, celui-ci essaiera par tous les moyens de faire saisir les biens, et avant tout les instruments du maître, sans jamais y parvenir. Nice est située dans le duché de Gênes, et la justice française y est impuissante ; de plus, Paganini, ami du comte de Cessole, président du Sénat, est, civilement, un *persona grata*, contre lequel Sergent ne peut pas grand chose.

Sa première intervention a lieu le 17 avril, alors que Paganini ne survit que grâce à une force de caractère peu commune et un courage qui force l'admiration. Dès le lendemain, il relate son entrevue à Germi.

Hier, M. Borg, vice-consul de France, est venu me voir avec M. Adolphe Sergent de Paris, chargé des intérêts du Casino, qui venait pour faire exécuter la sentence du tribunal français. Je lui ai répondu que tu t'en occupais pour moi, à cause de ma santé, et que j'étais incapable de faire quoi que ce soit, qu'il devait s'adresser à toi, puisqu'il avait l'intention de trouver un arrangement à l'amiable avant de faire appel à la justice. Il voulait partir pour Gênes, mais quand je lui ai assuré que tu pouvais très bien venir ici, il a accepté d'attendre ta réponse. Il agit ainsi pour gagner du temps et te demande de le tenir au courant. Dans le cas contraire, il se rendra à Gênes.

Je suis effrayé par tout ce que je crache jour et nuit et même à table, environ trois ou quatre bassines ; la nourriture ne me profite plus ; je perds de plus en plus l'appétit et mes forces déclinent. Mes jambes sont enflées jusque derrière les genoux, ce qui fait que je marche comme un escargot et que si je me penche, j'ai beaucoup de mal à me redresser...

Grand Dieu ! Je n'ai plus de force...

Sergent, qui a vainement attendu une réponse, revient à la charge une semaine après. La seconde rencontre semble s'être déroulée dans un climat beaucoup moins serein que la précédente.

Je n'ai pas répondu à tes deux dernières lettres à cause de violentes migraines, qui ont duré deux jours ; il faut ajouter à cela des hémorragies pulmonaires, que les docteurs ont trouvé très salutaires.

Lors de la visite du vice-consul Borg, une personne fort charmante, en compagnie de ce gibier de potence de Sergent... ce dernier m'a jeté un regard mortel, en me demandant de m'expliquer car il n'avait pas de temps à perdre... ensuite il m'a dit que l'affaire devait être terminée dans la semaine et il est parti plus furieux qu'une hyène, sans me laisser le temps de lui dire d'aller au diable.

Le 4 mai, Paganini rédige sa dernière lettre à Germi. Il redoute que Sergent ne parvienne à faire saisir ses instruments, ce qui influe certainement énormément et sur son moral, et sur son état physique, qui ne cesse d'empirer. Face à son ami, il n'est même plus question d'espoir.

Le voyage précipité de Sergent à Marseille est peut-être fait pour rencontrer M. Double (son avoué) *ou alors il lui est venu aux oreilles que je possédais encore quelques instruments là-bas et il a l'intention de les mettre sous séquestre. Toute demande doit être formulée auprès du sénat de Nice, et légalement on doit m'en aviser par écrit et me laisser dix jours pour répondre. De*

toute façon, je serai immédiatement averti par les fils du Président du Sénat, qui viennent souvent me voir...
 Ce serait pour moi une catastrophe, si Sergent me faisait saisir mes instruments à Nice!...
 Je tombe en morceaux... Rebizzo ne semble pas vouloir que cette triste affaire, qui m'a ruiné la santé, se termine. Que Dieu lui apporte la lumière!

Quarante-huit heures après, il trouve encore la force d'écrire à Vincenzo Merighi pour lui parler de Guarnerius, de Stradivarius et d'Amati. Il termine par cette phrase :
 Ma santé ne s'améliore pas, mais je garde espoir dans les beaux jours...

Le 12 mai, il rédige sa dernière lettre connue. Elle est adressée à Giovanni Battista Giordano, qui lui avait écrit pour essayer de le réconcilier avec Lazzaro Rebizzo. Peine perdue. Pour Paganini, le crime commis — la trahison d'une amitié — fait partie de ceux que l'on ne peut pardonner.
 Avant tout merci de vouloir arriver à un accord à l'amiable avec Rebizzo, mais mes raisons sont telles que, même avec la meilleure volonté du monde, je ne puis t'autoriser à conclure un arrangement quel qu'il soit... je n'ai rien d'autre à ajouter...

Il donne ensuite ses instructions pour l'achat de certains instruments, mais se refuse à cacher que l'issue fatale est, d'ores et déjà, envisagée, même si elle n'est pas imminente.
 Le docteur Binet est le meilleur médecin de Nice et c'est lui qui me soigne. Il dit que je peux vivre encore quelque temps...

*

Le 24 mai, Paganini, après une dernière hémorragie pulmonaire, entre dans le coma.

Le 27 mai 1840, à dix-sept heures, il meurt sans avoir repris connaissance.

D'après plusieurs témoignages, son « Achillino » est à ses côtés. Le vœu le plus cher de Paganini, celui pour lequel il s'était battu avec tant d'ardeur dans ces derniers mois, avait été exaucé : le 3 février 1840, Marie-Louise avait apposé sa signature sur un document, dans lequel on pouvait lire : « Ciro Achille Alessandro, fialiulo nato del Barone Cav. Niccolò Paganini e dell'Antonia Bianchi di Como. Nato a Palermo ». La légitimation était reconnue.

La déclaration du décès est faite, en l'église Sainte-Reparate, par deux voisins du défunt, un avocat du nom de Tito Robaudo et un certain Ameglio, propriétaire.

Il giorno ventisette del mese di maggio, alle ore

cinque pomeridiane, nel distretto di questa parrochia, casa di S. E. il Signor Conte Spitalieri di Cessole, Présidente Capo nel Real Senato, è morto il Signor Barone Nicolò Paganini, d'età d'anni cinquantasei, professore di musica e proprietario, nativo del Comune di Genova, e domiciliato nel Comune di Genova.

Dichiaranti : il Signor avvocato Tito Robaudi V. G. d'età d'anni trentadue, domiciliato in Nizza ed il Signor Anastasio Ameglio, proprietario, d'età d'anni cinquantaquattro, domiciliato in Porto Maurizio, i quali attestano pure di non sapere il nome del padre e della madre del defunto, e di aver praticato le prescritte formalità per il trasporto del cadavere nella detta città di Genova.

Firma del primo testimonio : Tito Robaudo, avvocato V.G.

Firma del secondo testimonio : Anastasio Ameglio

Firma del parocco : Andrea Agal, vicario

Sur le document original, une formule pré-imprimée a été rayée : « *Il cadavere è stato sepolto il giorno... del mese di... nel cimetero di...* » , c'est-à-dire « le corps a été inhumé le... du mois de... dans le cimetière de... ».

Il faut remarquer en outre que les formalités avaient été entreprises pour faire transporter le corps à Gênes : « *e di aver pratticato le prescritte formalità per il trasporto del cadavere nella detta citta di Genova.* »

*

Ainsi s'est éteint le plus illustre, le plus sensationnel, le plus spectaculaire violoniste qui ait jamais existé.

*

Note

1. Jean-Baptiste Vuillaume (1798 - 1875). Luthier français. Le plus célèbre représentant d'une famille comptant environ trente luthiers de Mirecourt. S'installa à Paris en 1818, où il demeura jusqu'à sa mort. A laissé environ 3 000 violons, copies de Stradivari, Guarneri, Maggini et plus de 500 archets.

Chapitre 26

Procès et tribulations post-mortem
(juin 1840 - 1895)

Le 28 mai 1840, au lendemain de la mort de Niccolò Paganini, monseigneur Galvano, l'évêque de Nice, refuse la sépulture chrétienne à l'illustre violoniste. Le prétexte invoqué est simple : Paganini est mort sans avoir accepté de recevoir les derniers sacrements. Avant de prendre cette décision, très lourde de conséquences, le prélat a écouté, avec beaucoup d'attention, les rapports de son curé, certainement mortifié de n'avoir pu remplir son office, et ceux de la servante de Niccolò, furieuse d'avoir été congédiée.

Le prêtre insiste sur le fait qu'il s'est présenté à plusieurs reprises — plus de vingt fois, selon ses dires — au domicile du mourant et qu'il n'a pu que très rarement l'approcher. Quand, exceptionnellement, il a réussi à voir le musicien, celui-ci n'a jamais eu aucune parole pour manifester sa foi. Dans cette déposition, on ne trouve nulle part la moindre allusion à l'aphonie totale de Paganini. Caffarelli ajoute que, un jour, alors qu'il avait été autorisé à pénétrer dans la chambre du malade, celui-ci lui avait signifié, d'un air hautain, dédaigneux et menaçant, qu'il devait sortir, car il l'avait déjà suffisamment ennuyé.

La domestique n'est pas moins impitoyable pour son ancien employeur. Dans sa déclaration, elle assure que Paganini l'avait giflée, alors qu'elle essayait de le persuader de remplir ses devoirs religieux.

Mais ces témoignages ne sont pas les seuls éléments qui ont amené l'évêque à prononcer son implacable sentence. Il connaît le passé, jugé par trop dissolu, de Paganini, sa passion pour le jeu, son caractère peu charitable, son appétit jamais assouvi d'argent, et son goût très prononcé pour des plaisirs beaucoup trop terrestres. Enfin, malgré toute sa gloire, le violoniste n'était-il pas tout simplement qu'un saltimbanque, un troubadour, que l'Église, naguère, refusait de recevoir dans son sein ? Tout concourt donc à faire du virtuose le plus méprisable des mécréants.

En réalité, quelle était la nature des sentiments religieux de Paganini ? Élevé dans la foi chrétienne par sa mère profondément dévote, il semble que jusque vers 1800 au moins, il ait suivi les préceptes et les rites de l'Église. Ensuite, sans être un fervent pratiquant, il a toujours cru en Dieu et de nombreuses citations dans sa correspondance le montrent bien. Il est à remarquer qu'Achille a été baptisé quelques heures après sa naissance, a fait sa première communion dès quatorze ans et que son père n'a jamais envisagé de le placer dans d'autres institutions que religieuses — chez les Pères Dominicains à Marseille ou les Jésuites à Gênes. Paganini n'avait donc rien d'un anticlérical acharné.

Il faut rappeler que cette même Église qui lui refuse la sépulture chrétienne, lui avait accordé, en 1827, l'une de ses plus hautes distinctions — l'Éperon d'or — à une époque où il vivait en concubinage notoire avec Antonia Bianchi et que son fils Achille n'avait pas encore été légitimé.

*

Immédiatement mis au courant de l'arrêt épiscopal, le comte de Cessole prend toutes les dispositions pour procéder à l'embaumement du corps et retarder ainsi au maximum sa décomposition, pressentant que les autorités ecclésiastiques ne reviendront pas de sitôt sur leur décision. De plus, le comte accueille chez lui Achille, comme s'il s'agissait de l'un de ses propres enfants et charge son fils aîné Eugène, alors âgé de trente-cinq ans, membre du Sénat et conseiller à la Cour d'Appel, de trouver pour les restes de Paganini une sépulture, sinon chrétienne, du moins décente.

Le 1er juin, on procède à l'ouverture du testament, rédigé à Gênes le 27 avril 1837. La fortune du violoniste s'élève à environ un million sept cent mille francs, partie en immeubles, partie en rentes d'état de France, d'Angleterre et des Deux-Siciles. Les cent messes demandées par Paganini pour le repos de son âme ne feront pas fléchir l'évêque. Le clergé ne comprend certainement qu'une seule chose : le mort, dans ses dernières volontés, n'a pas envisagé de faire don à l'Église de la plus infime partie de ses immenses richesses.

*

La mort du musicien et son testament vont susciter dans la presse bien des commentaires, la plupart du temps totalement insensés. Bien sûr, les fameux violons, dont beaucoup de personnes connaissent l'existence, sans en savoir très précisément ni le nombre, ni la nature, excitent bien des curiosités et font se propager bien des rumeurs.

Le plus étonnant des hommages rendus à Paganini est celui que Franz Liszt fait paraître le 23 août. Le pianiste entend, sans vergogne, donner à son illustre confrère, dont il n'a jamais hésité à s'inspirer, une leçon posthume de modestie musicale. La conclusion de cette « oraison funèbre » ne manque pas de piquant sous la plume de celui qui fut et reste le « Paganini du piano ».

Sur Paganini à propos de sa mort
Paganini vient de mourir. En lui s'est éteint un de ces souffles puissants que la nature semble avoir hâte de rappeler à elle ; avec lui disparaît un phénomène unique dans la sphère de l'art...

Le vide que laisse après lui Paganini sera-t-il bientôt comblé ?... La royauté artistique qu'il avait conquise passera-t-elle en d'autres mains ?

L'ARTISTE-ROI est-il encore possible ?

Je n'hésite pas à le dire, une apparition analogue à celle de Paganini ne saurait se renouveler...

Que l'artiste de l'avenir renonce donc, et de tout cœur, à ce rôle égoïste et vain dont Paganini fut, nous le croyons, un dernier et illustre exemple ; qu'il place son but, non en lui, mais hors de lui ; que la virtuosité soit un moyen, non une fin ; qu'il se souvienne toujours, qu'ainsi que noblesse, et plus que noblesse sans doute :
« GÉNIE OBLIGE »

*

Le 1er juin, Monseigneur Galvano rend compte à son supérieur, l'archevêque de Gênes, des mesures qu'il a été dans l'obligation de prendre. Ce dernier en informe le gouverneur du duché, Filippo Paulucci, celui-là même qui, en décembre 1834, ne pouvait envisager de donner une réception dans sa résidence sans la présence de Paganini.

Décision est prise d'interdire l'entrée du corps sur le territoire du duché et, le cas échéant, de le diriger immédiatement sur Parme, afin d'éviter toutes complications avec les amis de Paganini, qui, à Gênes, préparent une cérémonie religieuse.

Le roi Charles-Albert, mis devant le fait accompli, ne veut pas prendre le risque de mécontenter les plus hautes instances ecclésiastiques. Cependant, il laisse entendre que le corps pourrait entrer dans Gênes, à condition que ce soit sans pompe ni cérémonie, et être enterré dans un cimetière non catholique, si toutefois il en existe un.

Quelques jours plus tard, le roi reçoit de Germi une pétition. Ce dernier apporte la preuve que son ami n'était animé d'aucun sentiment anti-catholique et rappelle la décoration attribuée par le pape Léon XII. De son côté, Rebizzo, en tant qu'exécuteur testamentaire, adresse un mémoire au ministre de l'Intérieur, le comte Villamarina, qui le transmet au roi.

Charles-Albert, très embarrassé, demande à l'archevêque

de Gênes de faire revenir Monseigneur Galvano sur sa décision. Son intervention, plutôt timorée, n'a qu'un caractère informel. Le 28 juillet 1840, l'évêque de Nice, qui se sait soutenu par sa hiérarchie, oppose au souverain une fin de non-recevoir aussi nette que discourtoise, et va même jusqu'à interdire aux journaux de publier quelqu'article que ce soit sur Paganini.

Les amis de Paganini, le comte Eugène de Cessole à leur tête, font appel de la décision épiscopale auprès du Sénat Royal de Nice. Presque simultanément, ils entreprennent la même démarche auprès des instances suprêmes du diocèse, l'archevêque de Gênes, le cardinal Placido Tadini.

Mais, l'Église détient un pouvoir temporel, qui pour n'être pas officiel, n'en est pas moins efficace. Auprès du Sénat, le procès est rouvert, avec les mêmes témoignages — celui du père Caffarelli et de la servante congédiée, qui a déménagé et demeure introuvable. Par contre, les autorités civiles et ecclésiastiques n'accordent que peu d'intérêt aux arguments déjà développés par la défense.

Le 24 juillet 1841, contre l'avis de son président, le Sénat de Nice entérine la décision de l'évêque, car « l'Église, de par ses règles, ne peut accorder de sépulture religieuse à ceux dont la vie est une source de scandale et qui sont morts en refusant de se repentir ». Paganini est donc condamné, à titre posthume, non pour sacrilège, blasphème, hérésie ou tout autre péché capital, mais pour une vie non exempte de fautes. Le fanatisme catholique juge et condamne non pas un homme, mais une âme.

Le recours auprès de l'archevêque de Gênes ne laisse guère d'espoir aux défenseurs du virtuose. Et, en effet, le prélat, au lieu de statuer par lui-même, en réfère au vicaire général, Domenico Gualco, réputé pour son intolérance. Le 18 août 1841, le cardinal Tadini rejette l'appel.

Il ne reste alors aux exécuteurs testamentaires qu'une seule et unique solution : en appeler au Souverain Pontife.

*

Paganini est mort depuis plus d'un an et son corps n'a toujours pas trouvé de sépulture chrétienne.

Le 24 juillet 1840, les scellés, mis en place le 27 mai et qui condamnent l'accès à l'appartement, sont brisés par les autorités, la chambre mortuaire est ouverte, l'inventaire est dressé et le corps est enlevé pour être déposé dans la cave de l'immeuble.

Il est évident que pour des questions d'hygiène, il ne peut rester trop longtemps dans ce sous-sol. Le 31 juillet, le comte de Cessole le fait donc transporter à l'hôpital Saint-Roch. Mais, cet asile n'est pas inviolable. Saint-Roch, comme tous les établissements hospitaliers, est placé sous l'administration du clergé. Hilarion de Cessole sait que certains membres de l'Église sont prêts à faire disparaître le cadavre, ce qui aurait pour effet de rendre sans objet le procès en cours. Il fait donc procéder à l'enlèvement du cercueil, que l'on dépose dans une cuve de décantation d'un pressoir à olives, dans l'enceinte d'une de ses propriétés. Cependant, avec l'automne, arrive le temps de la récolte et il faut, une nouvelle fois, mettre le corps à l'abri des regards indiscrets.

Le comte s'en va demander leur secours à deux amis, sûrs et dévoués à sa cause, le comte Urbain Garin de Cocconato et le comte de Pierlas. Ceux-ci associent à leur projet le peintre Félix Ziem(1), qui avait connu Paganini lors d'un séjour du violoniste à Dijon, et le sculpteur Alexis de Saint-Marc, qui travaille à la réalisation d'un buste de la comtesse de Cessole.

Les cinq hommes extraient de sa cuve la dépouille, la chargent sur une barque, et nuitamment, gagnent, à force de rames, la pointe Saint-Hospice, à l'extrémité de la presqu'île Saint-Jean, à laquelle on n'avait pas encore accolé le suffixe de Cap-Ferrat. Une tombe est creusée, que l'on recouvre d'une dalle de marbre blanc, portant la seule mention *Paganini*. Cependant, en premier lieu, le corps de Paganini est exposé aux caprices de la mer, qui inonde fréquemment le tombeau et, en second lieu, l'accès du lieu est beaucoup trop aisé pour des gens déterminés à s'emparer du cercueil et à le perdre en haute mer.

La pauvre dépouille est transférée, toujours de nuit, dans une chambre, aménagée en chapelle ardente, du lazaret de Villefranche. Le comte de Cessole, président du Magistrat de Santé et à ce titre seul véritable patron du lazaret, peut maintenant être rassuré, les restes du grand violoniste sont en lieu sûr. En effet, l'établissement est une forteresse, dont l'accès est défendu par une caserne de gardes-chiourme et il est quasiment impossible de l'aborder du côté mer.

Le secret entourant ces transports rend très difficile toute datation précise. On peut toutefois raisonnablement supposer que ce voyage eut lieu au cours de l'automne 1841. Il est certain que le corps de Paganini se trouve à Villefranche le 19 février 1842, puisqu'à cette date précise, le comte de Cessole réclame par lettre au commissaire de Santé, Giuseppe Lenchantin, la clé du réduit, dans lequel a été déposé le cercueil. Ce dernier est en effet soupçonné par son chef, d'organiser de lucratives visites, destinées à satisfaire la curiosité morbide d'admirateurs du musicien.

Les exécuteurs testamentaires peuvent être rassurés, ils n'ont plus à redouter un coup de main de la part des fanatiques adversaires de leur cause.

*

En avril 1842, les amis du défunt sont persuadés d'avoir remporté une semi-victoire. En effet, le gouvernement sarde autorise la translation du cercueil, à la seule condition que le secret le plus absolu entoure l'opération. Le 30 avril, l'avocat général de Gênes communique la décision au président du Magistrat de Santé.

Le Gouvernement Royal a autorisé le transport du cadavre de feu le baron Paganini... en cette ville de Gênes, pour être sans délai déposé dans une propriété appartenant à son héritier, à Polceverra.

Mais, il faut bientôt déchanter. L'archevêque de Turin intervient auprès du roi et le décret du gouvernement ne peut être appliqué.

En septembre, le baron Pareto, tuteur d'Achille, assisté de Germi et du marquis Crosa di Vergano, ministre du roi Charles-Albert auprès du Vatican, se rend à Rome et présente une requête en annulation devant le Saint-Office. Le pape Grégoire XVI(2), devant l'évidente mauvaise foi des précédents magistrats, ne peut faire autrement que de casser le jugement. Il ordonne qu'une nouvelle enquête soit ouverte. Qui sont les nouveaux enquêteurs ? Évidemment des ecclésiastiques qui ne peuvent — ni ne veulent — désavouer les premiers juges. Tous les moyens seront bons pour retarder l'enquête et faire durer le procès.

L'année 1843 se passe sans incident notoire, le corps de Paganini toujours à l'abri derrière les murs du lazaret de Villefranche.

La presse, outrée par l'attitude du clergé, commence à prendre fait et cause pour l'action entreprise par les amis du violoniste.

Le Ménestrel — *On assure que Paganini n'a pu encore être enterré en terre sainte par l'opposition de l'évêque de Nice... Les habitants de Nice, fiers de leur compatriote poursuivent contre leur évêque un procès en cour de Rome. Cinq cent mille francs ont été affectés aux frais de cette poursuite.*

The Times — *C'est faire preuve de beaucoup de fanatisme que de faire le procès d'un artiste mort, qui, de son vivant, avait bénéficié de certaine largeur de vues de la part de l'Église Romaine.*

Fait étrange, en avril 1844, ni l'évêque de Nice, ni l'archevêque de Parme, ne s'opposent plus au départ du corps. Une partie des cinq cent mille francs dont parle le *Ménestrel*, aurait-elle servi à couvrir d'autres frais que ceux du procès ? L'Église doit faire face à des charges énormes de gestion d'hospices, d'écoles, d'asiles, et les dons sont souvent le moyen le plus efficace pour obtenir toutes les indulgences nécessaires.

Le 11 avril, Anginio Puliga, président du Magistrat de Santé de Gênes, écrit à l'avocat général, Bermondi, pour lui faire part du transfert de la dépouille mortelle de Nice à Gênes. Le 16 avril, le comte de Cessole informe Puliga des mesures prises pour le transfert du corps.

J'ai l'honneur de faire savoir à votre Personne très Illustre que, pour mieux remplir les vues du Gouvernement, quant à la translation du corps de feu le baron Paganini, et tenir la chose plus secrète, j'ai fait embarquer la bière qui contient sa dépouille sur la barque Maria Maddalena... S'il se peut, on abordera à San Pier d'Arena, pour éviter encore plus la publicité, et pour procurer la plus prompte translation à la dite villa...

Le lendemain matin, 17 avril 1844, le voilier *Maria Maddalena* quitte le port de Nice. Le bateau arrive le 22 avril à Gênes et non à San Pier d'Arena, comme l'aurait voulu Hilarion de Cessole. Le 23, Puliga rend compte de l'arrivée du navire à son confrère niçois.

... Elle (la dépouille mortelle de feu Niccolò Paganini) *arriva en ce port hier matin... La caisse fut, hier soir, avec toute la prudence voulue, et sans la moindre publicité, transportée à la villa, et, là, déposée dans une chambre à part et fermée...*

Paganini ne peut toujours pas reposer dans un cimetière catholique.

*

En 1845, Achille, voyant qu'il ne peut rien obtenir d'autre de la part du clergé, s'adresse à Marie-Louise, qui par décret signé le 16 avril 1845, autorise le transfert du corps dans la villa Gajone, aux environs de Parme. L'opération a lieu le 3 mai.

Il faut attendre l'année 1853 pour assister au premier office religieux pour le repos de l'âme de Paganini. Cette messe est célébrée à Parme, en l'église Steccata, qui appartient à l'ordre de Saint-Georges, dont Paganini avait été fait chevalier.

Vingt-trois années passent, au cours desquelles ni Achille Paganini, ni Eugène de Cessole, qui a pris le relais de son père mort en 1845, n'arrivent à obtenir la moindre réponse en provenance de Rome. Les cardinaux et évêques, qui ont en charge de mener l'enquête ordonnée en 1842, ne se pressent pas pour remettre leurs conclusions.

Enfin, en 1876 — soit trente-six ans après la mort de Niccolò Paganini —, le Saint-Office se décide à réhabiliter la mémoire du proscrit de l'Église catholique. Les restes du plus illustre des violonistes peuvent alors être inhumés dans le cimetière de la Steccata de Parme, à l'issue d'une cérémonie religieuse à laquelle ne manque aucun dignitaire du clergé. Dans le même temps, le gouvernement sarde autorise l'apposition de plaques sur les maisons du *Passé du Gratta Mura* à Gênes et du 13 Grande Rue à Nice.

*

On pouvait espérer qu'un repos éternel, bien mérité, serait accordé au musicien. Hélas pour lui, le moment n'est pas encore venu. Le 28 avril 1893, Achille Paganini, répondant aux instances du violoniste Frantisèk Ondricek[3], fait ouvrir la tombe de son père, afin que l'indiscret émule du grand maître puisse examiner la dépouille de son idole. A cette macabre cérémonie assistent également Attila Paganini, l'un des petits-fils de Niccolò, l'impresario d'Ondricek et le violoniste Romeo Franzoni[4]. Dans son numéro de juin 1893, la revue *The Strad*, tout nouvellement créée, relate l'événement.

> *Le Conseil de Parme et le Baron Achille Paganini (fils du grand virtuose) ont accepté que l'on ouvre la tombe et que l'on examine les restes de Paganini. Ceci en l'honneur du violoniste Franz Ondricek, qui a entrepris une tournée de concerts en Italie. On pouvait très bien reconnaître, à travers la vitre du cercueil, le corps embaumé et parfaitement conservé, et surtout le visage très caractéristique du violoniste.*

Mais, la dépouille mortelle n'en a pas terminé ses tribulations. En 1895, la municipalité de Parme décide la construction d'un nouveau cimetière et la fermeture de celui de la Steccata. Le cercueil est transféré dans la nouvelle nécropole et déposé dans un imposant mausolée.

Le 15 décembre de cette année 1895, son devoir filial accompli, s'éteint le baron Achille Paganini.

*

Souhaitons de tout notre cœur, que les cendres de Paganini reposent, à tout jamais, en paix, au cimetière de Parme, dans

ce tombeau sur lequel son « Achillino » fit graver l'épitaphe suivante :
— *sur le piédestal*
Son fils Achille de Palerme a fait ériger ce monument à sa mémoire impérissable
— *sur le côté droit*
Un cœur d'une immense générosité, qui donna sans compter à sa famille, aux artistes et aux pauvres
— *sur le côté gauche*
Un esprit des plus brillants qui composa de splendides œuvres musicales admirées par les plus illustres maîtres
— *au dos*
Ici repose la dépouille de Niccolò Paganini,
Un violoniste qui inspira toute l'Europe
Par sa divine musique et son suprême talent,
Conférant à l'Italie un renom immense et sans précédent.

*

Notes

1. Félix Ziem (1821 - 1911). Peintre paysagiste français, qui a laissé de nombreux témoignages sur Constantinople, Venise, Anvers et la Provence.
2. Grégoire XVI (Mauro Cappellari) (1765 - 1846). Pape de 1831 à 1846. Réactionnaire et intolérant, il désavoua La Mennais en 1832.
3. Frantisèk Ondricek (1859 - 1922). Violoniste tchèque, très apprécié d'Achille Paganini. A composé pour son instrument.
4. Romeo Franzoni (1857 - ?). Violoniste italien. Il termina le *Concerto* N° 5 de Paganini à la demande d'Achille.

Liste non exhaustive des concerts publics donnés par Niccolò Paganini

1791
dnc	Gênes (Église?)	Concerto de Pleyel

1794
26/5	Gênes (San Filippo Neri)	*La Carmagnole MS 1*
1°/12	Gênes (Église des Vignes)	pnc
6/12	Gênes (San Filippo Neri)	La Carmagnole MS 1

1795
26/5	Gênes (San Filippo Neri)	La Carmagnole MS 1
25/7	Gênes (T. Sant'Agostino)	La Carmagnole MS 1
31/7	Gênes (T. Sant'Agostino)	pnc

1800
oct.	Livourne (snc)	pnc
5/12	Modène (T. Rangoni)	Concerto de Rode
		Sinfonia Lodoïska MS 411
		La Carmagnole MS 1
		Concerto de Kreutzer
21/12	Modène (T. Rangoni)	*Concerto MS ?*
		Fandango espagnol MS 401

1801
13/9	Lucques (Cathédrale)	pnc
8/12	Lucques (Santa-Maria)	pnc
déc.	Lucques (Résidence)	pnc

1804
30/1	Gênes (Général Milhaud)	pnc
11/10	Lucques (Théâtre National)	pnc

1805
20/1	Lucques (Palais Guidiccioni)	pnc
24/9	Lucques (snc)	pnc

1807
15/8	Lucques (snc)	*Sonate Napoléon MS 5*
24/9	Lucques (Villa Marlia)	pnc

1808
dnc	Livourne (snc)	pnc
dnc	Turin (snc)	pnc
8/8	Lucques (Villa Marlia)	pnc

1810
22/1	Rimini (snc)	pnc
fév.	Lucques (Castiglioncello)	pnc
13/3	Lucques (Castiglioncello)	pnc
juil.	Lucques (T. del Publico)	*Polacca MS 18*
juil.	Rimini (snc)	Polacca MS 18

1810 (suite)

29/8	Cesena (snc)	Concerto de Rode
		Sonate Napoléon MS 5
30/8	Cesena (snc)	pnc
18/9	Forli (snc)	pnc
19/9	Forli (snc)	pnc
20/9	Forli (snc)	pnc
23/9	Piangipane (La Camera)	pnc
25/10	Rimini (T. del Publico)	Polacca MS 18
28/10	Rimini (T. del Publico)	Concerto de Kreutzer
		Polacca MS 18
1°/11	Rimini (T. del Publico)	pnc

1811

17/5	Modène (snc)	Sonate Napoléon MS 5
16/6	Reggio (T. della Comune)	Concerto de Viotti
		Fandango espagnol MS 401
		Sonate pf/vln MS ?
		Sonate Napoléon MS 5
9/8	Parme (snc)	Sonate Napoléon MS 5
10/8	Parme (snc)	pnc
16/8	Parme (snc)	Sonate Napoléon MS 5
18/9	Forli (snc)	Sonate Napoléon MS 5
22/12	Bologne (snc)	pnc
25/12	Bologne (Nuovo (Casino)	*Sonate en do majeur MS 6*
		Sonate Napoléon MS 5

1812

22/1	Ferrare (snc)	pnc
16/2	Reggio (T. della Comune)	Concerto de Kreutzer
		Sonate Napoléon MS 5
		Sonate avec guitare MS ?
		Fandango espagnol MS 401
9/5	Parme (T. Ducale)	pnc
17/5	Parme (T. Ducale)	pnc
24/5	Plaisance (snc)	Sonate Napoléon MS 5

1813

22/1	Bergame (T. Riccardi)	Concerto de Kreutzer
		Sonate Napoléon MS 5
dnc	Bergame (T. Riccardi)	pnc
5/2	Bergame (T. Riccardi)	pnc
12/2	Brescia (Théâtre)	Concerto de Rode
		Sonate Napoléon MS 5
		Polacca MS 18
		Fandango espagnol MS 401
29/10	Milan (T. della Scala)	Concerto de Kreutzer
		Le Streghe MS 19

1813 (suite)

11/11	Milan (T. della Scala)	pnc
18/11	Milan (T. Carcano)	pnc
19/11	Milan (T. della Scala)	pnc
12-20/12	Milan (7) (T. Carcano)	pnc
22/12	Milan (T. Carcano)	Le Streghe MS 19
25/12	Milan (T. Carcano)	*Pastorale MS 412*

1814

24/3	Milan (T. Re)	pnc
10/4	Pavie (snc)	pnc
11/4	Pavie (snc)	pnc
17/4	Pavie (snc)	pnc
12/5	Milan (snc)	pnc
5-6	Milan (7) (snc)	pnc
16/6	Milan (snc)	pnc
9/9	Gênes (T. Sant'Agostino)	Sonate Napoléon MS 5
19/9	Gênes (T. Sant'Agostino)	*Concerto en ré mineur MS 413*
		Sonate Napoléon MS 5
		Polacca MS 18
22/9	Gênes (T. Sant'Agostino)	Le Streghe MS 19
30/9	Gênes (T. Sant'Agostino)	Sonate Napoléon MS 5
		Le Streghe MS 19

1815

fév.	Gênes (snc)	pnc
16/6	Milan (snc)	pnc
29/9	Gênes (snc)	*Concerto n° 6 MS 75*
6/9	Gênes (T. Sant'Agostino)	pnc
8/9	Gênes (T. Sant'Agostino)	*Concerto n° 1 (?) MS 21*
		Pot-pourri MS 24
9/9	Gênes (T. Sant'Agostino)	Concerto n° 6 MS 75
17/12	Gênes (T. Sant'Agostino)	pnc
24/12	Gênes (T. Sant'Agostino)	*Fandango espagnol MS 401*

1816

7/3	Milan (T. della Scala)	Concerto n° 1 MS 21
		Sonate Napoléon MS 5
11/3	Milan (T. della Scala)	Concertone de Kreutzer
		Le Streghe MS 19
22/4	Venise (T. Vendramin)	pnc
23/4	Venise (T. Vendramin)	pnc
29/4	Venise (T. Vendramin)	pnc
9-10	Trieste (5) (Nuovo T.)	Concertos de Viotti et Kreutzer
		Concerto n° 1 MS 21
		Concerto n° 6 MS 75
		Sonate Napoléon MS 5
		Pot-pourri MS 24

1816 (suite)

nov.	Vérone (snc)	pnc
déc.	Venise (6) (snc)	pnc

1817

1/3	Venise (T. San Luca)	pnc
mars	Venise (4) (T. San Luca)	pnc
20/3	Venise (T. San Luca)	pnc
27/3	Venise (T. della Fenice)	pnc
juil.	Gênes (T. Sant'Agostino)	pnc

1818

12/2	Turin (T. Carignano)	pnc
15/2	Turin (T. Carignano)	pnc
10/4	Plaisance (snc)	pnc
17/4	Plaisance (snc)	Concerto n° 1 MS 21
23/4	Plaisance (snc)	Concertone de Kreutzer
		Concerto n° 1 MS 21
		Variations Weigl MS 47
8/5	Parme (T. Ducale)	Concerto n° 1 MS 21
		Pot-pourri MS 24
		Le Streghe MS 19
13/5	Crémone (snc)	pnc
21/5	Crémone (snc)	pnc
24/5	Plaisance (snc)	Concerto de Kreutzer
		Sonate Napoléon MS 5
25/6	Bologne (Casino)	pnc
21/7	Bologne (Casino)	Variations Weigl MS 47
2/8	Florence (T. della Pergola)	pnc
9/8	Florence (T. della Pergola)	pnc
18/8	Florence (T. della Pergola)	pnc
25/8	Florence (T. della Pergola)	pnc
27/8	Livourne (snc)	pnc
29/8	Livourne (snc)	pnc
30/8	Livourne (snc)	pnc
10/9	Florence (snc)	pnc
18/9	Lucques (T. Pantera)	pnc
23/9	Pise (snc)	pnc
5/10	Sienne (snc)	pnc

1819

5/2	Rome (T. Argentina)	pnc
12/2	Rome (T. Argentina)	pnc
19/2	Rome (T. Argentina)	pnc
31/3	Naples (T. del Fondo)	Concerto n° 6 MS 75
		Pot-pourri MS 24
		Le Streghe MS 19

1819 (suite)

17/4	Rome (T. Tordinone)	Concerto n° 1 MS 21
		Sonate Napoléon MS 5
		Le Streghe MS 19
		Concerto n° 6 MS 75
20/4	Rome (T. Tordinone)	pnc
22/4	Rome (T. Tordinone)	pnc
4/5	Rome (T. Tordinone)	pnc
juin	Naples (3) (T. San Carlo)	pnc
3/8	Naples (T. dei Fiorentini)	*Sonate Non più mesta MS 22*
17/8	Naples (T. dei Fiorentini)	pnc
18/8	Naples (T. dei Fiorentini)	pnc
31/8	Naples (T. dei Fiorentini)	Sonate Non più mesta MS 22
7/9	Naples (T. dei Fiorentini)	pnc

1820

1-2	Palerme (4) (T. Carlino)	pnc

1821

3/3	Rome (snc)	pnc
20/7	Naples (T. del Fondo)	pnc
30/7	Naples (T. del Fondo)	*Nel cor più non mi sento MS 44*
31/7	Naples (T. del Fondo)	Concerto de Kreutzer
		Pot-pourri MS 24
		Cavatine de Rossini
		Le Streghe MS 19
1/9	Naples (T. del Fondo)	pnc
11/10	Naples (T. Nuovo)	pnc

1824

24/4	Milan (T. della Scala)	Concerto n° 1 MS 21
		Pot-pourri MS 24
mai	Pavie (2) (T. Condominio)	pnc
14/5	Gênes (T. Sant'Agostino)	Concerto de Kreutzer
		Pot-pourri MS 24
		Sonate Non più mesta MS 22
21/5	Gênes (T. Sant'Agostino)	Variations Weigl MS 47
		Sonate militaire MS 46
		Sonatine et Polaccheta MS 55
18/6	Milan (T. della Scala)	Concerto n° 1 MS 21
		Sonate militaire MS 46
		Le Streghe MS 19
2/7	Côme (snc)	pnc
5/9	Venise (T. San Benedetto)	pnc
8/9	Venise (T. San Benedetto)	pnc
12/9	Venise (T. San Benedetto)	pnc
16/9	Venise (T. San Benedetto)	pnc
3/11	Trieste (T. Grande)	pnc

1824 (suite)

15/11	Trieste (T. Grande)	Concerto n° 1 MS 21
		Cavatine de Rossini
		Pot-pourri MS 24
		Le Streghe MS 19
10/12	Trieste (T. Grande)	pnc
24/12	Bologne (T. del Corso)	pnc
25/12	Bologne (T. del Corso)	pnc

1825

11/2	Rome (T. Argentina)	pnc
12/2	Rome (Palazzo Costa)	pnc
13/2	Rome (Palazzo Costa)	pnc
15/2	Rome (Palazzo Costa)	pnc
16/4	Naples (T. del Fondo)	Sonate militaire MS 46
17/5	Palerme (T. Carolino)	Concerto MS (?)
		Pot-pourri MS 24
		Le Streghe MS 19
17/6	Palerme (T. Carolino)	pnc
8/7	Palerme (T. Carolino)	pnc
17/7	Palerme (T. Carolino)	pnc
16/9	Palerme (T. Carolino)	pnc

1826

15/4	Naples (T. del Fondo)	pnc

1827

30/1	Naples (snc)	*Concerto n° 2 MS 48*
26/6	Florence (T. della Pergola)	Concerto n° 2 MS 48
		Sonate militaire MS 46
		Sonatine et Polaccheta MS 55
1/7	Pérouse (snc)	pnc
12/7	Florence (T. della Pergola)	Concerto n° 1 MS 21
		Sonata a Preghiera MS 23
		Sonate Non più mesta MS 22
20/7	Livourne (T. San Marco)	Concerto n° 2 MS 48
		Sonate militaire MS 46
		Polonaise MS 18
24/7	Livourne (T. San Marco)	pnc
4/8	Livourne (T. San Marco)	Concerto n° 1 MS 21
		Sonata a Preghiera MS 23
		Le Streghe MS 19
3/11	Turin (snc)	pnc
9/11	Gênes (T. Falcone)	Concerto n° 2 MS 48
		Sonata a Preghiera MS 23
14/11	Gênes (T. Falcone)	pnc
16/11	Gênes (T. Sant'Agostino)	Concerto n° 2 MS 48

1827 (suite)

3/12	Milan (T. della Scala)	Concerto n° 2 MS 48
		Sonata a Preghiera MS 23
		Sonate Non più mesta MS 22
8/12	Turin (T. Carignano)	pnc
9/12	Turin (T. Carignano)	pnc
12/12	Turin (T. Carignano)	pnc
16/12	Milan (T. della Scala)	Concerto n° 2 MS 48
		Sonate militaire MS 46
		Sonate Non più mesta MS 22
22/12	Milan (T. Re)	Pot-Pourri MS 24

1828

4/1	Pavie (snc)	pnc
29/3	Vienne (Redoutensaal)	Concerto n° 2 MS 48
		Sonate militaire MS 46
		Sonate Non più mesta MS 22
15/4	Vienne (Redoutensaal)	Concerto n° 1 MS 21
		Sonata a Preghiera MS 23
		Nel cor più non mi sento MS 44
20/4	Vienne (Redoutensaal)	Concerto n° 2 MS 48
		Sonate militaire MS 46
		Sonatine et Polaccheta MS 55
4/5	Vienne (Redoutensaal)	*Adagii en doubles cordes MS 403*
		Pot-Pourri MS 24
		Le Streghe MS 19
11/5	Vienne (Redoutensaal)	Adagii en doubles cordes MS 403
		Sonata a Preghiera MS 23
		Capriccio "La ci darem..." MS 402
		Sonatine et Polaccheta MS 55
13/5	Vienne (Hofburgtheater)	Concerto n° 2 MS 48
		Sonate militaire MS 46
		Sonate Non più mesta MS 22
16/5	Vienne (Redoutensaal)	Concerto n° 1 MS 21
		Sonate Napoléon MS 5
		Variations Weigl MS 47
20/5	Vienne (Hofburgtheater)	Concerto n° 1 MS 21
		Sonata a Preghiera MS 23
		Le Streghe MS 19
6/6	Vienne (Kärntnerthor T.)	Concerto n° 2 MS 48
		Sonata a Preghiera MS 23
12/6	Vienne (Kärntnerthor T.)	*Sonata Sentimentale MS 51*
24/6	Vienne (Kärntnerthor T.)	Adagii en doubles cordes MS 403
		Sonate militaire MS 46
		I Palpiti MS 77

1828 (suite)

27/6	Vienne (Hofburgtheater)	Adagii en doubles cordes MS 403
		Sonata Sentimentale MS 51
		Capriccio "La ci darem..." MS 402
		Sonatine et Polaccheta MS 55
30/6	Vienne (Kärntnerthor T.)	Concerto de Viotti
		Concerto n° 2 MS 48
		Sonata Sentimentale MS 51
24/7	Vienne (Redoutensaal)	*Concerto n° 3 MS 50*
		Sonate La Tempesta MS 52
		Nel cor più non mi sento MS 44
19/8	Karlsbad (Sächsische Saal)	pnc
22/8	Karlsbad (Sächsische Saal)	pnc
1/12	Prague (Standtheater)	Concerto n° 2 MS 48
		Sonate militaire MS 46
		Sonate Non più mesta MS 22
4/12	Prague (Standtheater)	Concerto n° 1 MS 21
		Sonata a Preghiera MS 23
		Sonatine et Polaccheta MS 55
9/12	Prague (Standtheater)	Adagii en doubles cordes MS 403
		Sonata Sentimentale MS 51
		I Palpiti MS 77
13/12	Prague (Standtheater)	Adagii en doubles cordes MS 403
		Pot-Pourri MS 24
		Le Streghe MS 19
16/12	Prague (Standtheater)	pnc
20/12	Prague (Standtheater)	Sonate La Tempesta MS 52

1829

18/1	Dresde (Linkisches Bad T.)	pnc
23/1	Dresde (Linkisches Bad T.)	Concerto n° 1 MS 21
		Sonata a Preghiera MS 23
		Nel cor più non mi sento MS 44
28/1	Dresde (Linkisches Bad T.)	Concerto n° 2 MS 48
		Sonate militaire MS 46
		I Palpiti MS 77
30/1	Dresde (Linkisches Bad T.)	Pot-Pourri MS 24
		Le Streghe MS 19
6/2	Dresde (Linkisches Bad T.)	pnc
4/3	Berlin (Schauspielhaus)	Concerto n° 1 MS 21
		Sonata a Preghiera MS 23
		Nel cor più non mi sento MS 44
13/3	Berlin (Schauspielhaus)	Concerto n° 2 MS 48
		Sonate militaire MS 46
		Sonate Non più mesta MS 22

1829 (suite)

19/3	Berlin (Schauspielhaus)	Adagii en doubles cordes MS 403
		Pot-Pourri MS 24
		I Palpiti MS 77
30/3	Berlin (Schauspielhaus)	Concerto n° 3 MS 50
		Sonatine et Polaccheta MS 55
		Sonata Sentimentale MS 51
6/4	Berlin (Schauspielhaus)	Concerto n° 2 MS 48
		Sonate militaire MS 46
		Capriccio "La ci darem..." MS 402
13/4	Berlin (Opéra)	Concerto n° 1 MS 21
		Capriccio "La ci darem..." MS 402
		Nel cor più non mi sento MS 44
16/4	Berlin (Opéra)	Adagii en doubles cordes MS 403
		Sonata a Preghiera MS 23
		Le Streghe MS 19
25/4	Berlin (Opéra)	*Larghetto et Rondoletto MS 415*
		God save the King MS 56
		Sonate militaire MS 46
29/4	Berlin (Schauspielhaus)	Concerto de Rode
		God save the King MS 56
		Sonate militaire MS 46
		Sonatine et Polaccheta MS 55
5/5	Berlin (Schauspielhaus)	*Sonata Appassionata MS 58*
		God save the King MS 56
		Le Streghe MS 19
9/5	Berlin (Schauspielhaus)	Concerto n° 1 MS 21
		Variations Weigl MS 47
		Sonata Sentimentale MS 51
13/5	Berlin (Schauspielhaus)	Concerto n° 2 MS 48
		Sonata a Preghiera MS 23
		Nel cor più non mi sento MS 44
15/5	Francfort/Oder (snc)	pnc
19/5	Poznan (snc)	Concerto n° 1 MS 21
		Sonatine et Polaccheta MS 55
		Carnaval de Venise MS 59
23/5	Varsovie (Théâtre)	pnc
24/5	Varsovie (Palais royal)	pnc
29/5	Varsovie (Théâtre)	pnc
30/5	Varsovie (Théâtre)	pnc
3/6	Varsovie (Théâtre)	pnc
6/6	Varsovie (Théâtre)	pnc
10/6	Varsovie (Théâtre)	pnc
13/6	Varsovie (Théâtre)	Sonata a Preghiera MS 23
15/6	Varsovie (Théâtre)	pnc

1829 (suite)

4/7	Varsovie (Théâtre)	Concerto n° 3 MS 50
		Sonatine et Polaccheta MS 55
		Carnaval de Venise MS 59
14/7	Varsovie (Théâtre)	*Sonate Varsavia MS 57*
25/7	Breslau (Aula Leopoldina)	Concerto n° 1 MS 21
		Sonate militaire MS 46
		Nel cor più non mi sento MS 44
28/7	Breslau (Aula Leopoldina)	Concerto n° 2 MS 48
		Sonata a Preghiera MS 23
		Nel cor più non mi sento MS 44
1/8	Breslau (Breslauisches T.)	Concerto n° 3 MS 50
		Sonatine et Polaccheta MS 55
		Sonate militaire MS 46
		Le Streghe MS 19
3/8	Breslau (Breslauisches T.)	Concerto n° 1 MS 21
		Cantabile en doubles cordes MS 403
		Concerto n° 3 MS 50
		Sonata Appassionata MS 58
		Sonate Non più mesta MS 22
22/8	Francfort (Schauspielhaus)	pnc
26/8	Francfort (Schauspielhaus)	Concerto n° 1 MS 21
		Sonatine et Polaccheta MS 55
		Sonate militaire MS 46
		Nel cor più non mi sento MS 44
31/8	Francfort (Schauspielhaus)	Concerto n° 2 MS 48
		Sonata a Preghiera MS 23
		Sonate Non più mesta MS 22
4/9	Francfort (Schauspielhaus)	Concerto n° 1 MS 21
		Pot-Pourri MS 24
		Carnaval de Venise MS 59
7/9	Francfort (Schauspielhaus)	Adagii en doubles cordes MS 403
		Sonate militaire MS 46
		Nel cor più non mi sento MS 44
8/9	Darmstadt (Hof Opern T.)	Concerto n° 1 MS 21
		Sonate militaire MS 46
		Nel cor più non mi sento MS 44
14/9	Francfort (Schauspielhaus)	Adagii en doubles cordes MS 403
		Sonata a Preghiera MS 23
		Le Streghe MS 19
16/9	Mayence (Reithalle)	pnc
19/9	Mannheim (Stadttheater)	pnc
21/9	Francfort (Schauspielhaus)	Concerto n° 2 MS 48
		Sonata Appassionata MS 58
		I Palpiti MS 77

1829 (suite)

23/9	Mayence (Reithalle)	pnc
5/10	Leipzig (Stadttheater)	Concerto n° 1 MS 21
		Sonate militaire MS 46
		Nel cor più non mi sento MS 44
		Rondo de Kreutzer
9/10	Leipzig (Stadttheater)	Concerto n° 2 MS 48
		Sonata a Preghiera MS 23
		Capriccio "La ci darem..." MS 402
12/10	Leipzig (Stadttheater)	Concerto n° 3 MS 50
		Pot-Pourri MS 24
		Carnaval de Venise MS 59
14/10	Halle (Musikgesellschaft)	Adagii en doubles cordes MS 403
		Sonate militaire MS 46
		Nel cor più non mi sento MS 44
15/10	Leipzig (Stadttheater)	Variations Weigl MS 47
		Sonata Appassionata MS 58
		Le Streghe MS 19
17/10	Magdebourg (Stadttheater)	pnc
20/10	Halberstadt (Stadttheater)	pnc
21/10	Magdebourg (Stadttheater)	Concerto n° 2 MS 48
		Sonata a Preghiera MS 23
		Sonatine et Polaccheta MS 55
24/10	Magdebourg (Stadttheater)	Carnaval de Venise MS 59
		Pot-Pourri MS 24
		Le Streghe MS 19
26/10	Dessau (Stadttheater)	Concerto n° 2 MS 48
		Pot-Pourri MS 24
		Sonate Non più mesta MS 22
28/10	Bernburg (Schauspielhaus)	Concerto n° 2 MS 48
		Sonate militaire MS 46
		Nel cor più non mi sento MS 44
30/10	Weimar (Hoftheater)	Concerto n° 1 MS 21
		Sonate militaire MS 46
		Nel cor più non mi sento MS 44
31/10	Erfurt (Schauspielhaus)	Pot-Pourri MS 24
		Sonate Non più mesta MS 22
2/11	Erfurt (Schauspielhaus)	pnc
4/11	Rudolstadt (Schauspielhaus)	Concerto n° 1 MS 21
		Sonate militaire MS 46
		Nel cor più non mi sento MS 44
6/11	Coburg (Hoftheater)	Concerto n° 2 MS 48
		Sonata a Preghiera MS 23
		Nel cor più non mi sento MS 44
7/11	Bamberg (Stadttheater)	pnc

1829 (suite)

9/11	Nuremberg (Stadttheater)	pnc
12/11	Nuremberg (Stadttheater)	pnc
16/11	Ratisbonne (Stadttheater)	pnc
17/11	Munich (Stadttheater)	pnc
21/11	Munich (Stadttheater)	Concerto n° 2 MS 48
		Sonata a Preghiera MS 23
		Carnaval de Venise MS 59
23/11	Tegernsee (Hoftheater)	Adagii en doubles cordes MS 403
		Sonata Sentimentale MS 51
		Carnaval de Venise MS 59
		Le Streghe MS 19
25/11	Munich (Stadttheater)	pnc
28/11	Augsbourg (Stadttheater)	pnc
30/11	Augsbourg (Stadttheater)	Concerto n° 2 MS 48
		Sonate militaire MS 46
		Le Streghe MS 19
		Carnaval de Venise MS 59
3/12	Stuttgart (Hoftheater)	Concerto n° 2 MS 48
		Sonata a Preghiera MS 23
		Nel cor più non mi sento MS 44
5/12	Stuttgart (Hoftheater)	pnc
7/12	Stuttgart (Hoftheater)	Concerto n° 1 MS 21
		Sonate militaire MS 46
		Le Streghe MS 19
		Carnaval de Venise MS 59
9/12	Karlsruhe (Stadttheater)	pnc
18/12	Karlsruhe (Stadttheater)	pnc
19/12	Mannheim (Stadttheater)	pnc

1830

19/2	Würzbourg (Stadttheater)	pnc
24/2	Francfort (Stadttheater)	Concerto N° 3 MS 50
		Capriccio "La ci darem..." MS 402
		Sonata Sentimentale MS 51
1/3	Francfort (Schauspielhaus)	Adagii en doubles cordes MS 403
		Sonatine et Polaccheta MS 55
		Sonata Sentimentale MS 51
11/4	Francfort (Schauspielhaus)	Concerto MS(?)
		Sonata Appassionata MS 58
		Variations Weigl MS 47
26/4	Francfort (Schauspielhaus)	*Concerto n° 4 MS 60*
		Sonata Sentimentale MS 51
		Nel cor più non mi sento MS 44

1830 (suite)

12/5	Coblence (Schauspielhaus)	Adagii en doubles cordes MS 403
		Polonaise du Concerto N° 3 MS 50
		Sonate militaire MS 46
		Carnaval de Venise MS 59
14/5	Bonn (Stadttheater)	pnc
16/5	Cologne (Schauspielhaus)	Concerto n° 1 MS 21
		Sonata a Preghiera MS 23
		Nel cor più non mi sento MS 44
18/5	Cologne (Schauspielhaus)	Adagii en doubles cordes MS 403
		Polonaise du Concerto N° 3 MS 50
		Sonate militaire MS 46
		Sonatine et Polaccheta MS 55
		Carnaval de Venise MS 59
19/5	Düsseldorf (Stadttheater)	pnc
20/5	Elberfeld (Museum)	Maestoso du Concerto n° 1 MS 21
		Adagii en doubles cordes MS 403
		Polonaise du Concerto N° 3 MS 50
		Sonate militaire MS 46
		Carnaval de Venise MS 59
22/5	Elberfeld (Museum)	Rondo du Concerto n° 1 MS 21
		Sonatine et Polaccheta MS 55
		Sonata a Preghiera MS 23
		Nel cor più non mi sento MS 44
25/5	Kassel (Hoftheater)	Concerto n° 1 MS 21
		Sonate militaire MS 46
		Nel cor più non mi sento MS 44
28/5	Göttingen (Stadttheater)	pnc
30/5	Kassel (Hoftheater)	Concerto n° 4 MS 60
		Sonata a Preghiera MS 23
		Carnaval de Venise MS 59
3/6	Hanovre (Stadttheater)	Adagii en doubles cordes MS 403
		Polonaise du Concerto N° 3 MS 50
		Sonata a Preghiera MS 23
		Carnaval de Venise MS 59
5/6	Hanovre (Stadttheater)	pnc
6/6	Hanovre (Stadttheater)	Concerto n° 4 MS 60
		Sonate militaire MS 46
		Nel cor più non mi sento MS 44
8/6	Celle (Stadttheater)	pnc
12/6	Hambourg (Stadttheater)	pnc
16/6	Hambourg (Stadttheater)	Concerto n° 4 MS 60
		Sonata a Preghiera MS 23
		Carnaval de Venise MS 59

1830 (suite)

19/6	Hambourg (Stadttheater)	Concerto n° 3 MS 50	
		Adagii en doubles cordes MS 403	
		Le Streghe MS 19	
25/6	Brème (Stadttheater)	Concerto n° 1 MS 21	
		Sonate militaire MS 46	
		Nel cor più non mi sento MS 44	
28/6	Brème (Stadttheater)	Concerto n° 4 MS 60	
		Sonata a Preghiera MS 23	
		Carnaval de Venise MS 59	
1/7	Brunswick (Stadttheater)	pnc	
6/7	Brunswick (Stadttheater)	pnc	
24/7	Ems (Stadttheater)	pnc	
26/7	Wiesbaden (Stadttheater)	pnc	
8/8	Baden-Baden (Casino)	pnc	
8/11	Francfort (Weidenbusch)	pnc	
23/11	Francfort (Stadttheater)	Adagio en doubles cordes MS 403	
		Polonaise du Concerto n° 3 MS 50	
		Adagio en doubles cordes MS 403	
		Rondo du Concerto n° 2 MS 48	
		Sonata a Preghiera MS 23	
		Sonate Non più mesta MS 22	

1831

5/2	Karlsruhe (snc)	pnc
13/2	Strasbourg (Théâtre)	pnc
17/2	Strasbourg (Théâtre)	Concerto n° 3 MS 50
9/3	Paris (Opéra)	Concerto n° 1 MS 21
		Sonate militaire MS 46
		Nel cor più non mi sento MS 44
13/3	Paris (Opéra)	Concerto n° 2 MS 48
		Sonata a Preghiera MS 23
		Sonatine et Polaccheta MS 55
16/3	Paris (Palais Royal)	pnc
20/3	Paris (Opéra)	Concerto n° 4 MS 60
		Pot-Pourri MS 24
		Sonate Non più mesta MS 22
23/3	Paris (Opéra)	Sonate militaire MS 46
		Le Streghe MS 19
27/3	Paris (Opéra)	Concerto n° 1 MS 21
		Pot-Pourri MS 24
		Carnaval de Venise MS 59
1/4	Paris (Opéra)	Concerto n° 2 MS 48
		Adagio religioso MS 403
		Sonata Appassionata MS 58
		I Palpiti MS 77

1831 (suite)

3/4	Paris (Opéra)	Concerto de Kreutzer
		Adagio en doubles cordes MS 403
		Sonata a Preghiera MS 23
		Le Streghe MS 19
8/4	Paris (Opéra)	Concerto n° 4 MS 60
		Sonata Sentimentale MS 51
		Nel cor più non mi sento MS 44
15/4	Paris (Opéra)	Concerto n° 3 MS 50
		Sonata Appassionata MS 58
		Capriccio "La ci darem..." MS 402
17/4	Paris (Opéra)	Concerto n° 1 MS 21
		Sonate militaire MS 46
		Carnaval de Venise MS 59
24/4	Paris (Opéra)	Concerto n° 4 MS 60
		Sonata Sentimentale MS 51
		I Palpiti MS 77
30/4	Boulogne (Théâtre)	pnc
5/5	Dunkerque (Théâtre)	pnc
7/5	Lille (Théâtre)	pnc
9/5	Saint-Omer (Théâtre)	pnc
10/5	Calais (Théâtre)	pnc
3/6	Londres (King's T.)	Concerto n° 1 MS 21
		Sonate militaire MS 46
		Nel cor più non mi sento MS 44
10/6	Londres (King's T.)	Concerto n° 1 MS 2
		Sonata a Preghiera MS 23
		Carnaval de Venise MS 59
13/6	Londres (King's T.)	Concerto n° 4 MS 60
		Pot-Pourri MS 24
		Nel cor più non mi sento MS 44
16/6	Londres (King's T.)	Cantabile en doubles cordes MS 403
		Sonata a Preghiera MS 23
		Rondo Scherzoso de Kreutzer
		Sonate Non più mesta MS 22
21/6	Londres (lord Holland)	pnc
22/6	Londres (King's T.)	pnc
23/6	Londres (snc)	pnc
24/6	Londres (Fond musical)	pnc
26/6	Londres (snc)	pnc
27/6	Londres (King's T.)	Concerto n° 1 MS 21
		Sonata Sentimentale MS 51
		Nel cor più non mi sento MS 44
29/6	Londres (snc)	pnc
29/6	Londres (Cour royale)	pnc

1831 (suite)

30/6	Londres (King's T.)	Couvent du mont St-Bernard MS 67
		Sonata a Preghiera MS 23
		Le Streghe MS 19
1/7	Londres (snc)	pnc
4/7	Londres (King's T.)	Concerto n° 3 MS 50
		Pot-Pourri MS 24
		Sonate Non più mesta MS 22
5/7	Londres (snc)	pnc
11/7	Londres (snc)	pnc
11/7	Londres (London Tavern)	pnc
13/7	Londres (London Tavern)	Concerto n° 1 MS 21
		Sonate militaire MS 46
		Nel cor più non mi sento MS 44
15/7	Londres (King's T.)	Concerto n° 3 MS 50
		Sonata Appassionata MS 58
		I Palpiti MS 77
16/7	Londres (London Tavern)	pnc
20/7	Cheltenham (Théâtre)	pnc
21/7	Cheltenham (Théâtre)	pnc
22/7	Londres (King's T.)	Concerto n° 4 MS 60
		Sonata Sentimentale MS 51
		Scène et Aria
25/7	Londres (King's T.)	Couvent du mont St-Bernard MS 67
		Variations Weigl MS 47
		Sonata a Preghiera MS 23
		Le Streghe MS 19
27/7	Londres (London Tavern)	pnc
28/7	Norwich (Théâtre)	pnc
29/7	Norwich (Théâtre)	pnc
2/8	Yarmouth (Théâtre)	pnc
3/8	Norwich (Théâtre)	pnc
5/8	Londres (King's T.)	Allegro Maestoso MS (?)
		Sonate militaire MS 46
		Le Streghe MS 19
11/8	Londres (King's T.)	Concerto n° 1 MS 21
		Sonata a Preghiera MS 23
		Le Streghe MS 19
17/8	Londres (King's T.)	Concerto n° 2 MS 48
		Sonata Sentimentale MS 51
		Carnaval de Venise MS 59
18/8	Londres (King's T.)	Variations MS (?)
20/8	Londres (King's T.)	Fandango espagnol MS 401
		Sonata Amorosa Galante MS 61
		God save the King MS 56

1831 (suite)

30/8	Dublin (T. Royal)	pnc
1/9	Dublin (T. Royal)	pnc
3/9	Dublin (T. Royal)	pnc
6/9	Dublin (T. Royal)	pnc
10/9	Dublin (T. Royal)	pnc
13/9	Dublin (T. Royal)	pnc
15/9	Dublin (T. Royal)	pnc
17/9	Dublin (T. Royal)	*St Patrick's Day MS 64*
19/9	Carlow (Théâtre)	pnc
21/9	Clonmel (Théâtre)	pnc
22/9	Waterford (Théâtre)	pnc
23/9	Cork (Théâtre)	pnc
27/9	Cork (Théâtre)	pnc
29/9	Cork (Théâtre)	pnc
1/10	Cork (Théâtre)	pnc
3/10	Limerick (Théâtre)	pnc
5/10	Limerick (Théâtre)	pnc
7/10	Dublin (Théâtre)	pnc
8/10	Belfast (Théâtre)	pnc
10/10	Belfast (Théâtre)	pnc
11/10	Belfast (Théâtre)	pnc
13/10	Glasgow (T. Royal)	Introduction et Rondo MS 67
		Carnaval de Venise MS 59
		Sonata a Preghiera MS 23
		Nel cor più non mi sento MS 44
14/10	Glasgow (T. Royal)	Introduction et Rondo MS 67
		Sonate Non più mesta MS 22
		Sonate militaire MS 46
		Carnaval de Venise MS 59
15/10	Glasgow (T. Royal)	Cantabile en doubles cordes MS 403
		Polonaise brillante MS 50
		Preludio et Rondo gaio MS 60
		Pot-Pourri MS 24
		Fandango espagnol MS 401
17/10	Glasgow (T. Royal)	Preludio et Rondo gaio MS 60
		I Palpiti MS 77
		Sonate militaire MS 46
		Nel cor più non mi sento MS 44
20/10	Edimbourg (Assembly)	Concerto n° 1 MS 21
		Sonate militaire MS 46
		Nel cor più non mi sento MS 44
22/10	Edimbourg (Assembly)	Concerto n° 2 MS 48
		Sonata a Preghiera MS 23
		Carnaval de Venise MS 59

1831 (suite)

25/10	Edimbourg (Assembly)	Concerto n° 4 MS 60
		Pot-Pourri MS 24
		Carnaval de Venise MS 59
27/10	Edimbourg (Assembly)	pnc
29/10	Edimbourg (Assembly)	pnc
1/11	Edimbourg (Assembly)	pnc
3/11	Ayr (Théâtre)	pnc
4/11	Ayr (Théâtre)	pnc
5/11	Kilmarnock (Théâtre)	pnc
8/11	Dundee (Caledonian Hall)	pnc
8/11	Perth (Théâtre)	Concerto n° 2 MS 48
		Carnaval de Venise MS 59
		Sonata a Preghiera MS 23
		Nel cor più non mi sento MS 44
9/11	Dundee (Caledonian Hall)	pnc
11/11	Aberdeen (Assembly)	pnc
12/11	Aberdeen (Théâtre)	pnc
14/11	Edimbourg (Assembly)	pnc
15/11	Edimbourg (Assembly)	pnc
16/11	Edimbourg (Assembly)	pnc
18/11	Edimbourg (Assembly)	Le Streghe MS 19
		Pot-Pourri MS 24
		Sonate en deux parties MS 416
		Scots wha ha'e MS 417
7/12	Brighton (Théâtre)	pnc
9/12	Brighton (Théâtre)	pnc
10/12	Bristol (Théâtre)	pnc
13/12	Bath (T. Royal)	pnc
14/12	Bristol (Théâtre)	pnc
15/12	Bath (T. Royal)	Prélude et Rondo MS 48
		Sonata a Preghiera MS 23
		Carnaval de Venise MS 59
16/12	Bath (T. Royal)	pnc
17/12	Bath (T. Royal)	Cantabile en doubles cordes MS 403
		Polonaise brillante MS 50
		Pot-Pourri MS 24
		Le Streghe MS 19
20/12	Exeter (Théâtre)	pnc
21/12	Exeter (Théâtre)	pnc
22/12	Exeter (Théâtre)	pnc

1832

6/1	Clifton (Théâtre)	pnc
4/1	Bath (T. Royal)	pnc
9/1	Liverpool (T. Royal)	pnc

1832 (suite)

10/1	Liverpool (T. Royal)	pnc
11/1	Liverpool (T. Royal)	Concerto n° 3 MS 50
12/1	Manchester (T. Royal)	pnc
13/1	Manchester (T. Royal)	pnc
17/1	Manchester (T. Royal)	pnc
14/1	Leeds (Théâtre)	pnc
18/1	Leeds (Théâtre)	pnc
19/1	Manchester (T. Royal)	pnc
20/1	Manchester (T. Royal)	pnc
21/1	Manchester (T. Royal)	pnc
23/1	Liverpool (T. Royal)	pnc
24/1	Liverpool (T. Royal)	pnc
25/1	Liverpool (T. Royal)	pnc
26/1	Birmingham (T. Royal)	pnc
27/1	Chester (Théâtre)	pnc
30/1	Chester (Théâtre)	pnc
1/2	Birmingham (T. Royal)	Concerto n° 1 MS 21 Sonate militaire MS 46 Nel cor più non mi sento MS 44
2/2	Birmingham (T. Royal)	pnc
3/2	Birmingham (T. Royal)	pnc
7/2	York (Théâtre)	pnc
8/2	York (Théâtre)	pnc
9/2	Halifax (Théâtre)	pnc
10/2	Sheffield (Théâtre)	pnc
11/2	Sheffield (Théâtre)	pnc
13/2	Hull (Théâtre)	pnc
18/2	Manchester (T. Royal)	pnc
20/2	Manchester (T. Royal)	pnc
22/2	Birmingham (T. Royal)	Sonatine et Polaccheta MS 55 Sonata Sentimentale MS 51 Capriccio "La ci darem..." MS 402 Nel cor più non mi sento MS 44
24/2	Birmingham (T. Royal)	pnc
5/3	Winchester (St John's T.)	pnc
6/3	Southampton (Théâtre)	pnc
8/3	Le Havre (Théâtre)	pnc
25/3	Paris (Théâtre Italien)	Concerto n° 1 MS 21 Sonata Sentimentale MS 51 Nel cor più non mi sento MS 44
20/4	Paris (Opéra)	Concerto n° 1 MS 21 Sonata Sentimentale MS 51 Carnaval de Venise MS 59

1832 (suite)

30/4	Paris (Opéra)	Sonata a Preghiera MS 23
		Nel cor più non mi sento MS 44
		Couvent du mont St Bernard MS 67
4/5	Paris (Opéra)	Concerto n° 4 MS 60
		Sonate militaire MS 46
		Le Streghe MS 19
7/5	Paris (Opéra)	pnc
14/5	Paris (Opéra)	pnc
21/5	Paris (Opéra)	pnc
25/5	Paris (Opéra)	pnc
1/6	Paris (Opéra)	Sonata Sentimentale MS 51
		Perpetuela MS 66
18/6	Boulogne/Mer (Théâtre)	pnc
6/7	Londres (Covent Garden)	Allegro maestoso MS 21
		Sonate militaire MS 46
		Le Streghe MS 19
10/7	Londres (Covent Garden)	Concerto n° 1 MS 21
		Sonate militaire MS 46
		Nel cor più non mi sento MS 44
13/7	Londres (Covent Garden)	Couvent du mont St Bernard MS 67
		Pot-Pourri MS 24
		Carnaval de Venise MS 59
15/7	Londres (Vauxhall)	pnc
17/7	Londres (Covent Garden)	Cantabile en doubles cordes MS 403
		Polonaise brillante MS 50
		Sonata a Preghiera MS 23
		Sonatine et Polaccheta MS 55
24/7	Londres (Covent Garden)	Concerto n° 4 MS 60
		Sonate Non più mesta MS 22
		Sonate militaire MS 46
		Caprice Stanco di pascolari MS 418
27/7	Londres (Covent Garden)	Allegro maestoso MS 48
		Pot-Pourri MS 24
		I Palpiti MS 77
31/7	Londres (Covent Garden)	Prélude et Rondo Concerto MS 48
		Sonata Sentimentale MS 51
		Carnaval de Venise MS 59
		Le Streghe MS 19
3/8	Londres (Covent Garden)	Variations Weigl MS 47
		Capriccio "La ci darem..." MS 402
		Sonata a Preghiera MS 23
		Fandango espagnol MS 401
4/8	Londres (Drury Lane)	Concerto n° 3 MS 50
10/8	Londres (Drury Lane)	pnc

1832 (suite)

14/8	Londres (Covent Garden)	Cantabile en doubles cordes MS 403	
		Polonaise brillante MS 50	
		Le Streghe MS 19	
		Pot-Pourri MS 24	
		Carnaval de Venise MS 59	
15/8	Londres (Hôtel Royal)	pnc	
17/8	Londres (Covent Garden)	Sonate militaire MS 46	
		God save the King MS 56	
		Sonate Non più mesta MS 22	
		Sonata Sentimentale MS 51	
		St Patrick's Day MS 64	
		Fandango espagnol MS 401	
23/8	Canterbury (Théâtre)	pnc	
27/8	Brighton (Théâtre)	pnc	
30/8	Southampton (Théâtre)	pnc	
31/8	Southampton (Théâtre)	pnc	
4/9	Winchester (St John's)	pnc	
7/9	Southampton (Théâtre)	pnc	
10/9	Portsmouth (Théâtre)	pnc	
11/9	Portsmouth (Théâtre)	pnc	
12/9	Chichester (Théâtre)	pnc	
13/9	Chichester (Théâtre)	pnc	
13/10	Rouen (Théâtre)	pnc	
15/10	Rouen (Théâtre)	pnc	
17/10	Rouen (Théâtre)	pnc	
18/10	Evreux (Théâtre)	pnc	
20/10	Le Havre (Théâtre)	pnc	
22/10	Le Havre (Théâtre)	pnc	

1833

14/4	Paris (Opéra)	Sonata a Preghiera MS 23	
		Perpetuela MS 66	
6/5	Londres (snc)	Sonata a Preghiera MS 23	
21/6	Londres (King's T.)	Couvent du mont St Bernard MS 67	
		Sonate militaire MS 46	
		Perpetuela MS 66	
8/7	Londres (Covent Garden)	pnc	
10/7	Londres (Drury Lane)	Concerto n° 1 MS 21	
		Sonate militaire MS 46	
12/7	Londres (Hôpital Royal)	pnc	
12/7	Londres (Drury Lane)	Couvent du mont St Bernard MS 67	
		Pot-Pourri MS 24	
		Carnaval de Venise MS 59	
15/7	Londres (Hôpital Royal)	pnc	

1833 (suite)

15/7	Londres (Drury Lane)	Cantabile en doubles cordes MS 403
		Polonaise brillante MS 50
		Sonata a Preghiera MS 23
		Le Streghe MS 19
17/7	Londres (Drury Lane)	Concerto n° 4 MS 60
		Pot-Pourri MS 24
		St Patrick's Day MS 64
		Le Streghe MS 19
23/7	Birmingham (T. Royal)	pnc
25/7	Birmingham (T. Royal)	pnc
27/7	Londres (Covent Garden)	Concerto n° 4 MS 60
		Pot-Pourri MS 24
		St Patrick's Day MS 64
		Le Streghe MS 19
8/8	Londres (Drury Lane)	Caprice Stanco di pascolari MS 418
		Rondo du Concerto n° 4 MS 60
		Sonata Sentimentale MS 51
		St Patrick's Day MS 64
		Le Streghe MS 19
		Pot-Pourri MS 24
		God save the King MS 56
10/8	Leamington (Théâtre)	pnc
15/8	Shrewsbury (Lion Ball)	Concerto n° 1 MS 21
		Sonate militaire MS 46
		Carnaval de Venise MS 59
		Nel cor più non mi sento MS 44
	Newcastle/Lyme	
	Liverpool	
	Salford	10 concerts
	Buxton	dont pnc
	Sheffield	2 à Liverpool
	Nottingham	
	Leeds	
	Preston	
	Blackburn	
4/9	Manchester (T. Royal)	Carnaval de Venise MS 59
		Sonata a Preghiera MS 23
		Le Streghe MS 19
		St Patrick's Day MS 64
sept.	Bolton	pnc
sept.	Harrogate	pnc
sept.	Lancaster	pnc
sept.	Newcastle/Tyne	pnc
sept.	Sunderland	pnc

1833 (suite)

sept.	Carlisle	pnc
sept.	Kilmarnock	pnc
sept.	Greenock	pnc
23/9	Glasgow (T. Royal)	Concerto n° 2 MS 48
		Carnaval de Venise MS 59
		Sonate militaire MS 46
		Nel cor più non mi sento MS 44
23/9	Kilmarnock (Théâtre)	pnc
25/9	Greenock (Théâtre)	pnc
27/9	Glasgow (T. Royal)	pnc
28/9	Glasgow (T. Royal)	Rondo du Concerto n° 2 MS 48
		Perpetuela MS 66
		Sonata a Preghiera MS 23
		Le Streghe MS 19
		God save the King MS 56
30/9	Edimbourg (Adelphi T.)	Sonate Non più mesta MS 22
		Carnaval de Venise MS 59
		Sonate militaire MS 46
		Nel cor più non mi sento MS 44
1/10	Edimbourg (Adelphi T.)	Rondo du Concerto n° 2 MS 48
		Pot-Pourri MS 24
		St Patrick's Day MS 64
		Le Streghe MS 19
		God save the King MS 56
3/10	Berwick/Tweed (Théâtre)	pnc
oct.	Durham	
	Stockton on Tees	
	Whitby	
	Scarborough	
	York	15 concerts
	Kingston/Hull	dont
	Doncaster	2 à York pnc
	Lincoln	et
	Leicester	2 à Birmingham
	Birmingham	
	Leamington	
	Reading	
	Cambridge	

1834

11/3	Amiens (Théâtre)	pnc
12/3	Douai (Théâtre)	pnc
13/3	Valenciennes (Théâtre)	pnc
14/3	Mons (Théâtre)	pnc

1834 (suite)

15/3	Bruxelles (La Monnaie)	Sonate militaire MS 46
		Nel cor più non mi sento MS 44
17/3	Bruxelles (La Monnaie)	Concerto n° 1 MS 21
		Sonata a Preghiera MS 23
18/3	Anvers (Théâtre)	pnc
19/3	Bruxelles (La Monnaie)	pnc
21/3	Gand (Théâtre)	pnc
24/3	Bruges (Grand Concert)	Carnaval de Venise MS 59
		Sonate militaire MS 46
		Nel cor più non mi sento MS 44
26/3	Dunkerque (Théâtre)	pnc
7/4	Londres (Adelphi T.)	pnc
8/4	Londres (Hanover Square)	pnc
9/4	Londres (Adelphi T.)	pnc
10/4	Londres (Hanover Square)	pnc
11/4	Londres (Adelphi T.)	Concerto n° 1 MS 21
		Sonata a Preghiera MS 23
		Le Streghe MS 19
		Nel cor più non mi sento MS 44
12/4	Londres (Hanover Square)	pnc
27/4	Londres (Hanover Square)	*Sonata per la Gran Viola MS 70*
avril	Blackheath (Théâtre)	pnc
avril	Richmond (Théâtre)	pnc
avril	Gloucester (Théâtre)	pnc
avril	Bridgenorth (Théâtre)	pnc
avril	Stafford (Théâtre)	pnc
6/5	Liverpool (T. Royal)	pnc
23/5	Londres (Hanover Square)	pnc
6/6	Londres (Hanover Square)	pnc
17/6	Londres (Royal Victoria T.)	Carnaval de Venise MS 59
		Le Streghe MS 19
		Sonate Napoléon MS 5
		Fandango espagnol MS 401
14/11	Parme (T. Ducale)	Allegro maestoso MS 21
		Nel cor più non mi sento MS 44
		Sonata Sentimentale MS 51
		Carnaval de Venise MS 59
30/11	Gênes (Carlo Felice)	Allegro maestoso MS 21
		Nel cor più non mi sento MS 44
		Sonate militaire MS 46
		Carnaval de Venise MS 59
5/12	Gênes (Carlo Felice)	pnc

1834 (suite)

10/12	Plaisance (T. Comunitativo)	Préludio et Rondo brillante MS 21
		Nel cor più non mi sento MS 44
		Sonate militaire MS 46
		Perpetuela MS 66
12/12	Parme (T. de la Cour)	pnc
30/12	Gênes (Carlo Felice)	pnc

1835

2/1	Gênes (snc)	pnc
5/1	Gênes (Carlo Felice)	pnc
9/9	Milan (snc)	pnc

1836

15/12	Nice (Théâtre)	pnc
17/12	Nice (Théâtre)	pnc
20/12	Nice (Théâtre)	pnc

1837

7/1	Marseille (Grand Théâtre)	Concerto MS (?)
		Sonate militaire MS 46
		Carnaval de Venise MS 59
15/1	Marseille (Grand Théâtre)	Ariette et rondo brillant MS (?)
		Sonata a Preghiera MS 23
		Nel cor più non mi sento MS 44
9/9	Turin (T. Carignano)	Couvent du mont St Bernard MS 67
		Sonata a Preghiera MS 23
		St Patrick's Day MS 64
16/9	Turin (T. Carignano)	Concerto n° 4 MS 60
		Pot-Pourri MS 24
		Nel cor più non mi sento MS 44
		Le Streghe MS 19

*

dnc : date non connue
snc : salle non connue
pnc : programme non connu
en italiques : œuvres créées sous leur forme définitive
Toutes les œuvres de Paganini interprétées sont présentées accompagnées du numéro attribué par Mmes Moretti et Sorrento dans leur *Catalogo tematico delle musiche di Niccolò Paganini* (Gênes 1982)

Bibliographie concernant Niccolò Paganini

ANDERS G. E. — *Nicolo Paganini. Sa vie, sa personne et quelques mots sur son secret* (Delaunay - Paris 1831)
ARMANDO W. G. — *Paganini* (Rutten, Löning - Hambourg 1960)
AUDIBERT H. — *Paganini* (Audibert - Narbonne 1974)
BARBERY B. — *Le tombeau de Paganini* (Nice 1954)
BENATI F. — *Notice physiologique sur Paganini* (*in* La Revue de Paris - Paris mai 1831)
BERRI P. — *Paganini : Documenti e Testimonianze* (Sigla Effe - Gênes 1962)
BERRI P. — *Nicolò Paganini 1782 - 1840* (Milan 1982)
BONAVENTURA A. — *Paganini* (Formiggini - Modène 1911)
BOREO G.B. — *Genealogie di Niccolò Paganini* (Gênes 1940)
BORGOMANERO G. — *Paganini : Ange ou démon ?* (Foulque - Oran 1957)
BOSCASSI A. — *Il violino di Niccolò Paganini* (Fratelli Pagano - Gênes 1909)
CANTU A. — *I 24 Capricci e i 6 Concerti di Paganini* (E. D. A. - Turin 1980)
CODIGNOLA A. — *Paganini Intimo* (Del Municipio di Genova - Gênes 1935)
CODIGNOLA M. — *Arte e magia di Nicolò Paganini* (Riccordi - Milan 1960)
CONESTABILE G. — *Vita di Niccolò Paganini da Genova* (Bartelli - Pérouse 1851)
COURCY G. I. C. de — *Paganini, the Genoese* (U. of Oklahoma - Norman 1957)
DAY L. — *Paganini of Genoa* (Macaulay Co - New-York 1929)
ESCUDIER M. & L. — *Vie anecdotique de Paganini* (E. Dantu - Paris 1856)
FAYOLLE F. — *Paganini et Bériot* (Legouest - Paris 1831)
FÉTIS F.-J. — *Notice biographique sur Paganini* (Schonenberger - Paris 1851)
GASNAULT F. — *Jullien et Paganini* (RIMF - Paris 1982)
GUHR K. — *Über Paganini's Kunst die Violine zu spielen* (Schott's Sohne - Mayence 1830)
GUIBAL du RIVAGE A. — *Réflexions d'un artiste sur le talent de Paganini* (G. A. Dentu - Paris 1831)
HARRYS G. — *Paganini in seinem Reisewagen und Zimmer* (Vieweg - Brunswick 1830)

HERTRICH C. — *Paganini ou « Le mage du violon »* (Éd. des Flambeaux - Saint-Etienne 1943)
IMBERT de LAPHALEQUE G. — *Notice sur le célèbre violoniste Nicolò Paganini* (E. Guyot - Paris 1830)
KAPP J. — *Niccolo Paganini* (Schuster und Loeffler - Berlin 1913)
LEBET C. — *Le quatuor Stradivarius « Nicolò Paganini »* (Les Amis de la Musique - Spa 1994)
MACDONALD H. — *Paganini in Scotland* (*in* Nuova MusItaliana - Gênes 1982)
MELL A. — *Paganiniana in the Muller Collection* (Public Library - New York 1953)
MIRAMON FITZ-JAMES B. de — *Paganini à Marseille* (Marseille 1940)
MORETTI M. R. et SORRENTO A. — *Catalogo tematico delle musiche di Niccolò Paganini* (Comune di Genova - Gênes 1982)
NEILL E. — *Nicolò Paganini* (Fayard - Paris 1991)
NEILL E. — *Le Violon de Paganini* (Dynamic - Gênes 1995)
PENESCO A. — *Paganini et la technique du violon* (*in* Revue musicale de Suisse Romande - Lausanne 1980)
PENESCO A. — *Paganini et l'école de violon franco-belge* (RIMF - Paris 1982)
PISTONE D. — *Paganini et Paris* (RIMF - Paris 1982)
POLKO E. — *Nicolo Paganini und die Geigenbauer* (Schlicke - Leipzig 1876)
PREFUMO D. & CANTU A. — *Le Opere di Paganini* (Sagep - Gênes 1982)
PROD'HOMME J.-G. — *Paganini* (Laurens - Paris 1908)
PULVER J. — *Paganini, the Romantic Virtuoso* (H. Joseph Ltd - Londres 1936)
SAUSSINE R. de — *Paganini Le Magicien* (Gallimard - Paris 1938)
SCHOTTKY J.-M. — *Paganini's Leben und Treiben* (Calve'sche Buchhhandlung - Prague 1830)
SHEPPARD L. & AXELROD H. R. — *Paganini* (Paganiniana Publications, inc - Neptune City N.J 1979)
SPIVACKE H. — *Paganiniana* (Library of Congress - Washington 1947)
SUGDEN J. — *Paganini* (Omnibus Press - Londres 1980)
THOMAS-BARUET G. — *Niccolò Paganini et son élève Camillo Sivori* (Bibliothèque Nationale - Paris 1997)
TIBALDI-CHIESA M. — *Paganini. La vita e l'opera* (Garzanti - Milan 1940)

VALENSI T. — *Paganini 1784 /1840* (E. L. F. - Nice 1950)
WALDEMAR C. — *La vie passionnée de Paganini* (Paris 1960)

Bibliographie d'intérêt général

ARTEGA E. — *Les révolutions du théâtre musical en Italie* (Nardini Londres 1802)
AUBRY O. — *La trahison de Marie-Louise* (Flammarion - 1933)
AZEVEDO A. J. G. — *Rossini. Coup d'œil sur sa vie et son œuvre* (*in* Le Menestrel - Paris 1864)
BACHMANN A. — *Les grands violonistes du passé* (Fischbacher - Paris 1913)
BACHMANN A. — *An encyclopedia of the violin* (A. E. Wier - New York 1929)
BECKMANN G. — *Das Violinspiel in Deutschland vor 1700* (Simrock - Leipzig 1918)
BERLIOZ H. — *Correspondance générale 1832-1842* (Flammarion - Paris 1972)
BERLIOZ H. — *Mémoires* (Flammarion - Paris 1991)
BERLIOZ H. — *Les soirées de l'orchestre* (Stock - Paris 1980)
BLAZE de BURY H. — *La vie de Rossini* (Paris 1854)
BLUME F. — *Gœthe und die Musik* (Bärenreiter - Cassel 1948)
BLUME F. — *Classic and romantic music* (W. W. Norton - New York 1970)
BŒTTICHER W. — *Robert Schumann in seinem Schriften und Briefen* (B. Hahnefeld - Berlin 1942)
BOIGNE C. de — *Petits mémoires de l'Opéra* (Librairie Nouvelle - Paris 1857)
BOSCHOT A. — *Hector Berlioz. Un romantique sous Louis-Philippe* (Plon - Paris 1948)
BOUCHER de CRÉVECŒUR de PERTHES J. — *Sous dix rois* (Jung-Treultel - Paris 1863/68)
BROWN M. J. E. — *Schubert* (Le Rocher - Monaco 1986)
BUENZOD E. — *Robert Schumann* (Seghers - Paris 1965)
BURNEY C. — *A general history of music* (C. Burney - Londres 1776/1789)
CASTIL-BLAZE — *L'Académie Impériale de Musique de 1645 à 1856* (Castil-Blaze - Paris 1855)
CHATEAUBRIAND R. de — *Mémoires d'outre-tombe* (Gallimard - Paris 1927)
CHOPIN F. — *Lettres complètes* (S. F. E. L. T. - Paris 1933)

CHORLEY H. F. — *Music and manners in France and Germany* (Longman-Brown - Londres 1844)
COMBARIEU J. — *Histoire de la musique* — Tome III (Armand Colin - Paris 1955)
CREUZBURG E. — *Die Gewandhauskonzerte zu Leipzig* (Breitkopf und Härtell - Leipzig 1931)
DANCLA C. — *Notes et souvenris* (Bornemann - Paris 1898)
EAUBONNE F. d' et HOFMANN M. R. — *La vie de Schubert* (Éd. du Sud - Paris 1965)
EBERHARDT S. — *Die Lehre der organische Geigenhaltung* (Fürstner - Berlin 1922)
EINSTEIN A. — *La musique romantique* (Gallimard - Paris 1984)
ELKIN R. — *The old concert rooms of London* (Londres 1955)
ESCUDIER L. — *Mes souvenirs. Les virtuoses* (Paris 1868)
ESTIENNE C. — *Lettres sur la musique* (A. Fontaine - Paris 1854)
FÉTIS F.-J. — *Biographie universelle des musiciens* (Firmin Didot - Paris 1860/1865)
FLOSSAT F. — *Hilarion Spitalieri de Cessole* — Mémoire de Maîtrise (Nice 1994)
FOUCHE J. — *Mémoires* (Imprimerie Nationale - Paris 1993)
GASPERINI G. — *Il real conservatorio di musica in Parma* (Zerbini Parme 1913)
GUICHONNET P. — *Histoire de l'Italie* (P. U. F. - Paris 1992)
GUICHONNET P. — *L'unité italienne* (P. U. F. - Paris 1993)
HALEVY J. F. — *Derniers souvenirs et portraits* (Michel Lévy - Paris 1863)
HALLE C. — *Autobiography* (Elek - Londres 1972)
HANSLICK E. — *Geschichte des Conzertwesens in Wien* (Braumüller - Vienne 1869)
HANSLICK E. — *Aus dem Concertsaal* (W. Braumüller - Vienne 1897)
HARDY J. — *Rodolphe Kreutzer* (Fischbacher - Paris 1910)
HART G. — *The violin and its music* (Dulan & Co - Londres 1881)
HART G. — *Le violon. Ses luthiers célèbres* (Schott - Paris 1886)
HEINE H. — *Nuits florentines* (L'Âge d'Homme - Paris 1989)
HILL W. H., A. F. & A. E. — *Antonio Stradivari* (W. E. Hill and sons - Londres 1902)
HILL W. H., A. F. & A. E. — *The Guarneri family* (W. E. Hill and sons - Londres 1931)
KAPP J. — *Franz Liszt* (Schuster und Loeffler - Berlin 1909)
KAPP J. — *Berlioz* (Schuster und Loeffler - Berlin 1922)

KING A. H. — *400 years of music printing* (British Museum - Londres 1964)
KINSKY G. — *Album musical* (Delagrave - Paris 1930)
LAFORET C. — *La vie musicale au temps romantique* (J. Peyronnet Paris 1929)
LAHEE H. C. — *Famous violinists of to-day and yesterday* (Putnam's sons - Londres 1902)
LANG P. H. — *Music in western civilization* (Farrar and Rinehart - New York 1941)
LISZT F. — *Correspondance* (J. C. Lattès - Paris 1987)
LITZMANN B. — *Clara Schumann* (Da Capo - New York 1979)
LOCKE A. W. — *Music and the romantic movement in France* (Paul, Trench, Trubner and Co - Londres 1920)
MASSIN B. — *Franz Schubert* (Fayard - Paris 1993)
NERICI L. — *Storia della musica in Lucca* (Giusti - Lucques 1879)
ORTIGUE J. L. d' — *Le balcon de l'Opéra* (E. Renduel - Paris 1833)
PATIER D. — *Schubert, le promeneur solitaire* (Découvertes Gallimard - Paris 1994)
PENESCO A. — *Le violon en France au temps de Baillot et de Paganini* (Flammarion - Paris 1991)
PENESCO A. — *Défense et illustration de la virtuosité* (Textes recueillis et présentés par Anne Penesco - Presses universitaires de Lyon - 1997)
PETH J. — *Geschichte des Theaters und der Musik zu Mainz* (Prickarts - Mayence 1879)
PHIPSON T. L. — *Bibliographical sketches of celebrated violinists* (Chatto and Windus - Londres 1877)
PINCHERLE M. — *Le violon* (P. U. F. - Paris 1974)
PINCHERLE M. — *Les violonistes : compositeurs et virtuoses* (Éd. d'Aujourd'hui - Le-Plan-de-la-Tour 1984)
POURTALES G. de — *Franz Liszt* (Galimmard - Paris 1941)
POURTALES G. de — *Berlioz et l'Europe romantique* (Gallimard - Paris 1939)
REGLI F. — *Il violino in Piemente* (Dal Mazzo - Turin 1863)
REISSMANN A. — *Robert Schumann, sein Leben und seine Werke* (I. Guttentag - Berlin 1865)
SITWELL S. — *Franz Liszt* (Atlantis Verlag - Zürich 1958)
SOREL A. — *Bonaparte en Italie* (Flammarion — 1933)
SOUBIES A. — *Le Théâtre-Italien de 1801 à 1913* (Flammarion - Paris 1913)
SPOHR L. — *Selbstbiographie* (Wigaud - Cassel 1860)

STENDHAL — *Vie de Rossini* (A. Boulland - Paris 1824)
STENDHAL — *Rome, Naples et Florence* (Slatkine - Paris 1986)
THAYER A. W. — *Ludwig van Beethoven Leben* (F. Schneider - Berlin 1908)
TIERSOT J. — *Berlioz et son temps* (Hachette - Paris 1904)
TIERSOT J. — *Lettres de musiciens* (Bocca Frères - Turin 1924)
VANNES R. — *Dictionnaire universel des luthiers* (Les Amis de la Musique - Bruxelles 1951)
WALKER A. — *Franz Liszt* (Fayard - Paris 1990)
WASIELEWSKI W. J. — *Die Violine und ihre Meister* (Breitkopf und Härtell - Leipzig 1869)
WOTTON T. S. — *Hector Berlioz* (Oxford University Press - Londres 1935)

Table des Matières

Préface..7
Chapitre 1 (1782 - 1795)
 « Un très talentueux garçon »...........11
Chapitre 2 (1796 - 1799)
 Les années d'études......................19
Chapitre 3 (1800 - 1804)
 Les prémices d'une carrière.............25
Chapitre 4 (1805 - 1809)
 « La République de Lucques
 me nomma premier violon de la cour... »...........37
Chapitre 5 (1810 - 1812)
 « Il deviendra un prodige... »..........49
Chapitre 6 (1813)
 Milan et la gloire......................57
Chapitre 7 (1814 - 1816)
 Une affaire de cœur qui finit mal
 Le début d'une longue amitié
 Première tournée de concerts
 dans l'Italie du Nord...................61
Chapitre 8 (1817 - 1818)
 « La liberté est un trésor... ».........79
Chapitre 9 (1819 - 1821)
 Rome et la Sicile.......................95
Chapitre 10 (1822 - 1824)
 « C'est un véritable miracle
 que je sois encore en vie... »..........109
Chapitre 11 (1825 - 1827)
 L'Italie du Sud au Nord
 Achille, Cyrus, Alexandre...............121
Chapitre 12 (janvier - août 1828)
 Vienne..................................129

Chapitre 13 (août 1828 - janvier 1829)
Karlsbad et Prague..143
Chapitre 14 (janvier - mai 1829)
Premiers concerts en Allemagne....................149
Chapitre 15 (mai - juillet 1829)
La Pologne..155
Chapitre 16 (août 1829 - février 1831)
La conquête de l'Allemagne.........................161
Chapitre 17 (février - mai 1831)
« Paris, où l'on m'attend impatiemment... »..181
Chapitre 18 (juin 1831 - mars 1832)
L'Angleterre, l'Irlande et l'Ecosse.................199
Chapitre 19 (mars 1832 - 1833)
Entre la France et l'Angleterre.......................217
Chapitre 20 (janvier - septembre 1834)
« Je suis fatigué de donner des concerts... »....233
Chapitre 21 (octobre 1834 - juillet 1836)
Le retour au pays
Le rêve presque réalisé.................................251
Chapitre 22 (août 1836 - juin 1837)
Les dernières notes d'un virtuose..................265
Chapitre 23 (juillet 1837 - 1838)
Retour à Paris
Le Casino
L'hommage à Berlioz..................................275
Chapitre 24 (1839)
« En attendant de recommander
mon âme à Dieu... »....................................295
Chapitre 25 (janvier - mai 1840)
« C'est fini... »..303
Chapitre 26 (juin 1840 - 1895)
Procès et tribulations post-mortem................309
Liste des concerts..319
Bibliographie...345

654055 - Mai 2016
Achevé d'imprimer par